「在日企業」の産業経済史

その社会的基盤とダイナミズム

Han Jaehyang
韓　載香 著

名古屋大学出版会

「在日企業」の産業経済史

目　次

序章　なぜ「在日企業」のダイナミズムを問題にするか

——本書の課題と接近方法

1　民族コミュニティへの視座

本書の課題は、在日韓国・朝鮮人が所有、経営する企業が織り成す諸産業群について、企業の資源調達およびその基盤に注目しながら、戦後約五〇年にわたって生み出されてきた歴史的特徴やそれが形成された要因を明らかにすることである。具体的な課題と分析方法に立ち入る前に、予め本書の根底にある著者の問題関心を簡潔に示し、それが社会経済史の幅広い文脈の中でどのような位置にあるかを明らかにしておこう。

今日、世界的な大都市のなかには、「エスニック・タウン」(1)と言われる特定の民族集団の集住地区(2)が多数存在する。(3)様々な国の都市空間で成立したエスニック・タウンには、それぞれに歴史的背景があり、異なる社会経済的基盤がある。(4)例えば、横浜のチャイナ・タウンは、幕末開港後に外国商館を中心とした貿易が拡大する中で、西洋人の傭人としてともに来日した中国人によってその原型が作られた。(5)また、労働力不足を背景に、(6)日本は、第一次世界大戦期以降に植民地からの労働力を移入した経験をもっており、一九八〇年代後半のバブル期以降にもブラジル人などを受け入れた。(7)ヨーロッパでも、一九四五年以降の復興期と高度成長期の労働力不足の解決策を、外国人移民の受け入れに求めている。[8] その結果、戦前の大阪市東成区には朝鮮人町が作られ、[9] 戦後のヨーロッパにも様々なエスニック・タウンが形成された。アメリカでは、一九六五年の移民法改正によって、アジアや中南米からの移民が急増した。この制度変化により、ロサンゼルスのコリアン・タウンは、一九七〇年代以降急増するコリアン[10]移民によって急成長した。

このように人々の大規模な国際移動に伴って形成されたエスニック・タウンは、しかし、後述のように初期の姿がそのまま維持されてきたわけではない。むしろ様々な理由によって変貌しながら現在に至っている。そうであれば、それらが移民にとってどのような役割を果たし、他方で受入国の社会においてどのような位置にあるのか、また、人々の移動にどのように影響するのかは、極めて現代的な問題でもあろう。この点を考えるためにここでは、移民過程そのものに立ち入ることはできないが、エスニック・タウンのあり方を検討し、それらが果たす機能に光をあてる。異なる文化的背景をもった移民(民族、エスニック[11])が異国の社会に定着[12]=適応するときに直面する問題を、エスニック・タウンを通して考えたい。その際、政治、制度、教育など、幅広い社会的問題の検討が必要であろうが、ここでは主に「経済問題」に焦点をあわせよう。

欧米のエスニック・タウンの近年の様相は、一様ではない。例えば、ロサンゼルスとニューヨーク・マンハッタンのコリアン・タウンでは、大きさ(前者は半径三キロほどの規模/後者は三〇〇メートルほどの長さの街路の両側の規模)[13]だけでなく、そのなかの業種(コリアンの生活全般にかかわるサービス関連の業種/コリアン・レストラン中心)、客層(コリアン/様々な人種)、従業員(コリアン・ラテン系/コリアン)など、ビジネスが成り立つ基盤が異なっている。特に、ロサンゼルスのコリアン・タウンやニューヨークのもう一つのコリアン・タウン、クィーンズ・フラッシング(マンハッタンから地下鉄で三〇分ほど)では、レストラン、韓国食材店はもちろん、旅行社、雑誌社、不動産業者、結婚相談所、病院、職業訓練の学校まで、生活のために必要なほとんどのサービス業がコリアンによって提供され、生活の場としての性格を備えている。

エスニック・タウンは、また、盛衰の状況においても複雑な様相を示している。サンフランシスコ、ニューヨーク、ロンドンのチャイナ・タウンは、大勢の観光客とエスニック・マイノリティ以外の客で溢れ、受入国の社会の都市機能の一角に組み込まれている。それに対して、ロサンゼルスのそれは活気に欠けていた。(14) そこから徒歩で一五分くらいのリトル・トーキョーも、寂れた雰囲気が漂っていた。それとは対照的にサンフランシスコのリトル・トーキョーは、再開発された複合ビルが様々な民族の客で賑わって、活性化している。

ロンドン・ウィンブルドンの近くにあるニューモルドン（New Malden）には、ハングルのみの看板やメニューを掲げたレストラン、漢方医院、旅行社などが、地元の商店街に混在するかたちでコリアン・タウンを形成している。業種が増加し、外延も拡張されて成長していることが見て取れる。労働力不足から積極的に移民を受け入れてきたヨーロッパでは、至るところにエスニック・タウンが形成された。ロンドンには、上述のコリアン・タウンやチャイナ・タウンだけではなく、トルコ街、パキスタン・インド街、スペイン街、ポーランド街、アラビック街、アフリカ街など、新しい移民によって多様なエスニック・タウンが作られている。それらのエスニック・タウンには、豊かに見えるところ、治安の悪いところ、開発が進んでいないところ、活気に溢れるところ、様々な違いが存在する。

同じ民族集団でも受入国や地域によって、同じ都市内でも民族によって、時代によって、エスニック・タウンの様相が異なるのは、母国（流出国）での社会階層、流入国の制度の違い、当該社会におけるその民族集団の政治経済的地位など、様々な要因が影響しているからであろう。しかし、外見的な多様性のなかに共通するものも見出すことができる。筆者はその共通点を、第一に、移民の生活全般を支える「社会的機能」、第二に、「経済的機能」として仮説的に捉えている。

理由は様々とはいえ、他国に移住したとき、母国語しか話せない移民にとって、文化的な差異による障害を乗り越えるために必要な様々な情報は、原理的には同じ出身国の人々を通してしか入手できない。こうした必要性によって同じ民族同士の繋がり——一般的に言う民族ネットワーク——が発生してくる。受入国の社会で移民を受け入れるための制度が整っていない場合は、自衛的に団体を結成することもあろう。この役割は、日常的な生活全般にかかわるために、集住の形態がより便利である。そして、新しく本国からの移民が続く場合は、集積・拡張の傾向を示す。[15]集住が進むにしたがって、情報交換がより広範に行われるように、雑誌、放送局などのメディアも登場し、教育などの行政サービスを提供する民族団体や宗教団体の形成に対するニーズも高まる。しかし、「社会的機能」は、新移民の流入が続かないとか、同化が進むなどの場合に、その重要性が低下し、あるいは内容が変わる。今日活気に溢れているか、寂れているかという現象は、「社会的機能」にかかわるエスニック・タウンのライフサイクルを描いているように思う。例えば、ロサンゼルスのリトル・トーキョー[16]の衰退は、その「社会的機能」が大きく低下したためと見ることができる。

このように、エスニック・タウンは、国境を越えた移動に伴う摩擦を小さくする(=ソフト・ランディング)機能をもつが、同時に、新しい社会への適応のスプリング・ボードとなる。この後者の面で「経済的機能」がより重要な意味をもつ。

「経済的機能」として注目すべき第一点は、エスニック・タウンが、経済活動のために必要な情報を蓄積していることである。例えば、一九二〇年代に大阪の東成区は、下宿屋が仕事の仲介の役割を果たし、朝鮮人の渡航を促進して彼らの集住地域となった。[17]このように、エスニック・タウンは、働く場(エスニック・タウンの中と受入国の社会、どちらも含む)に関する情報が蓄積されやすい。こうしたかたちでエスニック・タウンは、本国と移動先社会を結んで労働移動をスムーズにするハブ(仮の宿)の役割を果たす。

一方、すでに触れたように、その「社会的機能」から、民族集団は集住を一般的な特徴とする。それゆえにその限られた空間の中で生活資材の調達が行われ、それに対応したビジネスも発生する。これが「経済的機能」のもう一つの面であろう。つまり、「社会的機能」を期待する民族集団は明確に文化的に異なる背景をもっているため、食材を取り扱う店やレストランなど、彼らの文化に即応したサービス業がエスニック・タウンには成り立つ。事業体は、民族集団の資本の蓄積が進んでいない初期には、自営業の形態が主流であり、低賃金であることと、文化的背景を共有できることから、従業員は家族か、同民族から調達され、そこには受入国の社会とは区分される労働市場が成立する。

以上のようなエスニック・タウンの経済的機能は、移民が受入国の社会のなかで直ちに雇用機会を得たり、起業ができれば必要とはされない。しかし、それは、簡単ではない。よく知られているように、差別や外国人の人的資源が受入国の社会に適合的でない[18]などの理由によって、失業が発生することがあるし、一般労働市場で高所得が得られる就職は困難である。受入国の社会への浸透には、世代交代などの長い時間を必要とする場合が多い。エスニック・タウン内の経済活動が、そうした人々の一時的な吸収や民族集団と受入国の社会の労働市場とのギャップを埋める調整弁となる[19]。

しかし、経済活動は、この限られた空間に閉じ込められるものではない。移民の動機から見れば、多くの人々は受入国の社会での経済的成功を夢見ている。実際、人々の生業が、受入国社会の顧客を想定したもので、民族集団に依存しないものが多く見られる。エスニック・タウンの外にある、市場規模の大きい、様々なビジネスチャンスを摑むことによって、移民の、そして民族集団の経済的成長が可能になる。人口規模に規定されるエスニック・タウン内でのビジネスチャンスは限られており[20]、重要なのは長期的生活を支えうるような生業を見出すことである。

現象的に見ると、そこには二つの形態がある[21]。一つは、横浜のチャイナ・タウンのようにエスニック・タウンの受入国の社会に対する集客力が十分に強くなることである。その場合、エスニック・タウンはビジネスチャンスの溢れる空間になる[22]。

もう一つの形態は、民族集団が受入国社会の顧客を想定した仕事を始めることである。開かれた市場でビジネスチャンスを摑む過程では、民族コミュニティの「経済的機能」として挙げた、情報蓄積、労働力調達、市場基盤のなかで、集団内の市場基盤は、その重要性が低下するであろう。他方で、情報蓄積、労働力調達は、この形態でも経済的機能として残る。しかも、本論で詳しく触れることになるが、このビジネスチャンスにかかわる情報機能は、集住性を不可欠の前提とはしない。その情報にアクセスしやすいとか、関連する情報が集まってくるというようなチャンネルがあり、それが同一の民族集団のなかにネットワークのように張り巡らされていればよいからである。このように、対象とすべきものは、空間（集住）を越えて存在する民族コミュニティが果たす「経済的機能」と経済活動そのものであり、論ずべきことは、これら二つの関連である。

集住性を必要条件としない「民族コミュニティ」という前提は、違和感があるかもしれない。しかしこのように規定するのは、大都市の一部を除いて集住性が明確ではない在日韓国・朝鮮人を対象とする本書では、集住性を重視すると視野が狭くなるからという便宜的な理由によるものではない。少し説明を加えておこう。

例えば、大都市にしばしば見られる県人会という集団を考えてみよう。もちろん、これは民族集団ではなく、与えられた社会的条件も異なる[23]。ここでは、コミュニティが集団内の構成員に対して果たせる経済的機能のみを取り出すことを意図しており、その限りで経済的機能は、社会的条件から独立した要素として捉えることができる。そうすると同郷集団は、それぞれのメンバーに固有の人と人の繋がり（チャンネル、ネットワーク）があり、特有の情報を共有する帰属集団とみなせる。そうした集団としてコミュニティを想定すると、民族コミュニティもその一つと言うことができる[24]。そして、しばしば観察されるのは、日本人のそうした個々のコミュニティでも、仕事の選択に偏りが生じることである。例えば戦後、石川県人は大阪市において銭湯業を営むことが多かった、といった特徴を見出しうる、ということである。[25] 集住しているわけではない同郷集団にこのような特徴が見出されるとすれば、集住を要件としなくとも、民族コミュニティは、そのメンバーたちがビジネスチャンスを摑むうえで、何か意味をもっていると考えてもよいだろう。コミュニティがそうした役割を果たすとすれば、それをコミュニティの経済的機能として捉えることができる。こうして民族マイノリティの経済活動について、コミュニティに焦点をあてて分析することによって民族という特性のもつ意味を問うこともできると思われる。

2　問題の所在――研究史の再検討から

以上のような問題関心から、本書では、在日韓国・朝鮮人の企業、産業を対象として取り上げ、そのダイナミズムとそれに在日韓国・朝鮮人のコミュニティが果たした「経済的機能」を解明する。従来その実態がほとんど明らかにされなかった対象に注目し、初めて本格的に経済史からの分析を試みるものであるが、それゆえに、資料面や過去の研究蓄積の点で限界も認めざるをえない。しかし、本書は経済史としての新しさのみを主張するものではなく、本書の射程には分析対象を同じくしながら異なる接近方法をとる研究が含まれている。それらのアプローチの異なる他分野の研究との接点を示すことによって、学際的で新しい議論が展開されることを期しているのである。

以上の問題関心と研究史の状況に鑑み、国際比較の視点からアメリカにおける民族マイノリティ研究を第一に取り上げて方法的可能性を探るとともに、第二に歴史、社会史などの分野で実証的に積み重ねられている在日韓国・朝鮮人に関する研究の意義と限界を問うことにしたい。具体的には、「エスニック・エコノミー（ethnic economy）」

論、在日朝鮮人社会史研究、地域（産業）実態調査の三分野の到達点を踏まえて、本書の考察における問題の所在を明らかにする。予め要点を整理すると、次の三点となる。

第一に、民族マイノリティの自立的な経済活動を捉えるエスニック・エコノミーに関連する研究に対しては、その分析方法・枠組みの差異を指摘することができる。民族マイノリティの経済活動に関する理論では、社会移動の経路を明らかにするため、有力な手段として「エスニック・エコノミー」が注目される。そこでは規定要素としての「自営業者」を重視しながら、「個人」の視点から分析される。これに対して本書では、「企業」成長の視点を加えることによって、歴史的な変化の把握や展望が可能になると考える。

第二に、在日韓国・朝鮮人に関する歴史研究全般とのかかわりについて考えてみる。経済史を含む歴史分野では、対象時期を戦前に設定したものが多く、運動史などに見られるように史実の解明や資料発掘に重点をおいてきた。近年では社会史的な分析など、多様なアプローチが見られ、歴史像の再検討の試みも台頭しているが、特に戦後の経済実態の研究は蓄積が乏しい。「在日朝鮮人社会」に関する社会史的分析の成果に、経済実態の検討を加味することによって、戦後期における議論が深まるであろう。

第三に、在日韓国・朝鮮人の経済活動に関して、従来個別で行われていた企業家についての研究、携わってきた産業を解明した研究、地域実態調査の分析結果を、全体のなかに位置づけ、再評価する。

（1）分析方法に関する再検討

マイノリティとしての民族集団[26]の経済活動を説明する理論は、アメリカを中心として、数多くのアプローチが存在するが、本書との関連から、代表的な三つの捉え方を取り上げる[27]。

ⓐミドルマン・マイノリティ論（Middleman Minority Theory）

第一は、マックス・ヴェーバーやヴェルナー・ゾンバルトの古典的考察に起源をもつ、ミドルマン・マイノリティ論である。[28] ミドルマン・マイノリティとは、商業に代表されるように、社会内の二つの集団を仲介する立場の業種に集中する民族のことである。[29]

かつてヴェーバーやゾンバルトが注目した代表的な民族集団は、資本主義以前の中世ヨーロッパで商業や金融業において活躍したユダヤ人であり、その経済的役割は高く評価されていた。[30] しかし、その民族集団は親族偏愛主義的、共同体主義的であるため、意思決定において経済合理主義、個人主義で特徴付けられる資本主義が封建社会を破壊して誕生する際に、その担い手とはならなかったとみなされた。[31]

このような古典的理解のもとで、民族マイノリティの経済的役割に関する理論的解明は、長らく沈滞したままであった。その背景には、経済学の先験的な見方および現実的な裏づけもあった。経済学では、経済発展を生み出す企業家の供給源は、市場システムの中にあると考えられた。先進国のように資本主義の発展のもとで市場メカニズムに社会全体が覆われ、ヒエラルキー的な大企業を基軸として経済が発展すると、中小企業の役割は減じるとみなされた。[32] 一方で、少数民族出身の資本家は、資源獲得ができず大企業組織へと成長することが困難であるため、彼らの経済活動は中小企業一般の問題へと解消され、直面する困難や具備する民族的、非経済的諸特徴は経済発展とともに消えていくとの考え方が強まったのである。[33]

しかし、こうした理解は、先進国のアメリカに民族マイノリティの企業活動が存在する現実と、一九七〇年代以降中小企業が復権したとする説が登場するなかで説得力を失うことになった。アメリカの中小企業数は一九七〇年代前半を底にして増加に転じるが、そのなかで、アメリカ生まれの人の自営業率を移民集団のそれが上回り、その移民のなかでも民族マイノリティの経済活動が目立つようになったのである。[34] このような現実が社会科学的な論点となり、彼らの経済活動がアメリカ経済にとっても重要であると強調されるようになった[35]。

この流れのなかで、ミドルマン・マイノリティ論は、商業活動に携わる民族に注目することによって新たな発展を見せた[36]。中心となる論点は、伝統的に商業に携わる民族は、企業家の性向やネットワークなどの資源が基盤になってその子孫も商業への参入が容易である、という説明であった[37]。彼らがマジョリティに対して競争力をもっている理由は、社会的にマージナルな立場におかれたためであるとされ[38]、特定の業種への集中と経済的優位性は、その民族集団に対する敵対心や排除をさらに助長すると言う[39]。しかし、このような捉え方は、そこから少数民族と他民族の間の緊張という静態的な構図を示しうるとしても、そこからの変化を外的条件でしか説明できないところに理論上の限界があった[40]。

ⓑエスニック・マーケット（Ethnic Market）とエンクレーブ・エコノミー論（Enclave Economic Theory）

ミドルマン・マイノリティ論が民族マイノリティのダイナミックな経済活動を内在的には捉えられないのに対して、次に注目するのは、民族マイノリティの経済活動をその独自な需要、あるいは市場基盤から説明する試みである。

この捉え方によれば、エスニック・マーケット内部[41]では、マジョリティが相対的に不利である。なぜなら、それは、文化的背景にもとづいた民族独自のニーズに対応する市場だからである。そこでは、例えば、レストランや食材店など特殊な需要[42]が発生し、母国語による商取引が可能になる、アメリカ的でない小世界が展開されると考えられている。この小世界では、マジョリティや他民族との競争や差別が大きな影響を及ぼさない領域でビジネスチャンスが発生するため、民族マイノリティの人口規模によって規定される経済機会が民族企業のインキュベーターの役割を果たすのである[43]。

この議論と共通性をもつものとして、エンクレーブ・エコノミー論[44]がある。それは、アメリカ・フロリダ州マイアミのキューバ系移民のコミュニティであるリトル・ハバナのように、民族マイノリティが特定の空間に集中すること、自営業率が高いこと、同民族の企業に就業する従業員の存在、同民族による垂直・水平的統合が見られること、民族同士の取引への依存度が高いこと、などの特徴に着目して展開された理論である。この理論は、民族同士の取引によって、マジョリティに搾取されず、資本が民族マイノリティ内にとどまることに経済成長の源泉を見出した(45)。マイノリティ経済活動が存続可能な固有の領域を発見したことに理論的な前進を認めることができる。

反面、エスニック・マーケット、エンクレーブ・エコノミー論は、マイノリティ固有の経済活動を見出したという論理的な特徴そのものによって、それらの形態をとらない経済活動を説明できない欠陥を内包することになる(46)。現実には、民族マイノリティの企業活動は、エンクレーブ・エコノミーという枠組みに限定されない、マジョリティ、他の民族を顧客とするケースも少なくない。このことから、これらの理論では、市場の閉鎖性が前提として想定されることに問題があったと理解することができる。

すなわち、民族コミュニティ「市場」を出発点とするにしても、企業が利益を上げ規模を維持し、成長するためには、コミュニティが提供する市場だけでなく、それ以上の規模、あるいはそれとはまったく異なる市場を必要とするかもしれない。コミュニティの市場規模と民族企業数が均衡するとは限らず、個別企業にとって必要な市場規模と、コミュニティ規模によって存在する市場規模とは常に不均衡であるため、理論上囲い込まれたと想定される小世界の市場は、個別企業によって自ずと打ち破られる可能性のある存在なのである。こうした市場という視点に限定してみても、エンクレーブ・エコノミー論は、外部との関連性を的確に捉えることができないと言える。この理論的な限界は、開かれた市場、という視点から克服されることになる。

ⓒインタラクティブ論（Interactive Theory）とそのエスニック・エコノミー論としての統合

このような方法的な限界を克服すべく、民族マイノリティの経済活動について、需要と供給の側面を相互関連的に捉えようとするインタラクティブ論（Interactive Theory）がアメリカにおけるマイノリティ研究では主流になっていく。[47] 与えられている経済機会を意味する機会構造と、それに対して民族マイノリティが反応する能力両方からの説明を強調しながら、加えて一般労働市場における雇用との関連にも注目するものである。[48]

このうち、機会構造とは、受入国の経済において民族マイノリティに対して提供される市場と制度のことである。例えば、民族マイノリティの経済活動は、前述のエスニック・マーケット、マジョリティが敬遠する低階層の市場、需要変動が激しいため大企業が進出しない市場などと、資産所有、自営業などにかかわる制度とに影響される。ただし、エスニック・マーケットを別にすれば、想定できる市場、業種は様々であり、それらのなかで特定の産業が選択されていることは、機会構造の説明では完結しない。供給側の条件が決定的であると言えるが、この点についてはアイヴァン・ライトの民族の諸資源に関する議論が参考になる。

ライトの問題関心を支えている基本的な事実発見は、外国生まれの少数民族が、アメリカ生まれの白人に比べて、自営業率、起業率が高いことである。しかも民族マイノリティによって自営業者、起業の分布率が異なり、それが高いほど上層への社会移動が急激であることに注目したのである。

ライトは、特定の民族マイノリティに見られる急激な社会移動の要因を企業家活動と捉えた。[49] そして、企業家について、「経路依存や停滞イメージをブレークスルーする存在＝革新をもたらすエリート主義的な主体」と捉える古典的な見解は範疇が狭いと批判し、民族的に共通する資源に依存しながら、インクリメンタルではあるが、例えば資源の使用や組み合わせの主体的な存在として捉えた。そうした企業家を捉える指標として、従業員とは区別される自営業者を取り上げた。したがって、ライトが注目した自営業者、自営業率は、それ自体が直ちに企業家ではないが、企業家を捉える上での有効な代理変数と理解することができる。以下での自営業者についての言及は、企業家に繋がる文脈において捉えたものである。

ライトは、ミドルマン・マイノリティ論、エンクレーブ・エコノミー論だけで説明可能な事例が少ないため、民族マイノリティの企業家活動を理解できる範囲が狭いと批判し、それを含むエスニック・エコノミーという捉え方によって、その限界性は克服できると主張している。[50] 例えば、ロサンゼルスの黒人やヒスパニック系のコミュニティに酒屋を展開しているコリアンは、それらのコミュニティを市場基盤とし、ヒスパニック系を従業員として雇用しながら、高い自営業率を示している。このように、エスニック・エコノミー[51]は、市場を同民族内に限定しない。彼の設定した基準によれば、ロサンゼルスのコリアンの場合には、一九八九年現在、コリアンの四分の三がエスニック・エコノミーに、残りの四分の一が一般労働市場に吸収されている。[52] そして、このコリアンの四分の三を吸収して作り出されるエスニック・エコノミーの存在は彼らの急激な社会移動に相関し、エスニック・エコノミーを主体的に作り出す企業家の自営業者によって、民族マイノリティが豊かになる。[53]

ライトは自営業者への注目を通して、各民族がどのような「能力」をもっているのか、いかなる需要[54]が自営業や起業を支えるのか、つまり必要な「能力」と需要との関連性に議論の焦点を合わせている。同氏が捉えようとした企業家は、需要を発見することによって革新を引き起こし、それに合わせて、民族内の資源を組み合わせて供給を可能にする具体的な主体である。このような捉え方によって、エリート的な「個人」として捉えられていた企業家（その限りで出自が問題になる）像の限界を補い、企業家活動を民族マイノリティ共通の視点から捉えることが可能になったのである。

ただし、具体的な分析においては方法的な問題を抱えている。ライトは、民族がもっている能力において、階級資源（class resource）と民族資源（ethnic resource）に注目している。前者には、個人に属する資源として蓄積している資本や起業の志に繋がるような職業倫理、後者には、民族に共通して属する、インフォーマルないしフォーマルな金融システム、家族・親族間の紐帯、ネットワークなどが含まれる。問題は、こうした諸要素が、主要な問題関心に即して、どのように説明されるかである。取り上げた諸資源は、実証的には調査にもとづいて統計的な相関関係の強さの程度によって評価されるというのがライトの研究手法である。それぞれの資源は、相関関係を確認できる限りで、自営業者率に関係する諸要素である、という評価はできるが、しかしながら、次のような限界を指摘せざるを得ない。

第一に、資源について、母国において形成された資源を事前的な所与のものとすれば、それらと、事後的にアメリカ社会において形成されていく資源に明確な区分がない(55)ため、歴史的に形成された資源まで検討が十分に及ばないこととなる。自営業率を規定する要因が、エスニック・エコノミーを構成する特定の民族マイノリティに固有な資源に限られるとは断定できない。在日韓国・朝鮮人は、パチンコホールや土木工事業が得意という民族特性をもっているわけではない(56)。事後的な資源としては、例えば受入国での産業活動によって蓄積される情報(後述)が重要な機能を果たすことも十分に考えられるから、それらが経済活動のなかで生み出される歴史的所産であるという視点から再検討が必要なのである。

関連して、第二に、ライトが重視する諸資源と高い自営業率との相関関係からさらに踏み込んだ議論がないため、歴史的変化が説明できない点である。民族集団の経済活動について長期的な展望を行うためには、それらを因果関係として説明する必要がある。なぜなら、その特定の資源が企業活動に常に影響するかは自明ではなく、ある条件によってはじめて機能することがあり、諸要素の影響の度合いも、歴史的条件によって異なる可能性を否定できないからである。この問題点を解決するためには、時間軸を考慮して、因果関係の検討を歴史的に行う必要があろう。

（2） 実証研究に関する再検討[57]

ⓐ「在日朝鮮人社会」研究

アメリカの民族マイノリティ研究によって示唆されたのは、ある民族に内在する、経済活動を活発にする資源の重要性である。民族マイノリティ間の経済活動に異なる特徴が見出せるのであれば、経済活動を民族マイノリティ独自の世界との関連で考えることは、不自然ではない。在日韓国・朝鮮人に目を向けたときに、従来、このような視点からの研究蓄積が十分であったとは言い難いが、とはいえ、「在日朝鮮人社会」の既存研究からも多くを学ぶことができる。その代表的な研究として、外村大の『在日朝鮮人社会の歴史学的研究——形成・構造・変容』[58]を取り上げ、本書に関連する論点について考察を加えることにしたい。

外村は、「在日朝鮮人社会」を、「日本列島に居住する朝鮮人によって形成され、民族的な独自の社会的結合や文化が維持されているとともに、その下で様々な活動が行われている社会」（一〇二頁）として捉え、形成期（一九二〇年代後半～三〇年代）から、戦後までの歴史像を提示した。

外村は、従来の各種組織活動に主導された運動史、政治体制を背景とした民族団体結成という分析視角に対する反省にもとづいて、様々な客観的条件を受け入れる（反映する）民衆の視点から在日朝鮮人社会の全体を見渡した。特に、反帝国主義を掲げた運動主体の意図とは必ずしも一致しない在日朝鮮人民衆の多様性（例えば日本社会に積極的に同化する動き）に注目し、対立を含んだ在日朝鮮人社会内の結合関係を描いた。このような新しいアプローチにより、戦後までを視野に入れた変化の方向性を示すことが可能になり、同氏の研究は、在日朝鮮人に関する歴史研究を大きく前進させた。

外村の議論を経済活動の側面から考える手がかりは、「社会的結合＝エスニックコミュニティとエスニックネットワーク」（一一四頁）におけるリーダー層の職業などの活動に注目することによって得ることができる。一九三〇年代においては「労働、日常生活のほとんどを朝鮮人に囲まれて行う空間」が形成され、「在日朝鮮人が展開していた商工サービス業は朝鮮人を顧客として物資の販売及びサービスの提供を行う、ないしは朝鮮人労働者を雇用（あるいは統率）しているという点で、いずれにしても他の朝鮮人と結びついて展開していた」[59]（一四八頁）。この在日朝鮮人に商工サービスを提供したのが、他の朝鮮人に影響力をもつリーダー層[60]であった。外村は、サービス業を営み、工場を経営する朝鮮人「商工人」にとって他の朝鮮人は、市場基盤と低賃金労働力を提供する資源であり、朝鮮人にとって商工人は働き口を提供する存在である、と捉えた。経済面での相互作用的な利害関係から朝鮮人同士の関係の持続性を描いたのである。

しかし、戦後の在日朝鮮人社会では、同化や朝鮮人向けの物資の入手困難を背景に、朝鮮人独自の文化の維持を支える商工サービス業が戦前ほど見られなくなり[61]、戦前の経済的成功者は、大衆への影響力を失ったとされる。外村は経済活動それ自体を分析してはいないが、それは在日朝鮮人社会を「規定する」階層としての経済的成功者の存在を見出せなかったからであり、同氏の枠組みのなかではさしあたり問題にならなかったものと推測される。

このような枠組みがエスニック・マーケット、エンクレーブ・エコノミー論と共通することは、容易に理解されよう。そのため、こうした外村の視点はそれらと共通の限界ももつと言うことができる。すなわち、戦後に関しては、外村の議論からは、エスニック・マーケット、エンクレーブ・エコノミーの外の経済活動を捉える、有効な分析手段を得ることができない。

戦後の在日朝鮮人の企業活動の条件は戦前とは大きく異なったと考えることができる。戦前は、企業（自営業のような零細なものが主流であっただろうが）といっても、日本社会一般から見ると、空間的にも、産業実態としても、限られた展開しかできなかった。在日朝鮮人社会そのものを市場基盤として、製造業のほとんどは同社会の低賃金によって成り立つ、という限り、それはエンクレーブ・エコノミー論で説明可能である。

これに対して戦後については、在日朝鮮人社会を市場と資源調達先の両面から、戦前とは区別して、その相違性を見る必要がある。戦後の「市場」は、人口減少に加えて、同化の進行の影響を受けて縮小したため、在日朝鮮人社会の独自の市場としての機能は弱まった。その縮小は、在日朝鮮人それぞれが各地域の消費市場に吸収されるかたちで進展し、集住地域を中心に形成されていた「まとまった」消費市場は、分散したものへと転換したと思われる。それは、在日朝鮮人社会が安定的な市場基盤としての重要さを失ったことを意味する。加えて、制度的には大勢の新移民が期待できないため、市場規模は「同化」の程度に反比例することになるだろうから、在日朝鮮人企業の固有の成長基盤は次第に縮小したと見てよいだろう。

新しい移民の欠如は、製造業の低賃金という条件が失われたことも意味した。このような状況では、戦前のような最低水準の賃金に支えられる構造からの脱皮を余儀なくされたであろう。

以上の条件変化のもとで、在日朝鮮人は、在日朝鮮人社会の外の「需要」＝ビジネスチャンスを見出さなければならなかった。つまり、一般市場への浸透の可能性とその反作用という視点が、在日朝鮮人の産業構造の歴史的変化を摑む上で必要であろう。本書のこのような捉え方は、ライトのエスニック・エコノミーの開かれた市場という分析視角に学びながら、それを批判的に継承したものである。

ⓑ在日韓国・朝鮮人の経済活動に関する研究と地域実態調査

先述のように、戦後日本における在日韓国・朝鮮人（以下、在日）の経済活動に関する研究は活発ではない。このような研究蓄積が乏しい日本の現状は、移民の国であるアメリカにおいて民族マイノリティが占める社会的な意味と対照すれば、在日が日本の全人口の約一％にも満たない事実と無関係ではないだろう(62)。

そのなかで、在日の経済活動に関しては、抑圧、差別されて零細になるしかない——この見方は外村が示した戦後への展望にも共通する——、あるいは社会的な差別をばねにして卓越した企業家、経営者として活躍したという、両極端の評価がなされている。

戦後の在日の経済活動に注目した研究は、在日の生活を支えた経済基盤としての職業の分析に力点をおいている。[63] 本書との関連で注目すべきは、経済主体として、企業家、自営業者に注目した、河明生、徐龍達、全在紋などの研究である。

河の研究[64]の要点は、在日企業家を卓越した起業者活動を行う企業家（以下、企業家）として位置づけるとともに、儒教の文化構造を強調したところに特徴があるが、起業の原動力や卓越性発揮の直接要因として、差別とそれへの反発・反抗を無批判に位置づけたきらいがある。文化構造を共有する民族全体の卓越性と、個人のそれについて、区別なく議論することによって生じる混乱が、河の研究ではしばしば見られる。そのため、別の機会に論じたように、[65] 同じ文化構造をもつ同民族内に、卓越した企業家が存在する一方で、そうでない在日が存在するのはなぜなのかという疑問に対して、同氏の論理からは、強い差別に直面したという蓋然性以上の説明を見出すことができない。

次に、徐龍達・全在紋の研究[66]（以下、徐・全の研究）は、韓国系民族団体である商工会会員の職種分布にもとづいて在日の産業構成を分析したものであり、歴史的な分析は全在紋[67]（以下、全研究）によって行われた。徐・全の研究では、一九八〇年代に在日が多く携わる業種として、パチンコ産業、焼肉・韓国料理店、土建業、屑鉄などの再生資源卸売業、ゴム・金属・繊維製品の製造業などがあったことを発見しており、本書の分析結果と多くの共通点をもっている。全研究の歴史分析では、一九八〇年代に関する分析の結果を一九五〇年代の状況と比較している。この比較にもとづき、在日の産業構成の歴史的傾向について、三〇年後においても第二次産業の構成比が高いことを根拠にして、差別などの理由から他産業への転換が難しいため、日本経済一般の変化に比べて停滞的にならざるを得なかったと結論づけている。徐・全の研究および全研究とも、地域的特徴に留意しながらおおよその全国的な傾向を明らかにした貴重な研究である。言説的に言われる産業実態に関して、実証的な根拠を提供した他に例を見ない分析であり、在日が集住する一〇の地域を網羅している点で、関連する研究のなかではもっとも体系的なものとして評価できる。

しかしながら、徐・全の研究および全研究に対しては、分析資料自体からくる限界性も指摘せざるをえない。すなわち、商工会会員の業種のみにもとづいているため、在日のなかでも階層的には比較的上層のみの分析に偏っていること、にもかかわらず経済実態の分析まで立ち入った検討がないまま、日本人から敬遠される産業に携わるという先験的な評価にとどまっていること、などの問題点がそれである。歴史的分析を試みた全研究においても、在日の産業構成が差別と関連して停滞的であると評価したことについては、河の研究に関して指摘した差別規定論に伴う問題点を同様に指摘せざるをえない。

以上を踏まえ、先行諸研究に対する本書の立場を、次のように明確にすることができる。

異質な文化的背景が民族マイノリティの企業家の供給源＝出自の要因であるとする捉え方は、シュンペーター的企業家論に共通のものであり、日本では河の研究のように依然として根強い支持を得ている。しかし、そのような捉え方では、民族全体を企業家とするのか、あるいは企業家が輩出される可能性が確率論的に高いとするのかが、明確ではない。そのこともあって、企業家活動において文化など民族マイノリティに「共有」されるものが重要であるとされながら、しばしば、個性や個人の能力によるという説明と明確に区分されることなく議論されてきた。また、因果関係として説明可能な文化的背景を特定できるのかについても曖昧さが残っている。文化的差異がそのままでは差別とはならないことに注意する必要がある。これが第一の点である。

第二に、差別がある場合においても、ない場合においても、経済活動の特徴については、文化的な差異性から説明する可能性が残されているし、一般的な諸要因による説明も考慮する必要があると考える[68]。差別や社会的におかれた困難な立場から民族マイノリティの経済活動を説明することについては、次のような点に注意したい。差別は、民族マイノリティがおかれた条件の一部をなすという意味では無視されるべきではない。そのため、こうした視角は今日のマイノリティ研究でもしばしば言及され、重要な論点の一つとして継承されている。しかしながら、経済活動のあり方をすべて差別から説明できるわけではない。しかも、そうした議論では差別は安易に文化的差異、つまり、集団間の社会的に区別されるべき要素と結び付けられているという問題点もある。[69]

地域別に異なる在日経済活動のあり方の解明は、インタラクティブ論が需要構造に注目したことと共通点をもつ。供給側の経済活動の具体的な基盤（資源）についての検討を行うことが今後の課題であろうが、こうした流れの一環として位置づけられるのが、特定の地域を対象として行われた実態調査である。代表的なものとして、神奈川県在住の韓国・朝鮮人、中国人を対象として一九八四年時点で調査、分析を行った『日本のなかの韓国・朝鮮人、中国人』[70]（以下、神奈川調査）、在日が集住する大阪の東成区を対象とし、一九九〇年代の実態を明らかにした庄谷怜子・中山徹の『高齢在日韓国・朝鮮人――大阪における「在日」の生活構造と高齢福祉の課題』[71]（以下、大阪調査）がある。

これらの二つの地域実態調査によって、在日の各地域の経済状況について、具体的な事実が見出された。インタラクティブ論が社会学グループの調査による事実発見を出発点としたように、河の研究、徐・全の研究の限界を補いながら、インタラクティブ論と分析視角を共有しうる研究基盤を提供するものと位置づけてよいだろう。ここでは、二つの調査結果から、本書とインタラクティブ論に関連して、三点に絞って述べておこう。

第一に、大阪調査では、一九五五年前後に在日の階層分化が始まり、それが高度成長期を通して拡大固定化されたという仮説を打ち出している。復興期の様々な就労や事業機会の経験は、終戦後約一〇年の時点での階層分化をもたらし、その後の生活水準を決めることになったと言う。このような在日内での階層分布が、日本全体の階層分布に占める位置の解明はなお課題として残されている。この仮説に対して、高度成長期以降の分析に力点をおく本書は、階層分化の経済的要因を掘り下げる材料を提供できると考える。

第二に、地域実態調査では、在日が集中する特定の産業と民族性とのかかわりについて、差別以外の関連性が具体的に提示されていない。もちろん、地域の在日の経済的基盤を解明する目的で行われた産業分析は、他には例を見ない、優れた内容となっている。神奈川調査(72)では、屑鉄など再生資源卸売業、焼肉・韓国料理店、大阪調査(73)では、地場産業であるケミカルサンダル製造業が注目されているが、ここでは詳細に分析されている後者を取り上げよう。それによれば、仕事の分かち合いがあることが示され、零細で発注量が一定でない産業特徴を民族の共同性によって支えていることがうかがえる。しかし、著者も認めているように、日本人業者との比較分析にまでは立ち入っておらず、七割程度が在日であることを指摘し、差別の結果からの説明にとどめているために、従来の議論を大きく超えるものとは評価できない。民族性と産業実態を分析する視点は明確ではなく、零細性、搾取、下請関係のなかでの景気変動のしわ寄せなど、一見、中小企業問題一般と類似した分析になりがちであるというのが現在の研究の到達点であろう。

第三に、高い自営業率の解釈についてである。地域実態調査では、在日の自営業率の高さに関して、零細企業であることを根拠にして停滞的と評価する(74)。在日の経済活動を総合的に評価するときに、卓越した企業家に注目した河の在日の捉え方と補完的な内容をなすものであり、徐・全の研究が在日の産業分布を停滞的であると評価した根拠になりうる底辺の様子と理解できよう。それに対して、ライトは、高い自営業率を民族マイノリティのダイナミックな側面を象徴するものとする。どちらの評価の場合も根拠とする事実発見があるから、同じ事象をめぐる正反対の評価は、本書において慎重に考慮すべき論点となろう。

3 分析方法と本書の課題

以上、アメリカでの研究の潮流を視野にいれつつ、在日関連の研究の現況について述べてきた。強調しておきたいのは、本書の意図するところは、アメリカでの研究や分析方法を受容することではない点である。これまでの作業は、広い視野で先行研究を渉猟しながら、本書にかかわる論点を発見し、議論の方向性を定めるというものであった。社会的な背景が異なれば、社会科学の方向性はそれに多少なりとも影響を受けるから、日本の民族マイノリティを対象に新しいアプローチとして経済史的考察を行うにあたっては、在日の特徴や彼らを取り巻く環境を十分理解する必要がある。

アメリカでの研究の重要な論点の一つは、民族ごとの社会移動のスピードの違いやそれを規定する「自営業率」の多様性の要因を解明することであった。そうした要因として、各民族の資源について理論的検討が進んでいることは指摘したとおりであり、資源の組み合わせが民族によって異なることにも注目しながら、分析の精密化も進展している。こうした問題意識や方法に対して、本書は、民族マイノリティの経済活動に共通して必要な基盤や発展の可能性に関心がある。多様性の要因は、その解明のための一つのステップにはなる。しかし、論理的には、多様性の要因と経済活動を規定する本質要因とは、必ずしも一致しない。多様性を説明するための民族固有の「資源」を中心にした理論展開は、構造的な分析としては有効性をもつ——要素関連の指摘にとどまっている点では部分的であるが——とはいえ、長期的な変化を説明する上では、十分な分析道具をもたないと言えよう。このような問題意識の下で、本書では、歴史的に蓄積される資源という視点から、企業を分析単位として経済実態の検討を行う。

ヴェーバー、ゾンバルト以来しばしば指摘された、ある民族が獲得した経済活動に関する優位性とその役割は、歴史過程における連鎖的な変化の結果として生じたものと捉えることができる。政治分野への進出を排除され、経済活動に集中すること[75]自体が特定の民族の経済的優位性を説明するものではない。例えば、ユダヤ人のケースでは、商業活動において、民族ネットワークの形成に支えられることによって、経営資源が民族のなかで共有[76]されえたことも指摘できる。これらの条件は「出発点」の要因として民族マイノリティに備わっていたわけではない。

例えば、在日がパチンコ産業で成功した事例があるとしよう。在日が一般労働市場や他分野から排除される状況が継続する一方で、一般社会からの参入がなくなると、発生した資源——ビジネスチャンスの存在を認識することや経営ノウハウなどの幅広い情報——は、在日という民族を境界として、その民族内に留まって蓄積される状態が続く。そうした資源の存在は、在日にとって資源へのアクセスを容易にし、事業選択の繰り返しによって情報はさらに蓄積されていくことになる。その結果、マジョリティに対する当該産業部門に関する優位性が保たれる。このように、ある民族が特定の経済分野で重要な役割を果たすということは、歴史過程の所産である。

しかし、こうした優位性は、時間の経過とともに変化するものでもあろう。それは、外的条件によっても、在日の内在的要因によっても変化する。非在日企業がその分野をビジネスチャンスとして認識して参入し始めることによって、在日がもっている優位性は、民族で区分された境界線を越えて市場に伝播することになり、次第に弱まっていく。また、例えば在日企業が成長するために必要とされる経営資源を一般社会から調達することによっても、資源が民族内に偏って蓄積されるという境界線は曖昧になり、優位性も失われていく。このような視点に立って、歴史的な変化に留意しつつ在日の経済活動の特徴や要因を解明する。

以下では、対象にかかわるいくつかのキーワードについて本書で用いる意味を明確にしつつ、分析方法と課題について述べる。

（1）用語の定義と分析方法

ⓐ在日韓国・朝鮮人＝「在日」

本書で言う「在日韓国・朝鮮人」とは、戦前（一九世紀末から一九四五年八月）において、生活、留学、強制連行など様々な理由によって来日した朝鮮人のなかで、戦後も継続して日本に在住するようになった人たちとその家族、および本国の戦後の政治環境のなかで特に一九五〇年代に朝鮮半島から渡ってきて日本に定着した人たちを指している。[77] 在日韓国・朝鮮人については、「在日朝鮮人」、「在日コリアン」など様々な呼び方があり、歴史学では「在日朝鮮人」が定着している。[78] 本書は、戦後を対象としており、使用する主要な資料が、韓国系を支持する民族団体によって発行されていること、分析の上で政治的立場（さしあたり国籍を基準にする）を明確にする必要があることから、便宜上「在日韓国・朝鮮人」とする。以下本書では、「在日」（以下、括弧を省略）と略称する。なお、在日全体のなかでも国籍や政治的立場にもとづく特定集団を指すときは、必要に応じて「韓国系在日」、「朝鮮系在日」（以下、括弧を省略）とする。

ⓑ「在日企業」

本書では「在日企業」を分析の基本単位とする。それは、「個人」、あるいはその事業を単位とする分析の視点からは見落とされた、成長した企業までを射程にいれることができる点で有効である。

「在日企業」（以下、括弧を省略）は、在日が所有、経営する企業のことである。在日企業については、厳密な概念規定を設定しておらず、所有者が在日である企業一般を指している。自営業のような雇用従業員なしの個人経営の商店（家族労働を除外しない）から、従業員規模の大きい会社組織（筆頭株主が在日になっている企業）までを、含んでいる。なお、この定義は、日本の企業一般から分析対象を抽出する基準を便宜的に設定するためのものであり、在日企業（広くは民族マイノリティ企業）の本質的規定ではない。

「企業」を基本単位とし、「企業成長」に着眼すれば、個人、自営業者からは見えてこない、市場や資源調達が問題となる。企業として見ると、個人を基準にした自営業を企業成長の初期段階として捉えられるし、アメリカでの研究の成果を本書での分析の範疇に包含することができる。企業成長を想定することにより、必要な市場をどのように確保し、資源調達をいかに行うか、そしてそれらの活動が民族マイノリティの経済活動と一般経済との境界線をどのように変化させるかが、あらためて問題となる。

しかし、企業単位で捉えた場合、本書で問題にしたい市場や経営資源の特性、経済活動の特徴において、企業ないし企業家の個性と、企業所有者の民族的出自の影響や役割を区別することが難しくなる。そこで、本書では、個別企業の特性を捨象し、同じ経営資源が意味をもつと考えられる「産業」に注目することにする。[79] その限りで、在日企業は産業を代表するものとして捉えており、産業とほぼ同一の範疇になる。企業の個性ではなく共通性に注目するわけであり、このことによって「民族」、「民族性」というものの役割を考察することができる。

ⓒ産業構造分析と「在日産業」・「特化度」

在日企業の経済活動の特徴を見出すための作業は、在日企業が構成する産業構造の分析から始まる。そこから、日本全体の産業構造に対する違いなど、在日の経済活動の特徴を知る手がかりを得ることができる。開かれた市場の視点から産業構造を見れば、市場基盤が在日か、一般の日本社会かということが判明し、それらは在日と日本社会との接点＝一般市場への浸透の度合いを表す指標ともなる。また、事業のために必要な資源が確定できるし、その調達をどのように行うかを観察すれば、在日企業の特徴を明らかにすることができる。

在日の産業構造を分析するにあたって、一般的には生産高を基準とするが、ここでは、企業数を重視する。資料の限界のためでもあるが、在日産業を構成するのはほとんどが中小企業であり、企業数分布によって産業構造の大まかな傾向を摑むことができる。在日がどの産業に参入するかという、事業選択における意思決定の結果を考察する上では、企業数が適切な指標であろう。

そうした産業のなかで代表的な産業を見出す方法として、特化係数が表す特化度と産業構成比に注目する。特化係数は、地域ないし日本全体の産業構成の比率を分母とし、当該地域の在日の産業構成比を分子としたものである。特化係数が一より大きい場合、在日は日本全体の構成に比べて相対的にその産業分野に集中していることを表す。このように特化度は、日本経済の一般的な傾向に対する在日の特徴を表し、産業構造一般の変化を織り込んだものである。産業構造において、高い比率を占め、特化度が高いいくつかの産業を、重要な位置にあり、かつ特徴的という意味で、「在日産業」（以下、括弧を省略）とする。

ⓓ企業成長段階における在日コミュニティの機能と在日産業の変化

在日産業に注目する理由は、「民族」という「切り口」を問題にすることにある。民族性は、本来ならば市場システムのなかでは、表舞台に出ることのないものである。しかし、民族マイノリティの諸理論で強調されるように、民族ごとに経済パフォーマンスが異なることは、「民族」というものの経済活動への影響を示す。そのような意味で、本書でも、在日という民族性を問題とするが、それを在日の民族的特性一般という、漠然とした要因に集約するわけにはいかない。

本書では、「民族」というものの経済活動へのかかわりを、産業への参入とその後の成長に必要な経営資源調達における民族コミュニティの役割という観点から捉える。経営資源としては、戦後の在日の企業活動の条件を考慮し、ビジネスチャンスの発見、経営ノウハウなどの幅広い意味の情報と、資金に注目する。

分析の大きな枠組みは以下の四点にまとめられる。すなわち、①企業という視点から、②開かれた市場の特性をもつ産業に注目し、企業の誕生＝起業段階と成長段階に分けた上で、③各段階で必要な経営資源がどこから調達されたのか、④その際在日コミュニティはどの程度有効であったのかを観察する、というものである。

歴史的変化の特徴を観察するために、第一に、複数の時点での特化度を測定して、在日産業の変遷から、それを明らかにする。どのような産業が衰退し、変化を牽引した産業は何か、その変化のあり方は、日本全体の産業構造の変化に対してどのような違いを見せたのか、ということが論点となる。

第二に、その変化の要因において、在日企業を含む産業全体の成長史と、在日企業との関連を考慮することによって市場の一般的特徴を捨象し、「民族」が影響した側面を明らかにする。このように、在日産業の変遷と、それぞれの産業の発展史を重ね合わせることにより、在日企業の事業展開の戦略が判明する。

ⓔ在日コミュニティ

本書で想定するコミュニティについて敷衍しておこう。在日コミュニティは、外村が想定した在日朝鮮人社会とほぼ同様の意味をもつ。あえて異なる言葉を使ったのは、外村が戦前以来の在日朝鮮人社会を想定していること、本書では「民族的な繋がり」というより緩やかな範疇を想定していること、「在日韓国・朝鮮人」という異なる呼称を使用すること、それゆえ必要に応じて国籍別の社会として区分されることもある点を考慮し、混乱を避けるためである。また、ネットワークに関する捉え方を柔軟に使用するという意図もあわせて込めている。

したがって、本書では、在日コミュニティの存在を前提にしている。ただし、分析の観点からは、それがどのように形成され、何によって維持され変化するのか、強い・弱いなどの結合関係やその変化などを、確定しておく必要はない。また、ネットワークについては、同じ理由から、緊密さなども本書では問題にしない[80]。ネットワークを即自的な「存在＝機能」と捉えておらず[81]、どのような局面で機能するかを問うからである。

在日、在日企業の立場で考えてみるならば、家族、親族、同民族の親友など強い関係をもつ繋がり＝ネットワークもあれば、民族団体の行事などで年に数回しか会わないような緩やかな繋がりもあり、大きな集団や小さい集団、緊密な関係や弱い関係を複数もつことになる。このように、在日は、民族系金融機関や商工会のように特定目的をもって結成された組織、同郷出身の仲間、政治団体である在日本大韓民国民団（以下、民団）や在日本朝鮮人総聯合会（以下、朝鮮総連）など政治的立場を共有する人々、というような規模、中身の異なる民族的繫がり、ネットワークを重層的にもつと捉えられる。このように見ると、民族コミュニティを、一つのコミュニティのもとで、均質なネットワークが張り巡らされているものとみなし、在日や在日企業が行う企業誕生や成長にかかわる経営判断に対して、一方的に影響を及ぼすと想定することが無意味であることがわかる。帰属すべきコミュニティが存在しているとしても、仮に経済活動にかかわりがなければ、本書では、コミュニティは登場しないであろう。もちろん、本書は、在日の経済活動の特徴を民族コミュニティの機能との関連で考えることが有効であるという仮説のもとで展開している[82]。このような意図から、本書では、企業活動のどのような局面において、在日と在日企業が民族コミュニティを必要とするかを問い、必要に応じて利用される民族的繫がり＝ネットワークとして、重層的なコミュニティを想定する。

（2）本書の課題

以上を踏まえて、本書の課題をあらためて整理しておこう。

第一に、在日の経済活動について、産業構造の変化や変化の要因を摑むことによって、従来の両極に分離した見方を総合し、再評価を試みる。先行研究では、企業家活動の活発さか、あるいは逆に事業の零細性、停滞的な側面のみに目を向け、いずれの場合も、「差別」をその要因としている。これに対して、本書では、在日の経済活動の特徴を発見することから始める。その際、ダイナミックな変容として表れる側面に留意したい。それらは、先行研究が明らかにした事実と矛盾するものではない。しかし、その特徴を無条件に「差別」から説明するのではなく、分析上の「区別」される集団の特徴として捉え、それを引き起こした諸要因について、産業の成長史を考慮しつつコミュニティの役割から考察する。

例えば、前述した神奈川調査に対して、本書の視点から、次のような分析の可能性を提示することができる。同県在日の主要産業の一つは、屑鉄など再生資源卸売業である。調査が行われた一九八〇年代半ばの同産業の動向は、一九七〇年代までの成長から考えると、斜陽産業と言えるものであった。[83] この産業に携わっている在日、在日企業は、在日の産業構造全体の歴史から見ると、歴史的に主要産業の一つであった同産業に、残っているグループである。そこには、競争で勝ち残ったか、あるいは多角化や事業転換など積極的な事業展開を行っていなかったか、両方の可能性が含まれている。いずれにしても、在日の産業構造の変化をリードする部分ではなく、停滞を表す側面と言える。このように、特定の地域を対象とした場合、基盤にしている産業の発展史と、その産業が在日の産業構造の中に占める位置づけという二つの軸で考えることにより、底辺の部分的な実態と、そこでのダイナミックな変化とを総合的に捉えることができる。

第二に、アメリカでの研究の諸理論に対して、企業に注目すること、開かれた市場を想定すること、資源が歴史的に蓄積される過程を重視すること、これらを強調したが、この方法が説得的であるかどうか、本書全体の分析を通して評価されよう。開かれた市場基盤と閉ざされた市場基盤をそれぞれもつ産業、それらに対するコミュニティの機能を論じることは、民族コミュニティの長期的な成長の可能性に関する中心的な論点となろう。

第三に、外村の研究から、批判的に継承すべき二点を検討する。意図する一つのポイントは、経済実態から見える変化の要因や繋がりを明らかにすることによって、外村が描いた戦後の在日朝鮮人社会の歴史認識を豊かにすることである。外村は、戦後の在日朝鮮人社会を大衆の客観的条件への適応から描いた。[84] 本書は、「反応、受容」の側面を認めつつ、在日企業が示した産業分布の歴史的変化と、その結果をもたらした企業活動に注目することによって、在日コミュニティを変化させる内在的なエネルギーを発見することができると考える。[85]

もう一つは、民族系金融機関の分析にもとづいて、経済の側面からコミュニティ内の在日の結合関係を考察する。民族系金融機関は、制度的に外の市場との関係は閉ざされ、在日コミュニティを市場基盤にしている。そのため民族系金融機関は、経済合理性をもつ経済組織としての側面と、市場基盤としての在日朝鮮人社会と緊密な関係を保つ側面とをあわせもつ。さらに、南北対立を反映した二つに分裂した社会を基盤にするという政治的な側面をもつ。民族的忠誠心、経済合理性、政治的意図のベクトルが、相乗効果を発揮する一方で、互いに矛盾する複雑な結果を導く可能性がある。そのような性格をもつ民族系金融機関から、在日コミュニティの結合関係をリアルに描くことができるであろう。

以上の点を踏まえて、第四に、「民族」というものが、経済活動においてどのような役割を果たすのか、について検討する。この問いかけは、そもそも民族集団＝コミュニティに注目することが、経済活動を見るときに必要なのかどうか、必要があるとすればどのようなインプリケーションがあるのか、という疑問に答えようとするものである。本書は、特定の民族を対象とした歴史事実の発掘に力点をおいているが、そこで見出される事実は、民族マイノリティ企業の経済活動一般に敷衍できる議論を含むものであろう。

(3) 本書の構成

経営資源の調達に関するコミュニティの機能に注目する本書では、第Ⅰ部には情報蓄積という視点から産業実態分析を、第Ⅱ部には資金という視点から民族系金融機関分析をそれぞれ充て、全七章にわたって分析を行う。

まず、第Ⅰ部では、在日の戦後約五〇年間における産業実態とその変化のメカニズムを明らかにする。開かれた市場を基盤とした在日産業において、在日企業が誕生し成長するためにどのような基盤が必要であったかを検討する。

第1章では、戦前期から在日が集住する京阪神を中心とする近畿地方を対象とし、在日の産業分布の構造的、歴史的特徴を明らかにする。第2章では、在日の産業経済の歴史的特徴が作り出されたメカニズムについて、京都府の繊維産業における在日企業の成長とコミュニティ機能に注目して、仮説的な説明を試みる。第3章では、牽引産業であるパチンコ産業に光をあて、在日の参入と同産業が在日産業として形成される過程を明らかにすることによって、在日の産業構造のダイナミックな変化に関する仮説の検証を行う。

こうして、在日の経済活動の特徴について、第1章では地域経済の要因、歴史的条件を考慮し、第2章ではコミュニティの中の要因を考察し、第3章では産業の成長史や市場特性の影響を検討することによって、全体として「民族」がどのような機能を果たしたかを浮き彫りにする。

第II部は、在日の産業経済を支えた社会基盤である民族系金融機関を対象とし、その設立から成長までと、在日の経済活動に果たした役割と限界を検討する。加えて、コミュニティという閉ざされた市場を基盤とする民族系金融機関の経営実態という視点も重視する。この分析によって、開かれた市場を基盤とした産業（第I部）と、閉ざされた市場基盤をもつ産業が、在日にとってもつ経済的意味について論じることができるであろう。この問いに答えるため、民族系金融機関の設立から成長（第4章、第5章）、それにかかわるコミュニティ内の競争条件（第5章、第6章）、在日企業にとっての役割（第7章）まで、検討は幅広い領域に及ぶ。

第4章では、全国的に民族系金融機関が設立されていく過程に焦点をあてる。その際、設立の社会的背景や設立を可能にした政治経済的要因を明らかにする。代表的な民族系金融機関を取り上げた第5章では、民族系金融機関の預金と運用基盤の歴史的特徴を解明する。第6章では、在日の特殊な事情である南北対立が、民族系金融機関の展開において及ぼした影響に分析の光をあてる。競争的展開という視角から、全国民族系金融機関の金利水準について構造的、歴史的分析を試みる。民族系金融機関が提供する金利水準の分析を受けて、第7章では、在日企業が取引する金融機関について、産業別の特徴と成長に伴う長期的展望を検討し、民族系金融機関の役割を明らかにする。民族系金融機関の機能を踏まえて、第I部の在日の産業経済の特徴との関連について、考察を加える。

終章では、在日の経済活動に関する歴史的ファクト・ファインディングのまとめに加えて、理論的インプリケーションの試論を展開する。民族マイノリティ企業に備わっている企業一般の性格に着目し、民族マイノリティ企業のダイナミズムの源泉や成長の道筋、そしてその実現を可能にする条件について検討する。

以上の構成において、本書の前述の四つの課題（二八—三〇頁）は次のように対応している。第一、第三の課題は、第1章の在日の経済活動の特徴、第2章と第3章のダイナミズムを生み出すメカニズム、第5章と第7章の在日企業と民族系金融機関の関係によって、明らかになる。第二の課題（企業を基本単位として開かれた市場を想定する）は、基本的な視点として本書を貫いているが、開かれた市場に対するコミュニティ機能を明らかにする第2章、第3章と、第7章で検討される。また、開かれた市場・閉ざされた市場が在日にとってもつ意味については、第II部の分析を踏まえ、第I部と対照しながら終章で検討を加える。第四の課題は、すべての検討を踏まえて、終章で論じられる。

第Ⅰ部　産業実態分析

はじめに

民族マイノリティ集団の経済活動は、しばしば特定の産業と関連付けて論じられる。現実的に、例えばユダヤ人と金融業、華人と商業との深い関係は、よく知られていることである。そうした現象を出発点としてミドルマン・マイノリティ論などの理論的構築が試みられるのも、特定の産業への集中が民族マイノリティ集団の経済活動における「特徴」として認識されているからであろう。

しかしながら、このような議論では民族マイノリティ集団の特定産業への集中を当然の前提にしているのではないだろうか。そのためそれは何故なのか、それが作り出されるプロセスや集中の歴史的傾向はいかなるものかと問うことは稀である。差別による結果という説明が広く受け入れられており、そのような問いかけ自体を省ることはなかったからである。

民族マイノリティと産業集中に関する一般的な認識は、在日についても同様である。例えば、「水商売」や第二次産業への集中については「集中的産業」[1]、「偏りのある」[2]などの評価が、歴史的変化についても「ほとんど変化がない」[3]という表現がそれを象徴する。その要因については恒常的な差別や、資源が欠如していることなどの社会的状況が指摘され、その結果、構造的な特徴は歴史的に脱却し得ないものとして説明される[4]。

ミドルマン・マイノリティ論では、商業への集中について差別を直接説明要因にはしないが、産業特性と、マイノリティが置かれた特殊な社会的立場とを結びつけて把握している。例えば、ユダヤ人は、将来に本国に帰ることを希望する（流動性が高い）集団的特性をもっているため、長期固定的な投資を避け、流動的な金融資産を保有する傾向がある。その結果、それに適した商業に集中するとされる。[5] その場合、差別はマイノリティが置かれる状況を作り出す社会環境として前提になっている。また、移民集団の経済活動を積極的に評価するライトは、ロサンゼルスの在米コリアンがいくつかの産業に著しく集中していること、時間とともに集中度が高まっていくことを明らかにしている。[6] しかし、その理由については、本書が重視する民族内で活用される「情報」に着目しながらも、産業集中と資本蓄積、教育水準、民族文化的資源など様々な要素を相関的に説明するにとどまっている。

第Ⅰ部では、こうした問題意識にもとづいて、これまで見過ごされてきた在日と産業集中の実態をあらためて確認し、特徴を明らかにする。そしてその要因やメカニズムについて仮説的説明を試みる。とりわけ、特定の産業に集中していくプロセスの解明と歴史的分析に力点をおくことにより、在日の民族集団としての行動と、それを可能にする基盤を検討する。このような視角から、産業がもつ特性、在日が置かれた状況を相対化しながら、在日産業の歴史的ダイナミズムを作り出す在日コミュニティの内在的な論理を明らかにする。

第1章では、近畿地方の在日企業に注目し、どのような産業に携わってきたかについて、構造的、歴史的考察を行い、そこに見出される在日の経済活動の特徴について、評価と仮説を提示する。第2章と第3章では、在日が数多く携わる京都の繊維産業とパチンコ産業を取り上げ、在日産業として形成されていくプロセスをそれぞれの産業の発展に即して検討する。このうち、第2章では、在日産業の形成と企業成長にかかわるコミュニティ機能に着目して、在日の経済活動の特徴が作り出されるメカニズムに関する仮説による説明を試みる。第3章では、在日が集中する産業が入れ替わる過程を明らかにし、在日の経済活動の歴史的変化の要因を右の仮説に即して検証する。

第Ⅰ部の分析に関連して、分析対象にかかわる限界と残された課題について予め断っておきたい。第一に、在日産業活動を歴史的に解明するため、第1章では、近畿地方に焦点をあわせて分析を行う。京阪神地域は、在日が戦前期から集住している地域であり、現在までその傾向は大きくは変化していない。しかも、経済活動においても、重要な地位を占めてきた。中軸的な地位を占める地域を対象とした長期的な観察によって導き出される特徴は、在日全体の特徴を捉える上で有益であると言えよう。また、第3章のパチンコ産業や第II部の金融機関分析で全国データを使用し、全国の実態について補足した。しかし、その半面で地域を限定していることがもちうる限界も認めておく必要がある。在日の集住地域である東京都や神奈川県など、京阪神地域に次ぐ大都市圏と全国レベルの考察は、今後の課題である。

第二に、在日団体の調査にもとづく名鑑の資料上の限界から、零細な企業の多くは含まれない。そのこともあって、詳しくは第1章で検討するが、使用したデータには経営規模に偏りがある。しかしながら、産業を代表する企業に注目することによって発展のメカニズムを解明する本書の課題からすれば、それらの分析は、十分な代表性をもつものである。

第三に、取り上げる産業についてである。繊維産業とパチンコ産業を取り上げた理由については、各章で詳しく説明する。本書で在日の主要産業と考えているのは、この他に、土木工事業、再生資源卸売業、ケミカルシューズ製造業などがある。具体的分析が及んでいないこれらの産業における在日企業のあり方や歴史を明らかにし、本書全体の仮説を深めていく作業は、今後の課題として残されている。

第*1*章　戦後の在日韓国・朝鮮人経済の産業動態

はじめに

本章[1]では、戦後復興期から一九九〇年代までの時期を通した近畿地方の在日企業の発展に注目し、産業構造とその長期的変化の考察から、在日経済活動の特徴を明らかにする。戦前期に、出稼ぎ、留学、そして強制連行等の事由で渡航し、終戦の時点では二〇〇万人以上もの朝鮮人が日本本土に居住していたが、そのなかのおよそ四分の一が戦後も引き続き在留することとなった[2]。とりわけ、図1-1が示すように戦前から在日の集住地域が形成されていた大阪府、京都府、兵庫県では、戦前期の就労体験を基盤として企業が相次いで設立されるなど経済活動が顕著であった。本章は、在日の経済活動が伝統的に活発であった三府県を中心とした企業分析を通じて、在日の産業構造の動態を把握することを課題とする。

本章の課題設定に対応するような、戦後の在日の経済的な側面を対象とした研究は少なく、また限られた研究でも、そこでの主要な視点は労働市場における差別問題や不安定な生活といった側面に置かれてきた[3]。一般労働市場から排除された結果、中小零細の自営業を生業とするという受動的な姿が描かれてきたのである。しかし、こうし

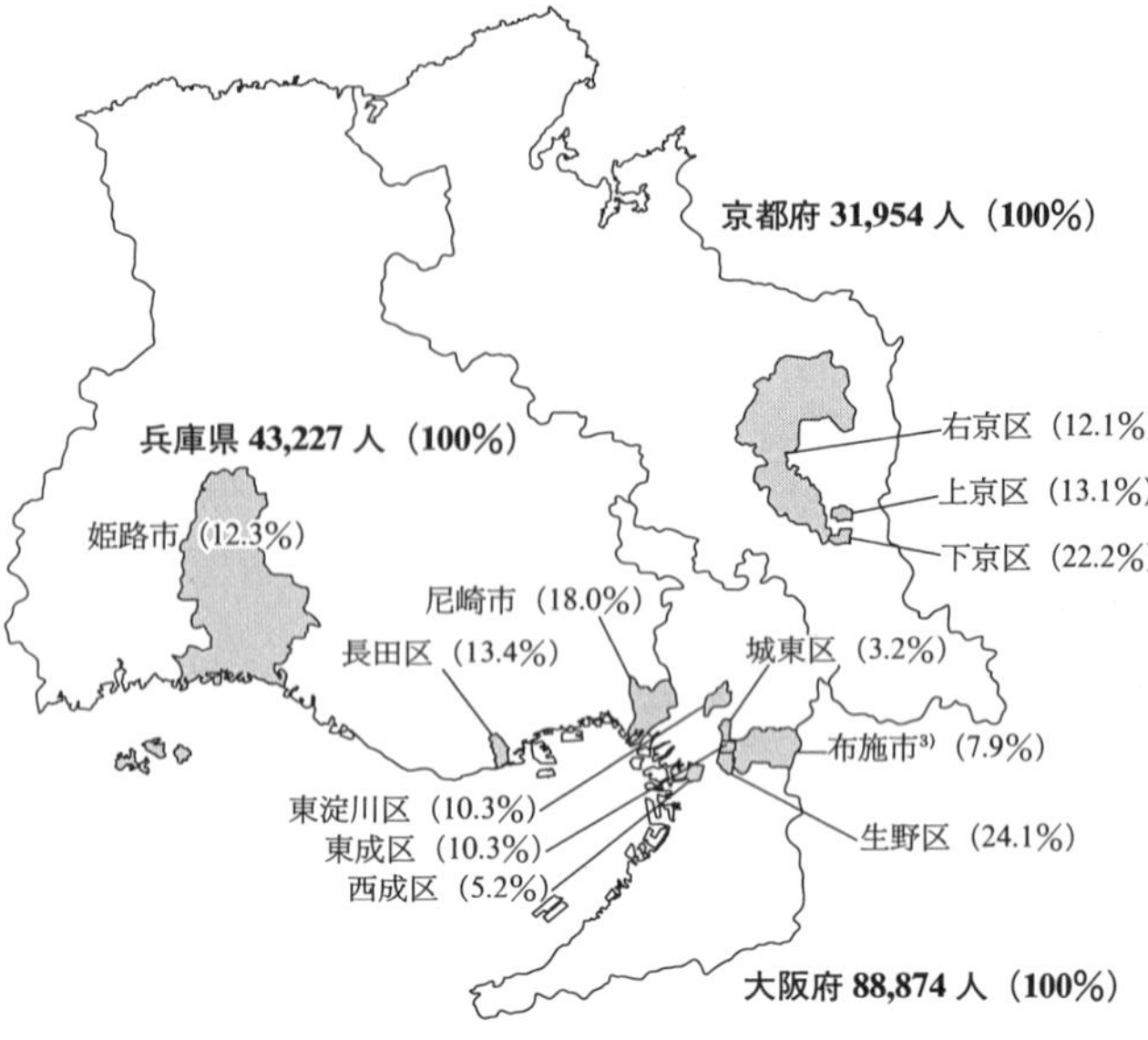

図 1-1　在日韓国・朝鮮人の集住地域（1950 年）

注 1）一般的に，国勢調査で把握される在日人口は，外国人登録数に比べ少ないが，構成比に関しては大きな誤差はないと考える。区別の分布がわかることと，以前の調査と異なり「常住人口」が対象となった時期ということから，1950 年の国勢調査より集計した。ただし，地図は現在のものを使用しており，市区は当時の領域と一致しないものがある。

2）全国在日韓国・朝鮮人数は，464,277 人であり，京阪神（164,055 人）は全国の 35.3% を占めている。この集中傾向は高度成長期に高まり，1970 年代半ばでは計 45% に達した。

3）布施市は，1967 年に河内市と枚岡市の三市が合併して現東大阪市となった。

4）パーセンテージは，各府県の在日人口を全体とした割合。

資料）総理府統計局『昭和 25 年国勢調査報告』全国編 I（130–135 頁），都道府県編その 26 京都府（78–83 頁），その 27 大阪府（92–98 頁），その 28 兵庫県（110–118 頁）より作成。

た側面のみで在日の経済活動の全容を捉えようとすることには限界があると考える。

在日の経済活動を対象とした代表的な研究として、序章で述べたように、徐・全研究による産業構成研究[4]と、全研究による産業構成の歴史分析[5]、河による起業者活動を特徴とする在日企業家研究[6]がある。地域的特徴を視野に入れながら、在日の主要な産業を概観した徐・全の研究では、第二次産業を中心とすることが在日の産業構成の特徴とされている。その要因については、戦前の在日就業構造の持続と社会的な差別の影響が指摘されている[7]。全研究においては、第二次産業を中心とした産業分布が維持され停滞的であるとされた[8]。しかし、利用された資料に限界もあり、在日企業、産業の形成や成長の特徴、要因を明らかにすることは課題として残されている。一方、マイノリティ企業家に着目した河の研究は、特に在日一世の起業者活動における卓越性の源泉を儒教の文化構造に見出し、この文化的特性の現実経済における顕在化が日本社会への同化にしたがって弱まるとするなど、興味深い論点を提示している。しかし、その起業者活動が経済発展のどの歴史局面の、どのような産業で発揮されるのかといった分析は行われていない。そのため、そうした視点から在日に限らず一般的に説明可能な部分が区別なく指摘され、結果的には在日の起業者活動を過大評価するきらいがある。このように、在日の産業経済について、先行研究では、一方では停滞的な姿として、他方では卓越した企業家の群像として、対照的に描かれている。

本章では、在日の産業経済について、構造的特徴と歴史的特徴を明らかにし、先行研究では見落とされてきた、主体的な経済行動の結果として産業動態が変化していく側面を浮かび上がらせる。そのことによって、本書全体の問題の所在を明確にする。(9)

在日の産業・企業活動の分析を進める際には、信頼度の高い体系的な統計、あるいは資料一般が不足しているという資料的制約がある。この問題を克服するため、本章では、一九四七年、七五年、九七年の調査にもとづく名簿、企業名鑑（以下、すべて名鑑と略記）に掲載された企業情報を利用する。これらの名鑑は、入手可能な資料の中では、もっとも体系的な情報を提供している。(10) 一九四七年は、戦前と戦後を連続的に捉える上で重要な意味をもち、七五年は在日産業の構造が高度成長期を経験した到達点を反映する時期である。この二時点の分析を踏まえて、一九九七年を考察することによって、五〇年間の変化を有効に捉えられると考える。ただし、この名鑑は、民族関連団体が企画して行ったアンケート調査の結果を整理、刊行したものであるため、特に個人営業等の零細企業は対象外とされた可能性が大きい。(11) したがって、本書は少なくない零細企業を除く産業企業を対象とする分析ということになる。(12) また、発行元の政治的性格を考慮して掲載企業をすべて韓国系と判断したうえで、オーナーの各年度の国籍（帰化）いかんにかかわらず、すべてを在日企業とみなす。(13)

表 1-1　企業名鑑の概要と本書での集計分析の留意点

		企業名鑑		
		『在大阪朝鮮人各種事業者名簿録』	『在日韓国人企業名鑑』	『在日韓国人会社名鑑』
調査年度		1947 年 1 月現在	1975 年 8 月現在	1997 年 1 月現在
発行機関（発行年度）		在日本朝鮮人連盟大阪本部（1947）	統一日報社（1976）	在日韓国人商工会議所（1997）
名鑑の内容	調査地域／企業数	大阪／836 名調査	全国／2 万社を調査，うち約 7 千社を選別	全国／約 1 万社
	アンケート調査項目	氏名，職業，職業内容，本籍地，現住所，営業所住所，使用者数，電話番号	社名，代表社名，経営形態，設立年月日，資本金，本社所在地，従業員数，主要取引銀行，事業内容	社名，本社所在地，役員，創立年度，設立年度，事業内容，資本金，従業員数，事業所
集計作業の内容	集計分析対象サンプル	826 社（大阪府に所在する 836 件のなかから，企業として所有・経営するものと判断された件を抽出）	2,484 社（近畿 6 府県：大阪府，兵庫県，京都府，和歌山県，奈良県，滋賀県）	3,158 社（近畿 6 府県に所在する 3,610 件のなかから抽出，多角化している企業は主要事業を中心に編集）
	産業分類	事業内容再分類作業の方法；時系列変化を明らかにするために，① 3 つの企業名鑑（1947 年，1975 年，1997 年）のすべての集計サンプルと，②全事業所統計（1951 年，1975 年，1996 年）を，1993 年 10 月に改訂された日本標準産業分類を基準に，分類・集計し直した。その際，①については，事業内容から判断した主要事業を分類の対象とした。		

注）以下の図表および本文では，特に断りがない限り，資料名は調査年度を付記した 1947 年，75 年，97 年企業名鑑と略記する。
資料）各企業名鑑の凡例の内容より作成。

さらに、集計にあたり、以下の諸点に留意する必要がある。第一に、三冊の名鑑はそれぞれ発行元が異なっているため、アンケートの対象企業が同一でない可能性がある。第二に、アンケートで問われている内容は統一されたものではない。第三に、編集および収録記載の方法に差異がある。第四に、出荷額、資産規模など重要な情報が欠落しており、資本金についても一貫したデータが記載されていない。これらの点を踏まえて、本章では、表1-1に示した手続きを行ったうえで、名鑑のデータを集計分析する。

同様にデータ上の制約から、産業構造の分析にあたって、在日に関しては企業数を、日本全体については事業所数を集計単位とする。歴史的に見て在日が携わる事業の多くは中小企業[14]であるため、この企業数を用いた分析から、日本の事業所数との比較を通して、在日企業の実態と変化について有効な結果が得られると考える。

本章は以下の三つの節から構成されている。第一節においては、名鑑データの集計・分析を行い、韓国系の在日が所有・経営する産業企業の実態と変化を明らかにする。具体的には、(1)では一九四七年の大阪府調査を、(2)では七五年の近畿六府県調査を、(3)では九七年の近畿六府県調査を、それぞれ取り上げる。第二節と第三節においては、第一節における産業構成全体の考察を踏まえて、企業レベルでの分析を進める。第二節においては、第一節の結果をもたらした在日の企業行動について、既存企業の転業などの事業展開と新規企業の開業の傾向から概観する。さらに、第三節においては、在日企業が従事する主要な産業について、各産業の垂直構造のなかに占める在日企業の位置付けを探り、第二節で明らかとなった企業行動を制約したであろう産業の構造的特徴を、在日企業の視点から考えたい。最後に、これらの分析を踏まえ、在日産業経済の歴史的傾向をまとめて結びとする。

1　産業構成と動態――企業データの分析

(1)　一九四七年

在日産業経済における構造と動態の長期的傾向を見る際、戦後復興期は、戦前の労働者としての経験の蓄積から戦後の企業設立ないし発展への中継点という意味で重要となる。終戦直後の産業構成は、戦後の歴史的動態に関して在日コミュニティ内に蓄積されていた歴史的初期条件を端的に示すものと考えられる。

表1-2によると、大阪府における一九四七年時点での在日が所有する企業には[15]、次の二つの特徴が見出される。第一に、ゴム加工業、飲食店、メリヤス製造業が全体の五割を占めており、飲食店を除き、ほとんどが製造業と

表 1-2　大阪府における産業構成（1947 年）

産業（中分類）／所在地	ゴム製品製造業（自転車タイヤ・チューブ，地下足袋，長靴，工業用ゴム製品等々）	飲食店（朝鮮料理，一品料理）	ニット製外衣・シャツ製造業（メリヤス製造業）[1]	金属製品製造業（錠前，蝶番等々）	油脂加工製品・石鹸など製造業	非鉄金属製品製造業（鍋，火鉢等々）	ガラス・同製品製造業（アンプル等々）	発電用・送電用・配電用・産業用電気機械器具製造業（変圧器類等々）	一般機械器具製造業（ミシン，機械部品等々）	その他	総計（A）
生野区	132	16	1	25	22	3	2	6	2	25	234
泉大津市	—	—	79	—	—	—	—	—	—	6	85
東成区	12	11	—	12	—	10	1	2	4	26	78
布施市	7	12	—	10	1	13	1	2	6	21	73
西成区	5	2	—	8	34	3	—	7	—	6	65
中河内郡	23	1	—	7	—	9	1	—	1	5	47
城東区	2	6	—	2	1	—	6	2	4	8	31
その他	7	54	13	12	2	9	21	13	7	75	213
総計 B（大阪府全事業所数）	188 (260)	102 (10,710)	93 (3,743)	76 (4,696[2])	60 (1,228)	47 (×[3])	32 (1,883)	32 (988[4])	24 (3,329[5])	172	826（A） (191,276)
B/A[6]（%）（大阪府全事業所構成比[7]）	22.8 (0.1)	12.3 (5.6)	11.3 (2.0)	9.2 (2.5)	7.3 (0.6)	5.7 (×)	3.9 (1.0)	3.9 (0.5)	2.9 (1.7)	20.8	100% (100.0)

注 1）「メリヤス製造業」は，産業分類の概説によれば，メリヤス生地の生産であり，「繊維工業」に分類される。しかし，『在大阪朝鮮人各種事業者名簿録』の事業内容は「メリヤス」のみの記載となっており，正確な分類が困難である。ここでは，「綿二次製品分野のメリヤス，タオル製造に同胞が携わる比率が高かった」（大阪興銀『大阪興銀三十年史』1987 年，24 頁）などを参照にし，衣服・その他の繊維製品製造業のなかに分類した。以下の表においても同様。
2）「非鉄金属製品製造業」を含む。
3）日本標準産業分類（1993 年改訂）とは分類が異なるため，集計がとれないものを意味する（以下の表も同様）。
4）「電気機械器具製造業」数。
5）「機械製造業」数。
6）B/A＝全企業数（826 社）に占める当該産業の比率。
7）使用した全事業所統計は，比較可能な資料が 1951 年度まで刊行されなかったことを考慮して，同年のものとする。
資料）在日企業は，1947 年企業名鑑の集計より作成。「大阪府全事業所」は，『昭和 26 年事業所統計結果報告 第 2 巻』大阪府，110–113 頁，202–205 頁より算出。

なっている。一方、大阪府全事業所の産業構成に注目すれば、製造業比率が全産業の一八・六%[16]と在日企業に比べて低く、在日が製造業に特化していることがわかる。とはいえ、全事業所の産業分布では、紡績業、金属製品製造業、機械製品製造業が上位を占めており、これらの大阪府の代表的な産業は、在日産業構成においても、ゴム加工業のシェアには及ばないものの、主要産業となっている共通点が見られる。

以上の復興期における在日産業構成は、戦前期における在日の就業構造と関連があると考えられる。戦前の在日の就労は、工場内労働としては、窯業のガラス工、機械金属の鉄工・鋳造・鍍金職工、化学のゴム職工、繊維のメリヤス・染色・縫製職工などに集中していた[17]。これらの業種は、相対的に生産技術の要求度が低く、また必要資本額も少なかったために、在日が参入しやすい分野であった。すなわち、「土方・人夫が飯場頭から、土木・建設請負業者となっていったように、ゴム、油脂、メリヤス繊維工場などの見習い・徒弟工が、戦後の混迷のなかで、……ヤミ業などを背景に、相当大きな工場を持つようになった[18]」。例えば、当時のゴム産業の場合は、「ロールと加硫装置があれば、家内工業として充分に経営できたため、大阪市とその周辺、東京、神戸地区にも、韓国人の新興ゴム業者が一時に続出した[19]」。また、大阪の地場産業でもあった繊維産業関連では、「在阪同胞の形成において、特に泉州地域の紡績工業地帯には、多数の同胞が早くから関連工場に職工として従事してきた。そうした同胞が戦後反毛業から出発して、……紡毛、綿二次製品分野のメリヤス、タオル製造に……たずさわる比率が高かった[20]」。このように、一九四〇年代後半の在日企業の産業分布は、戦前の就労体験にほぼ照応する形で、製造業を中心とする第二次産業の労働集約的な部門に集中している。

第二に、在日企業の地域的集中が見られる。大阪府のなかでも戦前期から在日朝鮮人がもっとも集住していた大阪市生野区には、ゴム製品製造業のおよそ七割が、また、飲食店も高い割合で集中している[21]。メリヤス製造業は、泉州地域のなかの泉大津市に八割以上が集中している。これらの各産業が集中する地域には、戦前から在日朝鮮人が集住していた。

このような在日企業の集中を、大阪府における中小企業の産業別作業場の地理的分布と対比してみると、地域的に概ね重なっている[22]。例えば、織物は、泉北、泉南地域一帯に所在し、堺、岸和田、泉大津、泉北、泉南の三市二郡に位置する。また、鋳物、機械器具、ゴム製品などは、大阪市の北東部ないし東部の周囲部より布施、中河内の一帯に作業場が集中分布している。この分布の特徴を考慮すると、戦前期に一定の地域産業の地区内あるいは周辺に、その当該産業に従事する在日就労者の集住地域が形成され、戦後にその就労経験を基盤に、地域特性をもつ在日産業の形成の端緒が見られたと理解することができる。そして、在日コミュニティを市場基盤にしたと思われる飲食店も、重要な業種になっていた。つまり、当該地域の産業経済的な要因と在日コミュニティの社会的存在を基盤に、在日の企業発展が見られたことを示唆している[23]。

(2) 一九七五年

日本の高度成長は、一九七〇年代前半のドルショックと第一次オイルショックの後、転換点を迎える。この経済の変動期における在日経済は、前項で見出された産業構造の特徴、特定部門への集中、地域集中にどのような変化を生み出したのであろうか。ここでは分析対象を在日企業が大阪府に次いで多い兵庫県、京都府(三府県の在日企業は近畿地方の九割以上)に拡張し、在日産業と各地域経済との関連を考察する。在日企業の分布を規定する要因として、地域経済の特色と在日コミュニティ固有の要因を浮き彫りにしたい。

まず、在日企業の産業分布の特徴について、表1-3に示した、在日企業の産業構成比と日本の全事業所の産業構成とを対比した「特化係数[24]」にもとづいて見ることにする。

表1-3には、在日経済の分布を全事業所の構成と比較し、日本標準産業分類の大分類(製造業、サービス業等の

表1-3　近畿6府県の産業構成（1975年）

日本産業標準分類		在日企業		全　国		特化係数
産業大分類	中分類	件数	構成比（A, %）	事業所数	構成比（B, %）	A/B
建設業	総合工事業	281	11.3	149,782	2.8	4.1
	その他	53	2.1	297,254	5.5	0.4
	小　計	334	13.4	447,036	8.3	1.6
製造業	金属製品製造業	166	6.7	101,357	1.9	3.6
	プラスチック製品製造業	141	5.7	23,063[1]	0.4	13.3
	ゴム製品製造業	136	5.5	8,967	0.2	33.0
	繊維工業	97	3.9	128,357	2.4	1.6
	衣服・その他の繊維製品製造業	87	3.5	51,962	1.0	3.6
	なめし革・同製品・毛皮製造業	61	2.5	13,715	0.3	9.7
	その他	263	10.6	486,212	9.0	1.2
	小　計	951	38.3	813,633	15.0	2.5
運輸・通信業	道路貨物運送業	28	1.1	4,143	0.1	14.7
	小　計[2]	54	2.2	105,133	1.9	1.1
卸売・小売業，飲食店	飲食店[3]	265	10.7	571,691	10.6	1.0
	建築材料，鉱物・金属材料等卸売業	228	9.2	×	×	×
	その他	195	7.9	2,438,775	45.1	0.2
	小　計	688	27.7	2,633,692	48.7	0.6
金融・保険業	貸金業，投資業等非預金信用機関	20	0.8	×	×	×
	小　計[2]	28	1.1	66,260	1.2	0.9
不動産業	不動産取引業	59	2.4	43,589	0.8	2.9
	不動産賃貸業・管理業	42	1.7	132,999	2.5	0.7
	小　計[2]	101	4.1	176,588	3.3	1.2
サービス業	娯楽業	217	8.7	47,470	0.9	10.0
	その他	101	4.1	1,086,566	20.1	0.2
	小　計	318	12.8	1,134,036	21.0	0.6
その他		6	0.2	31,470	0.6	—
不　明		4	0.2	—	—	—
総　計		2,484	100.0	5,407,848	100.0	1.0

注1）全事業所（全国）の「プラスチック製品製造業」は，1975年当時，中分類「その他の製造業」に含まれている（以下の75年関連の表も，同様）。
2）中分類に「その他」が掲出されていない場合も，「小計」は「その他」を含む大分類の合計を示す。以下の表においても，同様。
3）飲食店は，「一般飲食店」と「その他の飲食店」の合計。以下の表においても，同様。
資料）「事業所数」については，総理府統計局『昭和50年事業所統計調査報告 第1巻 事業所に関する集計 全国編』210-477頁より作成。「在日企業」については，1975年企業名鑑の集計より作成。

産業群）と中分類（繊維工業、娯楽業等の通常の意味での産業）での特化度が示されている。まず、大分類に沿って全体の傾向を見てみよう。在日の構成比が三八・三％でもっとも高い製造業の特化係数を見ると二・五となっている。一九四七年の大阪について見られた製造業中心の産業構成が、近畿地方全域で、高度成長期を経た七五年にもほぼ維持されていることが明らかである。構成比で第三位の建設業は、特化係数一・六であり、製造業とあわせた第二次産業が在日経済の特徴を示す重要産業であると言えよう。反面、卸売・小売業、飲食業およびサービス業の第三次産業の特化係数は一以下となっており、さしあたり在日にとっては特徴的な産業とはみなされない。

次に、分析を産業の中分類まで掘り下げ、在日の重要産業を中心に見ていくことにしよう。もっとも高い割合となっているのは建設業の総合工事業（一一・三％）であり、これに卸売・小売業、飲食店のなかの一般飲食店と建築材料、鉱物・金属材料等卸売業[25]（以下、材料卸売業と略記する）、サービス業の娯楽業が続く。大分類において最大部分を占めた製造業では、金属製品製造業、プラスチック製品製造業、ゴム製品製造業（以下、それぞれ金属製品、プラスチック、ゴムと略記する）、繊維工業、衣服・その他の繊維製品製造業（以下、衣類と略記する）など、表に挙げられた産業が上位に位置する。

これらの在日産業の特化度は、ゴム、プラスチックが特に高い。また、娯楽業、なめし革・同製品・毛皮製造業（革製品と略記する）、総合工事業なども高い数値を示し、これらの産業への在日企業の特化が顕著である。産業構成比で約一〇％を占める飲食店の特化係数は、一・〇であり、在日の特徴的産業とはみなされない。ただし、在日の飲食店の九割以上が、焼肉・韓国料理店になっている点で、民族的特徴を帯びていると言えよう[26]。

次に、在日産業経済の地域性を、既述の産業構成の特性との関連で分析してみよう。まず、在日企業が歴史的に多く、企業数全体の過半数を占める大阪府において、在日企業および全事業所の産業分布を示したものが、表1-4である。大阪の在日企業においては、製造業の構成比が近畿全域のそれよりもさらに高い。このような特徴は、

表 1-4　大阪府における産業構成（1975 年）

日本産業標準分類		在日企業		大阪府		生野区		特化係数
産業大分類	中分類	件数	構成比（A, %）	事業所数	構成比（B, %）	事業所数	構成比（%）	A/B
建設業	総合工事業（土木業）	121	9.0	8,349	1.9	142	0.9	4.7
	小　計	150	11.2	20,807	4.8	444	2.8	2.3
製造業	金属製品製造業（プレス・鋳造・鍍金）	133	9.9	15,976	3.7	1,253	7.9	2.7
	プラスチック製品製造業（プラスチック成型材料製造など）	108	8.0	4,042	0.9	×	×	8.6
	衣服・その他の繊維製品製造業（メリヤス・ニット製造）	68	5.1	7,238	1.7	450	2.9	3.0
	ゴム製品製造業（プラスチック履物製造および材料製造業）	42	3.1	1,128	0.3	426	2.7	12.1
	なめし革・同製品・毛皮製造業（革靴製造業）	37	2.8	1,833	0.4	351	2.2	6.5
	繊維工業	27	2.0	9,311	2.1	50	0.3	0.9
	小　計	597	44.4	84,643	19.5	5,984	37.9	2.3
卸売・小売業，飲食業	建築材料，鉱物・金属材料等卸売業（鉄屑商，鉄スクラップ業）	119	8.9	×	×	×	×	×
	飲食店（焼肉・韓国料理店）	134	10.0	55,035	12.7	1,514	9.6	0.8
	小　計	356	26.5	219,064	50.4	6,899	43.7	0.5
不動産業		54	4.0	16,879	3.9	265	1.7	1.0
サービス業	娯楽業（パチンコホール）	86	6.4	4,120	0.9	78	0.5	6.8
	小　計	139	10.3	77,527	17.8	1,884	11.9	0.6
その他		48	3.6	16,042	3.7	308	2.0	1.0
総　計		1,344	100.0	434,962	100.0	15,784	100.0	1.0

資料）「事業所数」については，総理府統計局『昭和 50 年事業所統計調査報告 第 2 巻 事業所に関する集計 都道府県編』その 27，大阪府，80–119 頁，144–145 頁より作成。「在日企業」については，表 1-3 に同じ。

日本人の事業所を含めた地域産業の特性を反映していると思われる。現に、日本全国の全事業所の製造業比率一五・〇%よりも、大阪府の比率が四・五ポイント高く、特に戦前から在日が多く居住する生野区の場合、製造業中心の傾向はいっそう顕著である。戦前から一九四七年を経て、七五年時点においても、在日企業はこの生野区に集中している（二四三件、大阪市の三五・九%）。同区の在日企業は、金属製品、プラスチック、ゴム（うち六割弱が履物製造業）を合計すると、約半数を占めてお

表 1-5　兵庫県における産業構成（1975 年）

日本産業標準分類		在日企業		兵庫県		神戸市		特化係数
産業大分類	中分類	件数	構成比（A, %）	事業所数	構成比（B, %）	事業所数	構成比（%）	A/B
建設業	総合工事業（土木業）	87	15.9	5,722	2.6	1,377	2.0	6.2
	小　計	99	18.1	16,790	7.5	3,278	4.8	2.4
製造業	ゴム製品製造業（ケミカルシューズ製造業および材料製造業）	90	16.5	1,513	0.7	1,331	2.0	24.4
	プラスチック製品製造業（プラスチック成型材料製造など）	23	4.2	656	0.3	×	×	14.4
	なめし革・同製品・毛皮製造業	20	3.7	1,707	0.8	215	0.3	4.8
	金属製品製造業（プレス・鋳造・鍍金）	17	3.1	5,148	2.3	1,077	1.6	1.4
	小　計	197	36.0	31,894	14.2	7,369	10.8	2.5
卸売・小売業，飲食業	建築材料，鉱物・金属材料等卸売業（鉄屑商，鉄スクラップ業）	53	9.7	×	×	×	×	×
	飲食店（焼肉・韓国料理店）	50	9.1	26,782	11.9	10,927	16.0	0.8
	小　計	142	26.0	112,720	50.3	36,754	54.0	0.5
不動産業		19	3.5	7,123	3.2	2,358	3.5	1.1
サービス業	娯楽業（パチンコホール）	46	8.4	1,796	0.8	625	0.9	10.5
	小　計	65	11.9	47,221	21.1	15,103	22.2	0.6
その他		25	4.6	8,375	3.7	3,221	4.7	1.2
総　計		547	100.0	224,123	100.0	68,083	100.0	1.0

資料）「事業所数」については，総理府統計局『昭和 50 年事業所統計調査報告 第 2 巻 事業所に関する集計 都道府県編』その 28，兵庫県，100-139 頁，184-187 頁より作成。「在日企業」については，表 1-3 に同じ。

り、上位すべてに一九四七年からの連続性が見られる。この他に地域性との関連で注目できる在日産業は、東大阪市および東成区におけるプラスチック、金属製品、泉州地域の衣類（うち五割以上がメリヤス・ニット製造）、西成区に集中する革製品（うち六割程度が履物製造業）などであり、これらの地域産業についても、生野区と同様に一九四七年と共通する。他方で、材料卸売業、飲食店[27]、娯楽業（うち九割程度がパチンコホールなどの遊技場）など、一九四七年には見られなかった地域性の希薄な在日産業が成長してきている。

兵庫県[28]の場合（表1-5）、ゴムと総合工事業の二つの産業がもっとも高い比率を示す。これらの産業は、大阪府および近畿地方全体の産業分布に比べ

表 1-6　京都府における産業構成（1975 年）

日本産業標準分類		在日企業		京都府		特化係数
産業大分類	中分類	件数	構成比 (A, %)	事業所数	構成比 (B, %)	A/B
建設業	総合工事業（土木業）	18	5.9	3,148	2.1	2.8
	小　計	23	7.5	8,282	5.6	1.3
製造業	繊維工業（染色整理業）	63	20.7	22,171	15.1	1.4
	小　計	103	33.8	36,604	24.9	1.4
卸売・小売業，飲食店	建築材料，鉱物・金属材料等卸売業（鉄屑商，鉄スクラップ業）	18	5.9	×	×	×
	飲食店（焼肉・韓国料理店）	44	14.4	13,925	9.5	1.5
	小　計	90	29.5	63,274	43.1	0.7
不動産業		20	6.6	5,027	3.4	1.9
サービス業	娯楽業（パチンコホール）	49	16.1	939	0.6	26.8
	小　計	59	19.3	29,143	19.9	1.0
その他		10	3.3	4,401	3.0	1.1
総　計		305	100.0	146,731	100.0	1.0

資料）「事業所数」については，総理府統計局『昭和 50 年事業所統計調査報告 第 2 巻 事業所に関する集計 都道府県編』その 26，京都府，2–18 頁より作成。「在日企業」については，表 1-3 に同じ。

相対的に高くなっており、同県における特徴的な在日産業と言えよう。他方で、京都府の代表的な在日産業（表1-6）は、繊維工業で、単独で全体の二割を占める。その他、二府県で共通する重要な産業は、材料卸売業、飲食店、娯楽業であり、ここでも娯楽業の九割程度がパチンコホールなどの遊技場である。

地域性という視点からこのような兵庫県・京都府の在日産業について検討すると、指摘すべき第一の点は、兵庫県、京都府全事業所のいずれも、建設業の比率が全国の平均分布（八・三％）に比べ多少低いことに関連している。在日産業の場合、兵庫県における総合工事業（そのうちの九割弱が土木工事業）の高い比率は、とりわけ尼崎市への集中によるものである。尼崎市の全事業所の産業構成は、建設業が五・二％、総合工事業が二・三％と全国、兵庫県全体よりも低く、したがって同市に在日の土木工事業が特に集中（尼崎市の在日の四一・五％）しているのは、必ずしも地域経済一般の要因による結果ではないと言えよう[29]。

第二に、兵庫県のゴムと京都府の繊維工業は、それぞれ当該地域経済との関係で異なる様子を示している点を指摘できる。まず、前者のゴムにおける在日企業の産業特化度は二四・四と極めて高く（表1-5）、県・市レベルの構成と大きく乖離している[30]。在日企業の同産業への特化は、神戸市長田区でのケミカルシューズ製造業の地域集積の表れである。同区には、兵庫県全体の在日企業のほぼ二割近く（一二八件）が集中しており、さらにその約五割が履物製造業に従事している[31]。同区では戦前ゴム靴を含むゴム工業が発達し、一九三〇年代の初頭には、在日労働者が職工全体の三割を占めていた[32]。これと対比すると、京都府の繊維工業は、京都府全事業所の一五・一％が従事するいわゆる地場産業であり、在日企業の特化係数を見ても一・四と全事業所の産業構成に近似している。繊維工業における在日企業は、九割程度が染色整理業という特定の分野に従事している。

以上、一九七五年の調査によって、在日産業経済は、第一に、製造業、建設業の第二次産業を中心とする構成を持続していること、第二に、特定の産業への集中が見られること、第三に、地域集積が見られることが確認された。総合工事業、娯楽業、金属・プラスチック・ゴム、材料卸売業、飲食店などの産業に、在日企業全体の六割弱が従事していること、神戸市長田区のゴム関連企業などの地域集積がこれらの特徴を例証している。第四に、戦前からの就労経験からは説明しえない新しい分野、すなわち、娯楽業、プラスチックといった戦後に急速に発達する産業が在日経済の重要産業となっており、しかも地域特性が見られない娯楽業の台頭という新たな特徴も見出された。

(3) 一九九七年

一九九七年における近畿地方の在日の産業構成（表1-7）のなかで特に注目すべき産業は、土木工事業と遊技場で、それらは在日経済内部での比重も高く、京阪神内での特化度も高い。材料卸売業の再生資源卸売業とゴム製・プラスチック製履物製造業・同附属品製造業（以下、ケミカルシューズ製造業と略記する）は、在日内の構成比は上記の二産業に比して相対的に低いものの、特化係数が際立って高い値を示す点で注目に値する。革製品の革製履物製造業と消費者金融が分類される貸金業も、同様の特徴を示している。以上の特徴的な分野を含み、同表に取り上げられた産業が、一九九〇年代後半において在日の主要産業であった。

次に、一九七五年との比較による時系列的な変化に注目してみよう。[33] 表1-7によれば、在日企業の産業分布は、日本経済、あるいは京阪神地域経済の一般的な傾向と同様に、製造業および卸売・小売業・飲食業が大きく低下しており、かわって建設業、サービス業、不動産業が大幅な増加を見せている。建設業に関しては、在日が多い土木工事業の拡大に在日企業の参入のペースが及ばなかったために、特化度の低下が見られたが、その他の分野にも積極的に参入した結果、成長産業としての建設業の特化度は高まった。製造業の比重の低下と関連して特に注目すべき変化は、全産業に占める製造業の比率が歴史的に高かった大阪府と京都府において、全事業所の製造業の低下をはるかに上回るペースで低下している（大阪府一〇・一ポイント減、京都府二〇ポイント減）点である。[34] とりわけ大阪府は、一九四〇年代後半に見られた製造業中心（ほぼ七割）の産業構成を考えると、長期的な低落傾向と言えよう。こうした製造業低下の傾向に対応して、大阪府においては、約一〇ポイントのサービス業の増加、京都府においては、約二〇ポイントの建設業の上昇が、それぞれ確認できる。[35]

続いて、在日産業のもう一つの特徴である地域集中の傾向について、検討してみよう。表1-8によると、全体として比重が低下した製造業の場合、いくつかの産業の特定地域への集中がいっそう強化されていることが認められる。取り上げた産業のなかで、京都市の染色整理業以下の三つの産業では地域集中度の横ばいないし低下が見られ、一方その他の産業では地域集中度が上昇している。特に、神戸市長田区のケミカルシューズ製造業、革製履物製造業は、地域集積が顕著に進んできた例である。

表 1-7　近畿 6 府県における産業構成の変化（1975・97 年）

産業大分類	中分類	小分類	在日企業構成比 1975 年 (A, %)	在日企業構成比 1997 年 (B, %)	京阪神事業所数構成比[1] 1975 年 (C, %)	京阪神事業所数構成比[1] 1996 年[2] (D, %)	特化係数 1975 年 (A/C)	特化係数 1997 年 (B/D)	全国事業所数構成比 1975 年 (E, %)	全国事業所数構成比 1996 年[2] (F, %)	特化係数 1975 年 (A/E)	特化係数 1997 年 (B/F)
建設業	総合工事業	土木工事業	9.8	13.6	0.6	1.0	16.3	13.6	0.8	1.4	12.3	9.9
	計		11.3	16.3	2.0	3.2	5.7	5.1	2.8	4.0	4.1	4.1
	小　計		13.4	20.5	5.7	7.3	2.4	2.8	8.3	9.7	1.6	2.1
製造業	ゴム製品製造業	ゴム製・プラスチック製履物・同附属品製造業（ケミカルシューズ製造業）	4.0	3.2	0.2	0.2	20.0	16.0	0.1	0.05	40.0	70.4
	計		5.5	3.9	0.3	0.3	18.3	13.0	0.2	0.1	33.0	28.3
	プラスチック製品製造業		5.7	3.9	0.6	0.6	9.5	6.5	0.4	0.5	13.3	8.3
	金属製品製造業		6.7	3.1	2.8	2.1	2.4	1.5	1.9	1.4	3.6	2.2
	衣服・その他の繊維製品製造業	ニット製外衣・シャツ製造業	1.5	1.6	×	0.3	×	5.3	×	0.2	×	9.7
	計		3.5	2.5	1.3	1.5	2.7	1.7	1.0	1.1	3.6	2.3
	繊維工業	染色整理業	2.5	1.9	0.6	0.4	4.2	4.8	0.2	0.1	12.5	15.3
	計		3.9	2.1	4.4	1.8	0.9	1.2	2.4	0.8	1.6	2.7
	なめし革・同製品・毛皮製造業	革製履物製造業	1.8	1.9	0.1	0.1	36.0	38.0	0.1	0.03	36.0	59.9
	計		2.5	2.2	0.5	0.4	5.0	5.5	0.3	0.2	9.7	11.2
	小　計		38.3	24.3	18.9	14.6	2.0	1.7	15.0	9.7	2.5	2.5
運輸・通信業	道路貨物運送業	一般貨物自動車運送業	1.1	1.2	0.6	7.0	1.8	0.2	0.1	0.8	14.7	1.6
	小　計		2.2	2.2	2.3	2.7	1.0	0.8	1.9	2.8	1.1	0.8
卸売・小売業，飲食店	飲食店	食堂，レストラン	5.2	4.4	3.2	3.5	1.6	1.3	3.6	3.6	1.4	1.2
	計		10.7	6.0	×	8.7	×	0.7	10.6	12.5	1.0	0.9
	建築材料，鉱物・金属材料等卸売業	再生資源卸売業	6.4	4.0	0.4	0.2	16.0	20.0	0.4	0.2	16.0	19.5

	計		9.2	5.0	×	7.9	×	0.6	×	1.6	×	3.2
	小 計		27.7	20.0	48.7	44.4	0.6	0.5	48.7	42.4	0.6	0.5
金融・保険業	貸金業，投資業等非預金信用機関	貸金業	0.8	2.1	×	0.2	×	10.5	×	0.2	×	10.1
		計	0.8	2.1	×	0.4	×	5.3	×	0.3	×	6.6
	小 計		1.1	2.5	0.5	1.5	2.2	1.7	1.2	1.6	0.9	1.5
不動産業	不動産取引業		2.4	5.2	1.0	1.3	2.4	4.0	0.8	1.0	2.9	5.0
	不動産賃貸業・管理業		1.7	4.7	2.6	3.6	0.7	1.3	2.5	3.3	0.7	1.4
	小 計		4.1	9.9	3.6	4.9	1.1	2.0	3.3	4.4	1.2	2.3
サービス業	娯楽業	遊技場	8.0	10.9	0.7	0.6	11.4	18.2	0.6	0.6	13.3	18.9
		計	8.7	11.6	0.9	1.0	9.7	11.6	0.9	1.2	10.0	10.0
	専門サービス業・医療業		1.1	3.0	5.0	8.2	0.2	0.4	4.7	4.9	0.2	0.6
	小 計		12.8	20.5	19.4	24.4	0.7	0.8	21.0	26.9	0.6	0.8
総 計			100.0	100.0	100.0	100.0	1.0	1.0	100.0	100.0	1.0	1.0

注1）1975年と1997年の企業名鑑では，大阪府，兵庫県，京都府，奈良県，和歌山県，滋賀県に所在した企業を抽出したが，前3府県のサンプルがおよそ9割以上を占めており，比較対象として3府県に確定した方が誤差が小さいと判断した。

2）事業所・企業統計調査報告は，5年ごとに発行されており，比較可能な1996年を使用した。

資料）「京阪神事業所数1975年」については，総理府統計局『昭和50年事業所統計調査報告 第2巻 都道府県編』その26，京都府（2-20頁），その27，大阪府（80-111頁），その28，兵庫県（2-20頁）より作成。「京阪神事業所数1996年」については，総務庁統計局『平成8年事業所・企業統計調査報告 第2巻 事業所に関する集計 都道府県編』26京都府（2-20頁），27大阪府（408-479頁），28兵庫県（2-20頁）より作成。「全国事業所数1975年」については表1-3に同じ。「全国事業所数1996年」については，総務庁統計局『平成8年事業所・企業統計調査報告 第1巻 事業所に関する集計 全国編 その2 民営事業所に関する結果』176-183頁より作成。「在日企業構成比」については，1975年企業名鑑および1997年企業名鑑の集計により作成。

他方で、非製造業の場合は、産業の地域集中の傾向が一様ではない。土木工事業は、近畿地方全体の二割程度が兵庫県尼崎市に所在しており、一定の地域集中が見られる。しかし、娯楽業、飲食業、材料卸売業、不動産業などは、在日産業としての重要度の高い業種でありながら、地域的にはより分散する傾向にあった。

以上の地域集中の傾向を念頭におき、一九七五年以降における在日の産業構成の変化について、日本経済全体と

表1-8　主要産業の地域的集中の動向

（単位：％）

地域集中度 / 産業	1位 1975年	1位 1997年	上位3位 1975年	上位3位 1997年	主要な集中地域
土木工事業	13.2	20.3(↗)	22.2	28.0(↗)	*尼崎市*，宝塚市，西淀川区
ゴム製・プラスチック製履物・同附属品製造業	59.0	74.3(↗)	94.0	93.0(↘)	*長田区*，生野区，須磨区
革製履物製造業	40.0	60.0(↗)	82.2	96.7(↗)	*長田区*，西成区，須磨区
プラスチック板・棒・管・続手・異形押出製品製造業	22.6	29.5(↗)	48.4	68.9(↘)	生野区，東大阪市，平野区
ニット製外衣・シャツ製造業	26.3	23.1(↘)	47.4	65.4(↗)	*泉大津市*，泉北郡，岸和田市
染色整理業	32.8	25.0(↘)	73.8	57.5(↘)	*右京区*，中京区，左京区
金属製品製造業	25.3	15.5(↘)	49.4	35.1(↘)	生野区，東大阪市，西成区
一般機械器具製造業	21.7	20.9(↘)	43.5	41.9(↘)	*東大阪市*，平野区，生野区

注）斜体字は，1975年，97年に連続して第1位となった地域。
資料）1975年企業名鑑および1997年企業名鑑の集計より作成。

京阪神経済の構造転換との関連で検討してみよう。この点で興味深いのは、製造業からの退出の差異である。既述した製造業全体の比重が相対的に低下した点を踏まえて、いま一度表1-7に戻り、全国全事業所のなかで製造業に注目すれば、プラスチック、衣類を除いて取り上げた全産業でその構成比が低下、あるいは停滞している。この傾向は在日経済においても同様であるが、個別産業の特化係数はかえって上昇している。すなわち、日本経済全体における構造転換のスピードに、在日経済の構造転換は立ち遅れていると言えよう。

ところが、京阪神全事業所の動向と比較した場合、異なる様相が浮かび上がってくる。対象とされた製造業に関して、例えば、代表的な在日産業であるケミカルシューズ製造業をはじめとして、京阪神全事業所の構成比に対する一九九七年の在日の特化係数は、七五年に比べ概して低下した。そうした各産業の変化により、製造業全体の特化度は、全国に対しては同水準を維持していたが京阪神に対しては低下が著しかった。すなわち在日産業の「脱製造業」の動向は、地域事業所全体の変化を上回るかたちで表れたと見てよい。その意味で、在日産業構成の変化は、製造業内の個別産業においては硬直的な部分を含みながらも、京阪神経済に対しては相対的に柔軟であり、日本経済全体の非製造業化とサービス産業化に積極的に反応するものであったと言えよう。ただし、産業構造の主導産業の転換などにおいても、日本経済全体と同様の変化が、在日経済でも進行したと直ちに結論付けることは適当ではない。なぜなら、在日経済の非製造業化の内実は、一九七五年時点で主要産業となっていた土木工事業や遊技場（特にパチンコホール）、不動産業へのさらなる集中であったからである。

以上の在日の産業動態に関する考察によって、地域経済に対してスピードの速い非製造業化、特定の産業にいっそう集中する在日の特徴が明らかとなった。

2　既存企業の転業・多角化と新規企業の設立

（1）事業転換の柔軟性と多角化の回避

製造業中心からサービス業指向への転換に関して、在日産業の転換は、個別企業レベルのどのような事業戦略によるものかを、検討してみよう。まず、在日産業構成の変化が、どの程度既存企業の積極的な多角化によるものであったかを分析する。一九七五年と九七年の企業名鑑のいずれにも掲載されている企業（以下、持続企業と略記）[36]三八四社を対象にその事業内容の変化を検討した。

この三八四社に関してもっとも目立つ点は、ほぼ八割（三〇四社）の企業が、主要事業において「変化なし」と判断されており、これは事業分野の安定性あるいは硬直性が顕著であることを意味する。[37]前節で見られた在日産業構造の一定程度の柔軟な変化に関して、既存企業の戦略転換が寄与した部分は必ずしも大きくないことを示唆している。言い換えれば、産業構成の変化の大部分は、不況産業における企業の退出と、成長産業における企業設立によってなされたと推論される。

持続企業が事業内容を変化させた例に注目すると、一一・二％（四三件）の企業が「事業転換」（元の事業から退出して新規事業へ参入する）を行っている。また、複数事業から単一化、あるいは集約化したと考えられる「専門化」した企業が一七件、関連分野への複数事業化、多角化が見られた企業が一七件である。これに対して、「非関連多角化」（市場、技術で関係のない事業への展開）は、三件に過ぎない。すなわち、多角化戦略が採用される場合には、関連部門への進出が一般的であることが指摘できる。全体的に、企業経営の事業選択の特徴として、事業転換と専門化の戦略がとられる例が多く、結果として事業は相変わらず単一分野に限定されることになる。

次に、事業内容の変更について、産業分類に即した移動を概観しておこう。まず、一九七五年から九七年の間に、他産業群（大分類）から娯楽業（一二件）、不動産賃貸業（一〇件）に参入したケースが多かった。娯楽業、不動産賃貸業、さらには再生資源卸売業への参入（同産業群内からの参入件数は、それぞれ二件、一件、二件）は、他産業群の企業の多角化、事業転換による場合が多く、総合工事業への参入は建設業内部からのものにほぼ限られる（七件、他産業群からの参入は三件）。一方、退出ケースが多かった事業分野は、卸売・小売業・飲食店（一一件、うち飲食店五件）と製造業（八件）である。[38]

以上のように、一九七五年以降の近畿地方における在日の産業構成の変化（サービス業と不動産業の上昇、製造業と卸売業・小売業・飲食業の低下）は、既存企業の戦略転換に起因するよりは、むしろ新規企業の成長分野への参入が担った部分が多かった。ただし、既存企業の事業内容のレベルで見た場合も、ほぼ製造業、飲食業から娯楽業、総合工事業、不動産業に転換が行われたことに見られるように、構造転換の方向性は、新規企業、既存企業ともにほぼ同一であったと考えられる。そこで、新規企業が行った産業参入の動向について、一九七〇年代後半以降を中心に、さらに詳細に分析していくことにしよう。

（2）企業創業の歴史的動向

創業時期に着目することによって、在日企業が活動の主たる基盤としてきた産業の動向について手がかりが得られる。ここではとりわけ一九七〇年代半ば以降に活発に企業が新規に創業される産業分野を検討する。一九九七年時点に存続していた企業というデータ上の制約はあるが、今日の産業構造を生み出す歴史的な趨勢は十分理解できると考える。

表1-9から明らかなように、在日企業の創業時期は、一九五〇年代の後半から多くなり、六〇年代後半の五年間がピークになっている。その後は下降線を描き、とりわけ平成不況下の一九九〇年代における創業は急減している。これに対して、日本経済全体の企業設立の動向を見ると、一九九六年に現存する会社の「開業」年度は、全産業において七五年から八四年までの間にピークを形成している。(39) 産業別の傾向は、製造業に関して見れば一九六五年から七四年の間に設立されたものがもっとも多い。在日企業が創業されるタイミングは、製造業を多く含んでいることから一九六〇年代後半で山を形成したのであり、戦後の高度成長期に過半の企業が創業されたことは、全体としては日本経済の傾向に相応していると言えよう。

次に、個別産業の動向を検討し、一九七〇年代後半以降に台頭してくる産業の特徴を見てみよう。まず、土木工事業と遊技場の創業の動向に注目したい。前者では、すでに戦前期から創業が見られ、一九九〇年代に至るまで、堅実なペースで企業が設立された。同産業が戦前期において在日朝鮮人の主な就労先であった点を考えると、その歴史的連続性を裏付ける結果であろう。また遊技場の創業が始まるのは、この産業が急成長する終戦直後であるが、いくつかの山を形成しながら、概して土木工事業とほぼ同様の傾向を呈している。総創業件数が多い（一九九

表 1-9　産業別の企業創業の時期

（単位：%）

産　業	全産業	土木工事業	遊技場	プラスチック＋金属＋染色＋機械	履物製造業	ニット製外衣・シャツ製造業	再生資源卸売業	専門サービス業および医療業	不動産業	食堂，レストラン	貸金業
1920～44	1.9	*2.7*	0.0	*4.1*	0.0	0.0	*3.3*	0.0	0.5	0.0	0.0
1945～49	4.3	*3.7*	*4.2*	*6.5*	2.4	4.2	*12.2*	1.3	2.7	1.7	0.0
1950～54	6.4	*8.1*	*14.5*	*9.0*	6.5	0.0	*11.1*	0.0	4.3	4.3	2.2
1955～59	9.7	*9.8*	6.6	*13.9*	*9.8*	8.3	*14.4*	5.3	4.8	4.3	4.4
1960～64	12.8	*14.5*	*17.5*	*19.2*	*13.0*	14.6	13.3	6.6	7.5	10.2	4.4
1965～69	16.9	*25.9*	11.4	*20.8*	*23.6*	16.7	20.0	3.9	11.8	*19.8*	17.8
1970～74	12.2	*10.4*	10.8	*11.0*	8.9	10.4	11.1	6.6	*15.5*	*22.4*	6.7
1975～79	11.0	*7.4*	10.8	5.3	*14.6*	14.6	5.6	10.5	*14.4*	*15.3*	31.1
1980～84	9.6	*8.1*	*12.0*	4.5	6.5	16.7	3.3	*22.4*	*16.0*	*9.3*	15.6
1985～89	10.0	*7.7*	*7.2*	4.9	9.8	8.3	5.6	*22.4*	*15.0*	7.8	8.9
1990 年以降	5.2	1.7	*4.8*	0.8	4.9	6.3	0.0	*21.1*	*7.5*	4.3	8.9
計（件数）	100 (2,188)	100 (297)	100 (166)	100 (245)	100 (123)	100 (48)	100 (90)	100 (76)	100 (187)	100 (118)	100 (45)

注 1）履物製造業は，ケミカルシューズ製造業と革製履物製造業からなる。
　2）網掛けのセルは，産業別の累積構成比が 5 割を超える時期を示す。
　3）斜体になっているセルは，その時期（行）にその産業（列）において在日の参入が集中した部門を示す。各期間の設立企業数の構成比（表中には表示していない）をとり，時代別の変化が明確に表れる上位 4 位までの産業である。なお，戦前は件数が少ないため 3 位までとした。
　4）計は，創立年度の記載のあった件数の集計値。
資料）1997 年企業名鑑の集計より作成。

七年現在、四二九件、三四四件)[40]点もさることながら、長期にわたって持続的に企業が創業された点は、在日においてこれらの産業のもつ意味の大きさを物語っている。

次に、製造業では全体的に一九七〇年代後半以降、企業創業の動きが鈍化しているが、二つの異なる産業グループを見出すことができる。第一グループは、金属製品、プラスチック、染色整理業であるが、企業新設が一九七〇年代後半以降急減する(同じ傾向であったため表1-9では合計値とした)。第二グループは、ニット製外衣・シャツ製造業とケミカルシューズ製造業などに代表され、一九八〇年代においても企業の創業が持続的に見られる。

この個別産業の異なる傾向は、基本的には日本経済における当該産業の動向に起因する。ただし、在日が開業する事業選択という観点からは、初期投資条件も重要なポイントになるであろう。例えば、ケミカルシューズ製造業への継続的な参入は、化学産業の二次製品加工という点では共通しているプラスチックにおける在日企業の投資停滞傾向と比較した場合、パラドックスにも見える。すなわち、プラスチックは出荷額の長期的上昇が見られ、全事業所に占める比率が上昇する成長産業であるにもかかわらず、在日企業は一九七五年以降創業が停滞している(前掲表1-7、表1-9)。この投資行動の違いは、産業の資本集約度の差異が一因となっていると思われる。事業所あたりの有形固定資産額の規模を算出すると、一九七五年、プラスチック(三、七〇〇万円)に比べて、ケミカルシューズ製造業(一、〇〇〇万円)は特に低額となっている(製造業全体の平均は、四、五〇〇万円)[41]。一九九七年の一事業所あたりの有形固定資産額は、製造業全体、プラスチックが、一九七五年に比して五倍前後であるのに比べて、ケミカルシューズ製造業は、三倍であった。すなわち、この必要とされる初期投資の相対的規模と追加的な必要投資額の大きさが、製造業投資としてのプラスチックへの参入を躊躇させたと推論できる。[42]資金調達の面で一般の日本企業と必ずしも同等な条件ではない在日企業にとっては、制約となったと考えられる。

製造業等における企業設立が低迷する一方で、在日企業の開業が増加する産業が何であったかについては、次の

表 1-10　近畿 6 府県における主要産業の動向

順位	1975 年現在の主要産業（小分類）	構成比（%）	1997 年主要産業（小分類）	構成比（%）
1	土木工事業	9.8	土木工事業	13.8
2	遊技場	8.0	遊技場	10.9
3	再生資源卸売業	6.4	不動産代理業・仲介業	5.2
4	食堂，レストラン	5.2	不動産賃貸業・管理業	4.6
5	ゴム製・プラスチック製履物・同附属品製造業	4.1	食堂，レストラン	4.4
6	喫茶店	3.0	再生資源卸売業	3.2
7	染色整理業	2.4	ゴム製・プラスチック製履物・同附属品製造業	3.2
8	プラスチック板・棒・管・続手・異形押出製品製造業	2.4	貸金業	2.1
9	不動産代理業・仲介業	1.8	プラスチック板・棒・管・続手・異形押出製品製造業	1.9
10	革製履物製造業	1.7	革製履物製造業	1.9
	総　計（件数）	2,484	総　計（件数）	3,158

注）喫茶店と染色整理業は，1997 年時点では順位外。不動産賃貸業・管理業，貸金業は，1975 年時点では順位外。
資料）表 1-8 に同じ。

二点にまとめられる。第一に、在日社会における歴史が比較的新しく、かつ企業設立の増大が持続している専門サービス業である。一九九〇年代に設立された企業のなかで、もっとも多かったのはサービス業（四六件、一一七件のうちおよそ四割）であったが、その約四〇％が専門サービス業および医療業であり、在日産業の将来の方向性を示唆するものとして注目に値する。第二に、一九七〇年代にいったん企業創業のピークを迎える食堂・レストラン（主に焼肉・韓国料理店）や貸金業である。また、不動産業の場合は、一九六〇年代から増加しており、八〇年代まで続いている。ただし、バブル崩壊後の一九九〇年代の急減は顕著である。これらは主要産業でありながら持続性に疑問があるという意味で、急増する専門サービス業と、長期にわたって重要であった土木工事業や娯楽業の中間に位置すると言えよう。

以上の時系列の動向と、前掲表1-9での斜体字が表す各時点での相対的なウエートとをクロスしてみると、特定の産業の当該期における重要度が浮かび上がってくる。斜体字の分布が全時期にわたっている土木工事業・遊技場のグループ、七〇年代を境界としてそれ以前に多く見られる製造業、以後に多く見られるその他の産業、と大きく三つのグループに分けられる。在日にとって各時期別の重要産業の変化が一目瞭然である。

最後に、本節で考察した既存企業の転業と新規企業の創業などの結果として、在日の主要産業がどの程度変化したのかを、表1-10によって検討しておくと、次の二点の特徴が浮かび上がってくる。第一に、上位一〇位までの産業リストは、全体的にはさほど大きな変化が認められない。一九九七年時点で新しく登場した業種は、不動産賃貸業・管理業などといった不動産業と貸金業に限られており、バブル期の動向を強く反映している。第二に、製造業全体と材料卸売業の再生資源卸売業の低下と不動産業の顕著な上昇が認められるが、より重要な動向として、上位二つの産業、土木工事業、遊技場への集中が強まった（一九七五年にあわせて一七・八％から九七年に二四・七％）点が挙げられる。在日経済において、産業構成に一定の柔軟な変化が見られたことは、この在日企業の特定産業へのいっそうの特化、集中と、それらの在日産業の特徴と関連して考察されるべきである。

3　在日産業の分業構造の特性

(1)　製造業の垂直的分業関係における在日企業

在日産業の特徴は、多くの企業が特定の産業・事業に集中している点、また、その産業特化が概して長期安定的に持続・強化されながらも、日本経済の産業構造のサービス産業化に呼応した速い非製造業化が進んだ点にあったことは既述したとおりである。何がそうした柔軟な対応を促したのであろうか。

分析の手がかりを得るために、産業特化についてさらに検討してみよう。例えば、建設業・総合工事業といった産業大分類・中分類のレベルではなく、土木工事業といった小分類、さらには細分類の業種、工程レベルといった範囲の狭い事業への集中である[43]。この点は、産業分類が「大」・「中」の産業から「小」・「細」の製品になるに従って、在日産業の特化度が高まることからも確認できる。具体的に例えば、近畿地方で高い割合を占める金属製品の場合、事業内容のほとんどがプレスや鍍金業であり、小分類では金属素形材製品製造業、金属被覆・彫刻業・熱処理業に区分される。一般機械製造業では、ほとんどが金型製造業（細分類）であり、また各種の部品製造業も多い。

これに加えて、在日企業の産業活動は、ほぼすべてがいわゆる労働集約度が高く、技術水準の低い部門に偏している。特に製造業は、どの産業でも川上部門の比較的資本集約的な事業分野ではなく、川下部門の労働集約的な二次加工が中心になっている。いくつかの事例を挙げておこう。在日企業は繊維工業でも染色整理業、特に蒸・水洗業に集中しており、ゴム製品製造業のなかでは、特にケミカルシューズ製造業への特化という様相である。また、金属製品では、原料、材料を仕入れ、簡単な機械あるいは化学加工作業を行う事業である。

以上のように、産業特化の具体的なあり方が、範囲の狭い業種や特定の工程への集中であることは、二つの可能性を含んでいると思われる。第一に、一般的に指摘されるように、企業の長期的な成長の基礎となるような範囲の広い技術蓄積や戦略的な部門になる可能性は低いと見ることができる。しかしながら、第二に、それは同時に、範囲が狭いため特定の技術を蓄積しやすいことも意味する。分業体制における特定の工程は、その前後の工程間の緊密な関係のなかで成り立ちうるものであり、そのなかで工程に関する独自の情報によっていわば専門化した技術が蓄積される。在日がある工程に集中していく過程には、分業体制全体において特定の工程に関する技術や情報が在日という民族のなかに蓄積していく可能性が含まれる。

こうした二つの側面は相反するものではない。問題は、個別産業の成長段階のどの時点で、どの側面が関連しているかであろう。在日の産業構造の特徴に関連して、在日企業が産業内のどの分野に特化しているかに注目し、産業形成や成長の段階においては第二の点、産業の衰退段階における退出に関連しては第一の点に着目することができる。こうした関連が産業集中という硬直的な特徴と、速い転換という柔軟な対応の両面性を作り出したと考えられる。こうした分析の道筋を、産業別の分析を行う第2章、第3章に先だち、いくつかの産業における在日企業が特化した分野を取り上げて示しておこう。

まず、第2章で取り上げる、京都府の代表的産業、繊維工業において在日企業が集中する分野についてである。同工業において、在日企業が関与するのは染色整理業である。染色整理業は「染色工程—蒸・水洗工程—整理工程」の三工程からなるが、京都の場合、この各工程が別々の企業によって担われ、垂直的分業関係が形成されている点に特徴がある。この分業のなかで在日企業が多く関係しているのは、蒸・水洗工程である。[44]

確かに染色工程にも、わずかながら在日企業が存在する。しかし、染色業者の場合でも、在日業者は表地ではなく、裏地の染色が主流である。[45]裏地の染色は、問屋から具体的な染色デザインとともに白色の生地を受けとって染めるものであり、表地の染色より技術的に簡単である。この場合でも、大手問屋との直接取引は滅多にない。このように、問屋と直接取引があるのは染色業者だけであり、在日企業の多い蒸・水洗業は、染色業者に半製品を受け渡し、加工賃によって管理される。

こうした分業関係は、在日産業構造の変化に関連して何を意味するのであろうか。聞取り調査の結果から以下のように推論できる。染色整理業では、一般的な和服需要の減退と輸入製品との競合によって地域繊維産業全体が衰退するなか、[46]在日企業も多く退出してきた。染色整理企業にとっては、デザイン機能をもち、海外生産を組織化できる流通・卸売機能に進出することが、経営環境が悪化するなかでの事業維持ないし拡大において重要と思われる。問屋との直接取引も事実上なく、非戦略的な工程に特化してきた在日の蒸・水洗業者の場合は、この発展はほぼ不可能であり、その意味で事業維持の可能性は染色工程の企業行動に依存していると考えられる。その影響が在日の産業構造の変化にかかわる。こうした染色整理業の斜陽化段階だけではなく、第2章では、在日産業として形成されていく成長段階を含めて考察する。

兵庫県の在日産業であるケミカルシューズ製造業は、ゴム製品製造業の七割以上を占め、地域的には、神戸市長田区に集中している。一九五〇年代にケミカルシューズが開発されて以来、日本全体のおよそ八割が長田区で生産されるようになったが、ゴム製品製造に携わることの多かった在日もこれに多く参入した(47)。ケミカルシューズの製造工程は、デザインから資材製造、裁縫・裁断などの下請、最終組立て仕上げ段階のメーカーまで、一貫生産する業者はほとんどなく、資材製造業・メーカー・加工業の分業体制をとっており、材料問屋によってそれぞれの業者が繋がっている。この中で在日企業は、製造工程全般に従事しており、製造工程に垂直的に広く分布している。ただし、メーカーと資材製造業者が、地域内の同じ在日コミュニティ内部で活動する場合でも、直接取引はほとんど存在せず、外部の流通業者を介しての取引となる(48)。同産業は、一九七五年以降においても引き続き開業が見られ、長田区への地域集中も高まった。しかし、一九九七年時点において在日全産業に占める比重は低下しており、特化度の低下に表れるように退出も速かった(49)。つまり、京都市の染色整理業のようにデザイン、流通関係に在日企業の足場がないことによる成長性の限界は、在日産業内の在日による一定の垂直統合があったケミカルシューズ製造業の場合にもあてはまると言えよう(50)。

（2）非製造業分業関係における在日企業

続いて、前節までの分析において、特に非製造業化の担い手であるとされた土木工事業と娯楽業の産業の構造を考察し、その特性を解明しておこう。

まず、総合工事業における在日企業の場合、ゼネコンと呼ばれる一般土木建築工事業ではなく、そのほとんどが通称土建業の土木工事業に集中してきた。近畿地方では、兵庫県尼崎市における在日企業の地域集中が顕著である。これは、一九三〇年代以降、武庫川の工事のために朝鮮人が集住したという歴史的事由に起因する。同地域の在日企業は、土木工事を元請ではなく、日本人業者の下請あるいは孫請で行うため[51]、元請関係に制約され、自ら独自の取引先を開拓することは困難であるとされる。

このような制約条件への一つの適応として、尼崎市出屋敷地区の通称「寄せ場」において、工事人夫を組織するいわゆる人夫出し業への在日企業の参入が盛んになり、これが同市の在日土木工事業への集中をより加速したと考えられる。企業名鑑の事業内容からは明らかではなかったが、大阪興銀への聞取り調査[52]によると、工事現場に人夫を提供する「人夫出し」の労働斡旋業[53]において、近畿地方では、在日企業が大手として相当の競争力をもっている。関西興銀（大阪興銀）の元役員は、尼崎市に近接する大阪市西成区の人夫出し業の実態について、次のように証言[54]している。

社員五〇人いるA社というのがあるとしますね。人夫出しというのは、ある大手ゼネコンの一次下請があって、ここからくるんですね。五〇人しか社員いないのに、二〇〇人要るというんですよ。一五〇人たらないでしょう。どうするかというと、西成区にいくんですよ、トラックで、一人一万円、誰かないか、と呼ぶんです。はい、といって人が集まると、連れて行く。西成区は人夫町で日雇い労働者、人夫が沢山住んでます。このA社が人夫出し業です。みんな建築の認可、とってるんですよ。人夫出しという名称はないです。ここは、建築会社、あるいは土木建設業なんですよ。やっている仕事はなにやというと、建築をやっているわけじゃなくて、人夫を出すんですよ。〔社員には――引用者〕日雇いは入らない。事務する人、後はリーダー格がいたり、ご飯炊くばばいたりね。

規模は、ちいちゃいところは、一日稼動が一〇人、大きいところは二、〇〇〇人。二、〇〇〇人おくでしょう、一万五千円もらうんです。ところが払うのは一万円、一日二、〇〇〇万円。その日払い、週払い、月払いがある。

純粋土木建築あるでしょう、工事中心、こっち側は人夫出し中心、こういう風な分け方が正しいかもしれませんね。……工事中心やったけども、人夫出しがよく儲かるので、利益率が高いというのがわかったので、人夫出しにしてみたとか、逆にこっち側〔工事中心〕が儲かるのであれば、こっち側にしてみるとか。みんな儲かるところに行くんですよ。

以上のように、土木工事業が長期にわたって在日の重要産業になった過程には、下請でありながらも、人夫出し業のように、ビジネスチャンスのある事業（業態）に集中した結果、競争力をもつ部分を形成していった側面が含まれている。

一方、サービス業のなかでは、娯楽業、とりわけパチンコホールが属している遊技場において在日企業がもっとも多く、一九七五年以降サービス業の五割から六割を占めている。パチンコ関連産業は、染色整理業や、ケミカルシューズ製造業の場合とは異なる垂直統合と分業の特徴をもっている。すなわち、パチンコホール以外のパチンコ機械メーカー、その機械の流通では全国規模のメーカー直系の営業所を除く地域単位の機械仲介を専門とする業者、景品問屋など、パチンコと関連する産業のほとんどに在日業者が広範に進出している。(55) 例えば、パチンコ機械メーカーでは群馬の平和産業、パチンコ補給機ではエース電研といった有力専門企業が、パチンコホールでは一九七〇年代以降多店舗展開をした京都のマルハン等が急成長を遂げるなど、近畿地方に限らず分野別に在日企業が成長してきた。在日の民族系金融機関の大阪興銀は、一九六〇年代からこの産業に注目しており、金融的支援、産業あるいは経営情報の提供などを行う過程で最大の民族系金融機関に発展した。(56) こうしたパチンコ産業と在日の関係については、第3章、第7章で分析する。

前項から述べてきたように、戦後において在日が産業活動の中心とした製造業、特に労働集約的産業について言えば、京都市の染色整理業と神戸市のケミカルシューズ製造業における差異が示すように、民族集団としての在日企業の垂直統合は製造工程という点では必ずしも一様ではなかった。しかし、いずれの場合でも流通・デザイン・技術といった戦略的機能を在日コミュニティに内部化することなく、産業の盛衰の波に大きく左右されることになった。もちろん、こうした現象について否定的な評価をするのは結果論であろう。戦前からの情報の集積が有効であることが、特定の工程への特化を促したのであり、産業の分業体制のあり方に適応したことを意味するからである。非製造業化と同時に進行した新規主要産業の発展においては、産業の垂直的な構造のなかで、一見在日企業間の関連性が見られる産業へのよりいっそうの特化が進行した。パチンコ産業が在日経済の中核となるのは、このような事情にもとづくものと思われる。

おわりに

本章における考察の結果として、伝統的な在日の集住地域、近畿地方における戦後在日経済の産業構造の実態と変化について、次の四点が明らかになった。第一に、在日企業の産業構造に着目すれば、製造業と建設業の割合が一貫して高く、第二次産業中心の構造であった。長期的趨勢としては、日本の産業構造と同様に非製造業化が進行したが、在日の場合には一九九〇年代末の時点でも、製造業のウエートは相対的に高い水準を維持していた。しかしながら、第二に、長期的傾向は、日本全体のサービス産業化の方向に沿って非製造業化が進行しており、とりわけ大きく影響を受ける京阪神の地域経済に対して変化のスピードが速いことに、在日の特徴が見られた。非製造業化の内実は、土木工事業と遊技場、特にパチンコホールへの産業特化であった。第三に、製造業の場合には、各産業内の特定の工程、例えば、鍍金業、プレス、蒸・水洗業などに特化していた点が注目される。在日産業が垂直的に特定の工程に集中する場合、当該産業の衰退を乗り越える形で在日企業が成長するということは困難であったと思われる。第四に、いくつかの重要な在日産業において、地域集積の傾向が見られた。この集中の歴史的経緯には、京都市の染色整理業や神戸市長田区のケミカルシューズ製造業などのように、地域のいわゆる地場産業が発展する過程において、在日企業が後発的に参入した場合と、尼崎市における土木工事業のように、在日の集住地域内における企業設立・成長が特定産業に偏り、結果的に在日色のある地域産業が成立する場合があった。

戦前の労働者としての就業経験を基盤にしつつ、終戦後にスタートした在日の産業構造は、上記のように第二次産業中心、特定産業あるいは工程への特化、地域集中が長期的、構造的である、という特徴があった。一九九〇年代末の時点でも経済全体に比べれば第二次産業の比重が大きかったこと、非製造業化の内実が土木工事業やパチンコ産業への特化、集中という意味で、日本経済一般の動向とは必ずしも一致した形をとらなかったことなどは、歴史的条件に起因する限界を示している。戦後の参入時点での限定された就労経験、社会的、法的地位による経済的選択の制限等の歴史的条件を考慮すれば、在日企業の集団的経験は、中小企業一般に共通する経済、経営諸資源の制約という問題に解消できないのである。

しかし、在日の産業構造における集中度の高まりは、硬直性を必ずしも意味するものではない。戦後のスタート時点において地域性をも織り込んだ歴史的前提が作用しており、特定の産業分野に収斂しつつあるなど、経済的適応において構造的制約をもちながらも、長期的趨勢としての非製造業化のスピードは、京阪神経済全体の場合より、近畿地方の在日の方が速かった。その意味では、在日産業構造の柔軟性は評価されなければならない。

在日の伝統的な集住地域に注目した本章の考察は、在日の産業経済を包括的に捉え、歴史的、構造的に分析する作業の出発点として、在日全体の長期的な特徴を代表的に示したと考える。本章の考察から明らかになった、在日の産業経済における構造的・歴史的特徴を踏まえて、次にその特徴が作り出されるメカニズムの解明に進まなければならない。そのポイントは、産業構造の変化をもたらした「速い転換」に注目し、その内実である製造業からの速い退出と、成長産業への素速い反応がなぜ可能であったかを説明することにある。こうした視点から、続く二つの章では、京都の繊維産業と、パチンコ産業が在日産業として形成され、成長していく過程に分析の焦点を合わせる。

第2章　京都繊維産業における在日企業のダイナミズム

はじめに

本章[1]の課題は、京都繊維産業における在日企業を取り上げ、その歴史的発展を明らかにすることである。在日が、いつ、どのような歴史的条件のもとで、どのようにしてこの産業に参入し、成長してきたのか、その過程で民族コミュニティがどのように機能し、どのように影響を与えたのか、が検討の焦点になる。

第1章で明らかにしたように、近畿地方における在日企業は、歴史的に、いくつかの特定産業に集中している。[2]この集中は、在日が戦前労働者として携わっていた土木工事業（いわゆる土建業）、金属加工業、ゴム製品製造業、繊維産業などと、戦後在日が本格的に参入するパチンコ産業、金融業、不動産業、飲食業などにおいて特に顕著であり、日本経済一般に比べると製造業の占める比率が高い。しかも土木工事業とパチンコ産業の二つの産業の特化度[3]の上昇に表れるように、特定産業への集中は長期的に強化されてきた。ただし、一九七五年・九七年の二時点に注目すると、在日の産業構造は、二つの産業への集中を含みながらも、各府県の産業構造の変化一般に比して製造業からの急激な退出と建設業およびサービス部門への参入によって非製造業化が進んだ[4]から、日本経済全体のサービス産業化に柔軟に対応したということもできる。したがって、在日の産業構造に対して、一様に停滞的だと評価したり、特に製造業からの退出の激しさのみに目を向けて、在日企業の競争力の弱さにその要因を求めて淘汰されたとするのも[5]、一面的な捉え方であろう。いずれにしても、在日企業、産業の実態は依然として明らかにされていない。

既述の在日産業動態の分析結果や捉え方は、経済活動の主体としての企業の所有・経営者に「民族」というカテゴリーを設定することによって見出されたものであるとはいえ、「民族」それ自体が直ちに説明要因となるわけではない。それでは、何故、在日企業が先述の特定産業群に集中したのだろうか、そしてその産業集中が長期的に維持・強化されたことはどのように説明されるだろうか。また、一九七〇年代以降の非製造業化の急進展にはどのような要因があっただろうか。

このような問題に答える上で論ずべき点は多岐にわたるであろうが、本章では、次の点に焦点を絞ることにする。すなわち、近畿地方の在日企業に見られた上述のような特徴が、特定地域の特定の産業——本章では京都における繊維産業——にも見出せるとすれば、それは「在日であること」とどのようなかかわりをもっているかという点についてである。つまり、特定部門への集中化、参入や退出の激しさは、事業機会の発見や転業に際して、「在日であること」が特定の「有利さ」をもたらしてこれを促すような条件となっているのだろうか。また、事業の継続（経営）という面で、「在日であること」がいかなる意味をもっているのだろうか。

以上のような分析視角は、在日であることによって、様々な機会の発見に関する「情報」に偏りが発生しているとすれば、そのために特定の分野への集中が発生し、あるいは特定の分野での事業の継続に有利さが発生することがある、ということを想定している。実際、在日に、そうした情報の偏りが発生した可能性がある。もっともこの偏りがなぜ、どのようにして発生するかを明らかにすることは、本章の課題を超えている。そこで本章では「在日であること」を、同一民族であることによって情報を共有している集団としての広い意味の「コミュニティ」と捉えた上で、既述のような在日の産業動態の特徴について、在日企業の起業とその後の成長の二局面でコミュニティがどのようなかかわりをもっていたかという視点から歴史的な考察を加えることにする。(6)

さて、京都府において、特に製造業は在日企業が歴史的に集中していた産業分野であり、同時に速い退出が観察された産業であった（後掲表2-8）。データが限られているため、退出への転換の画期がいつであるかは確定し難いが、一九七五年と九七年を比較すると、京都製造業に対する在日の特化度の低下が認められ、それは京阪神全体の傾向と相反しない。特に和装繊維産業の西陣織、友禅染には、在日が戦前からかかわっており、歴史的考察を課題とする本章の分析対象として相応しいであろう。

さらに、京都の伝統産業が長期的停滞に入る高度成長期に成長期を迎え、在日産業としても急成長したパチンコ産業の展開について検討する。一九七五年、九七年の間の変化から考えれば、不動産業や土木工事業の躍進が目立ち、在日産業構造の動態においては、これらの産業への転換にも注目するのが適当であろう。確かに一九七五年から九七年の間で製造業への特化度は低下した。しかし、この傾向は、一九五六年時点から一貫して認められる（後掲表2-4・表2-8）。(7)そして、この一九五六年から七五年の間に、特化度の低下と上昇とが繊維工業とパチンコ産業という二つの産業で交錯しており、七五年以降に比べて高度成長期により大きな変化が起きたと考えられる。安定成長期にはいると、不動産業などへの参入が増加することは、あらためて指摘するまでもないが、動態的に捉えるという本書の視点からすれば、長期的にはパチンコ産業がより重要と見てよいだろう。このような二つの産業間の転換におけるコミュニティの役割を設定することによって、在日企業の産業間移動の動態を解明できる手がかりを得たいと考えている。

本章で使用する主要な資料について説明しておこう。第1章と同様に、本章の分析も一九七五年と九七年企業名鑑に掲載された京都府に所在する企業の集計にもとづいている。これらの資料の紹介については、前章の「はじめに」で詳しく紹介したから、割愛する。第1章の歴史的分析を踏まえて、本章では、一九五六年に調査された、『在日本朝鮮人商工便覧』（在日本朝鮮人商工連合会、一九五六年）の集計分析を加えた。

ただし、『在日本朝鮮人商工便覧』を調査、刊行したのは、朝鮮総連の関連団体であり、第1章で政治的立場において組織的連続性を重視して分析したこととの内容的な対応関係をどのように処理するかについて、述べる必要があろう。資料の限界について次の点に注意しておきたい。

『在日本朝鮮人商工便覧』の調査項目は、事業所名、事業内容、代表者、事業所の所在地（住所、連絡先）のみである。一九七五年名鑑と九七年名鑑に比べると、シンプルな調査になっている。本章の分析において使用したデータは、事業内容のみであり、第1章の表1-1と同様の処理によって産業分類の再分類を行った。第1章での分析によると、在日の産業経済の構造的特徴に影響した一つの要因は、戦前の就労経験であった。このことから、特に製造業など在日が戦前から携わった産業の形成において、政治的な要因はさしあたり捨象することができる。本章で対象とする京都の繊維産業も、戦前から在日がかかわった産業であり、したがって、この産業への集中は、韓国系と共通して朝鮮系の在日企業においても特徴として想定することができる。本章では、一九五〇年代において繊維工業が産業構造に占める位置づけに分析の重点があり、在日の産業構造の歴史的変化を分析した第1章の結果から五〇年代を位置づけることにする。

なお、企業名鑑を用いた在日企業の地域別、産業別の分布に関する集計分析を踏まえながら、本章では資料として、個別具体的なケースについて、企業名鑑に掲載された企業に対して行った聞取り調査も多用する。それにより、在日の企業活動の変化が、特定産業の発展に対するいかなる対応によるものであったかを明らかにしたい。

予め本章の構成を示すと、第一節では京都繊維産業における在日企業の実態を歴史的に考察するという課題に即して、繊維産業における在日企業の歴史的条件として、戦前の経験を概観する。続く第二節では、本格的な起業期となる復興期に焦点を合わせ、在日にとっての繊維産業の全体像を描く。第三節では、在日企業の産業参入の時点と参入後の成長における在日コミュニティの機能を念頭におきながら、経営実態と成長について考察を行う。第四節では、京都の事例と在日の産業動態の関連が分析される。

1　歴史的前提――一九三〇年代における在日の就労状況および階層分化

日本で在日コミュニティが形成されたのは一九二〇年代と見られ、京都もその例外ではない[8]。それから約七〇年が経過した二〇〇〇年現在、四万一、〇六七人の在日が京都府に在住しており、大阪府、東京都、兵庫県、愛知県に続く規模である[9]。歴史的に一貫した傾向であるこれらの都市部への集中[10]は、日本の大都市の工業化に伴って在日が労働力として吸収されたことと無縁ではない[11]。一九三〇年代においてもなお、本国と日本、府県の間の在日の移動は極めて頻繁であり、不安定な生活の様子がうかがえるが、それでも二〇年代後半から三〇年代初めにかけて、全国的に、定住希望率の上昇、長期滞在、家族形成など、概して「定住」の傾向が見られる[12]。

一九三〇年代の現象として注目すべきは、企業の所有者、経営者へ上昇する少数の在日と、被差別部落近隣の下層社会に流入する底辺の多数の在日という階層分化が顕在化したことである[13]。また、各大都市の工業化の進行とともに在日コミュニティが形成されたことから、在日が地域性を反映する産業に就労することが示唆される。この点について、階層分化を念頭におきながら、京都の職業分布から眺めてみよう。

在日が集中していた京都市内の職業を示す表2-1から、定住の経済的基盤となった就労構造の特徴が概観できる。まず、「土木建築」と「紡織工業」の占める比率が、突出して高い点が認められる。ただし、「現在職業（B）」で三分の一以上を占める「土木建築」が、地場産業の紡織関係を上回っているものの、「内地へ来ての職業（A）」と照合すると、前者から後者への移動の傾向を示している。「土木建築」に従事する数は、一九三〇年代を通じて次第にその比率を低下させ⑭、他の産業、職業への集団としての転業が見られた⑮。それらの在日をもっとも多く吸収したのが繊維工業であるが、うち主たるものは友禅工（一九三五年現在九四二人、一〇六人増。以下、同様）、織物工（二六八人、一六人増）、染色工（二六一人、七人増）、晒工（一三六人、三四人増）、捺染工（九九人、二三人増）等であった⑯。

一九三〇年代を通して、繊維産業の発展⑰を背景に、これらの職業への集中を促進した在日コミュニティの内的要因は、就労経路における友人知人や家族・親戚による紹介の仕組みであった⑱。京都市の場合、六割程度がこのような在日同士の紹介を経由した就労であり、「直接」就労（二四％）のそれを大きく上回っていた⑲。これらの在日職工の賃金は、日本人労賃の平均八割程度に止まり、最下層の生活を強いられていたが⑳、他方で独立事業者が登場してい

表 2-1　京都市内の朝鮮人職業分布構成（1935 年現在）

業種分類	内地へ来ての職業（人，A）	現在職業 人（B）	現在職業 構成比（%）	B－A
農業（農耕・畜産）	129	111	1.4	－18
鉱　業	66	120	1.5	54
工　業	6,467	6,458	79.9	－9
うち紡織工業	2,007	2,267	28.1	260
うち土木建築	3,389	2,777	34.4	－612
商　業	232	209	2.6	－23
うち商業的職業	178	157	1.9	－21
交通業	396	575	7.1	179
うち運輸	393	571	7.1	178
その他	864	608	7.5	－256
修正値1)	8,154	8,081	100.0	－73
計1)	8,154	8,084		－70

注 1）資料の「計」がサンプル数の合計に合わないため修正。B の構成比は，修正値を 100 とした。
資料）京都市社会課『市内在住朝鮮出身者に関する調査』1937 年，159-160 頁より作成。

た。[21]その詳細は不明であるが、一九七五年名鑑で在日の所有と認知された京都府に所在する企業のなかに、戦前に設立されたものが一四社ある。[22]その事業内容は、染色二、蒸業三、西陣織三、絞り染め加工一、その他五（金属加工、屑鉄業等）であり、ほとんどが繊維工業関係であった。なかでも、すでに戦前期に在日がなかば独占的な地位を確立したのが、友禅の蒸・水洗業であった。例えば、一九四〇年の京都商工会議所の調査には、二つの工程の重要さと分業化の過程、そして「半島出身者」がそれらを担っていく様子について、以下のような記述が見られる（以下、傍点、中略は引用者による）。

友禅染生産工程中の蒸熱工程は現在に於ては其の殆んどを蒸業者に委ねてゐる有様である……が、これは生産工程に於ても最も重要な工程であり、型付と密接不可分の関係にある為従来は友禅業者に於て行ったものである。これが分業化するに至ったのは大正初期である。……世界大戦後の財界の一変動に因り友禅業者も苦境に喘ぎ、採算上自家蒸熱を捨て、安価にして便利な専門業者を利用することが次第に多きを加ふるに至った。之れより前明治三十九年地色捺染機を発明する者あり、大正十年はじめて本機を用ひてしごき蒸業を開始するに至り昭和に入りて益々重寶なる存在となり、昭和四、五年頃より半島出身の業者次第に増加するに至った。業者は昭和九年京都蒸業組合を組織し、昭和十三年五月内容を一新して京染蒸業組合と改称し現在組合員七十四名を算してゐる。……水洗（水元）も蒸熱工程と同じく友禅染加工々程中重要な過程であって、友禅業者自ら之を行ってゐたのであるが、現在では蒸熱を同じく殆んど専門業者に一任してゐる。水洗工程の分業化は明治四十四年……。現在の如く業者九十名に近く、半島出身者の独占事業の如き観を呈するに至ったのは、蒸業者の勢力増大に前後し昭和初期以後のことである。[23]

以上のように、繊維産業における在日企業の戦前からの存在と、在日コミュニティ内に蓄積された労働者としての就労経験が、戦後の在日企業、産業形成の基盤になったと考えられる[24]。それゆえ、戦後復興期の京都経済のなかで生活のための経済基盤を求めていた在日も、繊維産業の回復の波に一つの事業機会を見出しえたのである。

2　復興期における在日の起業ブーム

戦前、在日の多くが携わった京都の和装繊維産業は、一九四〇年七月「奢侈品等製造販売制限規則」の施行によって大きな打撃を受け、関連工場で働いていた在日を含む労働者も召集・徴用で軍需関連工場に移っていった[25]。漸く戦後一九四六年七月から生糸の使用が許可され、四九年四月から繊維および繊維製品の統制が順次解除されていくなか、京都の繊維産業も息を吹き返した。

他方、全国二〇〇万人を数えるまでになっていた在日は、終戦とともに、法的、政治的地位をめぐる社会的環境が、それ以前とは大きく変わることになる[26]。事実、在日は、一九四六年までのわずか一年の間に一〇〇万人以上が帰国する大移動に巻き込まれた。この本国への帰還、さらに日本への再入国という混沌状態にあった復興期において、京都の在日に、戦前の職業分布がどのようなかたちで痕跡を残していたのだろうか。

京都の西陣織の中心地、上京区柏野における在日を対象とした一九五九年の実態調査を通して、復興期の在日の職業および生活の様相を垣間見ることができる[27]。同調査結果によると、柏野地域における在日は、復興期に周辺地域から移住してきたと見られるケースが多い。戦後に居住を開始したものが六割となっており、戦前からのそれは三分の一であった[28]。表2-2は同一調査サンプルの時代別の職業移動を示しているが、戦後五年間での、徴用、無職、土木労働などから織物関連職業への集中が顕著である。これらのことから、復興期に移動の流動性が高かった

表 2-2　世帯主の職業別推移

（単位：人）

時期＼職業	職工	織物業	土木労働	糸くり	自由労働	飲食業	団体役員	会社員	漢薬業	徴用	無職	その他[1)]	計
渡日後～1945	3	16	8	—	—	—	—	3	1	10	5	5	51
1945～50	1	44	1	—	—	—	1	1	1	—	—	2	51
1950～54	3	28	3	—	5	3	2	—	1	—	2	4	51
1954～57	4	24	3	2	7	2	—	—	1	—	2	6	51
1957～59	5	20	1	2	12	2	1	—	1	—	1	6	51

注1）「その他」には，自動車修理工，農業，菓子業，理髪業，友染，行商，古鉄，畳工，学生などを含んでおり，織物業を除いては流動性が高い。

資料）生活実態調査班「京都市西陣，柏野地区朝鮮人集団居住地域の生活実態」『朝鮮問題研究』第3巻第2号，1959年，39頁。

表 2-3　織物業の経営業態推移

（単位：人）

時期＼職業	自前業		賃織業		合計
	力織機業	手織機業	力織機業	手織機業	
渡日後～1945	6	10	—	—	16
1945～50	3	37	2	2	44
1950～54	10	7	9	2	28
1954～57	5	—	18	1	24
1957～59	5	—	14	1	20

資料）表2-2に同じ。

ことが示唆される。在日が、戦前から朝鮮人が集住していたこの地域に移動した一つの要因は、戦後の西陣織、特に下駄の鼻緒需要に対応してビロード生産が好景気であったことであった。[29] こうした需要を背景に、起業する在日がいたと思われる。[30] 経営規模は不明であるが、表2-3の一九四〇年代後半に自前の織機を構えて織物業を営む在日業者の増加が、その様子を物語ってくれる。しかし同表は、一九五〇年代以降、在日織物業者の多くが淘汰されたことも示している。一九五〇年から五四年にかけて、業者の合計数が一六も減少している。[31] その間、「自前業」では手織機業から力織機への転化など再編が試みられたものの、これも五年後にはさらに半減し、賃機や労働者に転業していった。

　以上のように、在日は、復興期に特に、ビロードの下駄の鼻緒需要に誘導されて西陣地区に移住し、西陣織の企業を設立した。力織機化

表2-4　京都府における産業構成（1956年）

日本産業標準分類			在日企業		京都府		特化係数
産業大分類	中分類	事業内容	件数	分布（A, %）	事業所数	分布（B, %）	A/B
建設業	土木工事業		24	5.8	–	–	–
	小　計		24	5.8	2,996	3.2	1.8
製造業	繊維工業	西陣織物関係	119	28.7	–	–	–
		染色関係（うち蒸・水洗業，整理業）	41 (25)	9.9 (6.0)	–	–	–
		その他	7	1.7	–	–	–
	繊維工業　計		167	40.2	9,647	10.3	3.9
	小　計		199	48.0	18,013	19.2	2.5
卸売・小売業，飲食店	飲食業（大衆食堂・朝鮮料理・喫茶店・バー）		34	8.2	–	–	–
	銅鉄商（含屑鉄・古物集荷）		77	18.6	–	–	–
	その他		13	3.1	–	–	–
	小　計		124	29.9	42,800	45.7	0.7
金融・保険業			2	0.5	1,541	1.6	0.3
サービス業	遊技場（パチンコホール）		29	7.0	–	–	–
	その他		23	5.5	–	–	–
	小　計		52	12.5	23,434	25.0	0.5
その他			14	3.4	4,889	5.2	0.7
総計（A）			415	100	93,673	100	1.0

注）「事業所数」は，1954年7月1日現在。繊維工業は，1956年12月31日現在。
資料）「在日企業」は，在日本朝鮮人商工連合会『在日本朝鮮人商工便覧』1956年，「事業所数」は，『昭和31年 京都府統計書』1958年，82-83頁，93頁より集計。

や景気変動に大きく左右されて決して安定的ではなかったが、表2-3で見られるようにそのなかで生き残った企業が存在し、実際に、西陣織は、高度成長への跳躍期における在日企業の産業構造のなかでも重要産業となった。一九五六年における在日商工企業の調査結果をまとめた表2-4によると、繊維工業は、在日の代表的な産業[32]である屑鉄・古物採集業（七七）、土木（二四）を上回る高い比率を占めており、特に西陣織物業に集中していることが明らかである。

　これらの在日西陣織物業者たちは、すでに、自らの業界団体である朝鮮人西陣織物工業協同組合を結成していた[33]。しかし、工業協同組合は、組合員数の推移を見る限り、長期的に順調な成長をみたわけではなかった。結成初期の様子は明らかではないが、朝鮮人西陣織物工業協同組合の組合員は一九五九年現在、五四人（＋α）[34]、六二年八二人であったが、六五年七四人、六九年七三人となり、六〇年代半ばから伸び悩んでいる。ちなみに、業界団体は、南北の政治的対立の影響を受けて、二団体が並存することになった。韓国系と思われる相互着尺織物協同組合は、結成年度は定かではないが、一九五九年の組合員数は一一名、六二年が最多で二三名であり、いずれにしろ、両組合とも組合員数は六〇年代を通して減少していったと思われる。

3　戦後の京都繊維産業における在日企業の成長――聞取り調査より

在日企業は復興期、高度成長の初期に繊維産業で集団的に観察されたが、その事業活動はどのようなものであっただろうか。第三節と第四節では、このような視点から、聞取り調査内容を分析していく。協力がえられた一〇社（以下、調査企業と略称する）は、『在日韓国人会社名鑑』（在日韓国人商工会議所、一九九七年[35]）に掲載された、京都の繊維工業関連の在日企業六社[36]（表2-5）、パチンコホールの四社[37]（第四節で取り上げる）である。繊維工業の調査企業の現代表者（経営者）は、創業者でないケースもあるが、いずれの代表者も一九六〇年代から七〇年代前半という繊維工業の成長期を経験しており、共通する時代的視点を提供できると考える。

さて、京都府の繊維工業[38]は、事業所数、従業者数、出荷額で見ると、それぞれ一九七五年（二一、二六七事業所）、七〇年（一〇万四、三〇三人）、八五年（六、六二〇億円）にピークを迎えたが[39]、七〇年代初頭まで京都の基幹産業として発展した[40]。そのなかで、京都の和装繊維産業は、洋装の一般化など生活スタイルの変化による市場縮小、国際競争力の低下などの諸問題に直面したが、京友禅や西陣織など京都独自の技術を基盤に重要産業であり続けた。この京都の和装の染色、織物産業における生産構造の特徴は、垂直的に細分化された工程の分業関係にある。[41] 在日企業がそのなかでどのような位置にあり、どのように成長したかを、調査企業六社の事業内容を中心に具体的に見て

表 2-5　調査企業の概要

	NY 社	MY 社	MM 社	MO 社	KB 社	SH 社
聞取り調査日	2003 年 9 月 11 日	2003 年 9 月 6 日	2003 年 9 月 7 日	2003 年 9 月 5 日	2003 年 9 月 11 日	2003 年 9 月 13 日・14 日
事業内容	蒸・水洗	地染め	裏地の引き染め	絞り染め	型友禅	西陣織
2003 年現在の従業員規模（過去最大規模）	12 人 (40 人)	4 人	3 人	4 人 (4 人)	15 人 (120 人)	11 人
うち本人を除く家族従業員	長男	妻	なし	母親，妻，次男	なし	なし
経営形態	個人経営	有限会社 (資本金 300 万円)	個人経営	個人経営	株式会社 (資本金 1,000 万円)	個人経営
創業年 (話し手の業界入り年)	1961 年 (1960 年代後半)	1985 年 (1960 年)	1966 年 (1964 年)	1982 年 (1960 年)	1948 年 (1970 年)	1948 年 (1965 年)
創立者と現経営者との世代関係	先　代	本　人	本　人	本　人	先　代	先　代
インタビュー対象者	現代表者	現代表者，妻	現代表者，妻	現代表者	現代表者	現代表者，母親，経理（日本人）
現代表者の属性	1948年京都市生まれ 在日 3 世・長男	1938年京都市生まれ 在日 2 世・次男	1941 年韓国生まれ 在日 2 世・長男	1944年福井県生まれ 在日 2 世・三男	1949年京都市生まれ 在日 2 世・次男	1949年京都府生まれ 在日 3 世・次男

資料）聞取り調査より。表 2-6，表 2-7 も同様。

いくことにしよう。まず、京都の繊維工業、染色業に関連する企業の規模を概観しておくと、分業による生産組織に規定されて小規模性が目立つ(42)。和装繊維工業では、京友禅に携わる型友禅工場、蒸・水洗業、整理業の企業は機械や設備が必要であるため、他工程の企業より規模が大きくなっている。調査企業を含む在日企業は、整理工程にはほとんど存在せず、引き染め、絞り染めなど初期投資が小規模な分野に携わっている。戦前に在日が独占的な地位を占めていた蒸・水洗業において、水洗の設備投資が必要になるのが、一九七一年の環境規制の導入以降である。このことから、創業年度を考慮すれば、在日は、概してとりわけ産業発展の局面で、初期投資、追加的設備投資の規模が小さい分野に参入したと言えよう(43)。

次に、調査企業の分業関係での位置について確認しておこう。ここでの関心は在日企業が同産業にどのようにかかわってきたのかにあり、必要な範囲で技術的説明を補うことにする。

京都の代表的な和装の繊維産業は、工程の違いに注目すると大きく先染めの西陣織生産と後染めの京友禅に分けられる。製造、分業体制においてそれぞれ独立したこれらの二分野では、在日企業の進出の違いが見出される。京友禅においては工程別に専門化した在日企業が発見されるのに比べ、西陣織においてはほとんど織元であった。西陣織の織元は、大まかに「図案発案・作成（外注）→原料準備（糸染）→製織（内機・出機）→仕上げ→問屋に卸」までをコーディネートする。このような西陣織に、在日企業が復興期から数多く参入した様子については前節で見たとおりである。その後、長期にわたって退出が続いている。そのなかで二〇〇三年現在も営業しているのがＳＨ社である。

京友禅に関係する染色工業における在日企業については、図２-１が示すように在日企業が集中しているいくつかの分野が見出される。ＫＢ社のような型友禅の本工程を行う業者は、製造問屋(44)から生地と基本的デザインを受け取り、染色・製造に関して準備工程、下職の染屋、蒸・水洗業や整理業の下請先の選定から仕上げの検反まで、全工程をコーディネートする。この型友禅に、在日企業がどのくらい存在したのか、その歴史的傾向は明らかではないが、一九九〇年代後半において、残存している在日企業は少ない。KB社の証言によると、いわゆる下織の友禅に在日が存在する。これらは問屋との直接取引がなく、友禅業者からさらに下請で型友禅を行うが、これらに携わる在日は定量的な意味をもつほど多くはなかった。MO社のような絞り染めは、大半の工程が家内手工業的に自社内で行われるが、どの程度の在日がかかわっているか、明らかでない(45)。MY社のような友禅工程の後に行う表地の地染めの分野でも、在日はほとんど活動してこなかった(46)。MM社のように裏地の引き染めには表地よりは、在日企業が多数携わっている(47)。

以上とは異なって、在日によってほぼ独占的に担われているのが、NY社が携わる京友禅の蒸・水洗業である。二〇〇三年現在、一九社ほどが存在するが(48)、業界関係者の証言によると同業種のほぼ八割が在日であるから、戦前から一貫した傾向と言えよう。NY社は、その意味において、典型的な在日企業である。

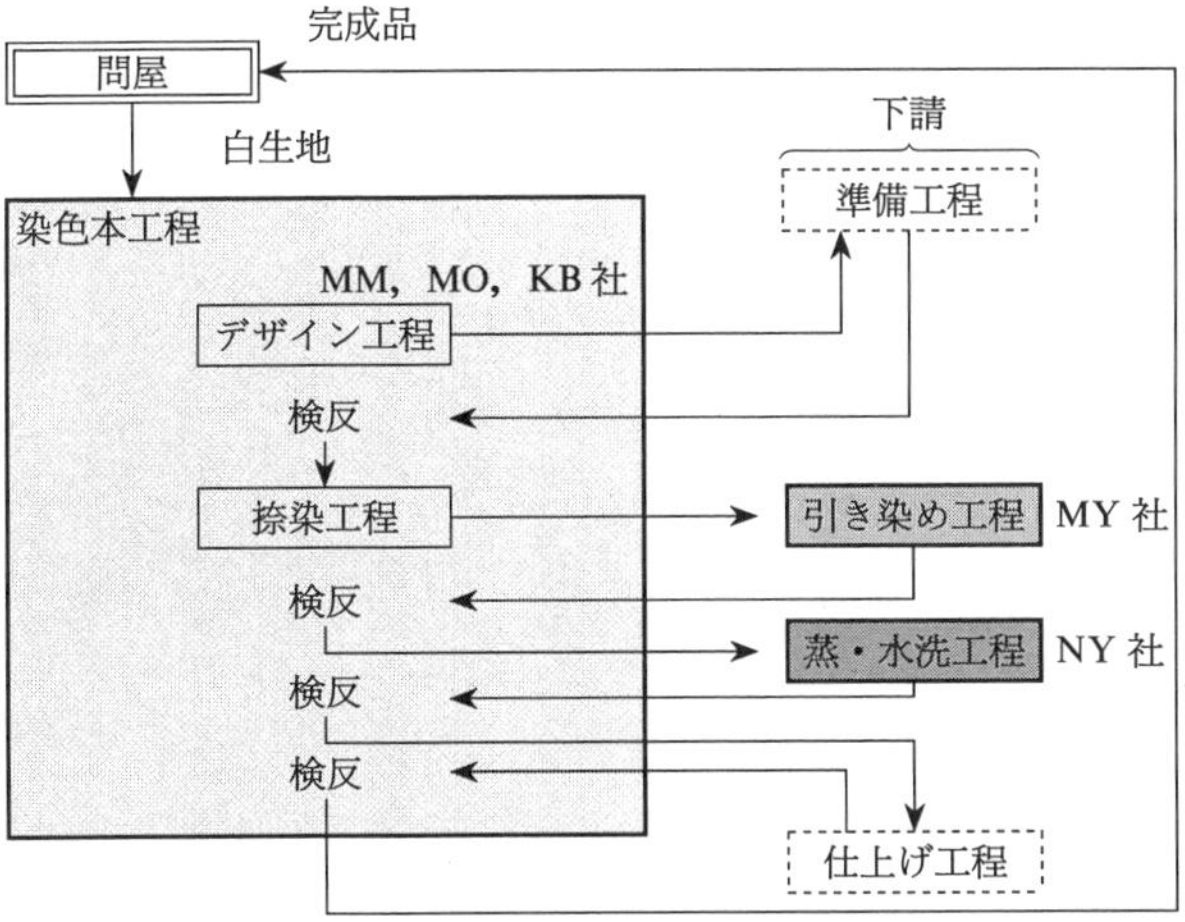

図 2-1　繊維工業（染色整理業）の生産組織図

注 1）MM, MO, KB, MY, NY 社は，聞取り調査の対象企業を表す。
2）網掛の濃さは，在日が業種に占める比率の高さを表す。
3）デザイン工程は，従来は問屋の機能であったが，同図は調査企業の現在の生産実態を表している。
4）京都の染色工業は，専門化された技術体系にもとづいて複雑な工程の分業体系となっている。本図では在日企業がかかわっている分野を中心に簡略化した。なお工程は染の技術・デザインによって様々である。
5）［実線枠］は，1 社単位，［点線枠］は，複数の工程，複数の業者（社）単位。

資料）京都府中小企業対策協議会染色織物業界振興対策部会編『京都染色業振興の基本方向』1975 年，7-8 頁，出石邦保『京都染織業の研究——構造変化と流通問題』ミネルヴァ書房，1972 年，94 頁，264 頁，京都市商工局『京都市の産業』1961 年，29 頁を参照しながら，聞取り調査の内容より作成。

（1）繊維産業への参入

調査企業六社の創業経緯（表2-6）に注目すれば、必要な技術をどのように習得したのかを基準に、大きく二つに分けることができる。NY、MM、SH社にとって、同業在日の存在は、繊維産業への参入を可能にする現実的な基盤になった。

蒸・水洗業を行うNY社は、終戦直後の一九四六年、桂川で水洗業[49]に携わっていた在日友人からの手伝ってほしいとの呼びかけで業界に入った。共同経営でスタートし、その後帰国した友人から取引先を引き受けるかたちで単独経営になった。また、在日という国籍問題のために一般会社に受け入れられなかったMM社の創業者は、戦前に設立された在日の友禅工場で三年間修業した後に独立した。

西陣織に従事するSH社の創業者は、以下の証言のように国鉄の技術者で京都府に在住していたが、終戦後失業していたところ、西陣織を営んでいた親戚の呼寄せで市内に移住した。

お父さんは鉄道で技術屋やったんですわ。終戦になってから、外国人になりましたから[50]、国有鉄道で外国人を使わんでも、いくらでも〔外地から日本人が——引用者。以下同様〕凱旋してくるでしょう。そういう人を、使うようにして、みんな首になったんですよ。

（母親、二〇〇三年九月一三日。以下、SH社に関する引用文はすべて同じ日に行った調査による）

そうしたなかで、

イモブ〔伯父さん〕がこっちに来へんかということで、西陣に来た。

（SH社の現代表者）

と言う。親戚から西陣織の工程を教わり、複数人の在日と、織った製品を販売するために共同で創業したのがSH

社の出発であった。織屋は豊富な品揃えが必要であったから、零細弱小メーカー同士が単品しか製造できない技術上の障害を乗り越えるための戦略であった。ただし、商号を統一するかたちでありながら、製造販売を統合しての共同経営ではなく、売れた製品の利益は製造者に還元され、それぞれ独立会計の仕組みがとられた。

他のMY、MO、KB社の創業では、同業種の在日との接点が必ずしも見られず、京都地場産業の繊維産業に吸

表2-6　創　業

	NY社	MY社	MM社	MO社	KB社	SH社
先代からの遺産	(先代創業)	工場の土地	土　地	分家する際の住宅	(先代創業)	(先代創業)
先代の前職	戦前は会社勤め，戦後は様々	友禅工場で就業後，蒸業で独立	タクシー運転手	戦後，出稼ぎで友禅工場に勤めた	友禅工場で配色→差配	(国鉄) 線路の設計技術者
現代表者の現職までの経歴	同社に入社	サラリーマン →兄と共同で起業 →姉と共同で起業 →独立	サラリーマン →在日経営の友禅工場で3年間修業 →独立	家族経営の絞り染め業 →独立	一般会社に就職 →KB社に入社	問屋で丁稚奉公 →同社に入社
独立・起業に必要な資源および調達方法	在日の知人に水洗の仕事を教えてもらった。暫く一緒に仕事をした。	兄弟と共同出資。仕事は日本人の職人を雇用して覚えた。	在日が経営する染色工場で，3年間修業。	作業場は，親がくれた住宅。取引先は本人が開拓。	店番の従業員として，親戚の夫婦を採用。	西陣メーカーの親戚の呼寄せで京都に。その親戚に技術を学び，在日と共同販売会社を立上げた。
設立資金の用途／調達方法	工場・水洗設備・蒸器／工場は先々代より借用，設備資金は貯金とお得意さんからの借金	一反が乾燥できる25～30m以上の長さをもつ工場／姉と共同での会社を引き受けた	工場／母からの借金	染料と簡単な道具／自宅が作業場		

引されていったケースである。MY社の創業者の業界入り、MO社の家業としての創業は、一九五〇〜六〇年代の京都繊維工業の発展とそれに伴う事業機会の拡大のなかで行われた。また、必要とされる技術の習得も、職人の雇用、集団就職など、在日のルートではなく一般的なルートを通じてであった。もっとも、これらのケースにおいても、先代が戦前期に友禅工場での就労経験を有しており、そのとき以来の人的な関係が起業の基盤になっている可能性は十分にあるだろう。

KB社は、先代の創業者がすでに戦前において工場を所有していた。

最初は船で玄海を渡って九州に行って、そこからすぐに一旦横浜に行ったらしいです。横浜へ行って、最初、港湾の仕事をしたらしいですけど、こんな仕事してたらダメやということで、三ヶ月四ヶ月おって、京都に親戚がいたみたいで、京都へ来てすぐ京友禅の丁稚ですね。（KB社の社長）

友禅工場のなかで配色と差配を任された先代はその後独立した[51]。最初は工場を構えず店番として親戚の二人を雇用して製造の取次ぎの形でスタートし、順次工場をもつようになった。戦争によって軍需関連に業種転換していたKB社が再び友禅に戻ったのは、終戦三年後、繊維産業の回復の兆しが見え始めたときであった。

以上の六つのケースのうち、NY、MM、SH社は在日コミュニティのもたらす「情報」（それは就労の機会であったり、技術習得であったり多様な傾向ももつ）が参入障壁を低下させる役割を果たしたと見ることができる。そして、これらのケースが属する産業分野が在日企業の代表的な特化度の高い分野であり、量的に見ても大きかったことは、創業に関する在日コミュニティの役割を浮かび上がらせる。他方、そうした視点で見たとき、創業の経緯に関して、在日コミュニティとの関係が相対的に小さいと見られるケースも存在した。これらのケースでも先代の就労経験に共通性を見出しうる。いずれにしても、なぜ特定産業に集中するかという関心に即して見れば前者のケースこそが積極的に説明すべきものである。後者のようなケースを含む形で、前者のようにコミュニティ機能を基軸にして同産業への参入が波及したと考えることができる。

(2) 染色整理業における在日企業の成長と取引関係

以上のような経緯から同産業に参入した在日企業の継続的な事業活動について、以下三項にわたって検討する。本項では、友禅の生産体制における在日企業の成長と取引関係について、前掲図2-1を参考にしながら、調査企業の分業関係における役割から考えたい。

KB社が生産構造で果たした役割は、全生産工程のコーディネート機能であった[52]。デザインは基本的に問屋によって行われていた。直接流通、デザインに携わっているわけではないから、問屋のデザインに従った製品としての仕上げ如何が競争力の基盤となった。

友禅本工程後の地染めを行うMY社は、製品によって問屋との取引もあるが、大半が本工程を行う友禅業者(以下友禅と略称)との取引となっている。デザイン・色は問屋や友禅で決まっているため、難を出さずに綺麗に仕上げるかどうかが長期的な信用力になる。蒸・水洗業者と直接取引することは稀であり、友禅がそれらの取引先を選定する際に、MY社の染色と蒸・水洗工程が技術的に関連する範囲でかかわる。取引先の開拓は、MY社が積極的に行う場合はほとんどなく、製品の仕上げを見て取引の依頼がある場合と、友禅の紹介の場合とがある。

裏地の引き染めは問屋から白生地と基本的なデザインを受け取って行われる。表地よりデザインの幅が狭いとはいえ、MM社は問屋の指導ではなく、自らデザインを行ってきた。同社は、創業当初は問屋との直接取引はなく、中間業者を経由していた[53]。業界内では在日と問屋との直接取引はほとんどないと理解されてきた。そのなかでMM社は、創業三年目に、問屋が中間業者との問題を避けるため直接の取引を依頼してきたことをきっかけとして、国籍を自ら公にしたうえで問屋との取引が始まったという。

在日の典型的な業種である蒸・水洗業に携わっているNY社は、友禅に限らず、染色業者より染色工程を行った後の生地を受け取り、色を地に浸透・定着させる工程を担っている。蒸・水洗工程は、染色本工程の一部として染段階の糊置と密接な関係をもつ重要な技術工程であり、その良し悪しは製品の色彩、光沢面に直接影響する。この処理のためには生地の種類、使用染料、糊などについて、染色屋からの情報が重要であるが[54]、NY社は、独自の判断を加えて行ってきた[55]。仕上げられた生地は、染色業者にて検反が行われ、最後の仕上げの整理工程に出される[56]。NY社は、「①桂川で水洗→②工場建設、蒸・水洗工程統合→③工場拡大移転」の事業拡張の各段階で、得意先の染色業者から融資と協力を受けている[57]。それが取引先との信用関係にもとづいて行われたことは言うまでもない。

聞取り調査によると、以上の分業関係における在日企業の経営者にとってもっとも重視されてきたことは、取引先との関係、信用の維持であった[58]。

（3）西陣織における在日企業の発展と限界

在日企業は復興期のビロードの需要拡大に伴って、西陣織に数多く参入し、こうして形成された西陣織を中心にした在日の産業構造は高度成長期まで維持された。しかし、西陣織業のなかでは衰退が染色業に先行して表れた分野があり、例えば着尺部門は一九六〇年代後半に衰退が著しかった[59]。在日組合の組合員数も一九六〇年代を通して減少していた。その推移を、SH社の歴史から見てみよう。

まず、SH社のような西陣織企業の役割と、問屋および糸屋との信用関係を確認しておこう。西陣織業者は、どのような製品をどの程度生産するかを見込みで決める。全工程をコーディネートするが、デザインが重要であることは言うまでもない[60]。デザインによっては、市場動向の情報入手が基礎となる。証言で強調された問屋との信用関係は、この局面において特に重要である。また、西陣織業者は製品在庫を保有するが、それによって糸原料調達における資金問題が発生しやすいため、糸問屋との信用関係も重要になる。

一九四八年に七人の共同販売でスタートしたSH社は、他の共同業者が一〇年以内に次々と廃業していくなかで存続した企業であり、その歴史から同業他社の退出の理由を知ることができる。そのいくつかの要因のうち、以下の証言のように、特に重要なこととして、技術と需要＝製品の変化に対応できなかった点がある。以下、証言を引いておこう。

在日が特に多く製造した製品は、最初の頃には織るだけの無地ものであった。

昔はビロードとかね、ビロードはもう白一色で、そして、まあ、組織そのものは難しいですね、〔でも、配色は〕単純やわね。そして、昔着物をたくさん着てはったときはビロードで下駄の鼻緒、そんなんも織ったんですよ。配色がなんやかんやいわれるのは、もっとあとやな。ビロードやら、鼻緒やら、まだ簡単やね。（母親）

その後、配色が問題になっていく。この技術的ハードルを越えることは簡単ではなかった。

段々段々色も入ってきて、いろんな要素が入ってきて、時代も変わってきて、五年、一〇年経っていくと、〔在日織屋が〕段々少なくなっていく。やっぱり、意匠的にも難しくなってきて、売れへんものやったらあかん、競争原理のなかで、ついてこれなかった部分とかということは、今でもそうやけど、売れへんもんつくったら損するから、段々段々抜けていった。〔製品を問屋にもっていったときに〕朝鮮配色とかね、コリアンカラーとか、それはあくまで、半分配色がダメやという、馬鹿にしたような言い方やけどね。（SH社の現代表者）

SH社は、このように配色問題（デザイン）を乗り越えて生き残ってきたのである。

織屋は難しくてね、配色なんかでも、だからやっぱりやっていけない人が段々でてくるでしょう。長男が高校出てから配色するところに丁稚奉公する。この子〔次男の現代表者〕は、問屋さんの方へ行って、それぞれ、自分の目でみて、自分の身体で覚えて、帰ってきたわけです。（母親）

しかし、SH社の創業者は、丁稚の経歴をもっていなかった。創業者は配色の難問をどのように解決できたのだろうか。

それがね、イモブ〔伯父さん〕に、何でできたんや、なかなか理解できへんね。昔は無地のもんだけでね、糸と、そういう単純な織もんだったから、みんなできた。最初、〔お父さんは〕イモブに教えてもろた。教えてもろうって、なかなか頭脳明晰やったからできたん違うかな。（SH社の現代表者）

配色問題は、自社内に蓄積された資源、あるいは創業者自身の技術力によって乗り越えられたことが分かる。次に、製品の変化への対応では、SH社の場合でも、ビロード、着尺、夏物、ウール着尺、帯など、次々とその時代の需要の伸びる製品を追って製造してきた。[61] 各段階の製品変化の情報や、必要とされる資源の調達方法が問われるが、SH社は、問屋との関係においてそのチャンスを発見した。例えば、SH社の着尺から帯生産への転換がその例である。西陣織は、帯と着尺が二大製品であったが、一九六九年時点で、前者の出荷額が後者を追い越し、その後業界としては帯を主要な市場として特化していく。[62] SH社は、着尺が主要な商品であったが、一九七〇年代初期に帯に転換しはじめた。そのきっかけは、現代表者が問屋で丁稚奉公として三年間働いたことであった。市場の状況から、着尺だけでは展望がないと判断し、同社に戻って自らその転換に携わった。

また、技術職の経歴をもつ先代は、どんぶり勘定が一般的であった他の在日と違って帳簿をつけ、それにもとづく会社の経営を可能にした。製品多角化や市場に対応する生産体制の再編などには、このような近代化が重要であったと思われる。[63]

お父さんは、技術屋やったんですわ。物凄い細かい計算をしてきた人やから、織屋やっても細かい計算の上で〔経営していた〕。(よう怒られたん。〔——現代表者〕)朝鮮の人、皆は、細かい計算せんと、どんぶり勘定でね。やれるやろうと思ってやったんが、ずんずんやっぱりやっていけんようになって、辞めて行かはる人が多かった。

(母親)

以上のように、コミュニティの機能が独立、起業を容易にしたとはいえ、在日の労働者としての経験が、直ちに独立、起業、企業成長に繋がるのではなく、無数の越えるべきハードルがあったと推測される。SH社の成長において、重要だと思われる追加的な経営資源の調達先に注目すれば、取引関係を通じて蓄積された同社独自のものであり、そこには参入時に発見された在日コミュニティの役割はさほど明確に表れなかった。

そこで、在日が繊維産業に進出した際に重要な役割を果たした民族コミュニティが、在日企業成長においてどのようにかかわったかを検討する。この点に関して、民団という民族団体内の在日韓国人商工会京都支部(以下、在日商工会[64]と略称する)が各企業活動にどうかかわったかに注目しよう。調査企業のなかでは先代を含めて五社が加入しているが、在日商工会から得られるビジネス情報は、実際の活動にほとんど影響するものではなかったと全員が異口同音に証言している。例えば、在日商工会の会長を務めたKB社の先代も、他業種に携わる民族同士との親睦以上の関連はなかった。在日商工会が提供する納税コンサルタントのサービスに関しては、それを受けていたMM、MO社の評価はさほど高くなかった。繊維産業の在日企業は、在日商工会ではなく、日本人を含む一般の産業組合の活動を重視していた。これらのことから、民族団体が個別企業成長において重要な役割を果たしたとは考えにくい。

もっとも、経済活動、企業が成長する上では特に金融問題が重要であり、民族コミュニティでも積極的な取り組みが見られた。その具体的な表れが民族系金融機関として商工信用組合（一九五三年）と信用組合京都商銀（五四年）が設立されたことであった。[65] 次項では、民族コミュニティの金融問題における機能という視点から、金融機関の役割を視野にいれながら、調査企業の金融問題への対応を見ることにしよう。

(4) 金融問題とその対応

すでに明らかにしてきたように、在日企業は複雑な分業関係のなかにおいて、取引先との関係をもっとも重視していた。このことは、後述のように取引が基本的に現金決済であったこと、取引先からの信頼を得て取引が継続すれば、さしあたり運転資金面での心配がなくなっていたと考えられることにもとづいている。投資規模が限定的であった在日企業にとって、資金問題が最優先課題とは言えないだろう。そこで、在日企業の金融問題について、工程別の生産実態に規定された資金需要の内容と取引金融機関の両側面から検討するとともに、偶発的な危機に直面した際の解決方法について若干の事例を見ておこう。

まず、各社の取引の決済形態を概観しておくと、繊維産業では通常、問屋と友禅・西陣織元（KB、SH社）との取引は手形決済、友禅・西陣織元と下請（NY、MY社）は現金決済で行われる。もっとも、問屋と取引のあるMM、MO社のように、交渉で取引の初期から現金決済を原則としてきたケースもある。

そこで、調査企業の現在までの主要な取引金融機関を見てみると（表2-7）、MO社を除いて、[66] 民族系金融機関ではなく一般金融機関となっている。その取引内容においてはKB、SH社を除いて、積極的な融資の需要はな

表 2-7　金融問題

	NY 社	MY 社	MM 社	MO 社	KB 社	SH 社
取引金融機関の変化	朝銀 →商銀・信用金庫 (以上，先代まで) →信用金庫	中央信用金庫	都市銀行 →信用金庫・地方銀行	商銀・朝銀 →無（長男の口座を利用）	都市銀行 →都市銀行・信用金庫	朝銀 →都市銀行
取引内容	運転資金は信用金庫から融資，商銀には預金のみ	運転資金の融資	運転資金の融資	預金・融資	設備投資資金・ 運転資金の融資	運転資金の融資
事業資金の融資の有無（融資の理由）	無	無	無	有（下記）	有（設備投資資金）	有（運転資金）
民族系金融機関（商銀，朝銀）との取引	両方有（朝銀→商銀）。現社長になってからは，ほとんどない。	両方有	両方有	両方有	商銀のみ	商工信用組合（朝銀）のみ
民族系金融機関との取引内容／融資の有無（融資の理由）	預金のみ／無	預金のみ／無	預金のみ／無	預金・融資／有（新規事業投資のため）	預金のみ／無	無
民族系金融機関との取引理由／取引無の理由	必要なし	人情で預金のみ	人情で預金のみ	信用貸しなど，手続きが簡素，便宜を図ってくれる。朝銀は商銀より低金利であったため朝銀から融資を受けた。	一般の金融機関と取引	民族系金融機関より金利が低い一般の金融機関と取引＝民族系金融機関と取引する必要がなかった。
設備資金の内訳（現価格）	水洗設備 7〜8 千万円。蒸器（和装 100 万円，洋装 300 万円）	道具など，1,000 万円	不　明	不　明	基本単位設備一式で 2,000 万円／染色新機械 1,500〜1,600 万円	不　明
事業のための資金需要の内容／主な調達方法	工場地購入・建設，設備投資／自己資金	運転資金／信用金庫	工場地購入／自己資金	新規事業投資・開発資金／朝銀	染色機械などの設備投資・運転資金／一般金融機関	運転資金・多角経営の新規投資／一般金融機関

注）京都商銀は民団系，朝銀京都は朝鮮総連系の民族系金融機関（前身は西陣商工信用組合，1971 年に朝銀京都に改名）である。本文注 34 を参照。

く、手形割引などの商業的必要性に起因するものでもない。NY、SH、KB社のように先代の世代においては民族系金融機関との取引があり、取引先の一般金融機関への移行という歴史的な傾向も見られたが、そこでも民族系金融機関との取引内容は預金のみ（NY、KB社）であった。

ところで、工場内に設備を備えたNY社とKB社は、そのための資金が必要であった。NY社は、蒸工程および水洗工程のための設備投資を、自己資金によって賄ってきた。先代が同業に参入した一九四六年当時は、手動の脱水機があれば、河川を利用しながら、水洗と自然乾燥が可能であったため、現在のような工場内の流水・乾燥設備は必要なかった。同社が最初の工場を建設したのは一九六一年であったが、蒸工程のために釜などの設備投資が必要であった。同社は必要資金を、一六年間に貯めた五〇万円と、得意先（日本人）の染色屋からの借入で調達した。一方、一九七一年の水質汚濁防止法の施行まで、河川で水洗を行っていたため、用水の節約も可能であった。このような条件のなかで、工場内でもっとも資金の必要な流水・乾燥設備への投資も長期にわたる自己資金の蓄積によって賄えた。その後の工場拡張や設備導入のときも、「そのときは、それだけ仕事がふんだんにありましたしね。工場を広げたら、工場に合わせて仕事があった時代だったから」（NY社の現代表者）、設備投資による経営圧迫が回避できた。

型友禅のKB社は、設備を装備した工場をもっており、問屋との手形取引と下請との現金取引の資金需要など、比較的大きな運転資金が必要であった。先代の証言が得られないため、企業金融について知ることはできない。だが、戦前独立した後は親方からの支援があったし、一九四八年創業当時から都市銀行との取引があり、民族系金融機関への依存がなかったことから、さしあたり資金調達が大きな障害になったとは考えにくい。

SH社の場合、例えば、問屋とは一二〇日[67]の手形取引が一般的で、原料糸を購入し、在庫も抱えている。他方で、賃機などへの支払は現金であったから、資金調達方法が問題になった。これらの必要な資金は、民族系金融機関から都市銀行に取引を移行しながら調達された。もっとも運転資金の融資を必要としたSH社が都市銀行との取引を開拓する際には、有力問屋との取引が不可欠であった。

都市銀行と最初取引のときに、きちっとしたお得意さん、西陣の信用のあるお得意さんの手形をもっていったら割ってくれはる。うちに信用がなくても、西陣の有力な問屋の手形やったら割ってくれた。今言っている都市銀行、他の都市銀行も、長い間付き合っている間に自分とこの手形、何処の手形でも割ってくれるわね。手形の割引を、朝銀、商工信用組合だけではあれやから、都市銀行にやっぱり移行していったやろうね。

（SH社の現代表者）

同社の資金調達の手段は金融機関だけではなかった。例えば、夏物製造の製品多角化の過程では、大量の在庫を一年も抱え込まなければならなかった。このときは、商品を担保に問屋から手形融資を受けて乗り切ることができた。

こうした取引先との信用関係は、偶発的な経営危機においても重要であった。実際に、SH社は、得意先の問屋の手形不渡りで連鎖倒産の危機に瀕したとき、糸屋からの救済によって倒産を免れた[68]。

このように、調査企業は、KB、SH社を除いて、細分化された工程のなかでも現金取引が中心の分野であったため、さほどの資金需要はなかった。そして、重要な局面では得意先からの資金的援助があった。生き残った調査企業は一般金融機関との取引も、信用力もあった。しかし、これが繊維産業の在日企業の一般的な状況と見るのは早急な結論であろう。筆者の集計分析によると、一九七五年時点における繊維工業の在日の企業金融は、一般金融機関との取引がなく、民族系金融機関のみの取引の形態が、土木工事業やパチンコホールなどの他の産業に比べて多かった[69]。

そこで、調査企業のなかで民族系金融機関のみと取引があった、MO社の取引内容を見てみよう。同社は、絞り染めの斜陽化の後、多角化や関連部門進出などの新事業への投資を図ったが、そのための資金は、民族系金融機関から融資された。融資を受けた規模と理由は、「大体で三、〇〇〇万、商売の次のステップのときです。この商売のときに、やはり規模を大きくするために、ある程度資金をいれんならん。やっぱり、自分とこで生地こうて、見本も作らなあかん、結構資金要ります」（MO社の現代表者、以下同様）ということであった。「担保以外にある程度、日本の銀行やったら、稟議がどうのこうのとか、うるさいから、同族やったらそこまでうるさくない。金は金で先につこうて、書類は後で作成する」というように、民族系金融機関では便宜を図ってくれるメリットがあった(70)。いずれにせよ、この事例から、民族系金融機関は、繊維産業関連の企業のなかでも調査企業のように同民族という非経済的理由で預金口座を設ける企業からも資金を集め、MO社のように一般金融機関との取引のない企業に対して融資を行うなど、事業立ち上げにおいて重要な役割を果たしてきたと考えることができる。ただし、この役割は在日企業、産業の成長の出発時点にかかわるものに止まったと思われる。持続的な企業成長においては、各産業内での取引と分業関係が重視されると同時に、むしろ得意先や一般金融機関との信用関係のなかで金融問題が解決されるようになり、これと反比例して民族系金融機関の役割は希薄になっていった。

以上のように、調査企業は創業後「製品の品質」を高めることで取引先の信用力を確保し、企業成長の土台を築いた。言い換えると、参入の時点では在日コミュニティ内に蓄積された資源が一定の役割を果たすものの、その後の企業成長は、特に重要と思われる局面では取引関係の脈絡のうえで成し遂げられた。その際、産業発展のなかにおける分業関係、国籍にかかわらない取引関係が重要であり、在日企業間の取引が企業成長を促した事例は見られなかった。それはある意味で当然なことであろうが、ここで強調したいのは、各企業に要求される信用力の積み上げは、その個別企業内のみでなされ、在日コミュニティ内に産業発展を促す仕組みは見出されなかったことである。

繊維産業は、一九七〇年代半ば以降、市場の成熟と国際競争力の低下のもとで、停滞の局面を経験し、京都の地域経済のなかで占める地位を低下させてきた。全事業所中の比重の低下については、表2-8がその一面を物語っている。このような動向は在日においても、西陣織や染色整理業が含まれる繊維工業の比率が低下したことに表れた。

4　在日企業の事業転換と産業構造の動態

京都の繊維産業が同地域経済一般においてなお基幹産業であった一九七〇年代半ばに、在日の産業構造においても、繊維産業は重要な産業として京都府在日企業数の二割を占めていた。もっとも繊維工業の在日企業の事業内容は、蒸・水洗業一〇社、西陣織九社、絞り染め五社、友禅・裏地染色・洋装染色三二社などであり、一九五〇年代半ばに比較して西陣織が著しく後退し、後染めの染色中心になっているところに、すでに構造変化のきざしが見られた。確かに、京都の和装繊維産業に関しては高級化を中心に産業一般の再編が試みられた[71]。しかし、産業発展と認めることは困難な状況であり、一九九〇年代末に在日の産業構成においても繊維工業の比重は大きく低下した。

京都の在日経済は、それに代わって土木工事業、不動産業、金融業へと重心が移動することにより、非製造業化が進んだ。しかしこの傾向は、一九七〇年代半ば以降に比して、五六年から七五年の高度成長期の間に、より顕著であったと思われる。表2-8を前掲表2-4と対比すると、西陣織の重要度は歴史的に低下する傾向にあったからである。この西陣織の衰退と鮮やかなコントラストを見せているのが、遊技場に含まれるパチンコホールの成長であった。一九五六年のパチンコホールの特化度は不明であるが、繊維工業の特化度は低下しており（一九五六年三・九→七五年一・四）、パチンコホールの産業構成比は二倍になった。

表 2-8　京都府における産業構成の変化（1975・97 年）

日本産業標準分類			在日企業				京都府事業所数		特化係数	
産業大分類	中分類	小分類	1975 年件数	分布 (A, %)	1997 年件数	分布 (B, %)	1975 年 (C, %)	1997 年 (D, %)	1975 年 (A/C)	1997 年 (B/D)
建設業	総合工事業	土木工事業	10	3.3	109	18.3	0.7	1.2	4.6	15.2
	計		18	5.9	131	22.0	2.1	3.7	2.8	5.9
	建設業　計		23	7.5	162	27.2	5.6	7.7	1.3	3.5
製造業	繊維工業	染色整理業	52	17.0	37	6.2	2.7	1.9	6.3	3.3
	計		63	20.7	43	7.2	15.1	7.9	1.4	0.9
	製造業　計		103	33.8	83	13.9	24.9	17.9	1.4	0.8
運輸・通信業			6	2.0	8	1.3	1.7	2.0	1.2	0.7
卸売・小売業，飲食店	飲食店		44	14.4	34	5.7	9.5	7.8	1.5	0.7
	建築材料，鉱物・金属材料等卸売業	再生資源卸売業	13	4.3	18	3.0	0.2	0.1	21.3	30.2
	計		18	5.9	23	3.9	×	1.0	×	3.9
	卸売・小売業，飲食店　計		90	29.5	123	20.6	43.1	42.4	0.7	0.5
金融・保険業			4	1.3	26	4.4	1.0	1.4	1.3	3.1
不動産業			20	6.6	72	12.1	3.4	4.7	1.9	2.6
サービス業	娯楽業	遊技場	41	13.4	53	8.9	0.4	0.5	33.6	17.8
	計		49	16.1	57	9.6	0.6	0.9	26.8	10.6
	サービス業　計		59	19.3	122	20.5	19.9	23.8	1.0	0.9
総　計			305	100.0	596	100.0	100.0	100.0	1.0	1.0

注 1）「×」は，統計がとられていないため，不明である分類を指す。
　2）資料紹介，集計についての説明は，第 1 章の表 1-1 を参照。
資料）「京都府事業所数」は，総理府統計局『昭和 50 年事業所統計調査報告 第 2 巻 事業所に関する集計 都道府県編』その 26，京都府，2-18 頁，総務庁統計局『平成 8 年事業所・企業統計調査報告 第 2 巻 事業所に関する集計 都道府県編』26 京都府，374-461 頁より作成。「在日企業」は，統一日報社「在日韓国人企業名鑑編纂委員会」編『在日韓国人企業名鑑』統一日報社，1976 年，在日韓国人会社名鑑編集委員会編『在日韓国人会社名鑑』在日韓国人商工会議所，1997 年，より作成。

以上のように在日の産業動態の軸を非製造業化と捉えたうえで、かつての在日の重要産業であった繊維工業からの退出と、異なる産業分野への参入のプロセスについて調査企業の証言から考察してみよう。各社の証言をまとめると、調査企業は和装繊維産業の将来については一様に懸念を抱いていても、それに対する企業としての対応は異なっている。本業を持続し、取扱う製品を多様化することによって市場確保を狙う[72]（NY社）、企業としての存続は一代までとする（MY、MM社）、業界再編の波のなかで小売業に進出するなど新しい企業成長策を模索している（MO、KB社）、非関連多角化経営による企業維持・発展を図る（SH社）など、在日企業のあり方は多様である。

これらの対応は、各社の事業内容そのものにも一因があるように思われる。例えば、在日が独占的な地位を保ってきた蒸・水洗業の企業は、歴史的に企業内に蓄積されてきた技術基盤が狭く、MO、KB社のように業界再編の担い手となり得なかったと考えられる。つまり、細分化された分業構造のなかで、個別在日企業内に蓄積されてきた資源は、繊維加工の特定の熟練技術に留まり、流通を含めた業界全体の競争力再構築の担い手となるには不十分であった。また、SH社の帯生産への特化は、西陣織の一般的傾向に追随するものであるが、産業の斜陽化のなかで長期的な企業成長をもたらすことを不可能にした。在日企業は、民族内の取引関係のなかで成長したわけではなかったし、在日コミュニティは、民族的紐帯のなかに在日企業を主体とする業界の再編を促すような機能ももっていなかった。したがって、産業再編の過程において、在日企業が採用する戦略は個別企業の選択に委ねられたが、特定の非戦略部門に集中特化した専門企業が、産業再建を担う主体になることは困難であった。このような状況において可能な事業選択は、むしろ繊維産業からの退出と、成長産業への多角化、事業転換であった。その結果、繊維産業は、競争力のある在日企業を内包しながらも、在日コミュニティにおける重要産業としての歴史的役割が低下したのであった。

このような既存産業の再編の一方で、在日は新規産業への参入（多角化や事業転換を含む）にかかわるビジネスチャンスの可能性を在日コミュニティの個人的なネットワークを通して認識することができた。例えば、染色に先行して不況にさらされた西陣織の場合、民族コミュニティ内の情報交流によるパチンコ産業への集団的参入が観察された。その具体例がSH社のパチンコホールへの進出であるが、それは、西陣織からパチンコ業に転換した友人からのアドバイス、情報提供が基盤になった[73]。

ビロードを織っていたAI社の創業者も、西陣織からパチンコホールに転業していた友人、TY氏のアドバイスが直接のきっかけとなって、パチンコホールに参入するようになった。「織物はもうあかんで。SM氏が三条京阪前に土地をこうて、資金不足で始められないでいる。一緒にどうや？」との勧誘に対して、「西陣は、私は、単なるビロードをやっていて、本業たるお召しとか、帯とかにタッチしてないんでね。いえるほどの営業してないですよね。単調な織物だけで、わり方先が自分で読めたと、繊維の時代は終わりつつあるという感も自分でも感じたし、……簡単に織屋を諦めて、転業ができたということですわ」と証言した。そして、西陣織を整理した手持ちの現金で共同出資のかたちで参入したという。

また、一九五九年にパチンコホールを創業したKM1社の創業者は、既述した西陣織の中心地区の柏野に在住していた。西陣織を辞めた在日のその後の様子について彼は、「良い質問です。西陣織を整理してパチンコやって、そのほとんど成功してますね。織物が斜陽産業だと見切って、パチンコに切り換えた。一概に全部パチンコなったわけじゃなしに、〔パチンコホールに〕転業した人が多い」とし、他の業種については、「所謂不動産業にも出ました。不動産やった人もおるし、土木も多かったですね。いろいろ事業替えしましたけど、一番目立って成功したのは、パチンコに切り替えた人です」と回想した。同創業者は「パチンコに入ろうとしたのは、ちょうどパチンコやっている人が羽振りが良かったですよ」として、「兄貴が人に頼んで、兄貴の友だちのところに幹部として採用してもらったんです。勿論韓国人のパチンコ屋。兄さんは織屋やって、その人はパチンコ屋をやってましたから、そこに頼んで、店の責任者になった」。筆者は、西陣織からパチンコ産業への転換という具体的事例を強調しているわけではない。重要なのは、パチンコホールをビジネスチャンスとして認識することと参入までの一連の流れ、そしてその結果としての特定産業への集中において、在日コミュニティの役割があった点である[74]。

在日がパチンコホールを経営していることが、ビジネスチャンスの発見となり、それによって産業転換の選択肢が与えられ、参入障壁を低くする情報の共有が行われた。こうして、繊維産業の衰退とパチンコ産業の成長が同時進行的に表れ、個別企業の西陣織からパチンコホールへの事業転換が進められたのである[75]。見方を変えれば、このメカニズムが同時に参入産業を限定したのであり、在日の特定産業への集中を促進した。このようなコミュニティを通じた新ビジネスの発見とその結果の産業集中は、本章で検討した事例に限られる一回限りのものではなく、成長産業への新規参入と不況産業から成長産業への事業転換を促進する一般的な機能としても考えられる。

おわりに

京都の和装繊維産業における在日企業の歴史を振り返ると、在日企業は、戦前からの在日の就労によって技術の蓄積のあった蒸・水洗業の特定の工程をほぼ独占的に担うことになり、他の染色部門においても重要な機能を果たした。西陣織においても多数の在日企業が織元として創業し、その経済力を背景に、商工会といった業界団体および信用組合形態の民族系金融機関が設立されるなど、在日企業や産業の発展のための組織的な取り組みも見られた。和装繊維産業は、このような経緯で高度成長期の京都在日経済において、もっとも重要な産業にまで成長した。しかし、高度成長期の経験のなかで産業自体が成熟、そして衰退する過程で、在日企業の多くが撤退し、残った企業も業態の転換を模索している。

最後に、冒頭で提示した、在日産業の形成、発展と、在日という民族的繫がり（コミュニティ）との関係を、在日の産業への参入（退出）時と在日企業の成長局面に分けて、まとめておきたい。すなわち、「在日であること」の役割は、前者において高く、後者においては相対的に低い。在日の繊維産業への新規参入においては、戦前から蓄積された資源が、民族的繫がりを経由した情報伝播のなかで共有され、事業機会の認識・発見を可能にするとともに参入障壁を低くした[76]。しかし、在日産業の形成に見出されるこのメカニズムは、そのなかの個別企業の安定的な成長まで約束したわけではなかった。個別企業の成長に必要とされる資源は、分業化された構造における競争的な取引関係のなかで個別企業内に蓄積され、在日同士の横断的共有は見られなかった。つまり、在日コミュニティ内に蓄積される企業発展に関する情報は限定され、在日の組織的仕組みも機能せず、あくまでも個別企業内に蓄積される経営資源によって企業別のパフォーマンスが異なってきたのである。在日で構成される業界団体の結成など、民族団体の果たした役割は、結果的には、親睦維持の機能が中心となり、在日企業、在日産業の発展のためにコミュニティの経済力を集約化する動きは認められなかった。

ただし、そのような民族団体を通じて、業種にこだわらない非公式の人的ネットワークを維持できたことを、過小評価することは不適切であろう。この民族ネットワークは、日常の個人的な付き合いのなかで保たれた。そうした人的なネットワークをコアにしながら、京都という狭い地域の中で在日は互いの経済活動について、情報を共有する関係にあった。新しいビジネスチャンスに関する情報もこうした非公式なネットワークによって伝播され、在日の経済行動に一定の影響を及ぼした。

つまり、在日の産業構造転換におけるコミュニティの役割は、「成長産業」におけるビジネスチャンスの発見と起業を可能にする資源の調達先であったことであり、その意味するところは、結果としての、特定分野への在日企業の集中であった。同時に、在日コミュニティに蓄積される情報を通じたビジネスチャンスの発見は、新規産業への転換を相対的に容易にすることによって、斜陽化する産業からの退出を促す機能をもっていたことを見落としてはならない。そうした意味で、在日コミュニティは、激しい参入の基盤になるとともに退出の際には新しい事業基盤として成長産業を発見し、これへの参入に結びつけることによって在日の産業転換のダイナミズムを支えてきたと考えることができる。このようなダイナミズムを支えたコミュニティの役割について、第II部では民族系金融機関の機能が分析される。

第3章　パチンコ産業と在日企業

はじめに

本章では、在日の主要産業としてパチンコ産業に注目し、第2章に引き続き、在日産業経済の特徴、すなわち産業構造の転換の速さと集中化の要因について考察を行う。第2章ではコミュニティの機能――参入段階では大きく、成長段階では縮小する――に関連する仮説のもとで分析したが、本章の基底にも同じ視点が貫かれている。

資源が蓄積される歴史的過程を重視し、企業の参入と成長の各ステージにおいてコミュニティが果たす機能が異なるという視点は、ライトなどアメリカの社会経済学者によるマイノリティ研究の成果に対する批判を含んでいる(1)。ライトらは、民族がもっている諸資源、例えば先天的に与えられる民族固有の文化などが、高い自営業率などに示されるような活発な経済活動をもたらしたとする。しかし、民族マイノリティの資源について、ある産業に関連する情報が作られ、蓄積されていく過程を軽視しているため、その結果としての、特定産業に集中する傾向や産業転換に対して、説得的な説明を与えることができない。また、資源の定義が広すぎる上に、民族の資源が企業の参入と成長段階において異なる意味をもつことを見落としている。総じてコミュニティ機能の評価に偏りがあり、ある民族の経済活動の歴史的変化を適切に捉えられない限界がある。コミュニティ機能が、企業の参入段階には有効であるが、成長段階においては限定的な役割にとどまり、一般社会からの信用や資源の獲得が重要になるという仮説の下で、本章では、参入段階にかかわるコミュニティ機能に注目し、産業構造の「速い転換」に関する仮説を検証する。

以上の問題意識の下で繊維産業と異なる産業に光を当てるのは、産業間の違いそれ自体やその要因を説明したいからでもなければ、仮説に適合的なもう一つの説明を付け加えたいからでもない。第1章では在日企業、在日産業に影響する外的条件として歴史的条件や地域経済の多様性を、第2章では、在日の内的条件としてコミュニティ機能を浮き彫りにした。本章では、産業の特性を考慮することによって、在日企業、産業のあり方に影響する要因に関する理解を深めるとともに、それに影響したコミュニティ機能の範囲をより明確にする。繊維産業と比較しながら、本章でパチンコ産業を取り上げる意図について説明しよう。

在日にとってパチンコ産業は、第1章で明らかにしたように、一九七五年以降の在日産業構造の非製造業化、サービス産業化を主導した代表的な産業であった。産業構造の変化とその要因を説明するため、第2章で衰退産業である京都の繊維産業を、本章で成長産業であるパチンコ産業を、対照的に取り上げることは、当然であると思われるかもしれない。しかし、こうした視角からだと、産業構造の変化の要因についてある産業が衰退したから、成長したから、という結果論的な説明にとどまってしまう、と言わざるを得ない。パチンコ産業が、産業構造の変化を牽引した重要な産業になったことは、どのように理解できるだろうか。この問いに答える上で、パチンコ産業と繊維産業との間にある、次の三点の違いに注目したい。

第一に、衰退と成長のどちらかの局面にある産業ということだけではなく、市場規模が異なる点である。市場規模は、吸収できる在日企業数や在日企業の成長可能性を決定付ける基本的な条件となる。エスニック・マーケットを基盤にしている産業における民族マイノリティ企業や産業の規模は、民族集団の規模に規定される。しかし、在日は、エスニック・マーケットで想定される経済的な意味をもつに十分な規模の独自の市場をもっておらず、独自の文化に支えられる産業が形成されるような集住性も、戦前に比べて戦後は、見られなくなった。産業活動が具体的にどのような産業において行われ、在日産業となりえたのかを規定する一つの条件が市場規模であるとの視点にもとづくと、京都の繊維産業は、パチンコ産業に比べて、在日企業が参入できる、あるいは成長しうる条件となる市場規模の点で限界がある。(2) ただし、市場規模は、事前に決まっているわけではなく、事後的に判明することも、忘れてはならない。

第二に、二つの産業では、情報の地域的な広がりが決定的に異なる。第2章で取り上げた京都の繊維産業では、在日コミュニティ内に蓄積される産業活動に必要な情報は、意味をもったがゆえに在日によって繰り返して取捨選択され、その結果として産業構造に影響を与えた、とみなすことができる。ただし、情報は、日本全国の在日コミュニティのなかに均一に散在しているわけではない。地場産業である京都の繊維産業に関する情報は、京都という特定地域の在日コミュニティ内に集中して蓄積される。(3) このような情報蓄積の場所における限定性は、産業外の在日が産業内に入ることを多かれ少なかれ制約するであろう。繊維産業に代表されるこうした特性は、第1章で行った近畿地方の地場産業に共通する。

製造業に対して、パチンコ産業の市場は特定の地域に集中せず、したがって情報も全国に広がって遍在すると考えられる。産業特性上、一定の区域内に集中することは激しい競争の要因となるため回避される力が働く。そのこともあって、情報交換は、遠距離においても積極的に行うことが可能である。地場産業としての製造業とパチンコ産業における対照性は、情報の生産と伝播に関連して言えば、情報の所在が特定の地域に集中する前者と、全国に広がる傾向をもつ後者、というようにまとめることができる。このようにパチンコ産業の情報は、その生産や伝播の特徴によって特定の地域に集中する繊維産業に比べてより広範囲の在日からの接近が容易である。

第三に、二つの産業の歴史的性格が異なる点である。京都の繊維産業など、在日産業となった製造業のほとんどが戦前からの就労経験をもつ分野であった。それに対して、パチンコ産業は、本格的な成長が生じたのは戦後のことであり、在日とパチンコ産業との関連を戦前からの就労経験による情報の蓄積から説明することは困難である。したがって、まず、主要な産業となったパチンコ産業に在日が関与するようになった経緯を、歴史具体的に明らかにする必要がある。[4]

以上の点に留意しながら、パチンコ産業における在日企業のあり方の特徴や同産業が在日の主要産業となっていく過程を民族コミュニティの機能から明らかにし、第2章の仮説――産業集中化および転換の速さとコミュニティ機能の関連――を補強する。

1　パチンコ産業における在日企業

よく知られているように、パチンコ産業は一九九〇年代に市場の巨大性が脚光を浴びた成長産業である。そのなかで在日の役割がしばしば指摘されている。[5] しかし、そうした見解の根拠は必ずしも信頼性が高いとは言えない。本章では、在日産業構造におけるパチンコ産業の位置づけという視点を重視するが、パチンコ産業における在日の位置づけをあわせて示し、一般的に注目されなかった歴史的変化に関連して本書の立場を明確にする。

パチンコ産業は、大きく次のように分業化されている。消費者に近い下流には、サービス業のパチンコホール（以下、ホール）がある。上流にはパチンコ機械を製造するメーカーと部品メーカー、パチンコ機械を動かす周辺機器やホール内設備を製造するメーカーがある。そして中流には、機械流通を担う機械問屋や景品流通を担う景品問屋がある。市場規模が三五兆円を上回ると推計された一九九六年(6)の各分野の市場規模は、パチンコ機械市場が五、二五〇億円、周辺機器・設備関連市場がほぼ同規模の五、〇〇〇億円強、一般景品問屋が一兆四、二〇七億円である。三五兆円のうち約二九兆円が特殊景品問屋を通じて客に還元され、その差額の六〜七兆円程度がホールの粗利益となる。

在日企業が各分野においてどの程度存在しているかについては、代表者の国籍別事業所統計などがないため、統計資料で確認することはできない。在日韓国人が調査した一九九七年の『在日韓国人会社名鑑』(7)も在日すべてをカバーしているわけではないが、在日ホールは一、五四八社（所有者が同じ場合を含む）(8)が記載されている。機械メーカーは七社（同名鑑には「電気・電子機械器具製造」として分類）ある。他の分野でも、同名鑑にはパチンコ機器販売の三五社、景品卸売の二四社(9)が掲載されており、このほか、事業内容にパチンコの部品や周辺機器製造と書かれた企業が三社（同名鑑には「一般機械器具製造」として分類）ある。

以上のように、在日は、パチンコ産業内のどの分野にも参入している。在日は、第1章、第2章によると、製造業においては、戦前から就労経験をもった特定の工程に集中していた(10)。戦前におけるパチンコ産業への就労経験や事業経験は、これまで確認されておらず、在日は、戦後本格的に始まったパチンコ産業の発展と同時進行的に、この産業に深くかかわってきたと思われる。

在日とパチンコ産業との深い関係は、在日企業がホールと機械メーカーのリーディング・カンパニーとして成長したことにも表れる。表3-1は、一九八九年、九七年、二〇〇五年発表のホールにおける法人所得ランキングの上位企業を示したものである。ホールが分類される「パチンコ・遊園地他娯楽」の法人所得上位一〇〇位内企業と、前掲『在日韓国人会社名鑑』の在日のホール企業とを対照し、在日企業と判断した企業、そして代表者名から

表3-1　所得ランキング上位100位内の在日企業・パチンコホール

1989年			1997年			2005年		
分類	パチンコ・遊園地他娯楽		分類	パチンコ・遊園地他娯楽		分類	遊技場	
順位	社　名	設立年度	順位	社　名	設立年度	順位	社　名	設立年度
4	㈱マルハンコーポレーション	1972	4	㈱マルハンコーポレーション	1959	1	㈱マルハン	1972
14	*㈱第一物産*	1960	9	平川商事	1967	13	平川商事	1967
27	*大和商事*	1971	10	*㈱第一物産*	1960	27	キング観光	1982
35	大邦興業		11	*㈱ユーコー*	1974	31	北　大	1980
46	天龍商事	1961	26	*大和商事*	1971	35	*東栄商事*	1978
47	㈱南大門	1978	29	㈲公楽	1976	36	*仙台観光*	1967
51	㈱大善	1982	34	みつや物産	1981	49	*㈱ユーコー*	1974
53	第一商事	1973	44	㈲平興産	1984	51	*㈱国際会館*	1974
54	千歳観光	1976	45	林商事	1970	64	㈱有楽	1986
63	共栄産業	1953	50	㈱慶尚	1982	71	㈱有馬	1976
73	南栄商事		54	白川観光	1964	77	羽柴観光	1967
76	平川商事	1967	57	㈱山下商会	1952	79	ジェイ商事	1994
81	㈱南海会館		58	㈲中央産業	1984	81	㈱富士観光	1989
90	*㈱アメニティーズ*	1988	61	㈱真城	1968	86	㈲北上文化	1983
91	北大阪振興		66	*㈱アメニティーズ*	1974	88	㈱グランド商事	1987
95	延田興業	1969	71	*仙台観光*	1967	90	㈱三永	1982
96	新城興業	1974	81	㈱ニュートーヨー	1978	93	㈱第一実業	1982
100	*東栄商事㈲*	1978	82	*㈱国際会館*	1974			
			86	羽柴観光	1967			
			89	大徳興業	1982			
			90	㈱アイビー企画	1981			
			94	同和産業	1964			
			98	㈱秀商	1981			
			100	㈱ジン・コーポレーション	1978			
平均設立年度	18社	1971.6		24社	1972.4		17社	1978.8

注）網掛の企業は，代表者名から韓国・朝鮮人と判断した企業。その他は，在日韓国商工会議所『在日韓国人会社名鑑』1997年に掲載された企業。斜体は，2回掲載された企業，下線は，3回掲載された企業。

資料）東洋経済新報社『週刊東洋経済 臨時増刊 1989年法人所得番付 日本の会社90,000』，同『週刊東洋経済 臨時増刊 1997年法人所得番付 日本の会社84,400』，同『週刊東洋経済 臨時増刊 2005年法人所得番付 日本の会社76,000』，より作成。

在日と考えられる企業をリストアップした。[11] したがって、名鑑に掲載のない在日企業、代表者が通名を使用する企業などはカウントされていない。また「パチンコ・遊園地他娯楽」には、ディズニーランドを経営する㈱オリエンタルランドやカラオケなどが含まれている。

このようなデータの制約はあるものの、一〇〇位内の企業で在日企業と判断されたものの割合は、一九八九年に一八%、九七年に二四%であった。二〇〇五年では、分類が変更されたため、遊園地や他の娯楽業は除外され、遊技場のみになった。ビリヤード、麻雀屋等が含まれるが、規模を考えると、ほとんどホールと推測される。こうしてホールの比率が高まった二〇〇五年では、在日企業の比率は、一七%であった。

ただし、約一五年間における企業リストの変化を見ると、三時点で連続して登場している企業はマルハンと平川商事の二社に過ぎず、上位の在日企業は必ずしも安定していない。詳細な分析は他日に譲るが、平均設立年度を見ると比較的若い企業が多く、ホールが入れ替わりの激しいビジネスであることを示している。もっとも一九八九年と九七年はともに平均設立年は七〇年代初期で変化していないのに対して、九七年と二〇〇五年では、平均設立年数に六年のズレがあり、調査年度から平均設立年度を引いて計算した平均経営年数は約二五年、約二六年とほとんど変化がない。この時期には、新規参入が活発であったが（後掲図3-1も参照）、新しい企業の上位への進出が著しかったことを示している。そのなかで、分類変更でホールの比率が高まった二〇〇五年のランキングでは、代表者が日本人の企業の比率が約八三%となっており、一九九七年以降の競争において在日企業が躍進できなかったことが判明する。

表3-1と同じ資料から、代表的な機械メーカーに占める在日企業について検討する。パチンコ機械メーカーは、任天堂、キヤノンが含まれる「事務・娯楽機器等」に分類される。一九九五年時点における日本遊技機工業組合にはすべてのメーカーが加入しており、組合員数一九である。これらのうち、「事務・娯楽機器等」の法人所得一〇

〇位内にランクインしたメーカーは八九年一二社、九七年一四社、二〇〇五年一三社であった。在日企業は、順に四社、五社、四社が含まれており、約三〇％前後を占める結果となった。

以上の検討により、パチンコ産業において在日企業の占める重要さを確認できよう[12]。

在日がパチンコ産業と深い関係にあることは、例えば、ホールの七割を在日企業が占める（日本国籍取得者を含む）ことを根拠に、しばしば指摘される[13]。こうした評価には、在日にとってパチンコ産業がもつ意味という視角が欠けている。このために、在日の比率が高い理由についても、日本人が敬遠する、あるいは就職ができず他に選択肢がないという差別の産物としての面が強調される[14]。そうした労働市場における差別の条件を否定することはできない。ただし、差別で説明可能なのは、それによって在日には限られた選択肢しか与えられなかった、ということであろう。その限りにおいて、差別は、在日がパチンコ産業に携わる環境要因なのであり、それゆえ直ちにパチンコ産業が選ばれるということにはならない。また、パチンコ産業が日本人に敬遠される産業であることもアプリオリに前提とされ、それが歴史的所産であることも知られていない。

在日にとってパチンコ産業は、戦後を通じて同じ程度に重要であったわけではなかった。一九五五年時点で、在日の一五歳以上の就業者、一四六、三八一人の産業別構成では、建設業と製造業がそれぞれ約一四％、約二四％、ホールが分類されるサービス業は約一〇％であった[15]。サービス業も少なくはないが、在日が携わる主要な産業は、建設業と製造業であった。しかも、サービス業には当時在日が多く携わる飲食業も含まれることを考えると、この時期からホールの七割を在日が占めるとみなすことには無理がある。つまり、パチンコ産業において在日が占める比率は、時代によって変化した可能性が大きい[16]。

以上の確認を踏まえ、以下では、在日にとってのパチンコ産業という視点[17]から分析を進める。分析のためのデータは、在日が一九七五年に調査した『在日韓国人企業名鑑[18]』に掲載されたホール八七二社と、九七年の名鑑に掲載

された パチンコ産業に関連する一、六三五社のうち約九五％を占めるホール一、五四八社である。本章の集計は、特に断らない限り、一九七五年名鑑、九七年名鑑に掲載された在日企業と、そのうちホールに関するものである。ホールへの参入は、機械メーカーのように一九五五年以前の特定の時期に集中することがなく、長期にわたって持続的に発生した（後述）。このため、パチンコ産業の成長[19]という産業内の要因だけでなく、他の在日産業の盛衰や在日コミュニティとのかかわりの変化という歴史的要因を考察に加えることが可能である。

以下では、在日コミュニティにおける情報蓄積を在日の主体的な選択を可能にした条件として注目しつつ、在日にとってのパチンコ産業と、パチンコ産業にとっての在日、双方の重要度の高まりを、一連の歴史的所産として検証を試みる。

2　パチンコ産業の発展と在日の参入

（1）パチンコ産業への参入

パチンコ産業の成長については別の機会に検討したことがあるので[20]、本章では、これを繰り返さず、一九五〇年代が注目すべき転換期となった点を指摘するにとどめたい[21]。在日は、人気機種の開発によって産業が急成長する一九五〇年代前半まではホールとメーカー両方に参入していた。しかし、この傾向は一九五五年の規制によって射倖性の高い機械が禁止され、ホールの売上高が急落し、メーカーの経営が困難になったことによって変わっていく。その後、メーカーからの退出が続く中で、在日は、主に安定的な経営基盤を固めていったホールに参入することになったのである。

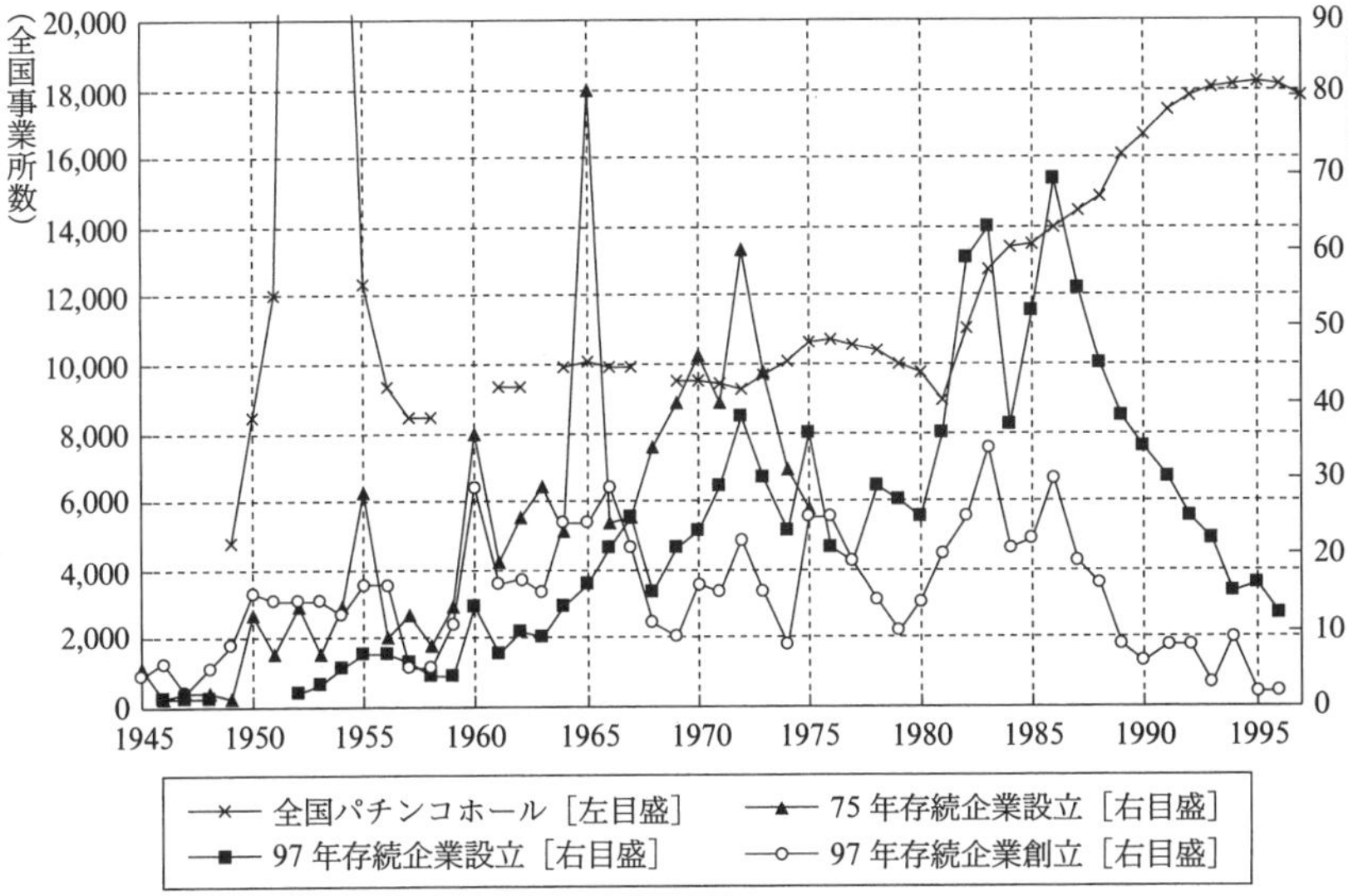

図3-1 パチンコ産業への参入動向

資料）「全国パチンコホール」は日本遊技機工業組合提供資料による。「75年存続企業設立」は，統一日報社「在日韓国人企業名鑑編纂委員会」編『在日韓国人企業名鑑』統一日報社，1976年，「97年存続企業設立」と「97年存続企業創立」は，在日韓国人会社名鑑編集委員会編『在日韓国人会社名鑑』在日韓国人商工会議所，1997年より集計。

以上の点を踏まえ、在日がホールに参入する動向を、企業名鑑に記載された在日企業の創業年度に注目して考察する。存続企業だけから見出される傾向であり、退出企業が除外されるという問題は残るものの、長期にわたる在日企業の特徴を示すことができる。データは、一九九七年名鑑に記載されているホール一、五四八社のうち、創業年度が判明する七六二社、設立年度が判明する一、一〇三社、そして七五年名鑑の存続企業八七二社のうち設立年度がわかる七四五社を年次別に集計したものである。その集計結果とホールの全国事業所数を表したのが、図3-1である。多少長くなるが、使用データについて説明を加えておきたい。

一九七五年名鑑には設立年度が、九七年名鑑には創業年度と設立年度が区分されて記載されている。参入の動向を把握する上では創業年度が適切な指標であるから、基本的には九七年の創業年度の動向に注目する。しかし、創業年度が不明な企業数が少なくないため、設立年度の動向も合わせて確認する。一九七五年の設立年には、九七年に比べて、七五年以前の動向を同時代に近いかたちで観察できるメリットがある。ただし、名鑑の凡例によると、「原則的に登記上の設立年月日を記載[22]」としており、経営形態を変更した場合は、創業年度ではなく法人化した年度が記載されたと考えられる。このように一九七五年名鑑の集計には法人化した年度が影響した可能性が高いため、七五年の結果に関しては、九七年の創業年度と設立年度の間に見られる違いを踏まえて考察する。そこでまず、図3-1より、その差異について注意しておこう。

存続する企業の経営形態の変化、つまり在日企業が個人経営から会社形態として成長する時期を推測できる設立時期の動向は、創業年度に多少遅れて増加傾向を示している。しかし、一九六〇年代後半以降、設立年度企業数が創業年度企業数を上回っており、在日企業の経営形態において、会社形態が増加したと思われる。創業年度と設立年度の増加傾向における時期的なズレを除けば、二つの指標はおおよそ同じ増減の波動を描いており、大きな違いはない。以下では、在日のパチンコ産業への参入の動向について、六五年を基準に、それ以前は創業年度に、以降は創業年度と設立年度の双方に注目しながら検討する。なお、法人化の傾向は一九六五年以降強まったと考えられるから、七五年名鑑の設立年度は、六五年までは、創業年度の代理指標として参入動向を反映していると考えることができる。

以上を踏まえて一九五〇年以降の参入動向を見ると、長期的な増減において三つの指標に大きなズレは見られない。在日のホールへの参入時期の変化について、次のようにまとめられる。

第一に、一九九七年存続企業の創業年度と七五年存続企業の設立年度では、全国ホール数が急増した一九五〇年から五五年の間に参入したものが、その前後と比べて多かった。全国ホール数は一九五〇年から五三年の間に約五倍に増加し、五三年から五七年の間に五分の一に減少しており[23]、参入企業に対する存続率は五分の一に過ぎなかったと推測される。仮に在日も同じ動向であったとすると、一九五〇年代前半に創業した九七年残存企業について、各創業年で一五社前後の残存企業があることは、同時期に少なくともその五倍の参入があったと思われる（八〇年以降の急増に匹敵するほどの規模）。

第二に、一九九七年存続企業の創業年度と七五年存続企業の設立年度によると、五五年規制後の不況期[24]には参入が停滞したが、チューリップ[25]の人気に支えられたブーム期の六〇年代に入ると五〇年代前半を上回って増加した。

第三に、三つの指標すべてにおいて、一九六五年頃を頂点にして減少に向かった参入は、全国ホール数が伸びる七〇年代前半に再び増加に転じた。

第四に、一九八〇年代以降の全国ホール数の増加に合わせて、在日の参入数も急増したことは、九七年存続企業の設立年度に顕著に表れている。

以上の考察のように、在日の参入数に全国ホール数を対照させると、産業全体の盛衰が重なりあったことが看取される。

（2）在日企業の集中的な参入

在日企業の参入に見られる特徴を明確に示すために、図3-1のデータを次のように集計しなおした。一九九七年存続企業一、五四八社のうち創業年度が判明する企業七六二社、創業年度が不明な企業七八六社のうち設立年度がわかる企業五一九社、七五年存続企業八七二社のうち設立年度がわかる七四五社（九七年名鑑にも掲載され、創業年度がわかる企業を除く）の延べ二、〇二六社の集計と、全国ホール数の対前年純増数の動向をあわせて示したのが、図3-2である[26]。

同図によると在日企業は、全国ホールが増加した一九五〇年代・六〇年代・七〇年代・八〇年代の前半におい

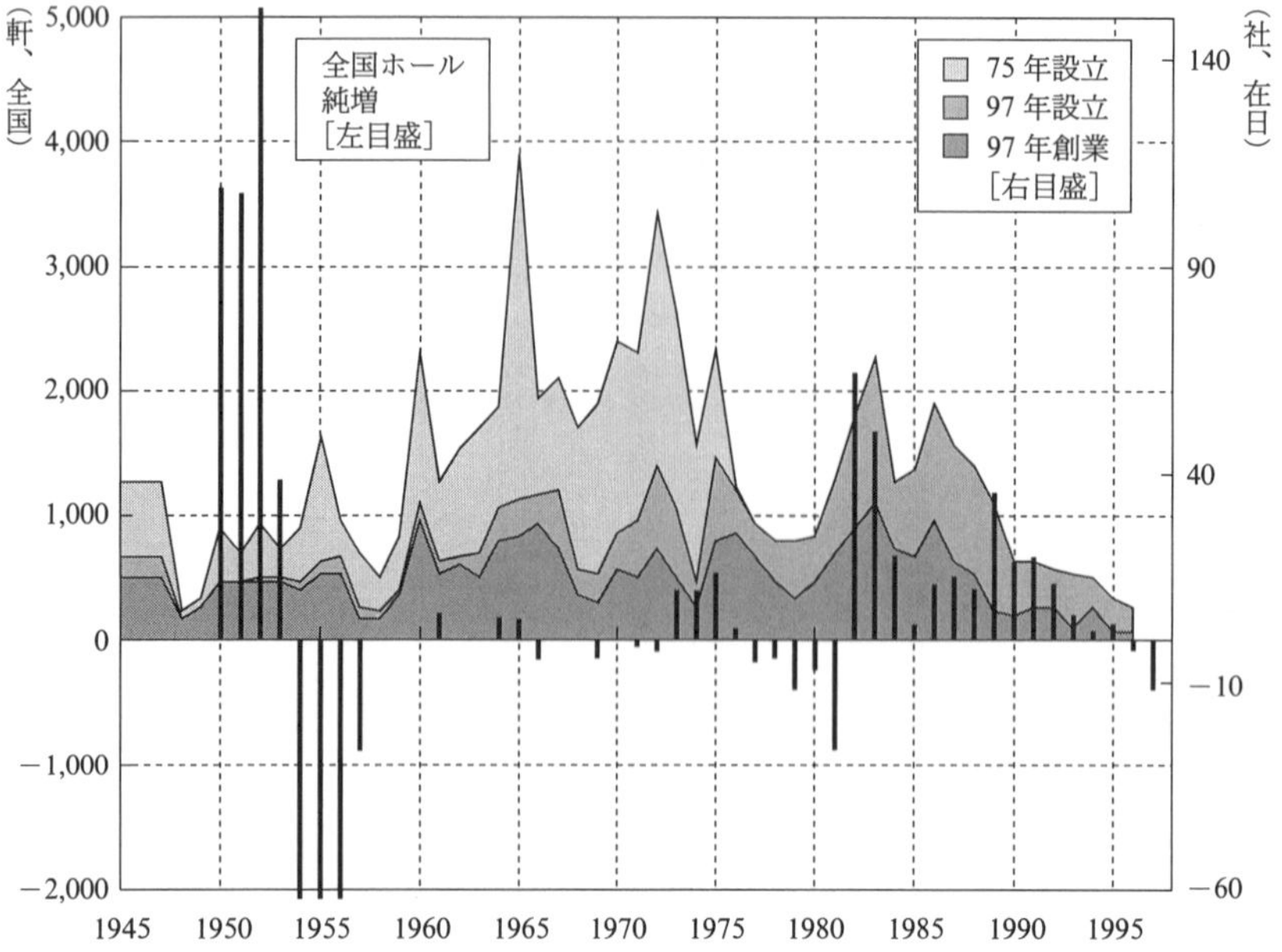

図 3-2　在日企業参入の特徴

注 1）全国パチンコホールの純増数は，1957〜61 年，61〜64 年，66〜69 年，69〜71 年は，同期間の純増数を年平均純増数で取り直したもの，その他は対前年純増分である。

2）1947 年までの在日企業数は，1917 年から 47 年までに設立された企業の合計数（38 社）となっている。詳細は不明であるが，戦後パチンコホール事業は，1948 年に風俗営業法によって許認可制になったから，パチンコ事業として創業された可能性は低い。戦前他の事業で創業され，戦後転業したと思われる。

資料）図 3-1 に同じ。

て、それぞれの直前の時期に比べて急増している。正村ゲージや連発式（五〇年代前半）、チューリップ（六〇年代前半）、電動機（七〇年代前半）の人気に反応して参入したのであり、特にフィーバー機[27]（八〇年代前半）の出現に対する反応は著しいものがあった。

存続企業の動向であるため、評価にあたっては慎重でなければならないが、全国ホール数が一九五二年下期から減少し始めている[28]のに対して、在日企業の参入がそれに遅れて停滞したことは注目に値する。一九七五年存続企業の設立年度は五五年まで増加し続けており、九七年存続企業の創業年度・設立年度は五六年まで、それまでと同様の参入があった。このように全国の動向に対して遅れた対応を見せていた在日の参入動向は、産業の景気に先行するように変わっていく。

一九五五年以降、全国ホール数が底をうった年度は明らかでないが、在日企業は、五八年から参入の傾向を強め、六〇年、六五年の異常値を除いても、六〇年代前半に著しく参入が増加したことに変わりはない。一九五〇年代後半は、ホール経営が安定的な収益構造にもとづいてビジネスとして確立した時期である[29]。在日の参入はこのような成長性に注目したものと思われる。一九六〇年代前半の動向を全国ホール純増数の動向と対照すると、全国ホールが六一年に山を形成しているのに対して、在日は三つの指標のいずれも六〇年と六五年あたりに二つの山を形成している。

一九七〇年代前半においては、全国ホールの純増数は七三～七五年に山を形成したのに対して、在日企業の創業・設立年別企業数は六九年から増加に転じ、七二年にピークを記録しており、全国的な傾向に先行したことに特徴がある。一九七〇年代後半の谷底から八〇年代フィーバー・ブームによる市場成長に対する急増についても、九七年存続企業の設立動向から、全国の動向に先行したことが認められよう。一九八〇年代半ば以降は、全国ホールの純増数が八九年から減少に転じたのに対して、在日の参入動向は、九七年存続企業の設立年度と創業年度が八六年にピークを迎えて全国に先行して減少し始めた。

以上のように、全体的に産業成長期に連動していながらも、在日企業の参入は激しく、素速かった。成長する産業としてビジネスチャンスがあったということだけでは、この特徴を理解することは難しい。全国動向と必ずしも一致しないところに、在日独自の要因が働いたものと思われる。その要因は第一に、在日コミュニティの産業構造の変化や事業展開のあり方など、在日がパチンコ産業に参入する契機と、第二に、参入を促して実現を可能にするコミュニティ内の情報蓄積から考えることができる。これらの点について、以下の三つの節において検討していく。

3　在日企業の産業構造とパチンコホール事業

（1）産業構造におけるパチンコ産業の位置

ここでは、在日が時代別にどのような産業に参入したかの動向からパチンコ産業を位置づけ、前節で見たパチンコ産業の成長に同調して参入したことが、在日の産業構造にどのように関係したかを検討する。

図3-3は、一九九七年名鑑企業の全産業の創業年度にもとづいて、時代別にどの産業に参入したのかを社数ベースで示したものである。また図3-4は、同じ資料のデータを設立年度ベースで集計し、法人化に注目したものである。

図3-3によると、創業件数の動向を三つの時期に区分することができる。すなわち、①創業件数が一貫して増加した終戦後から一九七〇年まで、②創業件数がそれまでに比べて少ないが一定の規模を維持している八〇年代末まで、③創業件数が七〇年代初頭に続き急減した九〇年代以降、の三期である。在日を量的に吸収しえた産業について見ると、一九七〇年を前後にして変化したことが見て取れる。すなわち、一九七〇年までは、製造業が一定の比率を保ちつつ、建設業への参入が伸びていたが、七〇年代以降になると、両産業とも著しく減少した。一九七〇年代以降の在日創業企業数の減少のほとんどをこの二つの産業で説明できる。その一方で、当該期にはホールが含まれるサービス業は絶対数でも伸びており、そのほか飲食店も約一五%を占めるようになった。一九八〇年代にはサービス業の比率はさらに高まり、約三〇%以上を占めるに至った。

図3-4の設立動向から見ると、個人経営形態の多い飲食店の割合が小さく、建設業が一定の規模を維持しながら一九八〇年代以降再び伸びているなど、上記の様相が多少異なって表れてくる。そのなかで、サービス業の伸び

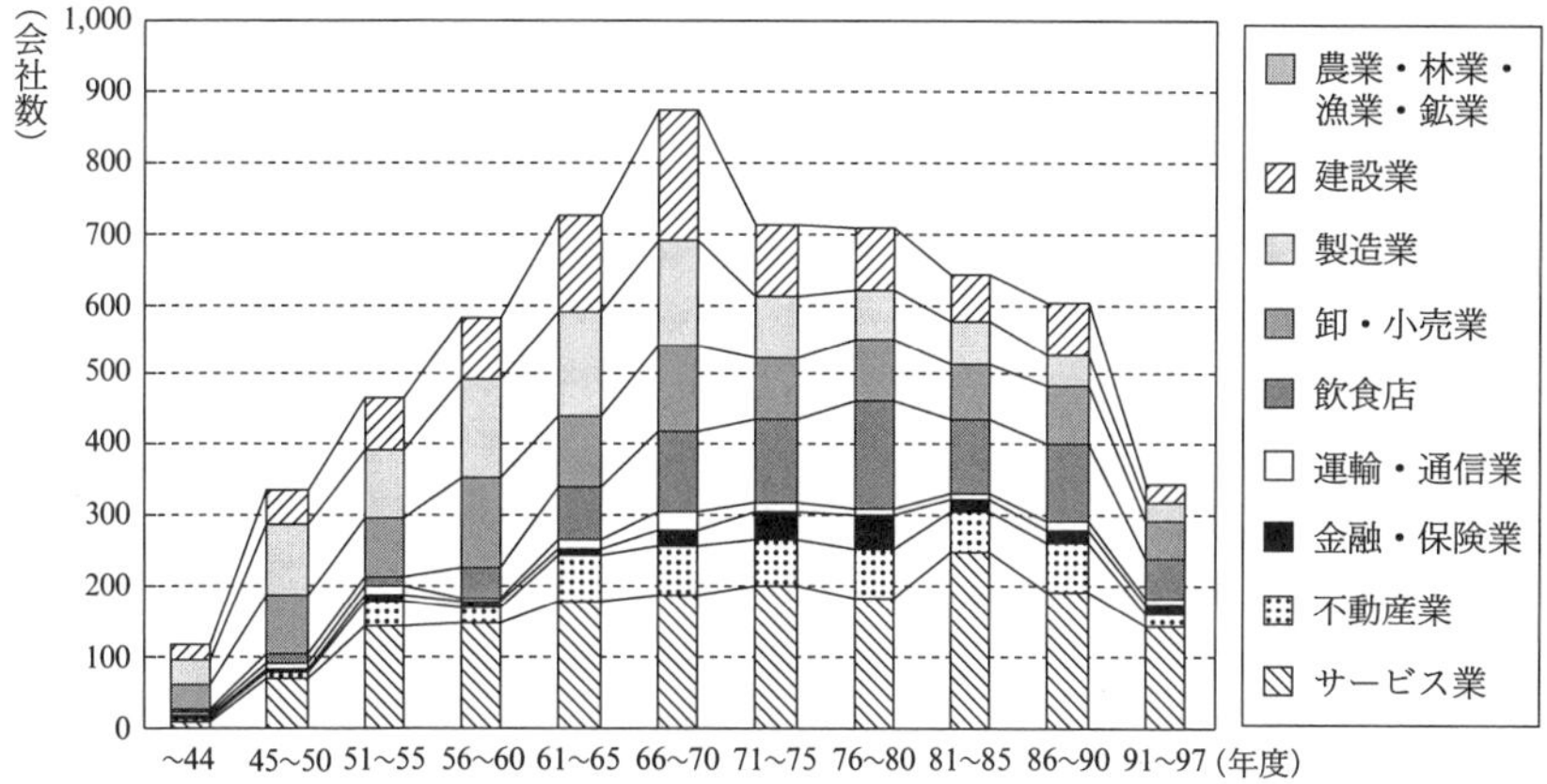

図 3-3　創業年度

資料）在日韓国人会社名鑑編集委員会編『在日韓国人会社名鑑』在日韓国人商工会議所，1997 年より集計。

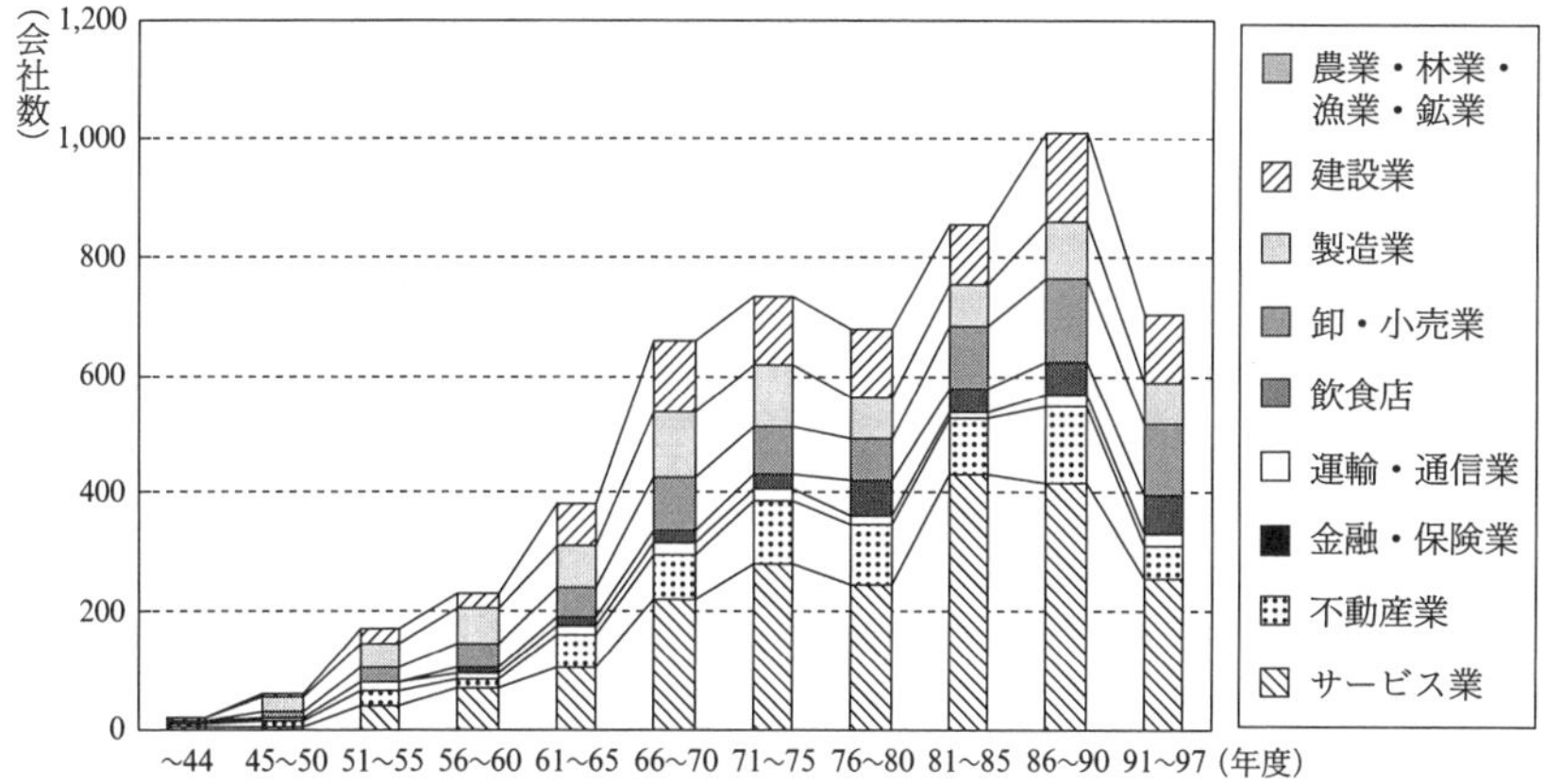

図 3-4　設立年度

資料）図 3-3 に同じ。

は、一九七〇年以降特に目立ち、八〇年代以降は、全体の五割も占める。一九六〇年代までは製造業に一定の規模で参入が行われ（屑鉄も同様）、建設業とサービス業への参入も小さくない比率を占めていた。これに対して一九七〇年代以降は、建設業では法人化が進展したと見られ、サービス業において個人経営、会社組織の両形態での参入も続き、全体としては非製造業化が進行した。このような参入動向は、第1章で検討した近畿地方の産業構造の変化が全国的な動向を反映していたことを裏付ける。パチンコ産業が在日の参入先の選択肢としてもつ意味は、時代が新しくなるにつれて高まったと考えられる。

図3-5は、全産業のなかでの代表的な産業を中分類に即して集計しなおし、各時代別に在日が参入（創業）した産業の比率をとったものである。図3-5により、在日がどの産業をビジネスチャンスとして認識し、参入したのかを歴史的に観察することができる。例えば、製造業は、戦前から一九五〇年まで全産業のなかで約三割の在日を吸収しており、約一〇％台に低下する六〇年代後半になるまで、在日が参入した最大の産業であった。しかしその後製造業は、産業別参入時期を示した表3-2に見られるように、参入の傾向を弱めていった。ホールが七五％を占める娯楽業（二、〇七一社のうち一、五四八社）は、約五割の創業年度が不明（表3-2）であるが、それでも、一九五〇年代前半、七〇年代前半、そして八〇年代前半に、在日が参入する産業のなかで二割以上（図3-5）を占めており、これらの時期に注目された代表的な産業であった。

以上、在日全体の産業構造の変化についてパチンコ産業のかかわりから見ると、前節で考察したパチンコ産業の成長とともに、重要産業であった製造業の地位の低下とを関連させて考えることができる。すなわち、一九五〇年代前半はパチンコ産業が隆盛した時期、七〇年代前半はパチンコ産業の機械体系が変化し新たに成長の道が切り開かれた時期であると同時に、製造業への参入が停滞し始めた時期（衰退の時期は産業によって異なる）、そして八〇年代前半はパチンコ産業が飛躍的に成長を成し遂げる時期であった。このなかで特に、一九七〇年代のパチンコ産

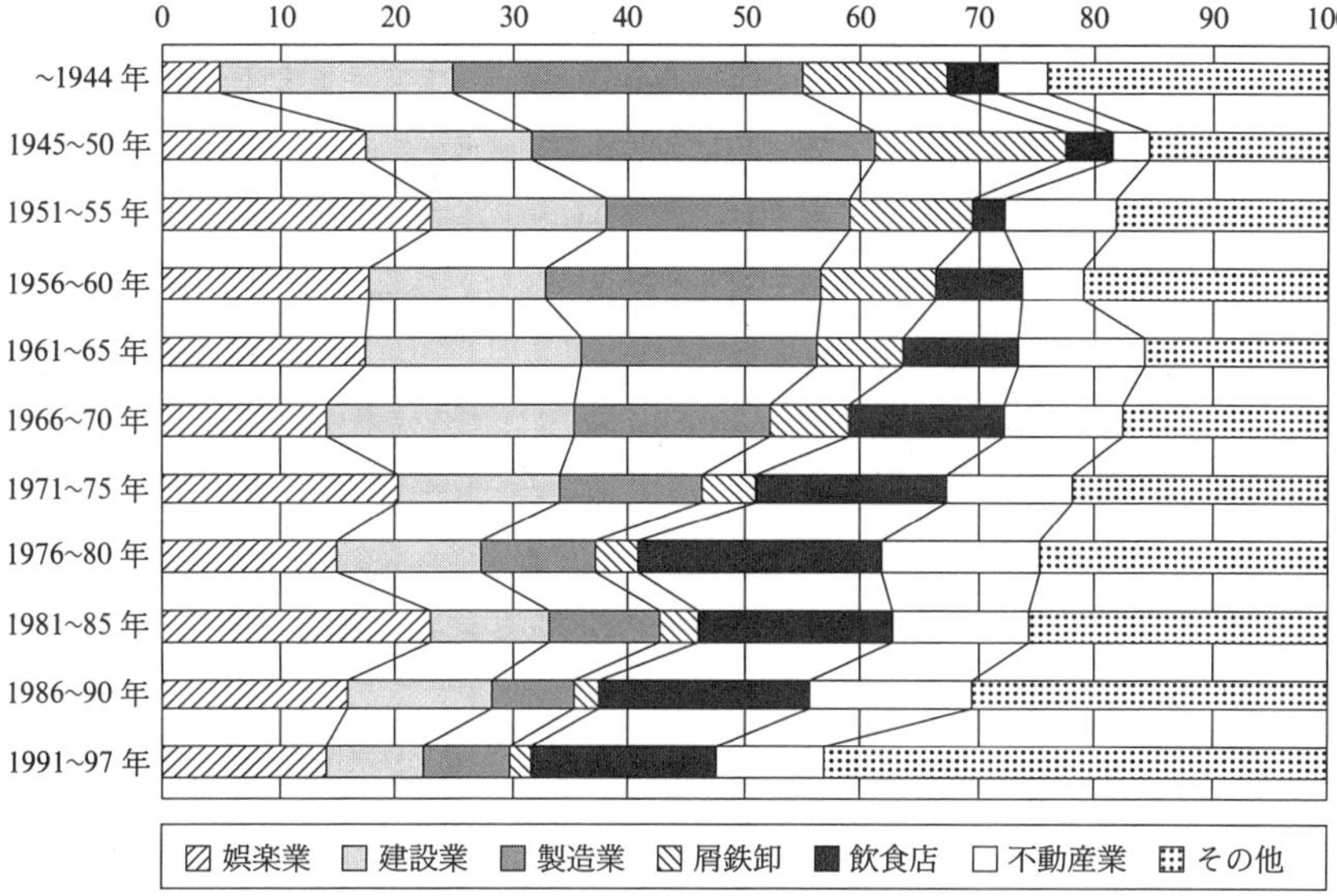

図 3-5　時代別参入産業の動向

資料）図 3-3 に同じ。

表 3-2　娯楽業への参入時期

創業時期（年）	娯楽業		建設業		製造業		屑鉄卸		飲食店		不動産業		総　計	
	社数	比率（%）	社数	比率（%）	社数	比率（%）	社数	比率（%）	社数	比率（%）	社数	比率（%）	社数	比率（%）
～1944	6	0.3	24	1.8	36	2.9	15	2.8	5	0.5	5	0.4	120	1.3
1945～50	60	2.9	48	3.7	100	8.1	56	10.3	13	1.3	11	0.9	340	3.6
1951～55	108	5.2	71	5.4	97	7.9	49	9.0	12	1.2	45	3.9	467	5.0
1956～60	104	5.0	90	6.9	139	11.3	58	10.6	42	4.1	31	2.7	587	6.2
1961～65	129	6.2	137	10.5	149	12.1	55	10.1	74	7.2	79	6.8	739	7.9
1966～70	125	6.0	186	14.3	149	12.1	60	11.0	116	11.3	90	7.8	880	9.4
1971～75	146	7.0	99	7.6	87	7.1	32	5.9	117	11.4	78	6.7	714	7.6
1976～80	108	5.2	86	6.6	70	5.7	26	4.8	150	14.6	97	8.4	712	7.6
1981～85	149	7.2	66	5.1	62	5.1	22	4.0	106	10.3	76	6.6	646	6.9
1986～90	97	4.7	74	5.7	42	3.4	13	2.4	110	10.7	83	7.2	604	6.4
1991～97	50	2.4	29	2.2	25	2.0	7	1.3	55	5.4	32	2.8	349	3.7
不　明	989	47.8	394	30.2	271	22.1	152	27.9	228	22.2	531	45.9	3,247	34.5
総　計	2,071	100.0	1,304	100.0	1,227	100.0	545	100.0	1,028	100.0	1,158	100.0	9,405	100.0

資料）図 3-3 に同じ。

業への参入が、同時期の製造業参入の停滞と同時に進行したことを強調しておきたい。

(2) パチンコ産業の地域的広がり

在日が集住する近畿地方の在日の産業構造を考察した第1章で見たように、パチンコ産業は一九七五年以降ますます重要な位置を占めるようになった。第2章の京都の事例では、地域の産業構造の変化に即して、一九七五年以前に斜陽化しつつあった繊維産業からパチンコ産業に転業したケースが観察された。こうした地域的状況を踏まえて、ここでは、在日のホール事業の全国的な実態について、一九五六年、七五年、九七年時点の各地域における在日産業活動から光を当て、在日全体のパチンコ産業との関連を歴史的に振り返る。

使用するデータは、三時点の名鑑に記載された企業について名鑑の分類に即して集計した産業構成と、そのうちホールとして数えられた企業の社数およびその構成比である。このデータを使用し、前項で検討した他の在日産業との関連から鳥瞰したホールへの参入の結果、パチンコ産業がどのような意味をもつようになったかについて、同産業の地域的拡張、伝播という視点から検討する。

まず、各地域全産業に占めるホール事業の比率が在日全体の平均比率に対して示す動向(特化度)から地域別のホール事業の地位について、見ておこう。こうした基準に即して、一九五六年の地域別傾向をまとめたのが、表3-3である。[30] サンプル規模が小さい地域もあり、評価には慎重さを要するが、その後の時期における在日とこの産業とのかかわりを考える上では、高度成長期に差し掛かったこの時期の状況を確認することの意味は大きい。

表3-3によると、地域によってホール事業が各地域の産業構成に占める比率は一様ではない。特に東京都、大阪府、愛知県、京都府、兵庫県など、在日企業数も多く、製造業など他の産業の構成比が高い地域は、ホールの構成比は相対的に低い。こうした地域的な違いを内包しながら、この時点において、調査された三〇地域のうち三地

表 3-3　各地域におけるパチンコ産業への依存度（1956 年）

都道府県	企業数	ホール	比　率〔A〕	地域特化係数〔A/B〕	都道府県	企業数	ホール	比　率〔A〕	地域特化係数〔A/B〕
栃木県	1	1	100	14.05	*兵庫県*	300	18	6.0	*0.84*
群馬県	16	6	37.5	5.27	長崎県	17	1	5.9	0.83
広島県	61	18	29.5	4.15	*東京都*	1,216	67	5.5	*0.77*
北海道	7	2	28.6	4.02	岐阜県	104	5	4.8	0.68
茨城県	162	44	27.2	3.82	滋賀県	43	2	4.7	0.65
埼玉県	101	22	21.8	3.06	三重県	102	4	3.9	0.55
岩手県	29	5	17.2	2.42	*愛知県*	544	18	3.3	*0.46*
千葉県	75	12	16.0	2.25	宮城県	81	2	2.5	0.35
青森県	8	1	12.5	1.76	山口県	87	2	2.3	0.32
新潟県	107	13	12.1	1.71	*大阪府*	575	11	1.9	*0.27*
岡山県	75	9	12.0	1.69	長野県	62	1	1.6	0.23
静岡県	30	3	10.0	1.41	和歌山県	2	0	0	0
福岡県	148	13	8.8	1.23	福島県	2	0	0	0
神奈川県	569	45	7.9	1.11	熊本県	1	0	0	0
大分県	75	5	6.7	0.94	（空白）	1			
京都府	416	27	6.5	*0.91*	総　計	5,017	357	7.1〔B〕	1.00

注）斜体は，在日が集住し，在日企業が集中するが，パチンコ産業への依存度が他地域に比べて低い地域であることを表す。
資料）在日本朝鮮人商工連合会『在日本朝鮮人商工便覧』1956 年より集計。

域を除くすべてにおいてホールに携わる在日が存在し、全体の約七％と、小さくない比率を占めている。ただし、一九五六年において、全国平均比率を上回った地域（パチンコ産業の特化係数が一より大きい）は、三〇地域のうち約四五％の一四地域であり、半分を下回っていた。

先述のように、一九五六年は、前年五五年のパチンコ産業への規制によって、ホールが激減する時期にあたる。単年度の調査であるため、表3-3からはそうした変化を読み取ることは困難であるが、ホール事業が低調となった一九五六年前後においても在日の参入の傾向が強かったこと（前掲図3-1、図3-2）、その結果として、同時期のホール事業が全産業において高い比率を占めていたことは、特にホール事業の特化度の高い地方では他事業の選択肢が少なかったことや産業転換が困難であったことを示唆する。ただし、一九五〇年代後半には、ホール事業において安定的な収益構造の確保への方向性が発見されたことを背景に、前節で検討したように、

表 3-4　パチンコ産業の重要度の全国的上昇

全国平均に対する特化係数	1956 年		1975 年		1997 年	
4.0 以上地域	栃木, 群馬, 広島, 北海道		山梨, 福島			
調査都道府県に占める地域（%）	(4/30)	12.9	(2/45)	4.3	(0/47)	
パチンコホールの地域平均比（%）		48.9		56.1		
3.0～4.0 未満	茨城, 埼玉		大分, 福島, 栃木, 新潟, 島根		大分, 福島, 栃木, 新潟	
調査都道府県に占める地域（%）	(2/30)	6.5	(5/45)	8.5	(4/47)	8.1
パチンコホールの地域平均比（%）		24.5		39.7		54.3
2.0～3.0 未満	岩手, 千葉		栃木, 青森, 石川, 徳島, 岡山, 宮城, 大分, 秋田, 島根		島根, 香川, 徳島, 高知, 茨城, 岩手, 青森, 宮崎, 北海道	
調査都道府県に占める地域（%）	(2/30)	6.5	(7/45)	19.1	(9/47)	18.4
パチンコホールの地域平均比（%）		16.6		30.6		42.0
1.0～2.0 未満	青森, 新潟, 岡山, 静岡, 福岡, 神奈川		岩手, 山形, 新潟, 広島, 長野, 富山, 愛知, 福井, 京都, 奈良, 熊本, 静岡		群馬, 秋田, 山形, 山梨, 鳥取, 佐賀, 長崎, 宮城, 福井, 山口, 石川, 愛媛, 埼玉, 福岡, 広島, 千葉, 長野, 和歌山, 岡山, 神奈川, 熊本	
調査都道府県に占める地域（%）	(6/30)	19.4	(12/45)	25.5	(21/47)	42.9
パチンコホールの地域平均比（%）		10.6		16.8		22.6
0～1.0 未満	大分, 京都, 兵庫, 長崎, 東京, 岐阜, 滋賀, 三重, 愛知, 宮城, 山口, 大阪, 長野, 和歌山, 福島, 熊本		群馬, 福岡, 岐阜, 鳥取, 千葉, 宮崎, 埼玉, 神奈川, 滋賀, 愛媛, 兵庫, 山口, 和歌山, 長崎, 東京, 大阪, 鹿児島, 三重, 佐賀		愛知, 奈良, 三重, 静岡, 東京, 大阪, 岐阜, 兵庫, 富山, 京都, 滋賀, 沖縄, 鹿児島	
調査都道府県に占める地域（%）	(16/30)	51.6	(19/45)	42.6	(13/47)	30.6
パチンコホールの地域平均比（%）		4.3		8.1		8.6
全産業に占めるパチンコホール比率（%）		7.1		12.5		16.5
全企業数		5,017		6,809		9,405

注）地域名は都道府県単位。1956 年の全企業数には地域不明が 1 社，75 年，97 年のそれには韓国に所在する各 1 社を含む。

資料）1956 年は表 3-3 に，1975 年，1997 年は図 3-1 に同じ。

同時期以降在日のホールに対する投資行動が積極的になっていく。表3-3はその条件（第五節で初期条件として述べる）を示すものとして理解することもできる。

　表3-4は、表3-3と同様の方法によって、一九五六年に加えて七五年と九七年の各地域のホールの構成比をとり、全国平均比率に対する地域別動向を示した。三時点の変化に注目すると、全産業に占めるホールの比率が七・一％から、一二・五％、一六・五％へと高まっていく傾向にあった。構成比の高まりとともに、特化係数が四以上と一以下の層が小さくなり、その一方で平均に近い一〜三台（特に一台）の地域層を分厚く積み上げ、各地のパチンコ産業への依存度が平準化した。こうして、在日コミュニティにおけるパチンコ産業は、各地域のなかでホールの占める比率を上昇させ、このことを日本全国に拡大するかたちで、その重要性を高めた。

4　在日企業の成長とパチンコホール事業

　本節では、一九五六年、七五年、九七年の名鑑に掲載された企業のなかで、同一人物の事業変遷に注目し、在日企業の事業展開におけるホール事業の位置づけについて検討する。在日のホール事業への参入動機を探ることにより、在日が殺到するという特徴の背景を明らかにする。

（1）パチンコ産業の担い手

　在日のホール所有者がパチンコ産業に参入した起業年齢（「創業年度－所有者生年」、五、七六四社が判明）を手がかりに、担い手の特徴について、事業基盤という視点から考察する。[31]

一九九七年存続企業の所有者の起業年齢を見ると、ホール経営者（七〇三社）は、「二五〜三五歳」の間に起業したケースが全体の約三〇%を占めてもっとも高い。しかし、他の産業に比べると、「四六〜六五歳」の年齢層に起業した者の比率が二一・一%であるのに対して、ホールを除いた同起業年齢（五、六〇一社）の比率は一〇・八%であり、ホールの中年以降の起業が目立った。

これは、在日のパチンコ産業への参入が著しかった時期が、一九七〇年代・八〇年代の前半であったことが影響している。戦前期から一九六〇年代までの間に集中して参入が行われた製造業に対して、パチンコ産業では、五〇年代から八〇年代の前半まで参入が続いた。そのため、一九九七年を基準にすると、参入する平均年齢が製造業に比べて高い層になったのである。この事実は、在日にとってパチンコ産業が、新しく成長を始めた産業として注目され主要産業となったことのみならず、最初の事業でなかったことを示唆する。それらのなかには、例えば、他に仕事がなかったという状況もありうるし、ある事業の失敗が前提になってその事業からの転業も含まれるだろう。その一方で前の職業や事業が基盤になっている場合も想定できるのであり、起業年齢構成の特徴は、ホール事業においてそうした「事業基盤の前史」があることを物語ると考えられる。

（2）在日企業の事業展開におけるパチンコホール

ここでは、一九五六年、七五年、九七年の名鑑に掲載された企業のなかで、同一人物の事業変遷に注目し、在日企業の事業展開におけるホールの位置づけや参入動機について検討する。

二つ以上の名鑑に記載された企業のうち、名前と生年月日、本籍地、本社の所在地などを基準に、同一人物と思われるケースを取り出し、事業がどのように変化したかを追跡した。世代交代などで代表者名が変わった場合は除外されるが、事業変化の特徴について知ることができる。[32] この操作から、一九五六年五、〇一四社、七五年六、八〇

表3-5　パチンコホール事業展開の類型

	事業展開のパターン	事業展開における基盤事業	社　数	動　機	記載された名鑑[3]			
					56・75年	56・75・96年	56・96年	75・96年
A	① 他産業→パチンコホール	他産業	12	斜陽化産業からの退出など。斜陽化産業は製造業（5），屑鉄卸（2），その他（4）。	1	5		6
	② 多角化の一環としてパチンコホールに投資		24	ビジネスチャンス	1	4		19
B	③ パチンコホール→パチンコホール[1]	パチンコ事業	24	持　続	4	1	1	18
	④ パチンコホール→他産業		2（＋5[2]）	退　出		0（＋3）		2（＋2）
データ数			62		6	10	1	45

注1）パチンコホール以外への多角化展開を含む。
2）不動産業など他産業を土台にして多角化事業としてパチンコ産業に参入したが，退出したケース。1997年時点ではそれぞれ元の事業中心になっている。表の集計には②に分類。
3）名鑑に記載があったことを指しており，調査された年次の間に事業の変化があったことを意味しない。例えば「56・75年」の名鑑に記載があった企業（人物）が①のパターンで事業展開したときに，56年と75年の間に他産業からパチンコホールに転業したことを意味しない。

資料）在日本朝鮮人商工連合会『在日本朝鮮人商工便覧』1956年，統一日報社「在日韓国人企業名鑑編纂委員会」編『在日韓国人企業名鑑』統一日報社，1976年，在日韓国人会社名鑑編集委員会編『在日韓国人会社名鑑』在日韓国人商工会議所，1997年。

九社、九七年九、四〇五社、延べ一二、二三三社（多角化事業の場合、複数回答含む）のうち、一〇六件のサンプルが得られた。そのうち六二件がホール事業に関連している[33]。その事業展開をまとめたのが、表3-5である。

サンプル規模は小さいが、統計的な検討と個別具体的な事例を通して、ホール事業に関連する在日の事業展開のあり方について、いくつかのパターンを見出せる。大きく二つに分けたAとBについて見ると、それぞれのサンプル数はほぼ半々になる。他産業からホールに参入したケース（A）には、①他産業から退出するかたちで参入した場合、②元の事業を維持しながら多角化の一環として参入した場合があり、ホールが事業展開の土台になったと思われるケース（B）には、調査された二時点以上の年次において継続してホールを持続した場合（③）、そしてホールから退出し他の産業に転業した場合（④）がある[34]。

なぜパチンコ産業に参入したのかは、それぞれ個別企業の事情によって異なると思われるが、②は、多角化という企業成長の文脈からパチンコ産業の成長性に注目した（ビジネスチャンス）ということができる。①も、例えば斜陽化した繊維産業からホールに転業したケースなど、他の事業ではなくパチンコ産業の成長性に注目したという意味で広く捉えればビジネスチャンスを動機としたものと考えることができる。

ホールを最初の事業として、その後の事業展開の土台としたBでは、二四件がこの業種にとどまった（③）が、そのなかには他の産業に多角化したケースもあった。ホールから退出し、他の産業に転業したケース④は七件（②としてカウントされる五社を含む）でサンプル全体の約一〇％であった。このサンプル数の多寡を評価することは難しいが、参入が行われる一方で退出が存在した事実を強調しておきたい。このようなケースに関する情報が、例えば不動産やブローカーを通して民族コミュニティのネットワークで伝播されることがありうるからである（後述）。

次に、表3-5の事業展開の四つのパターンに即して、①から元の産業別に三つ、②から退出した事例を含めて二つ、③から一つ、④から一つの代表例を取り上げてまとめた表3-6から、時期を追って在日企業の事業展開について検討する。

パターン①の三つの事例において、参入前に従事していた元の産業は、繊維産業、鉄スクラップ、ゴム製品製造業である。ホールに転業したケースだが、いずれのケースでも一九九七年時点で元の事業は行っておらず、ホール事業中心になった。これらの元事業は、在日の典型的な産業であるだけでなく、斜陽化した分野であることに共通性がある。例えば、データ〈1〉は、西陣織の斜陽化を背景として、ホールに転業した。[35]

データ〈3〉の最初の事業は、ケミカルシューズの素材製造であったが、一九六二年からホール事業も展開した。ゴム製品製造産業はおおよそ一九八〇年代まで成長しており、ホールへの参入の直接要因を斜陽化に求めるこ

表3-6　在日企業の事業展開とパチンコホール事業

事業展開のパターン	データ番号 所在地域 (掲載名鑑)	社　名	事業内容	創業年度	設立年度	事業参入年齢1)(歳)
①他産業→パチンコホール	〈1〉 京都市 (56・75・96年)	金原機械店		1946		23
		金原織物工場	西陣・月華・御召	不明 56年名鑑記載		
		キング	パチンコ，パチスロ		1965	42
		キング	パチンコ，パチスロ		1987	64
		スーパー三協	ゲームセンター		1987	64
		キング	パチンコ，パチスロ		1988	65
	〈2〉 名古屋市 (56・75・96年)	金村商店	故鉄一般	不明 56年名鑑記載		
		栄センター	パチンコ，パチスロ		1964	48
		栄センター	パチンコ，パチスロ		1967	51
		味美会館2)	パチンコ，パチスロ		1970	54
		稲口会館2)	パチンコ，パチスロ		1975	59
		栄センター	パチンコ，パチスロ	1985	1985	69
	〈3〉 神戸市 (56・75・96年)	湊ゴム工業所	中底中芯焼底，再生ゴム，スポンヂゴム		1955	36
		朝日糊引工業所		不明 56年名鑑記載		
		湊産業	パチンコ		1962	43
		大和興業	パチンコ		1966	47
		大和興業	喫　茶		1966	47
②多角化の一環としてパチンコホールに投資	〈4〉 岡山市 (75・96年)	全本金属興業	製鋼原料・解体	1965	1986	23
		全秦通商	パチンコ店	1975	1985	33
		ソフィア	ソフトウェアの開発およびコンピュータシステムコンサルティング業務	1985	1985	43
		全　本	店舗，土地賃貸業	1988	1988	46
		エアテック	空調設備工事，配給水設備工事の設計，施工	1994	1994	52
②④多角化の一環としてパチンコホールに投資→退出	〈5〉 川崎市 (56・75・96年)	川崎物産	銅鉄→石油製品・機械油・製鉄原料・鋼材→商社	1941	1955	21
		中央車輌	電気計測器製造業	1941	1955	21
		川崎新興3)	遊技場・サロン・バー	不明 56年名鑑記載		
③パチンコホール→パチンコホール	〈6〉 岩手県 (75・96年)	公楽会館	パチンコ		1959	28
		公　楽	パチンコ店	1961	1976	30
		三炯公楽	パチンコ店	1981	1982	50
		公楽開発	不動産の売買，仲介斡旋	1988	1988	57
④パチンコホール→他産業	〈7〉 茨城県 (75・96年)	東京駅	遊技場		1959	39
		東香商事	パチンコ		1959	39
		ホンコン	遊技場		1965	45
		喫茶ナポリ	喫　茶		1965	45
		東香商事	陶磁器の卸	不明 97年名鑑記載		

注1）事業参入年齢＝企業創業年度（不明の場合は設立年度）－創業者の生年。
　2）1997年時点では，栄センターのみ。
　3）1997年にはパチンコホール事業なし。
資料）表3-5に同じ。

とはできない[36]。しかし、一九六二年のケミカルシューズ製造業界は、中小工場と有力問屋の相次ぐ倒産に見舞われていたから、この不況局面が背景になった可能性もある[37]。同社は、ゴム製品製造業を一九七五年まで続けており、正確な年次を特定することは困難であるが、一九九七年時点では退出している。このケースは、多角化の一環として参入したホール事業の基盤があれば、例えば一九九五年の阪神大震災のような経営環境の悪化、あるいは事業の失敗などが生じたとき、その事業からの退出が促される可能性があったケースとして考えることができる。

表3-5の事業展開のパターン①は、元の事業がホール事業の基盤になった可能性が高い。その点を、ホール事業に参入した時点の創業者の年齢が表現している。チューリップ・ブームに沸いていた一九六〇年代前半に参入した①の参入年齢は、四二歳から四八歳である。転業前の事業がホール事業の基盤になったことを実証的に示すことは困難であるが、例えば元の事業展開において金融的な信用があるとすれば、そうした基盤は多角化事業としてのホール事業立ち上げをしやすくしたであろう（後掲表3-7の〈12〉KM商事、〈17〉SH社[38]）。その後元の事業から退出したと思われるが、成長産業のホール事業への参入はそうした退出を容易にしたことを意味する。このように、在日の事業転換にホール事業が絡むことは、企業成長を可能にする一つの道であったと考えることができる。

②のパターンのデータ〈4〉は、多角化の一環としてホールに投資した。屑鉄卸を基盤にしてホール事業を立ち上げた一九七五年は、オイルショックによる不況期ではあったが、パチンコ産業は七三年に許可された電動式機械によって成長が期待された時期であった。同社は、一九八〇年代のフィーバー・ブーム期を経験しており、その後、サービス業の非関連事業から、不動産業や建設業など、在日と深い関係のある事業まで、さらに多角化を進めている。

同じくホール事業を多角化事業として展開したデータ〈5〉は、一九七五年時点では退出している。ホール事業の創業年度は不明であるが、一九五六年名鑑では確認されているから、五〇年代前半の全国的なパチンコ・ブーム期に参入し、五六年から七五年の間に退出したと推測される。一九九七年時点では製造業と商社になっている。元の事業が一九九〇年代まで続いており、このように強固な事業基盤がある場合には、ブーム期に参入したものの、特定はできないが、例えば五〇年代後半の不況のときであればホールからの退出は容易であったと思われる。

データ〈6〉は、ホールを基盤に他の事業に展開したパターン③に分類される。同社は、既述のように、一九五五年の連発式禁止後の不況が収まり、ビジネスとして確立した時期に参入した。その後も、別会社のホールを展開し、一九八〇年代後半には不動産事業にまで投資することになった。ホールが企業成長の中核になったことがわかる。

最後に取り上げるデータ〈7〉は、遊技場から退出したパターン④のケースである。ホール事業に参入した時期は、データ〈6〉と同じく一九五〇年代後半である。前職は判明しないが、起業年齢から見て、ホールが最初の事業ではなかったと思われる。(39) ホール事業に参入した年度など、詳細な内容は不明であるが、その後多店舗の遊技場（ホールを指す）を展開している。しかし、一九七五年から九七年の間にパチンコ事業から退出し、別事業の陶磁器卸を営んでいる。

データ〈7〉のように退出するケースは、同一人物が他の事業を営んでいない場合、名鑑からその後の実態を知ることは困難である。また、他の事業に転換して代表者が交代した場合も名鑑で発見できないため、サンプル数としては多くない。しかし、すでに指摘したように、このようなケースの存在は、在日のパチンコ産業への参入を容易にする可能性がある。すなわち、こうしたケースが蓄積されていくと、在日コミュニティ内に、退出する在日企業の営業資産を仲介するブローカー——この存在は市場形成を意味するだけでなく、それによって情報を組織化（後述）するという役割も示唆する——が発生する基盤となり、潜在的な参入者に情報を提供したと考えられるからである。同じ視点から、一時期参入して退出したケース（前掲データ〈5〉）、多店舗を集約したケース（データ

〈1〉は、一九七五年に三店舗→九七年に二店舗[40]、〈2〉は、七五年に四店舗→九七年に一店舗）なども、事業所展開において売買の市場が形成される土台になりうる。そうした在日の売り物件を買い取ってホールに参入した在日の具体的な事例については、次節で紹介する（表3-7の〈9〉MY社、〈19〉JE社）。

（3）複合的な契機による参入

第二節で見たように、在日とパチンコ産業との関連における特徴は、産業成長期に激しく参入することであった。この点について、以上の事業展開の事例から説明可能な部分がある。在日のホール事業に参入した動機は、事業展開のなかで、個別企業内の事情として元の事業の斜陽化（①）、事業多角化（①、②）などがあり、動機は不明だが最初の事業であったケース（③）もあった。そのいずれの場合でも、パチンコ産業の成長期において参入するケースが多く、成長産業としてホール事業が注目されたものと思われる。③のような最初の事業としての参入だけでなく、①のように在日の他の主要産業からの事業転換が促されたケース、そして②の多角化の目的による参入など、複合的な事情が重なり、結果的にパチンコ事業への激しい参入として表れたと考えられる。

また、①のデータ〈1〉は、在日が特定の製造業に集中しているがゆえに、当該産業の斜陽化が個別の在日企業を取り巻く一般的条件として作用したことにとどまらず、退出予備群を作り出したことを示唆する。事業多角化（①、②）の一環としてホール事業に参入するケースも、その可能性は、在日の資本蓄積が進むにつれて高まるであろう。もちろんそうした潜在的な退出可能性の大小や、退出後の投資先としていかなる事業に注目するかは、個別企業によって異なる。個別企業がどのような選択を行ったかを推定することは困難であるが、そこに存在しうる共通点については考察の余地がある。第一に、斜陽産業にいる在日や投資先を模索する在日にどのようにしてホール事業が選択肢として与えられたか、第二に、その際在日コミュニティの情報提供の役割が重要であったかどうか、という点である。複合的な事由からビジネスチャンスを探索する在日が存在し、パチンコ産業がブーム期にあったとしても、その指摘だけでは、ホール事業への激しい参入を説明することはできない。それらの二つを結びつけたのが何かについては、依然として明らかでないのである。その関連が個別企業の事情なのか、個別企業の領域を超えた問題なのか、については両方の可能性がある。こうした問いかけに答えることによって、ホール事業の好況に素速く反応し、場合によってそれに先行して参入するという現象についても、理解可能になる。次節では、ホールに参入した在日の証言にもとづいて、事業の立ち上げを可能にした諸条件を明らかにする。

5　特定民族集団に凝縮される事業情報

(1) 一九五〇年代前半——初期条件の形成

表3-7は、一九九七年名鑑に掲載されたホールを中心に行った聞取り調査の内容をまとめたものである。ここでは、パチンコ産業への参入に光をあてて検討していくことにする。以下の叙述は、特に断りがない限り、聞取り調査内容にもとづいている。

〈13〉は、一九五〇年と早い時期にホール事業に参入したケースである。創業者の回想によると、一九五〇年代に入って「同胞の間では、パチンコというものが儲かりそうだと話題になってきました」(全壬戌『夢をもとめて——激動を駆け抜けた「在日」の八十年』三洋商事、一九九九年、五二頁) としており、当時の在日にとって、パチンコがビジネスチャンスとして噂されていた様子が垣間見られる。

しかし、そうした噂は、在日の間だけに限られたものではなかったと思われる。一九五〇年代前半に創業したと

表3-7　パチンコ産業における聞取り調査概要

企業名		業種	調査年月日	話し手	企業概略		備考	パチンコ産業参入前	起業資源		
					創業年	創業時の所在地			ビジネスチャンス発見時の状況	経営情報	資金調達先／規模
〈8〉	マルハン	ホール	① 2001年9月7日／② 2002年8月12日	① 取締役専務（日本人）／② 創業者	1957	京都府峰山町	ボーリング場の失敗後，多店舗の展開に乗り出す	パチンコホール従業員・喫茶店経営	姉夫婦がパチンコホール経営	左ホールに就労	姉夫婦の店舗を譲り受けた
〈9〉	MY	建築・ホール・不動産	2001年8月25日	創業者	1967・72・72	神戸市		建築業	民族団体関係者の売物件の情報を入手，事業多角化		朝銀より融資
〈10〉	KH	ホール	2003年10月10日	創業者	1956設立	名古屋市	パチンコ機械製造もしていたが，不況期に退出	商業	日本人業者の勧誘		
〈11〉	YT	ホール	2003年6月24日	創業者，元中古機械卸売業	1959	東京都		商業	中古機械問屋が駄目になっていた	マネージャー経験	相互銀行，信用組合などから融資／3,000万円（180台）
〈12〉	KM商事	ホール	2003年9月3日	創業者	1982	福島県（その後宮城県にも出店）		土木工事業	在日のなかでは同業を営む者の生活が豊かであった	民族学校の在日友人のホールで修業・情報収集。在日から在日の釘師の紹介をうけた	大東銀行（4,000万円）その他一般の金融機関から融資／9,000万円（6ヵ月で返済）
〈13〉	不明	ホール・ホテル	2003年6月26日	創業者（J氏）	1950	神奈川県	仙台，北海道の在日パチンコホールの立て直しに協力した（1950年代前半）	商業	在日コミュニティのなかでパチンコが儲かると噂されていた		1952年，出資金390万円会社設立（30万円，13人）。川崎駅前ビルの3階の借店舗，500台
〈14〉	KM1	ホール	2004年4月22日	創業者	1959	京都府（丹波）		教職	パチンコホールの在日は，羽振りが良かった	西陣織の兄の紹介で，在日経営のパチンコホールのマネージャー経験	日本人と共同経営／180万円を折半
〈15〉	KM2	ホール	2004年4月23日	創業者	1970	京都市		キャバレー	親戚	親族経営のホールで修業	親族が保証人となり相互銀行より融資
〈16〉	MD	ホール・スーパーマーケット	2004年4月24日	現社長（2代目）	1960	京都府（舞鶴）		民族系金融機関の職員	在日を見て儲かると認識		

〈17〉SH	西陣織・ホール	2003年9月13・14日	現社長（2代目）	1948	京都市	ホールへの進出は現社長	西陣織	事業多角化・友人（織物業からホールに転業）のアドバイス	友人より	一般金融機関
〈18〉AI	ホール	2004年7月2日	創業者，現社長	1957	京都府		西陣織	在日友人のアドバイス	〈13〉の経営者と共同経営	手持ち現金による共同出資
〈19〉JE	ホール	2005年6月3日	創業者	1971	和歌山市		なし	在日ができる仕事であると認識。パチンコホール事業をしていた親戚から，儲かる商売であることを知った	在日のパチンコホール・ブローカー（不動産業）を通じて在日企業の引受	親の喫茶店を処分／3,000万，和歌山商銀（民族系金融機関）から融資／3,000万，頼母子講・高利貸／1,500万

資料）在日韓国人会社名鑑編集委員会編『在日韓国人会社名鑑』在日韓国人商工会議所，1997年，および聞取り調査より作成。

推定される〈10〉の創業者は、名古屋駅周辺で衣類の商店を営んでいた。動機は明らかでないが、当時のパチンコブームを作り出した名古屋の正村商会の機械[41]を仕入れてパチンコ産業に参入した。復興期に飛ぶように売れていた衣類の売行が一段落していた時期であった。ホール前に作られる行列など、市場一般において目に見えるかたちで注目されたパチンコ産業に対して、〈10〉が興味をもったのも不思議ではない。正村商会の正村竹一の支援もあって、機械を製造[42]するまでになったが、一九五五年以降、正村商会自体の事業も再編を余儀なくされる不況のなかで、〈10〉はホール事業に集約した。

次に紹介するのは、韓国系在日の政治団体、民団が発行する新聞に掲載された、一九五〇年代の地域実態レポートである。

日本の米処新潟県には同胞が三、〇〇〇名いる。この中民団団員は四〇〇名、中立六〇〇名でこの土地の民戦の勢力はやはり強い。……職業はパチンコ、銅鉄商が時代を反映して依然首位である……変り種には……キャバレーを経営している朴水正氏がいる。氏は慶南馬山の出身、三〇年前には岐阜県高山で材木商を営んでいたこともあり、今では名古屋駅でパチンコ〔機械〕製作所をもっているほか全国いたるところにパチンコ店をもっている。新潟市でも目抜き通りに一番大きなパチンコ屋をもち、一日の新潟市だけでの氏の収入は五〇万円はあるという。この人は岐阜から新潟に移住して五年しかならないが、県で一番の財閥となっている。……

（『民主新聞』一九五四年七月一日付）

この記事によると、パチンコブームが絶頂に達した一九五四年時点において、パチンコ産業が、銅鉄商（屑鉄卸）とともに在日が携わる主要な産業であり、地域的に新潟県を越えて展開されていたことがうかがえる。朴水正という人物は、岐阜県出身で、パチンコ機械メーカーの中心地域でもあった名古屋で機械製造をしており、ホール事業まで手がけていた。同氏は、いくつかの地域において事業を展開している代表的な成功者であった。

以上の状況を強調するのは、在日がパチンコ産業に携わった最初のきっかけを探ることは困難であるが、一九五〇年代前半に、同産業に関与する初期条件が形成されたと考えるからである。初期条件とは、在日が同産業をビジネスとして選択可能にする諸資源――成功者、事業ノウハウ、ホールの物的資産等――が蓄積されたことである。

先述したように、一九五五年規制はパチンコ産業の構造転換の背景になった[43]。重要なのは、第一に、一九五五年規制後、それ以前に比べて事業の計算可能性が高まり、ホールの収益が安定化したことである。立地上の条件と釘調整の技術的なハードルさえクリアできれば、安定的な事業の展望が開けたと考えられる。しかも、一ホールあたりの設置台数を増やせば売上高増大を期待することも可能になった。

第二に、社会的な環境にかかわるが、一九五五年規制の直接要因になったのは、ホール事業と暴力団との関連であった。[44] 機械の射倖性が高まって景品問題、換金問題が浮上するにつれて、それらが暴力団の資金源になることが社会的な問題になった。そのような暴力団との関連と景品問題が、警察の突然の規制の目的であった。こうして、パチンコ産業に対して社会的にマイナス・イメージが形作られた。このような状況の中で行われた一九五五年規制は、パチンコ産業を、参入を敬遠すべき事業として印象付けた。しかも、事業者にとって、第一の点のビジネスとしての計算可能性の高まりに起因する投資促進のプラスの側面は、規制による経営環境の突然の変化という不確実性（リスク）の上昇によって、相殺されたと考えられる。

以上の点を踏まえ、初期条件について仮説的な見解をまとめておく。戦後在日にとって主要産業になる事業は、ほとんどの場合戦前から就労経験をもつ製造業や建設業に関連していた。それに対してパチンコ産業においては、日本全国を巻き込んで起きた一九五〇年代前半のブームを契機に、その波に乗って多くの日本人とともに参入した在日が存在した。一九五〇年代前半という短期間に、在日内にパチンコ産業の事業経験が植え付けられたのである。これが、在日にとって、パチンコ産業にかかわる初期条件の一つとなった。

さらに、一九五〇年代前半のパチンコブームの終焉の仕方は、規制の要因にもなった暴力団との関連によって、パチンコ産業に対する社会的マイナス・イメージを刻印することになった。固定化されたマイナス・イメージは、一九五五年以降、遅かれ早かれ日本人の退出を促し、参入を制限した。この社会的なマイナス評価は、その後在日がパチンコ産業に残ることを容易にしたもう一つの初期条件と言える。

こうした環境変化のなか、(a) 就労経験、(b) ビジネス・チャンス、(c) 日本人の退出、という三つの条件のもとで、ホール事業は、一九五五年以降、在日にとって重要な選択肢として認識されることになる。このうち (a) と (b) は、他の製造業でも作用した（例えば、繊維産業における戦前の就労経験と復興期の需要拡大）が、(b) が継続する中で (c) が発生したことは、パチンコ産業固有の現象とみなすことができる。[45]

ただし、ここで強調したいのは、一九五〇年代前半のブーム期に数多くの在日がホールに参入したことは事実であるが、このブームは、在日に対してのみにチャンスを与えたわけではなかったし、在日だけがその後も同事業に存続することを予測させるものではなかった点である。以下では、事業経験が初期条件として与えられ、そうした条件がその後どのように在日コミュニティ内で繋がっていくかに注目する。

（2）一九五〇年代後半の参入

〈8〉のマルハンは、今日では、全国展開する業界トップを争う大手ホールである（前掲表3-1、表3-7）。創業者は、一九五五年規制後の停滞期にあたる五七年に、ホール事業に見切りをつけて韓国に帰国する義理の兄の店を、ただ同然で引き受けてパチンコ産業に参入した[46]。このケースは、一九五〇年代前半に在日コミュニティ内に形成された経営資源が、その後在日という民族的な繋がりによって受け継がれた事例である。創業者は、すでにその店で働いた経験をもっており、事業に関する情報も在日を通じて入手したことになる。京都府の人口規模の小さい町に立地していたが、その後訪れたチューリップ・ブームのなかで繁盛したという。

京都市内で西陣織の工場を営んでいた兄を頼ってきた〈14〉のKM1氏は、兄の助言もあって、斜陽化する織物業には参入せず、当時在日のなかで儲かると噂されていたパチンコ業界に参入することになった。兄の親友のホール（在日経営）で店長を務めながら経営の実務経験を積み、独立の基盤を築いた。

〈18〉のAI氏は、西陣織から転業したケースである[47]。AI氏は、一九五七年ごろホールを経営する親友（在日）から、織物業は展望がないというアドバイスを受けると同時に、資金不足の問題を抱えていた第一物産[48]のSM氏（在日）との共同経営を勧められ、創業者本人が「簡単に織屋を諦めて」（傍点は引用者による）と回想するように、スムーズにホールへ転業することができた。

この〈18〉の事例から、在日がホールに参入する際に、ビジネスチャンスがどのように発見され、必要な資金や経営ノウハウなどの経営資源を、在日が具体的にどのように獲得したかを、知ることができる。在日コミュニティが、ビジネスチャンスの発見を可能にする機能だけでなく、共同出資・共同経営という形で、新しい業種への参入に伴うリスクを小さくし、転業を実現させる現実的な基盤になったのである。他の事例でも、ビジネスチャンスを発見する具体的な情報（〈8〉、〈14〉、〈18〉）、営業を実際に可能にする技術（〈8〉、〈14〉、〈18〉）、立ち上げを可能にする資金調達（〈8〉、〈18〉）、パチンコ産業に参入するチャンス（〈8〉、〈18〉）などが、在日コミュニティを通じて与えられたことが認められる。[49]

（3）一九六〇年代以降のパチンコ産業と在日

〈15〉のKM2氏は、ホールを営んでいた親戚を通じて儲かるということを知り、協力を得て一九七〇年にパチンコ産業に参入した。親戚の店で働きながら、運営について学んだ。土地購入など、京都市内に店舗を構えるために必要な資金調達は、簡単ではなかった。それまで借金返済で金融機関からある程度信用を得ていたこともあり、詳細は不明であるが、既述の親戚を保証人にして相互銀行から融資を受けることができたと言う。

〈19〉のJE氏は、同じころ和歌山市内で店を買い取ってパチンコ業界に参入した。大学卒業後、「おじさんがやっていた」ので「儲かるというのは、身内を通して」知り、ホール事業に目をつけたと言う。JE氏は、在日が経営していたホールの売り物件の情報を得るまでの様子を、次のように証言している。親の喫茶店を売って資金にするという計画を立てた同氏のもとに、「ホールをやりたいというんで、そういう情報が親父のつてを使って伝わって」きた。「どうしても在日というのは、パチンコに関係してる人がいた」のであり、同氏もホールの売買を専門的に取り次ぐ在日の不動産業者から情報を入手したと言う。

以上のように、情報が在日を通じて地域を越えて流れていることは、福島に出店した〈12〉のKM商事のケースでも確認できる。〈12〉のKM氏の親は、在日の典型的な業種である土木工事業を営んでいた。[50] 氏は、同業を継ぐために大学では土木工学を専攻した。大学卒業後、親の仕事を手伝っていたが、しばらくしてその仕事に展望をもてなくなった。氏は、次のような土木業界の特殊な状況を問題として認識していた。土木工事業は公共事業、役所仕事がほとんどで、元請の同社の場合は、日本人業者と同等な立場で受注することが難しい。親のように細々と経営する上では問題ないが、それ以上の成長は期待できないと感じた。そこで注目したのが、フィーバー・ブームで沸いていたホール事業であった。ホール事業で成功した在日が多いことを、KM氏はすでに知っていた。ホールに関する情報は、入手しようと思えば、簡単に入手できた。朝鮮学校を卒業したKM氏は、親友、先輩、後輩が日本全国でホールを経営しており、それを頼りに、人気機械の情報や経営に関する知識まで得ることができた。そうした人的関係によって、在日の経営するホールで研修を受けることができた。投資額は、田の埋立地を借りるなど、市内に比べれば少ない規模ではあったが、九、〇〇〇万円もの初期投資が必要であった。「父は、誠実な人で金融機関から信用がありました」という状況から、同社は、すべての融資を大東銀行とその他の一般金融機関から受けることができた。一九八〇年以降のフィーバー・ブームもあって、借用金全額を、開業後六カ月で返済することができたと言う。

〈12〉、〈19〉のケースでは、在日の中で情報が流れていることが浮き彫りになる。そうした情報はホールに携わる在日が多くなるにつれて蓄積されていったと考えられる。例えば、どのような機械が儲かるかについて、〈19〉のJE氏は、問屋街に集まる情報、メーカーから得られる情報に加えて、在日の情報の固有の重要性を、次のように説明する。

ＪＥ氏：　こっちも当然同じ友達とか、横のつながりで情報をもってきますわね。

質：　どういう友達ですか。

ＪＥ氏：　やっぱり在日。民団とか、商工会とか、大体パチンコしている人が多い。在日は新年会とか、結婚式とか行事がある。会合があると、業種の人同士で話があうから、ホールした人はホールした人で集まる。話してたら、そこでそういう〔パチンコについての〕話題になりますわね。わしの場合は、〔友達が〕大阪にもいたし、東京にも、和歌山にも。パチンコする友達も何人もおれば、そういう話になるやね。在日の場合は、ほとんどの人がパチンコしてるから、情報が別に難しくなかったね。

質：　競争にならないですか？

ＪＥ氏：　友達の場合は、離れたとこ、あまり関係ないところだったら教えてくれたり。やっぱり個人的に親しくなったら教えてあげる。

質：　言い換えると、パチンコをやってなかったら、在日の集まりのなかでの情報交換が、これほどビジネスに影響することはなかったと考えられる、パチンコに携わる在日が多かったから、情報交換も行われた、ということですか？

ＪＥ氏：　そうですね。やっぱり在日は、会合は大切ですね。

ホールを経営している在日が沢山いることによって、在日の会合に参加すると、情報交換が自然にできる。そこで、パチンコ産業に関連する情報が得られるということである。全国に市場が存在するため、遠距離間でも情報が積極的に伝播される側面があった。こうしてパチンコ産業に関する情報は、在日の集まりを経由しながら、雪だるまのようにインフォーマルに広く、大きく成長していく。既述した売り物件の仲介者の存在は、こうした情報がコミュニティ内で制度化したことを意味する。このような状態が維持されれば、ホール事業は、在日にとって、一つの具体的な事業選択肢として注目しやすくなる。

(4) 組織化される情報の生産——民族系金融機関の役割

以上のようなパチンコ産業に関する情報の生産は、一九八〇年代になると、大阪府では民族系金融機関(以下、民金)、大阪興銀によって促進されることになる。この変化を、情報の組織化として捉え、前項までの内容をまとめなおすと次のようになる。

在日は、ホールが儲かるというビジネスチャンスとしての認識や、参入に必要な諸資源(釘調整の技術、釘師の調達、人気機種の情報、実務研修、資金など)を、在日コミュニティから入手した。このような情報の伝播は、これまでの分析で示されたように、民族団体の組織的なかかわりよりは、主に個人的な繋がりに依存して行われたと思われる。コミュニティ内にインフォーマルな情報蓄積が進むと、在日の専門ブローカーや不動産業者によって、例えばホールの売買物件などの関連情報が、参入を希望する潜在的な在日に仲介されるようになる。こうしたビジネス活動の一環として情報が生み出され、伝播することを、それまでのインフォーマルな情報生産に対して、「情報の組織化=組織化される情報」と呼ぶことにする。

ⓐ大阪興銀とパチンコホール——一九七〇年代まで

情報の組織化は遅くとも一九七〇年代には見られた(例えば、前掲表3-7〈19〉)が、八〇年代になると、民金の大阪興銀によっても促されることになる。成長した民金による情報生産の組織化が加わったことが、在日の同事業への参入を容易にするもう一つの要因となる。

まず、そうした変化の条件が整えられる一九七〇年代まで、ホール事業が民金の預金基盤であったことについて

表3-8　業種別出資・預金・貸出状況（1958年9月末）

（単位：千円）

	出資				預金（A）			貸出（B）			預貸率
	組合員数	比率（%）	金額	比率（%）	件数	金額	比率（%）	件数	金額	比率（%）	B/A
製造業	555	16.4	16,021	33.1	337	145,136	16.6	370	236,263	27.4	162.8
建設業	30	0.9	545	1.1	13	12,336	1.4	11	17,650	2.0	143.1
商　業	699	20.7	15,144	31.3	404	140,124	16.0	347	166,251	19.3	118.6
古銅鉄	312	9.2	10,612	21.9	195	75,762	8.7	179	103,417	12.0	136.5
金融および保険業	8	0.2	18	0.0	5	5,078	0.6	4	5,472	0.6	107.8
不動産業	20	0.6	132	0.3	10	11,067	1.3	1	18,773	2.2	169.6
運送業	26	0.8	2,227	4.6	16	23,539	2.7	17	39,178	4.5	166.4
畜産業	6	0.2	16	0.0	–	–	–	1	150	0.0	–
サービス業	711	21.0	11,283	23.3	989	434,474	49.8	278	332,709	38.6	76.6
興業(ホール含)	132	3.9	2,013	4.2	103	208,749	23.9	91	167,199	19.4	80.1
料《マ》飲《マ》食	434	12.8	6,744	13.9	299	71,006	8.1	115	87,427	10.1	123.1
合　計[1]	3,383	100.0	48,449	100.0	3,364	873,058	100.0	1,128	862,988	100.0	98.8

注1）その他を含む。
資料）東京朝鮮人商工会『在日朝鮮人商工業者商工便覧 1959年版』1958年，35-37頁より作成。

まとめておく[51]。一九五五年に設立された大阪興銀は、有数の信用組合として成長した[52]。大阪興銀は、すでに、一九六〇年代半ばからパチンコ産業に注目していた。「もちろんそれ以前にも、パチンコ店との取引は個別にあったが、全店的規模で取り組むのは、六五年前後からである。このころからホールは、高い収益性と安定した経営をテコにして、急速に大型化していく[53]」というように、大阪興銀がホールの資金需要に対し積極的に取引に応じたことが、在日のパチンコ産業への参入を容易にし、企業成長の基盤を作ったと思われる。

取り組みの具体的な内容は明らかでないが、大阪興銀がホール事業に注目した一つの理由は、「六〇年代後半、当組合の預金量は、それまでの増勢にいちだんと弾みがついたように、飛躍的な伸びをみせたが、これはパチンコ産業との取引が一層拡大進行したことも大きな要因となって[54]」とあるように、預金の吸収であった。毎日の現金収入が大きい事業特性が、民金の預金基盤になり成長にも繋がった側面がある。

表3-8は、朝鮮総連系の代表的な民金である朝銀東

京の一九五八年九月末における産業別出資・預金・貸出状況をまとめたものである[55]。全産業の預貸率の状況から見ると、組合員数の約一六%を占める製造業は、貸出全体の三割弱であり、資金運用先としてのウェートが大きいことがわかる。それに対して、ホールが含まれる興業は、預貸率が平均九八%を大幅に下回って八〇%に過ぎず、しかも預金は全体の約二〇%以上を占めており、資金源としての役割を果たしていた。

一九六〇年代後半の大阪興銀では、「パチンコ業者の多くは純預金先として預金取引が先行したから、当組合にプールされた売上金は、ビニールやプラスチック、鉄鋼、といった生産業者に対する貸付の原資として運用することができた。当組合はパチンコ業者との取引を積極的に進めることによって、潤沢な資金の調達が可能に[56]」なった。また資金運営においても、「パチンコ店は、投資効率が良いので、融資先としても、比較的に短期に回収される運用の確実性、収益性に優れて[57]」いたと言う。

以上のように、ホール企業の預金は、資金源としての意味が大きく、大阪興銀の運営と成長にとって、ホール事業は、繋ぎ止めておきたい取引先であったと考えられる。大阪興銀は、一九七〇年代末から、在日の主要産業に関する情報を蓄積することによって、資金運用先を開拓するようになった[58]。在日は、一九八〇年代に入ると、そうした組織化された情報を基盤にし、在日のホールへの事業転換を促されるようになる。それまでにおいても、預金基盤としての重要さから取引が緊密になったことによって情報が蓄積された可能性はあった。しかし、情報が蓄積される状態は、一九八〇年代以降、大阪興銀が情報蓄積を融資開発という目的から意図的に行い、在日の事業転換に影響を与えた結果から考えると、積極的な融資開発の基盤になる情報蓄積の組織化とは、異なっていたと言えよう。

ⓑ情報の組織化――一九八〇年代以降

大阪興銀が在日企業に対してホール事業への参入を積極的に勧誘する融資政策に取り組んだのは、フィーバー・

ブーム以降の一九八〇年代に入ってからである。その過程で、情報に関連して、三つの役割が加わることになった。第一に、情報生産である。大阪興銀内の専門知識をもつ者を組織し、ホールに関する独自の情報を蓄積するようになった。こうした情報の蓄積は、関西興銀（大阪興銀）の元役員の次の証言が表しているように、融資リスクを小さくする目的から作り出された[59]。

元役員：　例えば、パチンコだったら一〇億貸したとするでしょう。一件一〇億だと、凄く大きい。焼肉屋は五、〇〇〇万円ですよ。一〇億のパチンコがパーになった場合は大変でしょう。パチンコは、その土地に行って、人口を調べて、周りのパチンコを全部調べて、いけるかどうかを調べて、経営者に余裕資金いくらもってるかと質問します。審査の結果、融資を断ることもありました。

質：　パチンコについてそこまで調べるようになったのはいつからですか。

元役員：　一九八〇年代初めからですね。パチンコはなぜ儲かる、なぜ儲からないか、他の銀行はわからなくても興銀はわかる。どこに秘密があるのか、事業として貸していいのかどうか。この人たちはいけるのか？　それを探らないとだめでしょう。そのために、みんな〔職員が〕働きにいったんですよ。

第二の役割は、積極的な融資政策の下で展開した顧客の組織化である。そのことによって、情報伝播を促進するようになった。そうした情報の伝播が、在日のホール事業への転換、参入に繋がったことを、次の証言は表している。

元役員：　一九九〇年代の九五年までパチンコが儲かってた時期に、パチンコやりたいということで、みんな地方に行ったんです。大阪は土地が高すぎてやれない。プラスチックやってた人AさんとYさんがいました。Aさんは奄美で一軒、Yさんは鳥取、建設していたIさんは宮崎県で、それぞれパチンコをやったんですよ。縁故ないけども、Tさんという人が大阪でパチンコをしていて、自分の出身地である宮崎に店を出した、成功しました。二軒目も成功、三軒目も成功して、今は五、六軒〔運営しています〕。このTさんと、この人たち〔Aさん、Yさん、Iさん〕、みんな友達〔になりました〕。〔興銀が支店ごとに組織した〕お客様のサークルをやっていた。ブルーサークル〔一九七八年にスタート〕[60]。今まで友達いなかったのに、民団しかいなかったのに、大阪興銀を中心に、沢山ゴルフしたり、ご飯食べたり、勉強したり、いっぱいしました。そうしたら仲良くなるでしょう。ブルーサークルでは、ビジネスにかかわる三〇代から六〇代のお客さんが会って、ここで情報交換が行われました。イベントをやったり、地域のために貢献したり。

質：　情報交換とは、具体的にどういうことですか？

元役員：　ご飯食べながら、ゴルフしながら、〔Tさん〕うち宮崎でビジネスやってるけど、凄くいいよ。大阪と違って安いし。〔Aさん〕そうしたら俺なんぼくらいでできる？〔Tさん〕大阪やったら一〇億かかるけど、宮崎やったら二億。〔Aさん〕ああそう。二億くらいだったら興銀にいっぺん相談してみるわ。〔Yさん〕ちょっと俺も宮崎でパチンコしたいけどどない？

質：　競争関係になりませんか？

元役員：　競争しないところに出店するから、競争にならない。

質：　積極的に情報交換を行った、ということですね。

元役員：　ものすごく情報交換したんですよ。勉強会も沢山した。今ビジネスとして、パチンコ産業は、こういう状況であると。この前も、そういうのが沢山あったんですよ。ブルーサークルという名前ではないけれど、お客さんのグループ会、あっちこっちにたくさんあった。お客さんに勉強してもらって、みんなビジネスマンだからね、商売したいわけ。お金を貯めて、五、〇〇〇万円の仕事がしたかったら、一、〇〇〇万円貯めなさいといって、貯めてもらって三、〇〇〇万円貸してあげるから、商売します、というような人がものすごく沢山いました。今だったら建売がいいですよ、とか。

第三の役割は、情報提供にとどまらない事業転換、多角化の勧誘であった[61]。大阪興銀の勧誘によってホールに参入したケースとして、プラスチック製品を製造していたMM氏に、宮城県にある具体的な物件を紹介しながら、融資をつけて出店の勧誘をしたケースがある[62]。MM氏はそれまで、大阪興銀とは預金のみの取引であった。大阪興銀からホール出店と融資の勧誘をうけ、氏は会社の将来について真剣に考えたと言う。会社の信用は技術をもっていた弟に依存していたが、後継者がいないことを考えると成長を期待することは難しい。そこで、MM氏は、大阪興銀の提案を応諾したいと決断した。立地条件や予想売り上げなど、大阪興銀の情報は信頼度も高かったため、ある意味では簡単に、ホール業界に参入することができた[63]。

このケースで重要な点は、MM氏が、大阪興銀からの提案があってはじめて、ホール事業への参入を具体的に検討したこと、大阪興銀の関与が積極的な情報蓄積を条件としていたことである。このように、それまでインフォーマルに行われた情報の生産・伝播に、一九八〇年代のパチンコ産業の成長のなかで、大阪興銀という民金によって組織的なものが付加されることになった。

大阪興銀の事例から民金全体の情報蓄積について評価する際には、同民金が代表的な機関であることを考慮する必要がある。前掲表3-7の調査では、参入における情報提供において、民金の役割は、それほど大きくはなかった。こうした役割を民金が担うようになったのは、大阪興銀に代表されるように、一九八〇年代以降に限られると考えられる。

最後に、パチンコ産業への参入に伴う初期投資における、在日が設立した民金の役割について触れておきたい。民金からの融資によって参入が可能になったケースは、前掲表3-7の〈9〉、〈19〉である。多くの事例を見出すことはできなかったが、第2章でも指摘したように、民金は在日企業の成長の初期段階において事業資金提供の重要な役割を果たした。参入段階における情報と金融インフラの両方の面でコミュニティが果たした機能は、パチンコ産業においても発見できる。この点については、第II部であらためて検証する。

おわりに

本章では、在日経済におけるパチンコ産業の重要性の高まりについて、与えられた環境のなかで行われた在日の主体的な選択の結果として分析してきた。その内容をあらためてまとめる必要はないだろう。冒頭で示した市場と情報の生産の視点から在日のパチンコ産業への関与を鳥瞰し、パチンコ産業の成長において在日がどのような意味をもったかについて試論的に述べることとする。

パチンコ産業に対する在日の参入を長期的な視野から見ると、在日と産業全体の参入との間には共通点が存在するが、参入の総数が増加する時期に前後して、在日の参入がより激しく生じるという相違点もあった。このような特徴が見られたのは、次のような複合的な契機とコミュニティ機能が存在したからであった。

すなわち、在日は、製造業など他の主要産業の衰退、新規事業、事業多角化など、ビジネスチャンスを模索する様々な要因からパチンコ産業に参入した。そして在日を取り巻く環境として、成長するパチンコ産業への着目を容易にし、事業として実現可能にする資源が、蓄積された情報というかたちでコミュニティ内に存在した。そうした資源は、一九五〇年代前半に在日コミュニティ内に基本的に形成された。一九五五年規制を契機として形作られたパチンコ産業に対する社会的な認識の固定化は、その後の日本社会からの参入を制限する条件を作り出し、パチンコ産業はその担い手を、在日という特定の民族集団の選択如何に依存することとなったと考えられる。在日がホール事業を選択するかどうかは、言うまでもなく他の事業選択との優劣に連動している。しかし、パチンコ産業を、ビジネスチャンスとして認識させた環境と、その事業化の実現可能性を高めた条件には注目すべきであり、一九五〇年代前半に作られた初期条件の資源が、歴史的に有効なものとしてコミュニティの経済的機能によって拡大再生産、蓄積されてきたと言うことができる。

パチンコ産業は全国に広がる市場基盤をもっていたため、在日コミュニティ内に再生産される情報は、直接的な競争を生み出さないかたちで共有され、蓄積された。在日は、パチンコ産業に携わる人数が多くなるにつれて、人を媒介とした伝播や会合、集まりなどインフォーマルなかたちで産業に関する情報に接しやすい環境におかれるようになった。そして情報がビジネスの遂行のなかに組み込まれ、組織的に情報が生産されると、この傾向に拍車がかかったと思われる。こうした情報や事業化を可能にする基礎的な営業ノウハウなどを、通常メーカールートのほかに、他の在日のホールを通じて習得しうる独特な状況に在日はおかれていたのである。

以上のようなメカニズムで参入と事業化に必要な情報が、パチンコ産業全体から眺めたときに、在日として区分された民族内に相対的に集中することになった。誤解を招かないように付け加えれば、それはホール事業において競争的に優位であるということを必ずしも意味しない。参入に関連する情報が更新されながら、在日の民族コミュニティ内に滞留しているために、一般社会とは異なる密度で存在している状態を指しているだけである。インフラ的な情報が、在日コミュニティのなかに、在日が触れやすいかたちで、アクセス可能な距離にあった、ということである。製造業などの地場産業においては、市場規模に加えて、特定の地域に情報が集中しているがゆえに、他の地域の在日のそこへの参入が制限されるのと同じように、パチンコ産業については、一般社会と在日という区別をしてみると、両者間には情報が非対称的に存在したのである。したがって、社会的に敬遠されるという条件に付け加えて、こうした特定の民族というカテゴリーのなかに情報が蓄積していることが、相対的に在日のホール事業が生まれやすい機能を果たしたことになる。それは、民族という枠を設定しない限り見えないものである。このように、パチンコ産業の発展における在日コミュニティの存在の意義については、インキュベーター的な役割、すなわち事業が生まれることを促進する役割を果たした点に求めることができる。

在日のインキュベーター的な役割は、外部環境あるいは、コミュニティ内の要因によって、変化する。在日企業が、パチンコ産業に参入する際にはその役割が大きいが、その後の成長過程においては在日コミュニティの役割は相対的に小さくなる。そこでは、一般社会からの経営資源の調達がますます重要になり、パチンコ産業において民族的区分がもつ意味は、小さくなっていく。一九八〇年以降の著しい市場成長、八五年以降の警察と連携した暴力団への対処の進展が見られると、日本人もホールをビジネスチャンスとして再認識するようになったと思われる。こうした条件変化は、これまでのパチンコ産業と在日との深い関係を、特定の歴史的条件のもとでの限定的な事象として相対化する可能性を秘めていると考えられる。

以上、在日の経済活動の歴史的変化の特徴について、その主導的な役割を果たしたパチンコ産業の参入段階におけるコミュニティ機能に着目して論じてきた。研究史上で言えば、ライトらは民族マイノリティ経済活動を広範囲の資源から説明しているが、本章で示したように、歴史的に蓄積される情報――それが経済的に資源として意味をもつ点が重要である――が寄与する部分が小さくないと言えよう。

第II部　金融機関分析

はじめに

第II部では、在日が設立した金融機関（民族系金融機関。以下、民金と略称する）を中心に、在日企業の産業活動の基盤になった金融機関に考察を加える。第I部第2章の産業分析によると、在日企業の金融面の制約は、同じ産業のなかでも分野によって、また企業成長のステージによって、そのあり方も、克服のされ方も異なっていた。在日企業にとって多様に現れる制約を、第II部では、金融機関に焦点をあてて検討する。

民族マイノリティの経済活動において、もっとも大きな困難として指摘されるものの一つは、金融問題であろう。それゆえ、金融市場における差別を原因とし、経済活動をその結果とするような因果関係として捉えることについてはさほど異論はなく、アメリカにおいても、例えば、黒人が他の民族に比べて経済活動が顕著でないことは、金融機関から融資を受けられないためだとされる。(1) しかし、金融市場における差別から黒人の経済的パフォーマンスを説明する捉え方は、設立資金が金融機関から調達されることが珍しいこと、アジア系の民族マイノリティは同じく差別される（差別の度合いは制度的には黒人より大きい）にもかかわらず高い自営業率を示す、という事実から適切でないと指摘されている。(2) 他方で、アジア系が金融上の差別を克服し、経済成長を成し遂げた条件として、頼母子講などコミュニティのインフォーマルな金融制度が注目されてきた。(3) そのためもあって、リ（Wei Li）らが指摘するように、民族マイノリティが所有、経営する銀行などフォーマルな金融機関の役割には多くの関心が向けられなかった[4]。しかし、アジア系の民族マイノリティの目覚しい経済発展のメカニズムは金融機関の役割を中核にしているとの論点を提起する研究[5]も進められている。以上のような研究史のなかで、本書とかかわる代表的な二つの研究をふりかえっておこう。

まず、黒人銀行の失敗に注目し、その要因とアジア系の頼母子講の優位性を制度的に比較した、ライトの古典的な研究がある[6]。一九世紀末から二〇世紀初頭にかけて、黒人、中国人、日本人による銀行の設立が活発であったが、そのほとんどが一九二九年の世界恐慌を前にして、破産に追い込まれた[7]。黒人の銀行設立がアジア系のそれに比べて活発でありながら失敗したのは、コミュニティ内に銀行経営の専門知識と投資先が欠如したからであった。一方で、アジア系は、黒人と同様に銀行の発展が順調ではなかった[8]が、頼母子講など相互扶助的な金融制度によって金融問題を解決した。ライトの議論の特徴は、頼母子講は銀行などのフォーマルな金融機関のサービスを受けられないための代替のものでもなければ、運営において非合理的なものでもないと見る視点にある。ライトは、社会的信用力の創出のあり方に注目し、金融制度がもっている性格から金融問題の本質に接近する[9]。銀行は、担保や査定機関の評価以外に信用力を測る手段をもちえず、その管理コストのために小口金融ができないなどの理由から、社会的信用力に欠けるマイノリティに対して金融サービスを提供できない組織的な限界をもっている。これに対して、頼母子講などのインフォーマルな金融制度は、コミュニティ内の人間関係にもとづいた信頼関係に保証されるなど、担保以外の社会的信用力を低コストで作り出すことができる[10]。このような基盤があるため、頼母子講は投資リスクや運用コストが小さく、経営の専門知識を必要とせず、黒人銀行を失敗に追い込んだ諸問題の発生の可能性が低い。それゆえ、自営業など小零細規模の多い移民世代においては、頼母子講が銀行より適切であるとしたので[11]あろう。もっとも、ライト自ら指摘するように、銀行は社会的に広範な資金を調達し、頼母子講より大きな資金の提供ができるメリットがある[12]。

近年の注目すべき研究として、在米中国人が設立した銀行に関連する分析を挙げることができる。[13] ロサンゼルスのチャイナ・タウンを基盤に成長した銀行に注目し、一九六五年以降、流入者が急増した中国人コミュニティの経済発展と銀行成長の関連を説明したものである。興味深いことに、郊外に新しく形成されるチャイナ・タウンの拡張的成長と変化に注目すると、それに伴って中国人銀行の成長要因や銀行の戦略が次のように変化したことがわかった。すなわち、中国人銀行は、一九六〇年代から七〇年代までは、エスニック・エンクレーブを主要な市場基盤として成長した。それ以降は、台湾や東南アジアなど、世界各地から人的資源と資本をもった中国人が流入し、ロサンゼルス市の郊外（West San Gabriel Valley）に新しくチャイナ・タウンが形成されるにしたがって、中国人銀行は、グローバルな資本の流れのなかで新しいビジネスチャンスを摑み、他のエスニック・グループにも注目することによって成長したとされる。

以上二つの研究を対照すると、在日が設立した金融機関に関する有効な視座がえられる。一つは、開かれた市場における在日企業の成長を考える本書では、ライトが自営業的な零細・小規模ビジネスに注目して適切さを強調した頼母子講だけでは不十分であり、社会的資金調達が必要なフォーマルな金融機関まで視野に入れる必要がある、という点である。もう一つは、黒人銀行と中国人銀行の成長を、前者が黒人コミュニティに市場や資源調達を制約されていたこととは対照的に、後者の成長が開かれた市場の開拓に結び付けられたこと、に関連付けて理解することができる、という点である。新しい移民をもたなかったという在日の特徴、および、民金がとった信用組合という制度的条件を考慮すると、在日が設立した金融機関の市場基盤は閉ざされたものとならざるをえない。したがって、在日の金融機関が、閉ざされた市場のもとでどのように成長してきたか、その際どのような制約がたちはだかっており、それをどのように克服したか、ということが重要な論点となる。それは、民金がどのように設立され、成長し、在日企業にどのような金融サービスを提供したのか、を明らかにすることである。この点を明らかにするために、民金について、在日企業にとっての金融インフラとして位置付けるだけでなく、在日企業として分析するという複眼的な視角から考察を与えつつ、金融業としての成長を描くことにする。その際、在日企業分析という視点から、ここでも第Ⅰ部の産業分析の視点——在日企業の成長とコミュニティの役割との関連——にもとづいて、金融機関がコミュニティを市場基盤にすることによって発生する制約にも注目する。このような立場から第Ⅱ部では次の四つの論点を中心に論じる。

第一に、民金の設立過程に注目し、それらがどのようなニーズを基盤に設立されたのかについて検討する。というのも、かつて黒人銀行が安定的な投資先を見つけられず倒産に追い込まれたことの背景には、そもそもそれらが銀行サービスを必要とする実際の経済的要求への対応というより、黒人銀行が必要であるという民衆の声を汲み取って設立されたという事情が存在した。すなわち、黒人コミュニティは、銀行の設立時において、その成長を支える安定的な投資の機会が確保されるほどの経済発展に至っていなかったのである。では、在日は、どのような状況で民金を設立したのか、この点に迫る。

民金の長期的な経営動向は、設立後の二つの条件によって規定される。一つは、潜在的な資金需要、もう一つは資金需要に対する適切な経営マネジメントである。これらに関連する第二の論点は、設立後の経営実態を検討し、資金基盤はどのように安定化できたのか、運用先は十分に確保されたのかを追跡し、民金の間に見られる経営の多様性を明らかにすることである。

第三に、民金の経営に影響する、競争関係も検討する必要がある。預金市場と貸出市場の特徴に注目しつつ、同じ市場を基盤とする他の民金との競争関係が民金の行動にいかに影響したかを考察する。

第四に、コミュニティ機能に注目する本書全体の問題意識において、民金を分析する際の重要な論点は、民金が在日コミュニティの経済活動にどのような役割を果たしたのか、である。第Ⅰ部で強調した産業発展のダイナミズムを、金融面から説明する。

以上より、他の在日企業が開かれた市場基盤をもっているがゆえに、成長とともにコミュニティから離れざるを得ない側面は、閉ざされた市場基盤をもつ金融機関の成長において表れる問題として明らかになる。在日企業、在日産業において、市場の違いに注目することによって見えてくる制約条件は何か、その克服の方法はどのようなものであったか、これらを踏まえた上で成長の可能性はどのように評価できるのかについて論じ、もう一つの産業分析として位置づける。このことによって、序章で示したエンクレーブな産業基盤をもつ民族マイノリティ産業、企業という捉え方についての理解を深め、本書全体の主張を明確にしたい。

以上の論点は、各章の構成に次のように対応している。第4章では、第一の論点に関して、在日の民金の設立過程を明らかにする。そこでは、政治経済的な背景が民金のあり方を規定し、それが経済組織としての金融機関に与えた影響を概観する。第5章では、第二の論点について、代表的な民金の成長の歴史分析を行う。在日経済との対応関係のなかで結果として表れる民金の成長と金融サービスを金利に注目して分析する第6章では、第三の論点について論じる。これらを踏まえ、第7章では第四の論点に関して、在日企業のニーズとそれに対する民金の機能がいかなるものであったかを明らかにする。

なお第II部の分析において、次の点について積極的に論じていないことを、予め断っておきたい。本書では民金が閉ざされたコミュニティ市場を基盤としているという視点から、在日の企業活動における役割を中心的に検討するため、金融機関そのものとしての性格や組織としての分析、日本の金融システムにおける独自の機能、他の信用組合に比べての特性に関しては、その分析を今後の課題として残している。民金の役割を展望するためには、上記の点も軽視されるべきではないが、本書での歴史的な役割の解明を踏まえ、別の分析の枠組みから検討が必要であり、限られた紙幅では、考察を断念せざるを得なかった。

第4章　在日韓国人による民族系金融機関設立とその基盤

——一九五〇～六〇年代の全国展開を中心に

はじめに

本章では、在日が設立した金融機関（民金）のあり方に注目し、それを規定した設立過程を、韓国系の動向から検討する。

これらの金融機関は一九五〇年代からコミュニティ性の強い信用組合として設立されて以来、約五〇年にわたって在日社会を基盤に成長してきた。従来、運動史や政治的な背景から説明されてきた設立過程について、金融的な機能に着目して論じるのは、次のような問題意識にもとづいている。第II部「はじめに」で述べたように、ライトが移民世代において有効であるとして注目した頼母子講は、企業の成長の上では、限界のある制度である。在日企業を分析する際には、より低利で、より大きな資金需要に対応できる、フォーマルな金融機関に関心を向けるべきである。しかし、黒人銀行の挫折が示すように、フォーマルな金融機関の成功は約束された道筋ではなかったから、在日がどのような経済条件のもとで、どのように金融機関を設立しえたかは、鋭く問われるべき課題となる。課題を明確にするために、信用組合として設立された民金のあり方を概説しておこう。民金をまとめた表4-1

によると、一九五二年の同和信用組合（朝銀東京）を皮切りに、韓国を支持する民族団体の民団系列の金融機関として三九組合の商銀信用組合（以下、商銀）と、北朝鮮を支持する朝鮮総連系列の金融機関として三八組合の朝銀信用組合（以下、朝銀）、総計七七の民金が設立された。地域性やコミュニティ性の強い閉鎖的な信用組合とはいえ、任意組織の頼母子講などとは異なり、設立に許認可を必要とするフォーマルな金融機関である。表4-1に看取される特徴は、在日人口規模に地域間格差がある（表中のA）にもかかわらず、ほぼ全国的に設立され、しかも各都道府県に民団系列と朝鮮総連系列の二つの系統が、対抗的、体系的に展開されたことである。これについては、左翼系の組織が日本政府に設立許可を要求した結果だとする運動史的な説明や、民団と朝鮮総連の政治団体の系列組織として本国の南北対立が在日社会においても再現したという政治的背景からの説明で理解されてきた(1)。

しかし、そうした視点だけでは、次の点が見落とされ、全国展開の要因を総合的に理解することができない。すなわち、表4-1によれば、商銀が朝銀に遅れて設立される傾向にあり、一九六〇年代にはほぼ七割が完了したとはいえ、各地の設立は八〇年代まで長期にわたった。政治的な意図による設立の要因は朝鮮総連系と民団系、そして各地域に一律には働かず、二系列の展開に様々な障害が横たわっていた可能性をうかがわせる。その障害は何であり、二つの系列の全国展開はいつ、どのような経緯で明確になったのだろうか。

本章では、これらの諸点を考慮しつつ、政治的要因からの先行研究の説明を民金設立の「政治性」と表現し、それを次のように理解した上で、これに絡み合っている経済的要因や設立基盤を明らかにしたい。すなわち、「政治性」とは、民団などの政治団体の基盤を強化する手段として評価するものである。朝鮮総連と民団という対抗する二つの組織を前提にすれば、南北対立を背景とする政治的要因が重要な意味をもったことを本書も否定しない(2)。しかし政治団体と経済組織との間には、後述のように政治的態度をめぐってズレが発生しており、両者を一体のものとして捉えるのは、少なくとも一九五〇年代末頃までは無理がある。むしろ、民金の設立過程は、在日であるがゆ

表 4-1　朝銀・商銀一覧

商　銀		朝　銀		A 在日人口の
組合名（設立当時の組合名）	設立年	組合名（設立当時の組合名）	設立年	地域別比率（%）
大阪商銀	1953 年	朝銀大阪	1955 年	大阪府　(28.0)
東京商銀（漢城信用組合）	1954 年	朝銀東京（同和信用組合）	1952 年	東京都　(11.6)
愛知商銀	1954 年	朝銀愛知（大栄信用組合）	1953 年	愛知県　(8.4)
京都商銀（京都実業信用組合）	1954 年	京都朝銀（商工信用組合）	1953 年	京都府　(6.9)
大阪興銀	1955 年			
神戸商銀（太平信用組合）	1956 年	朝銀兵庫	1952 年	兵庫県　(10.5)
三重商銀	1956 年	三重朝銀	1960 年	三重県　(1.2)
熊本商銀	1956 年			熊本県　(0.3)
福岡商銀（平和信用組合）	1958 年	福岡朝銀	1953 年	福岡県　(3.7)
広島商銀	1961 年	朝銀広島	1961 年	広島県　(2.5)
横浜商銀	1962 年	神奈川朝銀（大同信用組合）	1952 年	神奈川県　(4.6)
岡山商銀	1962 年	朝銀岡山（岡山中央信用組合）	1962 年	岡山県　(1.3)
山口商銀	1963 年	朝銀山口	1961 年	山口県　(2.3)
埼玉商銀	1963 年	埼玉朝銀	1958 年	埼玉県　(1.4)
千葉商銀	1963 年	千葉朝銀	1960 年	千葉県　(1.4)
滋賀商銀	1963 年	滋賀朝銀	1964 年	滋賀県　(1.0)
和歌山商銀	1963 年	和歌山朝銀	1963 年	和歌山県　(0.8)
長崎商銀	1963 年	朝銀長崎	1977 年	長崎県　(0.4)
岐阜商銀	1965 年	朝銀岐阜（大成信用組合）	1954 年	岐阜県　(1.7)
静岡商銀	1965 年	静岡朝銀	1960 年	静岡県　(1.3)
北海道商銀	1965 年	北海道朝銀	1965 年	北海道　(1.2)
奈良商銀	1965 年	奈良朝銀	1964 年	奈良県　(0.9)
福井商銀	1965 年	福井朝銀	1963 年	福井県　(0.7)
宮城商銀	1966 年	宮城朝銀	1966 年	宮城県　(0.6)
新潟商銀	1967 年	新潟朝銀	1964 年	新潟県　(0.4)
石川商銀	1969 年	石川朝銀	1969 年	石川県　(0.5)
青森商銀	1969 年	青森朝銀	1968 年	青森県　(0.3)
岩手商銀	1969 年	岩手朝銀	1969 年	岩手県　(0.3)
秋田商銀	1970 年	朝銀秋田	1970 年	秋田県　(0.2)
富山商銀	1971 年	朝銀富山	1970 年	富山県　(0.3)
島根商銀	1971 年	朝銀島根	1971 年	島根県　(0.2)
群馬商銀	1972 年	朝銀群馬	1963 年	群馬県　(0.4)
茨城商銀	1973 年	朝銀茨城	1953 年	茨城県　(0.6)
長野商銀	1976 年	長野朝銀	1963 年	長野県　(0.8)
大分商銀	1977 年	大分朝銀	1958 年	大分県　(0.5)
栃木商銀	1977 年	栃木朝銀	1964 年	栃木県　(0.3)
佐賀商銀	1978 年	佐賀朝銀	1977 年	佐賀県　(0.2)
高知商銀	1978 年			高知県　(0.1)
福島商銀	1982 年	朝銀福島	1955 年	福島県　(0.3)
		朝銀愛媛	1973 年	愛媛県　(0.3)
		朝銀香川	1983 年	香川県　(0.2)
計 39		計 38		

注）A＝1974 年現在の在日韓国・朝鮮人数の「県／全国」，全国の在日韓国・朝鮮人人口数＝638,806 人。

資料）A は，法務省『昭和 49 年在留外国人統計』14 頁，より作成。信用組合は，在日本大韓民国民団中央本部編『図表で見る韓国民団 50 年の歩み〔増補改訂版〕』五月書房，1997 年，89 頁，『全国信用組合名簿 昭和 38 年版』経済タイムス社，1963 年，『全国信用組合名簿 昭和 40 年版』経済タイムス社，1965 年，『全国信用組合名簿 昭和 42 年版』金融経済新聞社，1967 年，『全国信用組合名簿 昭和 44 年版』金融図書出版社，1969 年，『全国信用組合名簿 昭和 45 年版』金融図書出版社，1970 年，『全国信用組合名簿 昭和 47 年版』金融図書出版社，1972 年，『全国信用組合名簿 昭和 50 年版』金融図書出版社，1974 年，より作成。

えに適切な金融サービスを受けることのできなかった人々が、生活権の確保のために金融機関を必要とし、その総意を結集するかたちで始められたと考えられる。そして、そうした目的で始められた民金設立が全国的に展開するなかで、政治的組織化の手段として利用されることになり、「政治性」がより明確化したのである。以上のような捉え方を仮説的に提示し、本章では以下の三点に注目して設立過程を再検討する。

第一に、経済的要因が設立に影響した側面を明らかにする。例えば、在日が集中し、ビジネスチャンスに恵まれた大阪では、商業者の経済的な要求によって大阪商銀が設立された。また、他の地域では、先行して設立された朝銀の金融サービスが、民団系の在日に対して差別的であったことが、商銀設立の要因となった。これらの事例が示すように、資金需要という実在する経済的要求から金融機関の設立を検討する必要がある。

第二に、二系列の民金の設立が本国の分断（南北対立）に起因するという見解において解明が不十分であった、民金の設立と本国の関係について考察する。商銀については、一九六〇年代に行われた本国の資金援助が、簡単に指摘されたことがある。(3) しかし、韓国政府の援助計画が商銀の設立自体に影響したこと、援助資金が時期や地域によって異なる役割を果たしたことには無関心であった。この点に注目し、商銀設立を可能にした条件を明らかにする。

第三に、民金が在日の経済活動に果たした機能を分析する前提として、金融機関としての規模に見出される格差を検討する。経営規模に着目することで、民金が在日の経済活動に提供しえた金融サービスの意義や、金融機関としての限界を展望する。

以上の課題を、資料の入手が可能な商銀を分析対象とし、設立開始から全国展開の基盤が整備される時期にあたる一九五〇年から六〇年代半ばまで（六五年現在の商銀三九組合のうち二三組合、民金七七組合のうち五〇組合設立）を検討することによって、明らかにする。すなわち、同地域内の二系列による全国展開を、後発の商銀の設立から説明することになる。第一節では、一九五〇年代の初期までを対象にし、民金設立に対する行政上の問題や最初の民金の設立と分裂で問題になった経済的な側面に注目する。第二節では、一九五〇年代の在日の集住地域における商銀の設立と、全国展開のための諸条件が整っていく過程を明らかにする。第三節では、一九六〇年代以降の商銀の全国展開を、政治的・経済的側面から検討する。第四節では、民金の規模の動向をまとめ、設立過程が経済組織としての民金に付与した性格について展望する。

1　民族系金融機関設立に対する日本政府の方針

(1) 民金設立の動きと行政の対応

各種産業組合の一形態として出発した信用組合は、一九四九年「中小企業等協同組合法」ならびに「協同組合による金融事業に関する法律案」によって信用協同組合(以下、信用組合)一本に統合され、中小商工業者を対象とする一般金融機関として発展することになった。ところが、同法に規定される信用組合には、戦前から員外預金や員外貸出に支えられ、協同組織としての性格とは乖離しているもの(市街地信用組合)が相当数含まれていた。そのような多くの信用組合は、一九五一年の「信用金庫施行法」によって信用金庫へ改組されることになった(4)。同時に信用組合制度も改正され、信用組合に対する監督は大蔵省から都道府県に移され、員外預金・貸出は営利を目的としない組織に限定された。在日の民金の設立は、このように信用組合が共同性を強める方向で整えられていく過程で実現する。

在日の民金設立活動については、一九四六年から最初の同和信用組合が設立される五二年まで、おおよその経緯が知られている。[5] それは、終戦直後、残留する朝鮮人を支援する団体が展開した生活権を守るための運動の一環であった。[6] 設立運動の主体は、一九四九年までの在日朝鮮人連盟[7]（朝連）時代から、在日朝鮮統一民主戦線（五一〜五五年）時代を経て、朝鮮総連（五五年〜）時代まで、左翼化する政治団体であった。しかし、政治団体が左翼の傾向を強めていく流れと経済団体内の構成員の動向は必ずしも一致しなかった。例えば、一九四八年に、左翼系、民団系、中立的な商工人が参加する在日本朝鮮人商工会の関東本部と、東京朝鮮人商工組合連合会（朝連の下部組織）が合同して在日本関東朝鮮人商工会が結成され、経済団体では異なる政治的立場の在日商工人の統合への動きが見られた。少なくとも一九五五年に朝鮮総連ができるまでは、左翼系、右翼系、中立系が一つの団体内に加入していた。[8] 朝鮮総連結成後も、地域別の在日本朝鮮人商工会に対して、政治的に中立的であるとの批判が一九五八年までであったから、[9] 経済関連の団体内部での政治的立場の相違は大きな問題として表出していなかったと思われる。一九五九年になってようやく朝鮮総連に在日本朝鮮人商工会連合会が、同連合会に朝銀の連合会（在日朝鮮人信用組合協会）が正式に加盟し、商工団体が政治団体の下部団体として完全に統合され、それ以降指導を受けることになった。このように一九五〇年代に鮮明化する在日の政治的対立が経済団体内では明確でなかったことは、民金の設立過程を分析する際に留意すべき点として強調しておきたい。

在日の政治的対立については、把握された時期や調査母体によってかなりの差異がある。例えば民団によると推定される調査では、一九五一年末頃の全在日のうち、韓国支持者四五％、反韓反共中間派三〇％、容共反韓者二五％であった。[10] この調査結果は、朝鮮籍と韓国籍の登録比率が八：二であったことを考慮すると、韓国支持者の割合が過大に評価されている可能性が高い。しかも、この政治的な支持に関する調査結果は、「勢力人口」とされる政治団体の支持者数ともかなり乖離している。すなわち、日本の公安調査庁関係の資料にもとづく李瑜煥の研究によると、支持勢力が判明する一九五八年には、朝鮮総連系が在日の二五・六％、民団系一三・五％であり、残りの約六〇％が中間派に属するとされている。[11] 二つの調査結果にかなりの差が認められるが、ここで注目したい第一の点は、韓国籍の登録が可能となった一九五〇年から韓国籍がコンスタントに増加しながらも、民団の支持基盤は明確な広がりを見せず、五八年時点でも朝鮮総連系の勢力人口は民団の約二倍に達していたことである。[12] それ以前のギャップはいっそう大きかったと考えられるから、民金の設立運動が開始される一九五〇年代には、経済団体・組織内で民団系に対して多数を占める左翼系が、民金設立の主導権を握る可能性が高かった。

こうした状況で、左翼系、民団系双方にとって、相当数存在する中間派は無視できない勢力であろう。これが第二に重視したい点である。政治団体の基盤強化のために、それらの層への積極的な働きかけが行われたと推定できるし、その際民金の設立による経済的便益の提供が重要な手段になりうると考えられるのである。

最初の金融機関設立に直結する活動は、一九四八年、在日本朝鮮人商工会関東本部が立ち上げた東京朝鮮人商工信用組合設立の運動であった。[13] この時点では信用組合という組織体が明確になっており、翌年一九四九年に設立準備請願書が大蔵省銀行局へ提出された。[14] この組織的な取り組みのなかで注目すべきは、日本政府の対応の変化であった。最初の設立準備請願書が出された一九四九年時点では、「外国人の金融機関は許可した前例がない」と日本政府は難色を示していた。[15] 関東朝鮮人商工会[16]によって設立活動が続けられるなかで、一九五〇年になると状況が大きく変化した。一九五〇年一一月に同商工会の要請を受けて一二月に開かれた衆議院大蔵委員会では、「現に華僑の方だけの信用組合を認め」ていることを参照し、法律の基準に従って許認可すると日本政府の立場が表明された。[17] 組織的な活動が民金設立の突破口を切り開いたのである。

左翼系の在日は、一九五一年に「関東信用組合」の創立準備に取り掛かり、設立申請書を提出した。また、この動きを察した民団側が対抗的に「経友信用組合」の設立申請書を提出した。[18] ところが、理由は明らかでないが、大蔵省はこの二つの申請をともに却下した。この件は同年六月に監督官庁が都道府県に移されたため都の管轄になり、判断を任された都が申請を一本化すれば設立を認可するとした。政治的対立が如実に表れていたが、両者は、交渉を重ね、一九五二年に左右合同の同和信用組合が誕生した。金融機関設立という経済的必要を優先した妥協であったと評価できよう。

一九五二年五月から業務を開始し、「一年後には組合員千名余、現在〔五三年九月〕では二千名に達し、預金高三億円を突破する程の順調な運営ぶりを発揮、懸念されていた内紛も起きず、業績も高まる一方」であった[19]。しかし、運営面では、すでに対立が表面化していた。一九五三年の第一回総代総会の時点では、暴力的対立になった[20]。「貸付などは組合長〔民団系〕、専務〔左翼系〕、常務の三者協議で決裁することになっているにもかかわらず、組合長が決裁しても専務が否決するというような好ましからぬ状態がひんぴんと発生するようになった。……その借出し〔貸出〕が正当で堅実な事業に使用されるものであっても、この対立の犠牲となって借出しが不可能になってしまう」などの問題が生じていた。不利な状況に陥った民団側は、別の金融機関の設立準備を急ぎ、一九五三年九月に内認可を得て翌年に漢城信用組合（後に東京商銀信用組合に改名）が設立された[21]。

こうして最初の民金が設立された東京において、本国の南北対立という政治的な構図が在日社会の経済活動に浸透したかたちで二つの組織が作り出された。しかし、一つ目の民金の設立は、政治的対立にもかかわらず、在日にとって金融機関が必要だという経済的利害が優先された結果であり、二つ目の設立要因として分裂の過程で具体的に問題になったのは、運営面での対立が顕在化し、事業資金提供に偏りが発生したことであった。民金の設立と分裂には、金融機関としての役割を期待するという経済的要求が表れていた。

既述の経済団体に対する朝鮮総連内の批判に示されているように、政治団体の影響はまだ限定的だった。確かに、東京の民金については一九五〇年代前半にすでに対立が尖鋭化していた。しかし、民金設立を可能にしたのは、在日の経済的要求にあり、これを優先するために中立的な立場を維持しようとする意見も強かったと思われる。対立の表面化は、なお部分的で、局地的であった。それゆえ政治的対立は、全国的には、朝銀が朝鮮総連の傘下機関となる一九五〇年代末以降に浸透したと言えよう。

こうした民金の政治団体への組織的包括を別にして、民金の許認可は、本来、発起人や出資金の募集、経営基盤など経済的な要素が基準になるため、設立の段階では政治的対立が表面化し難い側面があった[22]。商工会などの任意団体の結成とは異なる条件が必要であったのである。対立を包み込む状況は、在日コミュニティの規模が十分ではない地域では、設立後にも続いた可能性がある。そこで、第二節以降の商銀の全国展開においては、同地域内の一つ目の民金設立が、政治的対立を表面化させるより、経済的な期待によって統合されて進行した一九五〇年代までと、朝銀と商銀の系列の展開が既定事実となっていく六〇年代を分けて検討する。

(2) 在日の法的地位と民金の設立

従来の研究では、民金の全国的設立という結果だけが示され、都道府県の許認可の審査[23]において、具体的に問題となった内容については明らかにされてこなかった。資料の制約はあるが、設立過程の分析に先立ち、この点について検討する。

【資料1】

兵商第217号

昭和27年3月27日

兵庫県知事　岸田幸雄

大蔵省銀行局長　殿

第三国人による信用協同組合設立に関する疑義照会について

「首題の件について管下に第三国人による（朝鮮人）信用協同組合設立の申し出有り而も信用組合の母体結成組合員並びに出資金の獲得の段階にあり本件に関し昨年6月15日施行信用金庫法施行法の規定に基づき新設信用協組の認可権限が都道府県知事に委譲せられて居るも一応本件につき大蔵省の方針並びに下記法的根拠を明確に確認致したくご指示回答方をお願いする」

記

1　外国人の事業活動に関する政令第3条中にいう外国人の事業活動に本件は該当するや否や。
2　朝鮮人韓国人は財産取得に関する政令中第3条にいう外国人に該当するや否や。
3　本件設立認可に関する大蔵省の基本方針（一昨年東京都における朝鮮人信用組合設立に関し参議院大蔵委員会における大蔵大臣の答弁内容等）
4　その他特に参考とすべき事項

以上

兵庫県は、同県の民金設立に関連して資料1[24]の内容を大蔵省銀行局に照会した。時期は、同和信用組合の設立に続いて、同県の左翼系の在日が民金の設立申請を行った後と思われる。地方行政は、在日による金融機関の設立および運営に関連して、まず在日の「国籍」にかかわって制約される事業活動を明確にする必要があった。

資料1は、在日が外国人の事業活動に関する法的制約を受けるかどうかについて確認する内容となっている。法的地位が定まっていないため、行政側の在日の取り扱いにおいて混乱が生じている様子がわかる。これに対して、大蔵省銀行局では次のように回答している。「1」については、「外国人の事業活動に関する政令について　この政令は昭和二六年政令第一三三号（二六年五月四日）付則により廃止されて」[25]おり、「2」については、「昭和二〇年九月二日に日本の国籍を有し、且つ、同日以降引き続き日本の国に居住するものは、対日平和条約発効までは日本人として取り扱われる」とした[26]。

次の資料2[27]によると、日本と韓国政府との関係から、朝鮮籍の取り扱いも問題であった。

【資料2】

兵商第525号

昭和27年6月30日

外務省アジア局長　倭島英二殿

兵庫県知事　岸田幸雄

外国人の財産取得に関する件

当県において朝鮮人による信用協同組合設立認可申請があり大蔵省の方針として朝鮮人も国内法規に基づき都道府県知事の認可権限において認可して差支えなき旨確認し事実問題について既に東京都においてもこの種の事案に認可を与えたるもなお左の点につき疑義があるので貴官の御意見をお伺いします。

記

1　信用協同組合設立認可に関し日韓条約に従って通商航海条約が締結されない現在朝鮮人の取扱につき韓国人とその他の朝鮮人とは法律的に同一に取り扱って差支えないか。

2　朝鮮人（北朝鮮系統を含む）の財産取得はどう取り扱われるか。

以上

当時の在日の国籍は、一九四七年五月に「外国人登録令」が公布施行されてから外国人登録が義務化され、朝鮮籍となっていた。一九四八年に大韓民国政府が樹立されると、五一年から韓国籍による登録も可能になった（同時に日本の国籍ももっていた）。資料2の「1」について、外務省は次のように回答している。まず、外務省は、在留朝鮮人が法律的に対日講和条約の発効とともに日本の国籍を失ったことを確認し、「大韓民国はかねて在留朝鮮人がすべて大韓民国の国籍を取得したとの解釈をとっており、一方わが国としては、朝鮮の政府として大韓民国政府を折衝の相手としており、政府は右の大韓民国政府の立場を尊重し、現在在留朝鮮人について大韓民国国民とその他の朝鮮人を区別することなく、すべて大韓民国国民として取り扱って差支えないものと認める」とし、「朝鮮人による信用協同組合設立認可に関しても、日韓（通商航海）条約の締結いかんにかかわらず、大韓民国国民とその他の朝鮮人とを法律的に区別する必要はなく、同一に取り扱って差支えないものと認める」とした[28]。朝鮮籍の在日が民金の設立を申請した場合も、韓国政府の立場を尊重し、行政側は「韓国人」として認識することになり、異なる集団とすることによって生じうる行政上の混乱は、さしあたりなかったということになる。

回答内容だけでは、国籍を区別することと、民金設立に関する行政方針との関係は明確でない。しかし、仮に北朝鮮の国民となる朝鮮籍の金融機関設立への対応があらためて議論される必要があったとすれば、その場合に比べると、韓国政府の方針に即して在日すべてが「韓国人」として取り扱われたことは同地域内の一つ目の民金の設立——結果的には左翼系による地域が多い——をスムーズにしたと考えることもできる。同時に、同一集団と認識されるため、対立的な政治的立場から二つ目の民金を設立するという理由（後発であった商銀に見られる）は認められないことになる。この点は後述する。

また、外務省の回答では「外国人の事業活動規律に関する国内法制も不備なる現況においては、各事業案毎にきわめて慎重に処理する必要あり特に本件は国内経済上重要なる金融機関に朝鮮人の閉鎖的なる組織を作り上げこれを通商航海条約の締結に先立って既成事実化することも予想せられるについては、冒頭貴信に言及された同種の先例もさることながら、爾後具体的案件が生起する際さらに関係当局と十分協議せられたく」と述べられており、既述したように行政が「国籍は問題にならない」という立場をとったとはいえ、在日による金融機関の設立に慎重に対応したことが看取される。

「2」については、一九五二年に「外国人の財産取得に関する一般的国内法令」（一九四九年三月一五日政令第五一号）が改正され、「大韓民国を含む二五カ国の国籍を有する者」は適用除外の外国人とみなされた。「1」に対する回答のように、朝鮮人は「北鮮系統をも含んですべて大韓民国国民として」取り扱われ、在日すべてが適用除外になったために、在日は、外国人の経済活動に対する制約を受けなかった。在日の経済活動において、この点は重要な条件であろう。

以上から、行論にかかわる行政側の対応について、次の点が指摘できる。大蔵省においてすら民金設立に対して明確な方針が定まっているとは思えず、地方行政は、民金設立にかかわる国籍の確定など、制度的な事項を確認しながら、自主的に許認可に取り組んでいた。その際に在日を同じ韓国の国民としたことによって、後述する左翼系との対立という民団側の民金設立の名目は、地方行政においては、一つのコミュニティを基盤にして二つ目の経済組織を認可することとして認識される、ということになる。こうした行政の認識を前提にすれば、後発で設立される民金の許認可は、小さい人口規模の地域では簡単ではなかったと推測される。もちろん、東京が政治的対立を事実上認めざるを得ない前例となったと考えることもできる。資料2の照会文でも東京都の事例が地方行政のモデルケースとなっていたことがうかがえる。しかし、韓国人の同一集団と認識されたことによって、地方行政は、設立の妥当性の判断をコミュニティの規模など、主に経済的な側面におくことになる。このように東京が先例となり、在日がすべて韓国人とみなされると、単一の申請を試みれば組織基盤が優位の朝鮮総連系の指導力が強いものになる。そして、先行することによって朝銀の基盤は強まることはあっても弱まることはなく、後発の商銀の設立基盤を矮小化し、逆転しにくい構造を作り出す。それでは、なぜ商銀設立は可能であったのだろうか。

2　二つ目の民族系金融機関の設立と全国展開の基盤整備——一九五〇年代

(1) 商銀設立の始動

民団側で民金の設立が組織的な課題として具体化されたのは、一九五一年に左翼系によって信用組合設立の申請が行われた後だと思われる。それ以前においては、金融機関の必要性が指摘されたことがあったとはいえ、管見の限り、独自な民金設立の計画は確認できない[29]。同和信用組合が設立された一九五二年に兵庫県、神奈川県など、在日の集住地域において左翼系中心の民金が設立されていくなかで、民団側でも団員を確保し、政治基盤をかためるためにも民金の設立は重要な課題となったのであろう。

しかし、当時の民団は支持基盤が弱く、左翼系の組織活動に比べて求心力に欠けていた[30]から、設立推進の基盤は脆弱であった。一つの要因は「民団運営費である団費負担もこの〔金融問題を抱えている在日〕中小企業者を除外すれば皆無[31]」といった財政問題にあった。組織の強化が課題であった。この打開策として、一九五二年一〇月総会で採択した「本国政府に要請建議案」など、本国との関係を強めることが考えられた[32]。この建議案は、商銀の設立に関連して無視できない役割を果たすことになる。民団は、「韓国人業者は日本の銀行から金融の道が遮断されている」ことを理由とし、「韓国銀行の東京支店を通じて、韓国人の中小企業に融資すること」を要請した[33]。韓国政府はこの建議案に対応し、一九五三年三月国務会議の審議を経て二〇〇万ドル融資という大規模な支援を承認した。

「本国政府に要請建議案」に盛り込まれた在日中小企業者への融資に託した民団の意図は、承認された後に発表された資料3から読み取ることができる。

【資料3】

対日講和以来急変している情勢が、僑胞企業者を不利な立場に追い込んでいる為……〔在日は〕高利貸し企業者達の犠牲になっている。融資は高利貸し企業者達より以外に方法が皆無である……このような事情を知る民団としても、対策の仕様がないし、中小企業者と運命を共にする以外に道がなかった……元来が困窮せる在日中小企業の救護対策としてこの〔在日中小企業者への融資の要請〕運動が推進されたが、とりもなおさず民団強化に強く結ばれねばならない問題であり……この融資問題は……民族陣営が当面している種々のかなしむべき、現実を打開すべき、奇跡の出現ともいうべきで……民団としては民団組織を通じて、救援融資を切実に要請している、中小企業者の受け入れ体制を確立するが、できる限り広範囲に、均等な恵沢を受けられるように努力すると同時に根本的に民団強化運動と結びつけて推進する。

（「中小企業者融資対策　民團で一切事務代行　融資は民團員に限定」『民主新聞』一九五三年五月一五日付）

すなわち融資の請願は、民団が財政問題を解決するために当時の中小企業者の状況を組織問題として認識した上で、在日中小企業者を包摂するために講じた対策であった。民団の活動が、政治的のみならず、経済的にも中小企業者に支えられている状況で、その安定的発展を支援することが、組織強化に繋がると認識されたのである。当時の民団副団長であった権逸は、「民団の起死回生策を講ずるには財政の打開が先決であると考えた。民団が経済的に自立するためには同胞経済人を結集しなければダメである。そのためにはその人たちにお返しができる信用組合をつくらなければならない。それにはまず東京での設立を果たし、その後本国の協力を得て、全国に拡げることだと思った[34]」と回顧している。このように、中小企業支援を通して民団組織を強化することが、本国への経済支援要請の基本的動機であった。

注目すべきは、「受け入れ体制機関としては信用組合の結成を急ぐべきである。……〔なぜなら〕本国財務部長官公文に〔融資は〕〝信用組合員に貸し出しされる！〟と明記されており、……〔それを受けて〕五二年以来数次にわたり、〔民団は〕公文をもって信用組合結成を促進してきた[35]」ことである。融資窓口となる金融機関が全国的に必要であったのであり、東京商銀がその例であった。朝銀との対抗関係で触発された商銀の設立は、「在日僑胞中小企業育成基金」（以下、本国融資）が実現するための必要条件となった。

（2）大都市における商銀の設立

商銀の設立は、政治的背景のみが要因でもなく、また順調でもなかった。商銀全国展開のために乗り越えなければならなかった諸点に注意しながら、在日の集住地域、大阪府、愛知県、神奈川県における商銀設立の動機と過程を確認する[36]。

在日全人口の約三割（前掲表4-1）が集住する最大地域、大阪府には、例外的に二つの韓国系の民金が設立され（一九五三年に大阪商銀、五五年に大阪興銀が設立）、有力な民金として成長した。

大阪商銀は、戦後復興期に大阪駅前の闇市の中心であった繊維問屋街が設立の基盤となった[37]。大阪商銀は、梅田地区繊維問屋の約半数を在日が占めるなかで、「梅田繊維卸商協会」の代表を務めていた在日、朴漢植（通名大林健良）が中心になって日本人と共同出資するかたちで設立された。大阪商銀の設立過程では、これまで述べてきた政治的意図は看取されず、問屋の経済的基盤を条件として経済的な要求が設立の推進力となった。

一方の大阪興銀は、「本国政府からの中小企業育成資金の受け入れ体制の確立が、直接のきっかけとなって大阪

在日が三割から四割を占める鶴橋国際商店街に立地しており、隣接する生野区や東成区は、ゴム、プラスチック、金属など地場産業に従事する在日が集中する地域であった[39]。潜在的な資金需要があったのである。しかし、設立の認可は難航した。大阪興銀が設立の申請をした一九五四年には、大蔵省によって金融制度全体の効率化のため「新設を当分認めない」との方針が出され、信用組合の設立認可を得ることが困難となった[40]。また、大阪興銀が申請したときには、すでに朝銀も許可申請をしていた[41]。後述するように、朝銀と商銀の設立申請がほぼ同時期にあった場合に、許可は遅延する傾向にあった（後掲表4-3）。こうした事情を背景に、朝銀の場合、一九五三年九月に設立準備をスタートしてから認可まで約二年の歳月を要した。大阪興銀は「本国政府からの五〇〇万ドル援助資金の受入を強調[42]」するなど、ねばり強い交渉の末、一九五五年に申請書の審査に着手されることになった。こうして本国融資の計画にもバックアップされ、大阪興銀は「純粋な」民金として設立されたのである。

一九五四年に設立された愛知商銀認可の過程では[43]、既設の朝銀（大栄信用組合）の存在と設立を可能にする経済基盤などが問題になった。商銀の設立は、民団愛知県本部の提案によってスタートし、設立推進と運営は商工人に任せることになった。しかし、金融機関に関する知識に詳しい人材がいなかったため、設立推進の主体の決定が難航した。そのなかで、同和信用組合の専務を務め、分裂以降の商銀の設立に携わっていた朴性鎮の協力を得てようやく本格的な準備に取り掛かることができた。

しかし、内認可を得る段階では、朝銀がすでに営業していたため、同じ県に二つもの外国人の信用組合は不要であるとされる事態に直面した。また、認可のために必要な三〇〇人の出資者の確保や出資金五〇〇〇万円以上の準備も、順調に進まなかった。当時、韓国籍は全国約一二万人であった。愛知県在住の在日人口比率（約八・四％、前掲表4-1）で推計すると、同県の在日は約一万人に過ぎず、発起人を募集することは容易ではなかったであろう。

出資金を集めるため、県内の民団一五支部に三〇〇人の組合員の割当が行われたが、民団の組織的な取り組みは実を結ばず、決められた期日を目前にしても、五分の一の出資金しか集まらなかった。結局は、組合員長、副組合員長の三人が不足金を埋め合わせて正式の認可申請を行った。

愛知商銀の設立過程では、第一に、民金の設立においては民団の取り組みは功を奏さず、地元の有力商工人が実質的な推進主体となったこと（民団組織力の限界）、第二に、出資金のほとんどを限られた商工人に依存したこと（地方経済の脆弱性）、第三に、商工人だけでは設立に至ることは困難であり、民団を通じて同和信用組合設立の実務経験・知識が共有されたこと（専門知識の欠如）、が確認できる。

横浜商銀の設立（一九六二年）は、東京と同じく政治的対立が民金と在日の取引に影響したことを背景としていた。神奈川にはすでに一九五二年に「県内在住同胞の大きな期待を擔って」朝銀（大同信用組合）が設立されていたが、「その運営はことごとく、朝総連（朝鮮総連、以下同様）側に握られ、民団側経済人の冷遇が相次ぎ、ついには締め出しとさえ思える行動が、頻繁に行われ[44]」ていた。一九五八年以降、在日の「北送」問題に民団が反対決議をしてからは、民団と朝鮮総連の小ぜりあいが日増しに多くなり、朝銀内の対立も激しくなった。そこで、一九五九年頃、民団神奈川県本部の提案によって横浜商銀の設立に踏み切った。しかし、設立許認可の交渉は、二年の長い歳月を必要とした。県は同民族による二つの信用組合は両立が難しいとし、商銀設立の理由を認めなかった。これに対して民団側は、「川崎にある同種の信用組合（朝銀）は、国籍の違い、政治理念、社会感覚等について、ものの考え方が韓国人と大きな相違点があり、一つの既存組合に統一することは無謀である」と二つ目の民金の必要性を主張した。一〇数回の交渉を重ねた末、こうした主張がようやく実を結ぶことになった。

横浜商銀の設立動機は政治的な対立を表しているが、その外見的な理由を表出させた根本的な契機は、民団側の経済人の資金需要に対する朝銀の冷遇であった。

（3）「在日韓国人信用組合協会」の結成と本国融資の実現

大都市に民金を設立した民団側では、これをさらに全国的に展開していく必要があった。それは、後述のように、政治的な要請であり、取引可能な金融機関設立への期待でもあった。しかしそれを実現するための二つの条件、すなわち朝銀をキャッチアップしながら全国展開を推し進めるための組織能力や資金基盤の確保については、なお課題が残されていた。

一九五三年に承認された本国融資は、詳細は判明しないが、韓国政府の事情や本国側と民団との関係に問題があって実現が先送りされる状態にあった。期待を寄せていた民団にとっては不満が蓄積した[45]。そこで商銀の全国連合会、在日韓国人信用組合協会（一九五六年に結成。以下、韓信協と略称）を中心に融資実現のためのロビー活動が展開された。例えば、韓信協の代表による韓国国会（一九五六年一二月九日）での報告では、「経済の基盤なしには、政治的にも思想的にも在日僑胞を忠誠な韓国国民として、抱擁することが至難であり、在日の中小企業の救済に努めなければならない」ことが強調され、「北朝鮮系の信用組合は、韓国系に凌駕する勢いで設立されており、それが基盤になって、組合員が吸収されている」とした[46]。政治団体の組織強化において、民金の設立が手段として有効に利用されていると、見られたのであろう。こうした認識の是非について論じる余裕はない。韓国政府の立場が表明された資料は見当たらないが、一九五九年に「在日朝鮮人の帰還に関する協定」が日朝の間で締結され、翌六〇年に韓国の政権が交代する政情のなかで、同資金の一部分である五〇万ドルが、同年一二月に送金（翌年に全額送金）された[47]。

これに応じて、設立以来連絡機関にとどまっていた韓信協は、融資実現を強力に推進するなど、組織強化を目的に一九五九年に活動内容を明確にする改革を行った。まず、東京に事務局を設置し、第一に、未設立の地域での組合新設の推進などを図る指導機関としての役割、第二に、救済金制度のプール資金の運用業務に取り組むことになった。そして、もう一つの中心的活動として、一九六〇年から送金される本国融資の配分の協議業務を据えることとなった。

この組織強化の意味は、やや後の情報であるが、次のような状況から知ることができる。「朝総連側は過去八年間〔一九五七年から〕、北韓〔北朝鮮〕から所謂在日朝鮮人教育援助費として総額三二億円の資金が送金されて信用組合〔朝銀〕の新設を始め、教育機関の充実など組織強化に力を注いで[48]」おり、それが朝銀に預金され、組合の育成強化を果たしていた[49]。一方で、民団系在日の朝銀との取引も問題として指摘された。その理由として、在日は金融市場において不利な立場にあるが、同じ民族であることから先行して設立された朝銀の組合員資格が得られたためと考えられた。日本系の組合や銀行との取引を忌避する傾向もあるため、商銀がないところでは、朝銀と取引していたと言う[50]。

こうした状況では、左翼系組織に流れる民団員を食い止めるため、全国的に商銀を展開していく必要があった。しかし、それは政治的要請としてだけ理解されるべき出来事ではない。横浜商銀の事例も示しているように、実際に一般の金融機関ではない朝銀と取引している韓国系在日が存在しているから彼らのニーズに対応する商銀が必要であったと考えることができる。また、東京や横浜での分裂を前例として、そうした潜在的な期待を汲み上げて商銀を設立しようとする機運も高まったであろう。それゆえ、問題は、設立を可能にする基盤にあった。推進主体である韓信協の組織強化の試みと本国融資実現という条件が整えられてはじめて、商銀の全国網構築が既定路線として展開されていく。韓信協の組織能力と本国融資はどのような意味で民金設立の基盤となりえただろうか。

3　商銀の全国展開——一九六〇年代

（1）本国融資と韓信協

本国融資を受けて韓信協の構成組合を中心に代表運営委員会が結成され、配分方法が協議された。韓信協は、この過程で商銀設立の母体としての組織能力を強化していったと考えられる。全国展開の検討に先立ち、この様子を見ておこう。

五〇万ドルの本国融資送金を受け、受入対策および配分方法についての討議が、一九六〇年一二月に第一次協議会、翌六一年四月に第二次協議会のかたちで行われた[51]。まず、李熙健（韓信協の副会長）など代表者を通じて伝達された、韓国政府代表者の意見をまとめると、「この融資は在日中小企業者の育成発展を期することを目的とする。政治色は全然考えられない。この資金は永久的に融資されるものではない[52]」とされ、資金が補助金ではなく、融資であることが強調されていた。引用文の「政治色」が何を指すのかは明らかではないが、本国融資が実現された背景と思われる南北対立に対する在日の政治的立場は、在日への融資の段階では、返済可能性や事業基盤の経済的な条件に様変わりしていた。

「資金の貸し出しに関する基本方針」は「資金回収の安全性」と「収益」を基準とし、「この資金の基本性格は零細企業に対する恵沢ではない。中小企業中心主義になっている。妥当者に限ってできるだけ多くの人に貸し出しが行われるように」（韓国銀行大阪支店長）となっており、事業基盤のある中小以上の階層を対象とするものであった[53]。

各商銀への配分は、組合員数一五％、出資金二〇％、預金積金四〇％、店舗数一〇％、在日人口一五％の加重平

均率にもとづいて計算された[54]。この方法に即した配分案が[55]韓国銀行から提示されたが、これに対して、商銀側は現実にあわないという理由から再検討を要望した。例えば東京商銀は、「東京は左翼組合と当組合の預金高に大きな格差がある。東京は経済発展の基盤とする中心地でもあり今後の組合成長がもっとも期待されることを考慮する必要がある」と力説した[56]。しかし指摘された朝銀との対抗関係の特殊な事情が、上記の配分方法に反映された痕跡はなかった。その他、支店開設に資金が必要（三重）との意見など、個別商銀の特殊な状況が主張されながら、全体的に大阪への資金集中に不満がよせられた（東京、京都）。韓国銀行によって、「この基金は社会福祉的なものではなくどこまでも金融ベース」が強調されたが、最終的には、大阪商銀二〇％（韓国銀行の案よりマイナス五％。以下同様）、大阪興銀二〇％（マイナス二％）、東京商銀一五％（±〇％）、京都実業信用組合九％（＋四％）、愛知商銀一二％（マイナス一％）、太平信用組合九％（±〇％）、三重商銀五％（＋一％）、熊本商銀五％（＋一％）、平和信用組合五％（±〇％）に、配布額を均す方向に変更された[57]。五年後の一九六五年の配分比率には、大阪商銀と大阪興銀が約一六％、愛知商銀約一一％、東京商銀約九％、京都商銀約五％などになっており、本国融資は既存の商銀の比率を低下させて新設商銀に配分された[58]。

本国融資の実績の詳細は明らかでない。この実績については、一九六五年一月二〇日に開催された第三次協議会で、その間の貸出状況に関する報告とともに出された評価と配分額に対する融資額の比率が、推測できるわずかな根拠になる。貸出状況に対する評価については、韓信協の会長、朴漢植の報告によると、韓信協が本国融資を受け入れ、「参加組合に配分預託して以来、現在まで四年間会員組合は組合員である韓国人商工業者に生業資金として融資し、多大なる成果と反響を呼び信用組合の発展に大きな貢献をした[59]」。

配分額に対する融資額の比率については、判明する年度で見ると、一九六二年三月末（以下同様）の配分総額五億三、六〇〇万円の約八二・一％が融資され、六三年五億八、七〇〇万円の約七二・四％（新設されたが在日への融資が開始されなかった三商銀を除けば約八七・四％)、六五年六億九、五〇〇万円の約八二・一％(同約九一・三％)、六八年一〇億六、〇〇〇万円の約九〇・〇％、七一年二五億二、〇〇〇万円の約九三・九％であり、増加する傾向を示した。[60]代表的な商銀の大阪興銀には、一九六一年に一億八〇〇万円、六三年に九、八〇〇万円、六五年に九、三〇〇万円が配分され、同商銀の預金高に対する本国融資の割合は、八・四％、四・一％、二・五％であった。[61]商銀が増える中で一商銀当たりの配分額や配分比率も低下している。重要な点は、大阪興銀が設立されてわずか五年後の初期段階において、預金基盤がまだ不安定であるなか、本国融資が預金高の約八％を占める規模であり、安定的な資金基盤として大きな役割を果たしたことである。[62]

別の側面から本国融資の重要性を示す出来事は、第三次協議会で商銀が増えるため、追加請願が必要であると提案されたことである。当時一組合平均四、〇〇〇万円であった配分規模は、新設によって三〇組合になると、二、四〇〇万円に減少すると見込まれたため、増額の規模は、一組合平均三、〇〇〇万円配布が想定され、三〇〇万ドルの増額が請願された。[63]「信用組合、特に新設組合に資金を供給し組織強化に大きな役割を発揮している」との指摘からわかるように、この時点の増額の趣旨は、比較的に資金＝預金が不足した商銀への援助の性格が強かった。例えば、「滋賀県の場合も最近朝総連側の信用組合ができてからは、取引先の融資の申し込みがあって、その要求が急に応じられないとなると問答無用でただちに解約し、朝総連側の信用組合に走る傾向があります。結局は資金が潤沢な組合が主義主張のはっきりしない中間層を吸収する力が大きい訳で、その視点からも至急融資資金の増額は是非必要[64]」なのであった。

こうした増額の請願は、一九六五年の増額分が実現された後、七四年に本国融資が朝銀と競争する商銀育成という名目に変更されて続いた。確認された事例で、一九七三年に三、〇〇〇万ドル、七五年に一、〇〇〇万ドル、七七年に五、〇〇〇万ドル、七九年に三、〇〇〇万ドルが要請され、いずれも実現された。[65]不況を背景にしていたが、新設商銀への配分が強調されており、設立後の経営初期における資金不足の解決策であったと推測される。

既述のように、本国融資の配分額に対する融資額比率は上昇しており、資金需要は十分あった。仮に立ち上げ直後の商銀が比較的事業基盤のある中小企業を、本国融資を資金源として貸出の対象とすることができれば、預金確保にも繋がったであろう。そして安定的な預金者になった在日には、将来の融資というメリットがある。このような関係を通して本国融資は、預金確保の呼び水的な効果をもっていた可能性がある。こうした仮説についてはなお検討が必要であるが、預金の呼び水的な機能はすべての商銀に期待されるものであり、このような視点から融資の増額請求は全商銀の利害に沿うものとして理解することができる。この主体であった韓信協は、本国融資の配分・増額請求の過程で、そしてその結果として求心力を向上させたと考えられる。

(2) 全国展開

一九五九年の韓信協の組織改革以降、従来民団が中心になっていた商銀の新設は、韓信協と各道府県民団支部が連携した形で、組織的に進められていくことになった。こうして韓国系の民金の設立は、特に一九六〇年代に北朝鮮系の設立数を追い上げる形で、実現していく。

一九六〇年代前半の韓信協の動きを見ると、例えば、一九六一年六月に、新年度活動方針として、「現在朝総連系組合が全国で一六個を数えるに比し民団側は九個を数えるに過ぎず、これを各県に可能の範囲内で新組合設置を積極的に指導する(66)」と、対抗意識を鮮明にした商銀の拡張政策が決定された。

朝銀設立への対抗意識は、設立のターゲットとなる地域の選定にも表れる。朝銀が先行して設立されている地域で民団員が朝銀と取引している事実があれば、そうした地域での設立が急がれたのであろう。韓信協の運営報告書から、一九六二年の商銀の新設に関する計画を確認してみよう。一九六二年六月現在、商銀は一一組合、朝銀は一七組合になっていた(67)。そのうち八地域（埼玉県、岐阜県、千葉県、静岡県、山口県、福島県、大分県、茨城県）には商銀が設立されていないと報告された。この現状を踏まえて韓信協は、七地域を「組合設立内認可決定及び申請中の県」と「組合設立可能なる県」として設定した。具体的に見ると、七地域には、朝銀のみで商銀がない地域（千葉県、岐阜県、山口県）と、朝銀とほぼ同時期に認可されている（前掲表4-1）ことから同じ時期に申請されたと推定される地域（岡山県、滋賀県、和歌山県(68)）が含まれていた。このように、韓信協の商銀の設立計画は、朝銀があって商銀がない地域と、朝銀設立の動きが見られる地域を意識しながら立てられた可能性が高い(69)。

表 4-2　商銀貸出金・預金に占める本国融資の比率

（単位：%，千円）

組合名	総貸出額に対する比率（1964年12月末）	預金に対する比率（1973年9月末）	組合名	総貸出額に対する比率（1964年12月末）	預金に対する比率（1973年9月末）
大阪商銀	2.9	0.2	北海道商銀	3.5	
大阪興銀	3.4	0.2	岐阜商銀		3.7
愛知商銀	2.8	0.8	静岡商銀		3.8
東京商銀	2.2	0.3	千葉商銀		3.9
広島商銀	3.5	1.1	福井商銀		4.5
横浜商銀	3.9	0.9	熊本商銀		5.0
京都商銀	7.4	1.0	新潟商銀		5.5
太平信用	4.9	0.7	宮城商銀		6.7
三重商銀	5.2	1.9	石川商銀		9.1
山口商銀	5.9	1.7	岩手商銀		8.7
熊本商銀	11.9		青森商銀		13.8
岡山商銀		1.5	茨城商銀		14.3
福岡商銀	14.1	1.6	群馬商銀		14.9
滋賀商銀	7.9	3.5	島根商銀		22.0
長崎商銀	12.6	6.3	秋田商銀		22.8
和歌山商銀	7.8	1.9	富山商銀		26.1
埼玉商銀		2.5			
奈良商銀		2.6	本国融資総額	559,549	2,520,000[1)]

注 1）特別資金 2 億円と新設組合資金 9,000 万円を含む。
資料）1964 年比率は，韓信協「金融係数上みた中小企業育成基金増額要請の必要性」（訪日韓国国会議員団との懇談会［1965 年 2 月 1 日］資料），73 年比率は韓信協「信用組合育成のための資金援助請願書」（1973 年 10 月 25 日）より作成。

一方で、一九六一年一一月二〇日、一二月七日、六二年五月三一日付で、韓信協は、新設された広島商銀、横浜商銀に対して本国融資の一部を融資するように(70)、韓国銀行の東京支店と大阪支店に依頼している。各商銀の貸出額に対する配分額の比率が判明する一九六四年について見ると（表4-2）、地域によって重要さが異なっていることがわかる。一九六四年の時点の比率では、熊本、福岡、長崎が一〇％以上でとりわけ高い。そのなかで長崎は一九六三年に設立されており、翌年の六四年に新設された滋賀、和歌山の場合も約八％と比較的高い。本国融資が、新設組合の支援資金として重要な役割を果たしたことがわかる。一九七三年時点では、新設組合資金の名目で九、〇〇〇万円（表4-2の注）も計上されている。

以上の商銀の新設計画地域に対しては、設立に関する計画、申請の手続き、認可過程に関する情報集約、行政側との交渉まで、韓信協が関与していた。[71] しかし、許認可が順調に下りたわけではなかった。むしろ、次のような問題の存在が韓信協の組織的な取り組みを必要としたと思われる。一九六五年度総会では、茨城県では「朝銀茨城があるとの理由で茨城商銀の申請書は却下するという通達」があり、北海道、山梨・宮城・佐賀県では、「左右両方から信用組合許可申請を出しているので、当局は態度決定に迷っている実情、商銀側発起人会では韓日会談妥結後を主張して遅延策をとって」いると報告された。[72]

表4-3は、一九六七年の民金の設立申請の経過をまとめたものである。群馬と茨城の場合、最初は政治的な立場を包括するかたちで設立されたことがわかる。それらが次第に左傾化したことが、横浜商銀の前例のように、商銀を設立する要因になった事情を物語る。そして、商銀の認可に、朝銀の存在や在日コミュニティの人口規模が影響している様子がうかがえる。行政側には、在日のための金融機関としてすでに朝銀が設立されており、小さい人口基盤が二つ目の民金にとって営業の制約になると見られたのであろう。[73] 実際に申請中の山梨の場合、朝銀、商銀のどちらの認可も下りなかった（前掲表4-1）。

以上のように、朝銀に対抗する韓信協の体系的な拡張戦略の帰結として、前掲表4-1のように、ほぼ日本全国に、朝銀と商銀が対立的に設立されることになった。在日の政治的意図にもとづいたとはいえ、その過程は順調で

表4-3　内認可申請中にある商銀の状況（1967年）

商銀設立地域	申請年月	県内在日人口	許認可推進状況	同地域内の朝銀系状況
新潟県	1964年12月	2,647	朝鮮総連の熾烈な妨害によって至難な状態であったが，発起人一同の闘争努力の結果，内認可の展望	1964年開店
長野県	1962年7月	4,865	積極推進中	1963年開店
群馬県	1963年2月	2,691	県当局が既設の朝銀と取引するよう要求しており，韓国人商工会など他組織との連携のもとで再交渉中である	1963年に開店。設立当初は，左右中立三者合同で設立されたが，主導権を左翼系に掌握された
茨城県	1963年2月	3,413	発起人の働きかけによって，県当局が内認可を考慮中	約14年前開店。左右合同で設立し，主導権を左翼系に掌握された
佐賀県	1966年5月	1,695	内認可申請中	63年6月内認可申請
山梨県	1964年2月	2,043	許認可申請が却下され，再交渉中。出資金の募集完了	内認可申請書却下され，再申請交渉中
秋田県	1964年2月	1,195	県当局と内認可交渉中で，確実な成果なし	申請なし
岩手県	1966年8月	1,720	県の指示を受け，具体的な事業計画書を再作成し，内認可の申請	1966年11月内認可申請
青森県	1966年	2,156	期待	1966年9月内認可申請
大分県	1967年5月	3,500	認可取得活発に推進中	1958年設立

資料）金相賢『在日韓国人——僑胞八十年史』ソウル：어문각，1969年，158-159頁，表1より作成。元の資料は韓信協のものと思われる。

はなく、経済的要因も重要な契機となっていた。ここであらためて一九五〇年代から六〇年代半ばまでの設立についてまとめておこう。

一九五〇年代には、政治的に異なる立場や中立的な立場をなお温存するかたちで、地域内に一つ目の民金が設立された。しかし、地域によっては設立後左傾化が強くなり、民団系の在日の資金需要に対応するため同地域に二つ目の民金が必要になった。もっとも設立の必要性は設立と成長基盤が整っている状況を意味せず、設立過程は困難を極めていた。それゆえ商銀が自立的に預金基盤を整えるまで資金拡充のための本国融資が期待された。一九五九年の朝銀の朝鮮総連への完全な包摂、北送問題、そして韓信協を中心とした商銀設立の体制整備によって、朝銀系列と商銀系列の全国展開は一九六〇年代では現実的な基盤をもって既定事実となった。しかし、民金の設立は、一九五〇年代に在日が集中する大都市ですでに完了したこともあって、人口規模が比較的に小さい地域で進行する六〇年代には様々な困難が生じた。朝銀が設立されている地域では、二つ目の民金になる商銀の許認可は難航し、民金が未設の地域では、政治的立場を明確にしないかたちでの設立が難しくなったため、両系列からの設立申請は許認可まで時間がかかった。そうした状況を打破するには、強い組織的な取り組みを必要としたのであり、韓信協を中心としたコミュニティの支援(74)や本国融資が大きな役割を果たしたのである。

4　政治的背景の経済的帰結

最後に、政治経済的な要因による全国展開と、同地域内での二つの民金というあり方の経済的な意味について、民金と全国・地域の信用組合との規模を比較分類し、まとめることにする。

表4-4は、民金が全国的に設立され、ある程度成長したと思われる一九七八年三月末現在、その時点までに設立された七五の民金の規模を示したものである。一位の大阪興銀と最後尾の島根商銀を比較すると、大阪興銀は組合員数規模で約五六倍、預金高と貸出金で二〇〇倍前後であり、民金のなかの格差が極めて大きいことがわかる。もちろん、一九七〇年代に設立された島根商銀（一九七一年）、富山商銀（一九七一年）、群馬商銀（一九七二年）、長野商銀（一九七六年）などが下位にあり、設立年数の短い民金は十分な規模に達していないと考えられる。

しかしながら、格差の要因を探ることは容易ではない。例えば、もっとも規模の小さい島根商銀は、佐賀商銀より早く一九七一年に設立されており、設立年数がたてば成長するとも限らない。また、四番目に規模の小さい富山

表 4-4　民族系金融機関の規模（1978 年 3 月）

（単位：百万円）

組合名	預金	貸出金	出資金	組合員数	組合名	預金	貸出金	出資金	組合員数
大阪興銀	111,559	98,294	2,278	29,267	熊本商銀	3,928	3,081	82	2,459
大阪商銀	90,549	76,731	2,017	23,425	静岡商銀	3,773	3,264	158	1,319
朝銀大阪	80,755	70,647	1,635	32,182	朝銀茨城	3,688	2,878	93	2,444
朝銀東京	80,554	68,012	1,530	21,885	福井朝銀	3,543	2,964	81	1,976
東京商銀	66,356	47,272	1,085	12,879	和歌山朝銀	3,465	3,118	109	1,801
朝銀兵庫	44,551	40,246	840	13,094	奈良朝銀	3,313	2,697	101	1,387
京都朝銀	43,845	39,173	743	11,925	北海道商銀	3,153	2,494	116	1,445
朝銀愛知	43,754	39,067	658	12,263	岐阜商銀	2,973	2,524	113	2,044
新潟朝銀	27,777	2,469	92	1,365	新潟商銀	2,930	2,301	84	1,049
神奈川朝銀	24,058	21,605	493	8,298	福井商銀	2,740	2,176	92	1,156
横浜商銀	23,357	18,368	535	4,719	朝銀群馬	2,725	2,195	70	1,297
神戸商銀	23,036	17,860	488	6,496	栃木朝銀	2,707	2,460	86	1,114
京都商銀	21,602	17,833	669	5,405	宮城朝銀	2,569	2,117	98	681
愛知商銀	20,118	13,962	530	6,649	宮城商銀	2,558	1,877	102	1,397
朝銀山口	17,817	15,881	438	5,864	長崎商銀	2,288	1,756	95	1,383
福岡朝銀	17,650	15,460	451	7,722	朝銀愛媛	2,131	1,995	83	594
千葉朝銀	17,237	14,275	358	4,980	大分朝銀	2,029	1,716	97	1,773
広島商銀	14,301	11,469	366	7,003	青森商銀	1,922	1,168	105	895
福岡商銀	12,597	9,847	363	5,408	岩手商銀	1,864	1,523	76	937
埼玉朝銀	12,286	11,210	304	4,583	長野商銀	1,864	1,659	121	1,119
朝銀広島	11,923	10,362	337	7,176	茨城商銀	1,804	1,252	106	717
三重朝銀	10,375	8,295	284	4,062	石川商銀	1,738	1,104	69	813
山口商銀	10,310	7,865	301	4,689	群馬商銀	1,607	1,025	91	637
朝銀岡山	8,505	7,042	229	4,866	青森朝銀	1,536	910	103	559
朝銀岐阜	8,204	6,202	207	3,300	朝銀富山	1,494	1,238	59	798
滋賀朝銀	8,158	6,472	300	2,021	石川朝銀	1,361	1,092	71	879
三重商銀	7,601	5,874	256	2,418	栃木商銀	1,319	708	92	558
静岡朝銀	7,205	6,028	162	3,517	佐賀商銀	1,285	957	71	591
奈良商銀	7,036	6,049	200	1,608	朝銀秋田	1,218	914	36	663
埼玉商銀	6,941	5,387	220	2,752	朝銀島根	1,207	968	47	737
岡山商銀	6,926	5,930	147	2,928	大分商銀	1,184	819	100	607
和歌山商銀	6,801	6,145	204	2,240	佐賀朝銀	903	363	50	564
朝銀福島	4,735	3,774	118	3,246	高知商銀	880	647	94	528
長野朝銀	4,655	4,024	168	2,371	富山商銀	787	707	58	473
千葉商銀	4,505	3,285	222	1,532	秋田商銀	731	558	41	433
滋賀商銀	4,459	4,064	188	1,811	朝銀長崎	664	474	34	478
北海道朝銀	4,357	4,339	148	2,223	島根商銀	606	431	59	526
岩手朝銀	4,028	3,135	112	1,305					

資料）大蔵省銀行局内信用組合研究会編『信用組合便覧』金融財政事情研究会，1979 年，545-557 頁より作成。

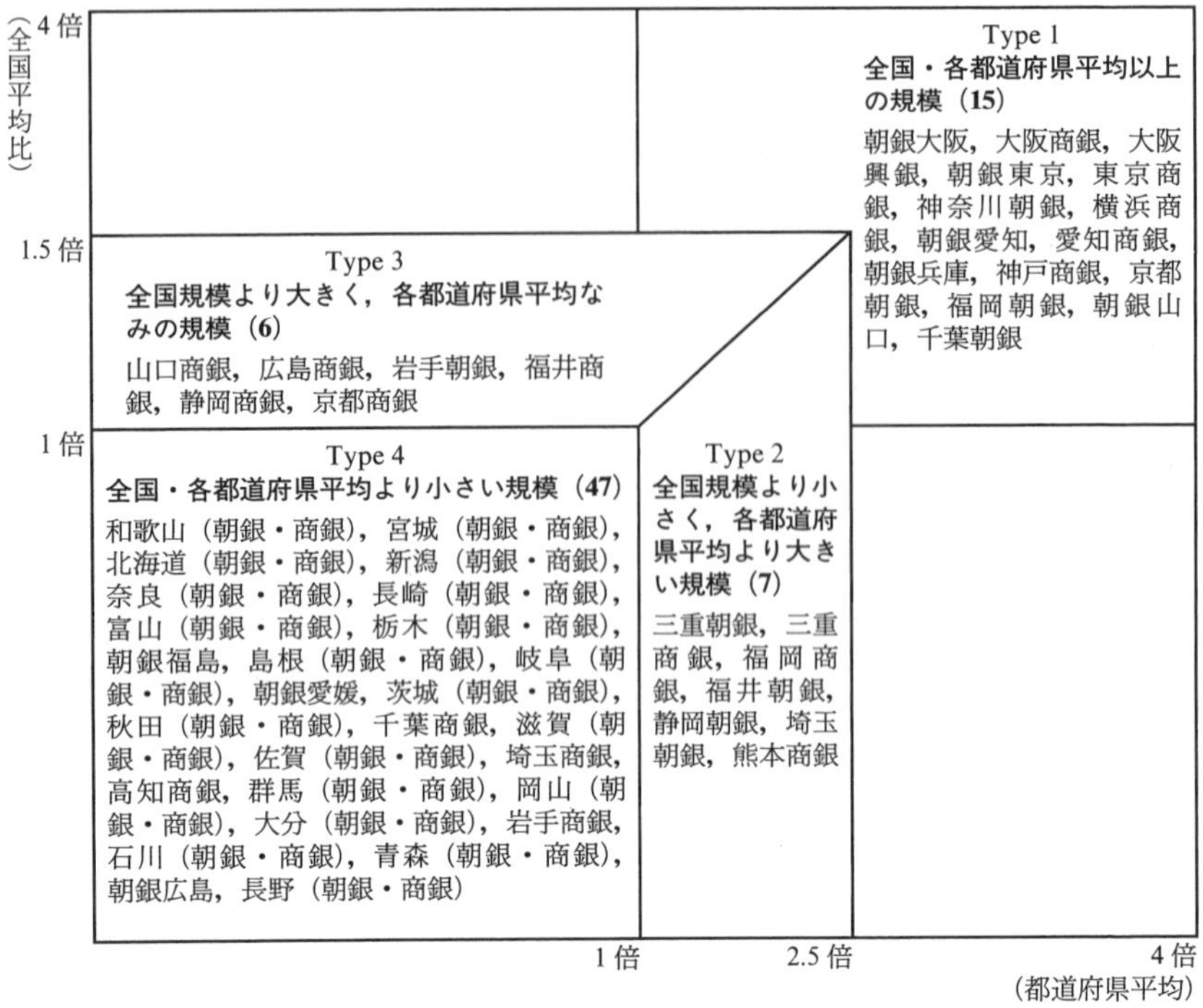

図4-1　民族系金融機関の金融力類型

資料）表4-4に同じ。

商銀の設立された富山県は、その二倍以上の規模の民金が設立された岩手県と人口規模がほぼ同じであったから（前掲表4-1）、人口規模からもこの不振を説明できない。民金を分析するときは、以上のような格差や地域の多様性を考慮する必要があろう。同地域内の民金間の競争が民金の成長および経営規模に与えた影響も、一概ではない。一九六九年に設立された青森商銀と岩手商銀の規模は、ほぼ同じであるが（預金高の順位、それぞれ五六、五七位）、青森県の朝銀は一年前に設立されていながら規模は商銀に対して劣勢であるのに対して、岩手県の朝銀は商銀の二倍の預金規模である。これらの点を踏まえ、あらためて民金の規模について検討することにしよう。

表4-4と同じく四つの指標について、各地域（都道府県）平均と、全国平均を

割り出し民金の対平均相対規模に即しておおまかな分類をしたのが図4-1である。横軸は地域平均と比較している。縦軸には、民金同士の規模の差がわかるように、全国平均と比較して示した。一見して、大多数の民金が各地域および全国の平均値以下に分布する一方で、そうした民金と対照的に、地域平均と全国平均の三倍以上の規模をもつ民金が並存しており、民金間の格差が大きい[75]。

全国に展開した民金は、全国と所在地域平均を基準に、この二つの指標とも大きく上回るType 1と、地域平均のType 2、全国平均のType 3、両方下回るType 4に分類することができる。各地域に設立された朝銀と商銀が必ずしも同じ規模になっているわけではないが、Type 4のほとんどが同じ府県内の民金である。

以上のように平均規模以下の民金が多数設立されたこと、しかも同一地域内に二つできたことによって零細性が助長されたことに、経済組織の展開に与えた政治性の影響を読み取ることができる。ただし、政治的要因をマイナスの側面にだけ注目して捉えるべきではない。在日の人口規模が大きい地域においては、平均を大きく上回って二つの民金（大阪は三つ）がともに有力信用組合に成長している（前掲表4-4）。この結果から見れば、両者の競争関係は、設立過程の困難を乗り越えることを可能にしただけでなく、有力信用組合として在日の経済活動を金融面から支える上でも有効であった可能性がある[76]。また、零細な民金が設立された地域においても、潜在的に資金需要があったとすれば、政治的なバックアップによって設立を可能にしたこと自体は意味があり、前掲の滋賀県のケースのように、相対的に資金需要の規模が小さく思想的に中立的な立場の在日に対して、朝銀と商銀の競争関係が二つの選択肢を与えたことになる。

おわりに

民金設立のための活動は、中小商工業者が自らの資金問題を解決する手段である信用組合制度が整っていく時代に動き出し、朝鮮半島の南北分断が定着する過程で全国的な展開に結びついた。民金は、結果的には、再編が進む二〇〇〇年代まで、一貫してコミュニティ性、閉鎖性の強い信用組合という組織体として維持されてきた。

もっともそれは必ずしも意図的に選択された唯一の道ではなかった。当初は全国を網羅する銀行として統合する計画であったし、実際に一九七〇年代初頭に大阪商銀、大阪興銀の合併をもって相互銀行に昇格する構想もあった[77]。結局、日本政府の「相銀への転換は認めがたいが信金への昇格なら認めても良い[78]」という方針によって、「民族銀行」の実現を見ることはなかった。こうして民金は、資金調達や資金運用が基本的には都道府県に限定される信用組合のまま（ただし大阪興銀は、一九九三年に神戸商銀、滋賀商銀などを合併し関西興銀となった）、各地域の在日経済に規定されながら成長してきた。

最初の在日民金の設立を可能にしたのは、朝連など民族団体の組織的な活動であった。一九五二年まで外国籍、日本国籍を両方もつなど、在日の法的地位が定まっていない段階では、民金を作ることについての管轄諸官庁の方針もまだ明確ではなかった。そうした行政に対して立場を表明させた組織の動きは、設立のための最初の扉を開くことになった。左右合同で設立される事例もあり、民金において、南北対立は、最初から直接影響したわけではなかった。それは、政治的立場を異にする在日を排除するかたちで次第に浸透していった。こうして政治的背景は、朝銀内の異なる政治的立場の在日を吸収する商銀の設立を動機づけたことに表れ、結果として同一地域内に二つの民金を作り出した。

しかしそこには、本章で強調したように、（一般の金融機関ではなく）朝銀と取引しているという経済的ニーズと、朝銀内では政治的要因によって金融サービスで差別を受けるために別の民金設立を期待する経済的要因が、商銀設立の原動力として存在した。もっとも、朝銀があった地域に追随して商銀が設立される過程は、順調ではなかった。十分な在日人口がなく、ビジネスチャンスに恵まれていない地域では、設立を可能にする経済的基盤が不十分であった。このため預金規模は脆弱となり、そのことが本国融資の追加申請の背景になった。また、在日韓国人コミュニティ内には、金融機関に関する知識をもっている商工人が乏しく、在日を同質の「韓国籍」と認識する立場の行政から二つの民金の認可を得ることにも困難が伴い設立まで長い時間が経過することになった。立ちはだかった諸問題の解決には、韓信協の組織能力を必要とした。

以上のように、民金の設立は、政治的背景と経済的要因が絡み合った結果であった。政治性の影響は、人口規模が相対的に小さいために、金融機関の設立がまだ困難な地域にそれを可能にし、結果的に資金基盤の脆弱な金融機関ができたことに集中的に表出した。その一方で、大阪のように有力な民金を作り出し、金融インフラが全国的に整備されたことは、マイノリティの潜在的な資金需要に対応するためには意義深い出来事であったと評価することができる。

国際的な視点から見ると、在日の特徴は、経営資源の不足や初期段階で直面する資金基盤の脆弱さの困難を、韓信協の組織的な取り組みと本国融資の実現によって克服しながら、経済的な基盤が十分ではない地域においても民金設立を可能としたことである。それは、在日の場合、頼母子講に比べて低利で大きな資金需要にも対応できるフォーマルな金融機関が設立されたことや、短命に終わった金融機関が抱えた諸問題を、コミュニティのバックアップによって解決したことを意味する。

零細な民金の誕生過程で明らかになったように、金融的ニーズを先取りすることもあり、本国融資によって設立直後の資金規模を量的に補ったとはいえ、民金の長期的な成長や在日経済に対する機能には、在日の内在的経済発展に依存する部分が大きいことは言うまでもない。したがって、次の問題は、格差の大きい民金のあり方が民金の成長をどのように特徴付けたか、潜在的な資金需要は将来的には民金の経営をいかに規定したのか、また民金は在日企業の活動に対してどのような役割を果たしたか、であろう。これらの点は、次章以降において明らかになる。

第5章　民族系金融機関の資金基盤と経営

はじめに

在日が金融問題を解決するための対策の一つは、結果から言えば自らフォーマルな金融機関として信用組合を設立することであった。しかし、前章で明らかにしたように、経済的要求を汲み取っての設立であったとはいえ、Type 4のような大半の民金は、経済基盤が不十分な段階でスタートした。民金の全国展開の外見的なあり方（①各都道府県別に政治的な立場を異にする二つの民金が設立されたこと、②零細な民金が設立されたこと）を規定しながら、設立を実現させたのは、在日を「南北」それぞれの陣営に包摂しようとする政治的な目的であったのである。ただし、こうした政治的な背景は、民金に要求される経済的合理性の側面までを拘束するわけではないだろう。したがって、設立過程における政治的な背景と、民金の果たしたであろう機能についての評価は区別して論じられるべきであり、後者のためには経済組織としての実態を踏まえる必要がある。

ライトの先駆的研究では、銀行は、頼母子講などの相互扶助的なインフォーマルな金融制度に比べて、より広範に、規模の大きい社会資金を集めることができるというメリットがありながらも、民族コミュニティの経済発展が伴っていない段階では経営が困難であった。金融機関の成長が不安定であった結果、零細・小規模の民族マイノリティ企業は大企業として成長することができなかったと言う[1]。しかし、日本の事例はこれとは異なる。本章では、代表的な民金の経営実態に目を向け、銀行の経営上の問題を具体的に検討していく。民金がどのような問題を抱え、それをどのように解決し、いかにして金融機関として成長したのかを論じる。地域内の限られた組合員への貸出に活動を制度的に制限されていることに規定された民金の経営行動を明らかにし、ライトが注目しなかった点として「閉ざされた市場」から浮かび上がる民金のもう一つの問題についても言及する。

本章の課題は、次の二点である。第一に、民金の経営が、いつ、どのようなかたちで安定したかを明らかにする。この点を、資金基盤である「預金」がどのように集められたか、また資金運用にどのような特徴があったか、これらを基盤にした利益構造はどのようなものであったかを中心に解明する。

その際、次の三つの視点を重視する。一つは、在日は、表層的には、区別される民族集団としては存在しないという点で、資金（預金）基盤の安定化がまず問題になると考えることである。アメリカにおける黒人と対照すれば明らかであるが、在日、在日企業は、「自ら」アイデンティティを明らかにしない限り、統計や目視の手段で第三者が区別することができない。すなわち、在日が集住する地域であっても、名乗らない在日があり、集住地域でない場合は、分散している在日を客観的に認識することは難しい。この困難は、民族団体である民団や大使館という公的組織すら、すべての在日を把握することができない[2]ことからも明らかである。このように民金は「散在」して認識不可能な在日を、市場基盤としてどのように発見し、組合員として組織化するかを重要な経営課題とする。「金融面で差別される民族集団」が存在するとはいえ、彼らと民金との取引が自明な事柄として結び付けられるわけではなく、それは民金による積極的な組合員獲得、預金獲得運動が結実した結果である。

このため、二つ目に、民金の経営の多様性や組合員獲得における違いに注目する。地域的に独立している韓国系在日の信用組合（以下、商銀とすることがある）の経営に、政治的な力は一様には働かなかった。全体としては設立の背景に政治的意図が影響したとしても、商銀の経営は独立したかたちで運営されていたから、どのように預金を集め、運用したのかが異なり、それによって成長のパターンも様々であった。この多様性を明らかにすることによって、次章第6章の民金全体の分析における基本的な視点も提示したいと考えている。三つ目に重視したい視点は、民金間の共通点に注目しながら、民金の経営安定化において指標となる諸点（預金構成、一人当たりの預金高の成長など）を発見することである。なお、それらは、在日コミュニティの経済発展の度合いを測る指標ともなるから、間接的に在日の経済成長の歴史を描くことになる。

第二の課題は、閉ざされた市場を基盤にしていることが、資金運用に関連して、民金の成長にどのような制約条件を付与し、どのような経営行動を特徴付けたかを明らかにすることである。この点は、本書全体にかかわって、次の仮説にもとづいている。信用組合の民金は、制度的に在日コミュニティの限定した市場を基盤としてきたため、資金の調達（預金）や運用は、地域ごとの在日の人口規模や経済活動に規定されている。閉ざされた市場としての制度的な条件は、民金の成長にかかわって、とりわけ貸出市場における制約として露呈することになる。そのような制約条件に対して民金は、コミュニティの経済成長を促す特徴的な経営行動を強いられるが、そのことは開かれた市場での開拓という選択ができないための結果であるかぎりでは、閉ざされた市場での企業としての民金の成長の限界を示すことになる。この限界が意味することは、民金と在日企業との関係や前者が後者の資金調達に果たす役割を評価する際の視座になる。

以上の課題に答えるため本章では主として、代表的な民金である大阪興銀を対象とし、資金調達と資産運用の実態を明らかにする。大阪興銀は、一九八七年三月現在、本支店数二一カ店、役職員数五六六人、総預金高三、八〇一億円で、日本全国の信用組合の中で第二位を占めるまでに成長した、代表的な民金である。(3) 本章では大阪興銀に対して、二つの側面から民金としての代表性をもたせる。第一に、Type 1[4]に分類され、社史などが利用可能である大阪商銀、東京商銀、横浜商銀の各商銀についても適宜検討を加え、大阪興銀に体現されている民金としての共通点を浮き彫りにする。第二の代表性とは、もっとも成長した民金であるがゆえに、閉ざされた市場における成長の限界も示せる、という側面である。

大阪興銀が表出する民金の歴史的経営実態にもとづき、第一節では、経営基盤となる資金の源泉について論じる。どのように資金調達をしたか、資金基盤の安定化をいつ達成したか、について主要な項目の構成における特徴とその歴史的推移から明らかにする。第二節では、資金がどのように運用されたかについて検討する。これらの二つの節にわたって経営基盤の安定化という側面から先述した第一の課題を明らかにした上で、第二の課題は、第三節で明らかにする。そこでは、大阪興銀の融資政策の転換に注目し、利益構造の歴史的推移によって裏付けながら、閉ざされた貸出市場を基盤にした民金の成長の制約を浮き彫りにする。

具体的な分析に先立ち、次章以下の論点との関連で、本章の位置づけを明確にしておこう。次章第6章では、一九七〇年代に焦点を当て、商銀と朝鮮系在日の信用組合（朝銀）の提供する金融サービスについて、設立に関連する政治的な背景の発露、競争関係という視点から考察する。その分析には二つの限界があるが、本章では、その問題に対して予め有益な視点を提示しておく。第一に、分析できる時期の限定性の問題である。一九七〇年代は、民金の全国財務データの使用が可能であり、また七五年企業名鑑から在日企業の取引金融機関が判明する分析上のメリットがある。その反面で分析できる期間は限られる。それゆえ、本章で民金の成長を長期的に分析しておくことにより、一九七〇年代が民金にとってどのような時代であるかが明確となり、これを前提に、そこで見出される歴史具体的な像を相対化することが可能である。

第二に、政治的に対立する二つの民金が同じ民族の組合員基盤の上で、競争的な関係にあったはずだという次章

第6章の分析視角は、民金がいかにして在日を発掘しコミュニティを組織してきたのかという問題意識にもとづいている。朝銀と商銀、両者の関連性についての分析は朝銀のデータが入手しにくいために困難を極めるが、そこで見出された二つの信用組合が提供する金融サービスの差異にかかわる論点は、第7章で全国的な展開を概観する上での手がかりとなり、在日企業にとっての民金の意味を考える上で、踏まえるべき論点を提示してくれる。そこで、本章では、朝銀と商銀という競争関係に代えて、政治的な立場を同じくしながら、営業活動を同地域にした大阪の二つの商銀の競争関係を描き出すことに努めている。こうして明らかになった民金間の競争上の特徴が、仮に政治的背景を異にする民金間にも見出しうるとすれば、それは各地の民金間の競争が政治的な要因によってのみ説明しうるものではないことを示すだろう。共通の市場基盤をもつ民金に注目することによって、政治的対立が経済活動においては、経済的な競争関係として表れる可能性を示すこととなる。また、本章で閉ざされた市場基盤という条件のもとで、競争的な関係にある民金としての特殊な事情がもつ制約面もあわせて論じることは、後続の分析において有用と考えられる。

1　資金調達の特質

民金の成長の歴史を跡付けるにあたり、本節では、全国信用組合の平均的な動向（ここでは、全国信用組合の総計ないし平均として捉えている。以下全国平均と略すことがある）[5]と比較しながら、資金源泉について長期的な特徴を概観する。

（1）資金源泉

表5-1に示されるように、大阪興銀の資金源は、組合員の預金を中心としていた。これは、全国平均の傾向と同様であり、信用組合の資金基盤において一般的に見られる傾向であった。[6] その他に出資金と借用金があるが、初年度を除いて、二つの項目が資金基盤（預金＋借用金＋出資金）に占める比率は最高水準で二割弱であり、それも預金基盤が不十分であった設立初期の一九五〇年代に限ってのことであった。借用金の比率は、全国平均においても、平均約七％であった一九五〇年代に相対的に高い比率を占めている。同年代には信用組合の設立ラッシュが起きており、歴史の浅い経営という状況のもとで、借用金を必要としていたと考えられる。その事情を大阪興銀の社史は、次のように説明している。すなわち、「設立の翌年、手形交換所に加入し代理交換を開始した」が、「口座に残高がないのに小切手や手形がどんどん回って」きた。「結果的に残高不足で不渡返還するにしてもいったん当組合が決済しなければならず、準備資金が足りなければ大変なことになる。資金の絶対量が小さいうえに取引銀行からの借入枠も充分ではなかったので役員らはそのつど金策に奔走しなければならなかった。これが毎日のように繰り返されると資金繰りは極めて繁忙になり、自転車操業のごとき様相を呈してくる」[7] 有様であった。

全国平均の場合、経営の安定化を反映して一九六〇年代半ば以降借用金依存度（資金源に占める借用金比率）が低下するものの、約三％と一定の比率を占めていた。大阪興銀の借用金依存度は、一九五〇年代においては、全国平均よりも高かったが、その後の改善が目覚しい。一九六〇年代半ば以降返済が完了し[8]、九五％近くを預金に依存する健全な経営体制に移行したことがうかがえる。[9] つまり、大阪興銀の設立後約一〇年間に見られた借用金への依存は、小切手、手形などの決済資金の不足に原因があり、預金量の絶対的な不足から、支払い準備資金が十分に確保されていないという未熟な経営状態を示していた。

表 5-1　大阪興銀の資金源

（単位：百万円）

年度	出資金	借用金	預　金	左比率（100%）			預金増加指数（1970 年基準）		
				出資金	借用金	預　金	大阪興銀	大阪商銀	全国平均
1955	49	0	165	22.9	0.0	77.1	1	2	2
1956	66	23	615	9.4	3.3	87.4	2	3	3
1957	70	70	850	7.1	7.1	85.9	3	4	4
1958	70	102	803	7.2	10.5	82.4	3	4	5
1959	63	156	965	5.3	13.2	81.5	4	5	7
1960	64	168	1,285	4.2	11.1	84.7	5	7	10
1961	71	144	1,819	3.5	7.1	89.4	7	9	13
1962	81	276	2,408	2.9	10.0	87.1	9	12	18
1963	110	221	2,925	3.4	6.8	89.8	11	15	24
1964	121	264	3,703	3.0	6.5	90.6	15	18	31
1965	162	87	4,674	3.3	1.8	94.9	18	24	39
1966	203	0	7,182	2.8	0.0	97.3	28	34	48
1967	254	20	10,705	2.3	0.2	97.5	42	51	59
1968	336	0	15,112	2.2	0.0	97.8	59	65	72
1969	442	0	20,152	2.1	0.0	97.9	79	75	86
1970	603	0	25,525	2.3	0.0	97.7	100	100	100
1971	733	0	31,114	2.3	0.0	97.7	122	120	120
1972	944	0	41,896	2.2	0.0	97.8	164	142	146
1973	1,108	0	51,024	2.1	0.0	97.9	200	172	181
1974	1,241	89	60,128	2.0	0.1	97.8	236	214	212
1975	1,542	0	75,116	2.0	0.0	98.0	294	275	251
1976	1,929	738	87,104	2.1	0.8	97.0	341	340	289
1977	2,278	481	96,712	2.3	0.5	97.2	379	400	318
1978	2,278	0	111,559	2.0	0.0	98.0	437	450	358
1979	2,414	2,865	129,598	1.8	2.1	96.1	508	354	400
1980	2,482	2,464	146,417	1.6	1.6	96.7	574	376	437
1981	2,628	1,838	165,433	1.5	1.1	97.4	648	402	479
1982	2,738	1,592	209,777	1.3	0.7	98.0	822	456	523
1983	2,769	1,225	242,142	1.1	0.5	98.4	949	541	562
1984	2,815	2,103	271,335	1.0	0.8	98.2	1,063	567	601
1985	3,035	3,767	317,766	0.9	1.2	97.9	1,245	602	636
1986	3,440	1,387	380,154	0.9	0.4	98.7	1,489	673	674

資料）大阪興銀は，「財務諸表」『大阪興銀三十年史』1987 年，411-439 頁，大阪商銀は，「業務（事業）報告書」第 3 期～第 47 回期，全国平均は，日本銀行調査統計局『経済統計年報』昭和 34 年，91 頁，昭和 40 年，224 頁，昭和 45 年，133 頁，昭和 50 年，147 頁，平成 7 年，107 頁，より作成。

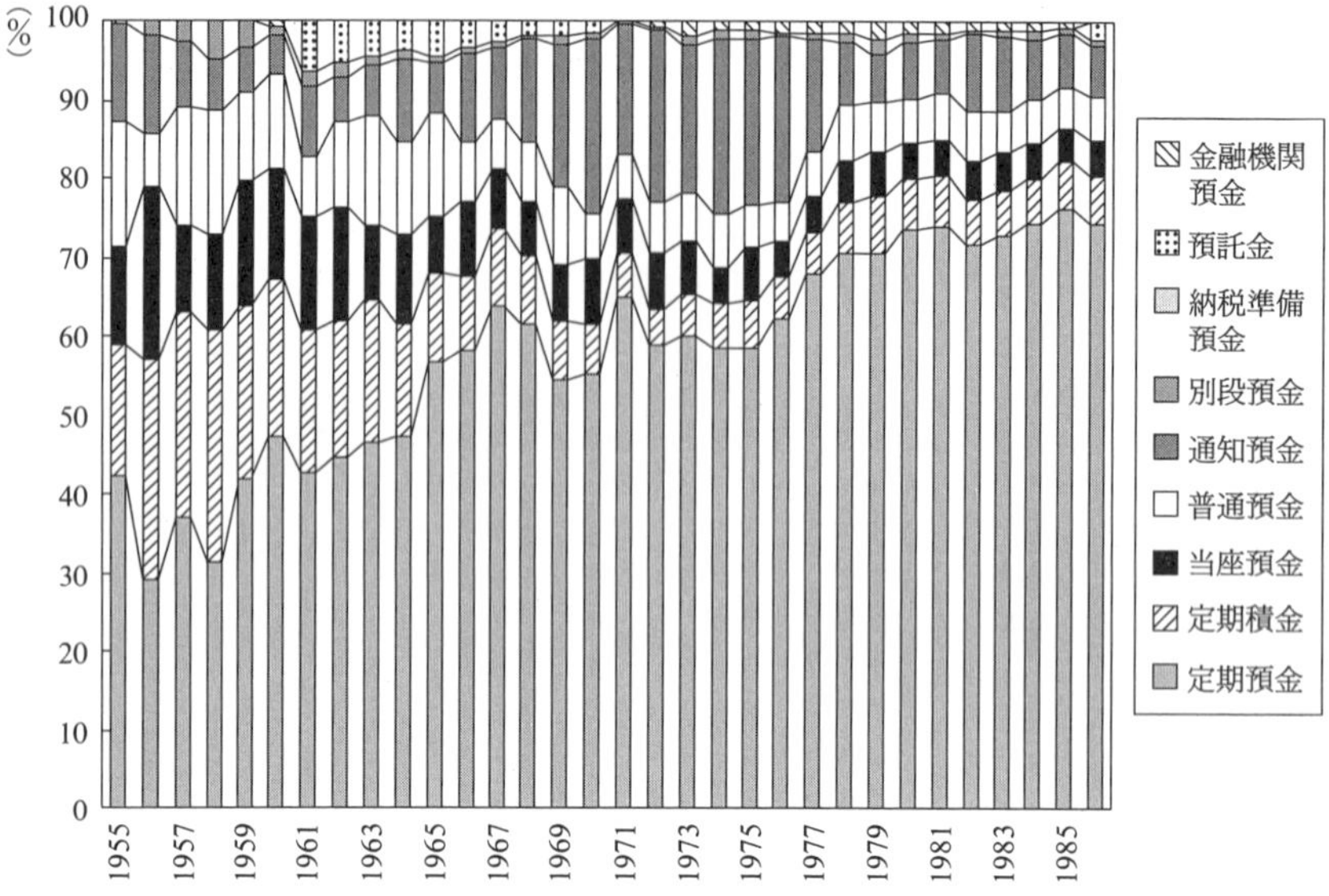

図5-1　大阪興銀の預金構成

資料）「貸借対照表」大阪興銀『大阪興銀三十年史』1987年，411-439頁より作成。

（2）経営基盤の脆弱性

大阪興銀の資金源のほとんどを占める預金について詳しく見ると（図5-1）、中心をなしているのは、定期性の積金・預金である。その比率は一九五〇年代の六割から、七〇年代七割、八〇年代以降八割へと上昇した。小口で短期性をもつ定期積金（以下、定積と略称する）と大口で長期性をもつ定期預金は、後者の比率が高いほど預金基盤の安定性を示す。前者の定積の比率は、設立直後は三割を占めるほどの意味をもっていたが、一九六〇年代後半から比率を下げ、七〇年代以降は一割を切って推移した。そのことを反映して定期預金比率が上昇しており、預金基盤の安定化が一九六〇年代後半に進んだと思われる。

設立初期の大阪興銀では、預金に対する定期預金の比率が他の信用組合に比べて低いことが問題とされていた。図5-1によると、一九五五年から六〇年までの五年間、定期性預金の構成比は、約五七%から六五%に増加したが、それは全国平均より約一〇%低い水準であった。[10] その一つの要因は、定期預金の比重が低かったからであった。[11] 設立後初期の営業活動は、経営基盤整備のために預金吸収が中心であったが、「預金勧誘をして契約できるのも、ほとんど日掛・月掛といった定期積金であり、定期預金の獲得は難しかった[12]」。設立間もない大阪興銀の信用力問題の他に、同胞社会全体の資本蓄積や個人資産の形成がまだ初期の段階にあり、余裕資金に乏しいためであった。[13] 一九六〇年代に入ると、定積の増勢が急速に鈍化[14]し、その一方で、「組合員の設備投資需要に応えるためには、長期の安定した資金を吸収しなければならな[15]」い状況が発生した。そこで、大阪興銀は、六四年一一月から目標を設定した預金増強運動を展開した。その結果、「つねに予想以上の成果を収め」、とりわけ定期預金は顕著に増加した。[16] こうして、一九六五年以降、定期預金の比率は総預金の五割を超えるようになった。

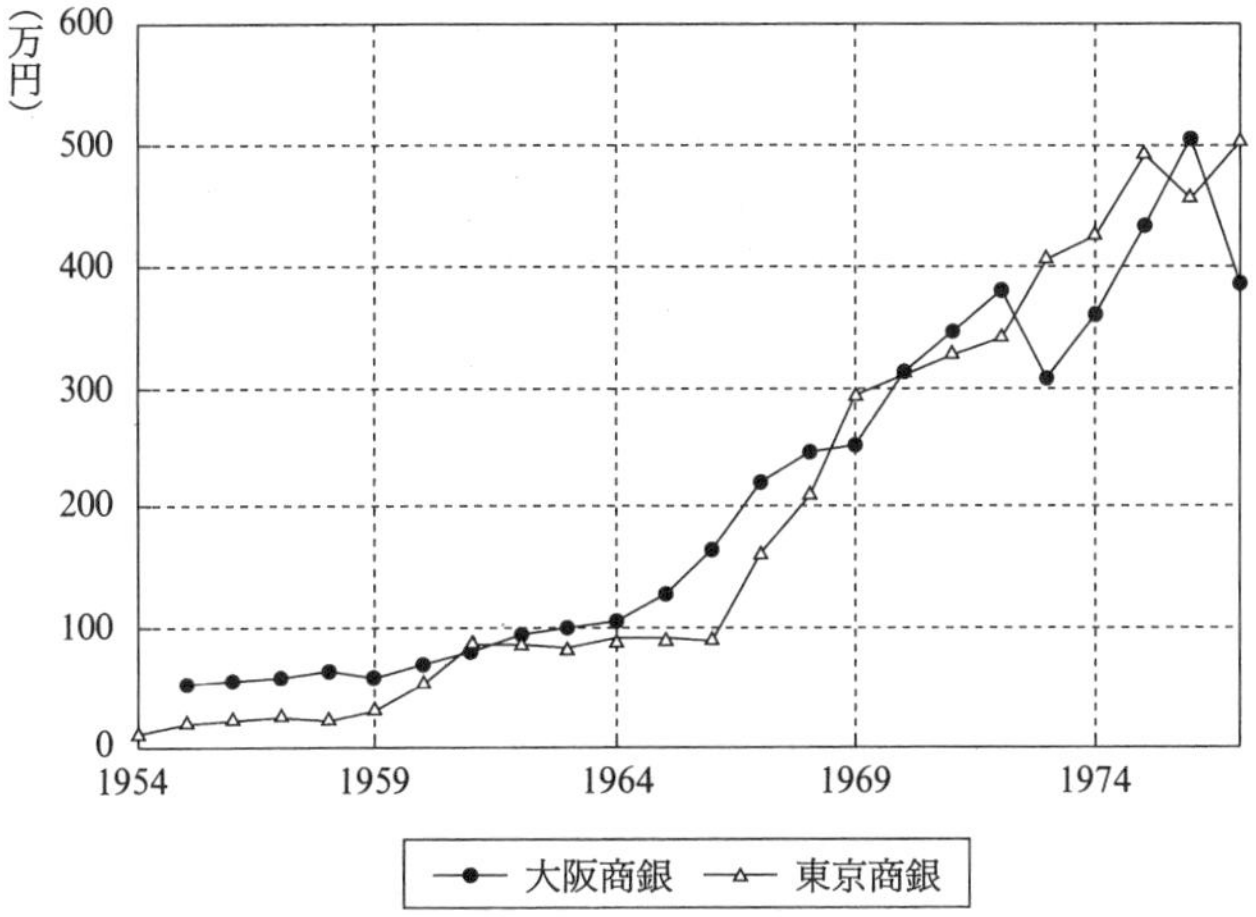

図5-2　1人当たり預金高

資料）預金高は，大阪商銀は「業務（事業）報告書」第3期～第47回期，東京商銀は「貸借対照表」『東京商銀三十年史』（1984年，318-357頁），組合員数は『東京商銀三十年史』（1984年），『大阪商銀二十年史』（1973年）より作成。

　預金基盤の安定化は、一人当たりの預金高の推移からも確認できる。指標がとれる大阪商銀と東京商銀の一人当たりの預金高を示した図5-2によると、時期の多少の差はあるが一九六〇年前後と六六年前後に、両組合ともに、階段状で上がっていることが認められる。後者の上昇率がより大きいことも、共通している。在日の所得は一九六〇年代後半以降から増大したと推測される。[17]

　以上のように、預金の安定化は、時代的推移を共通に

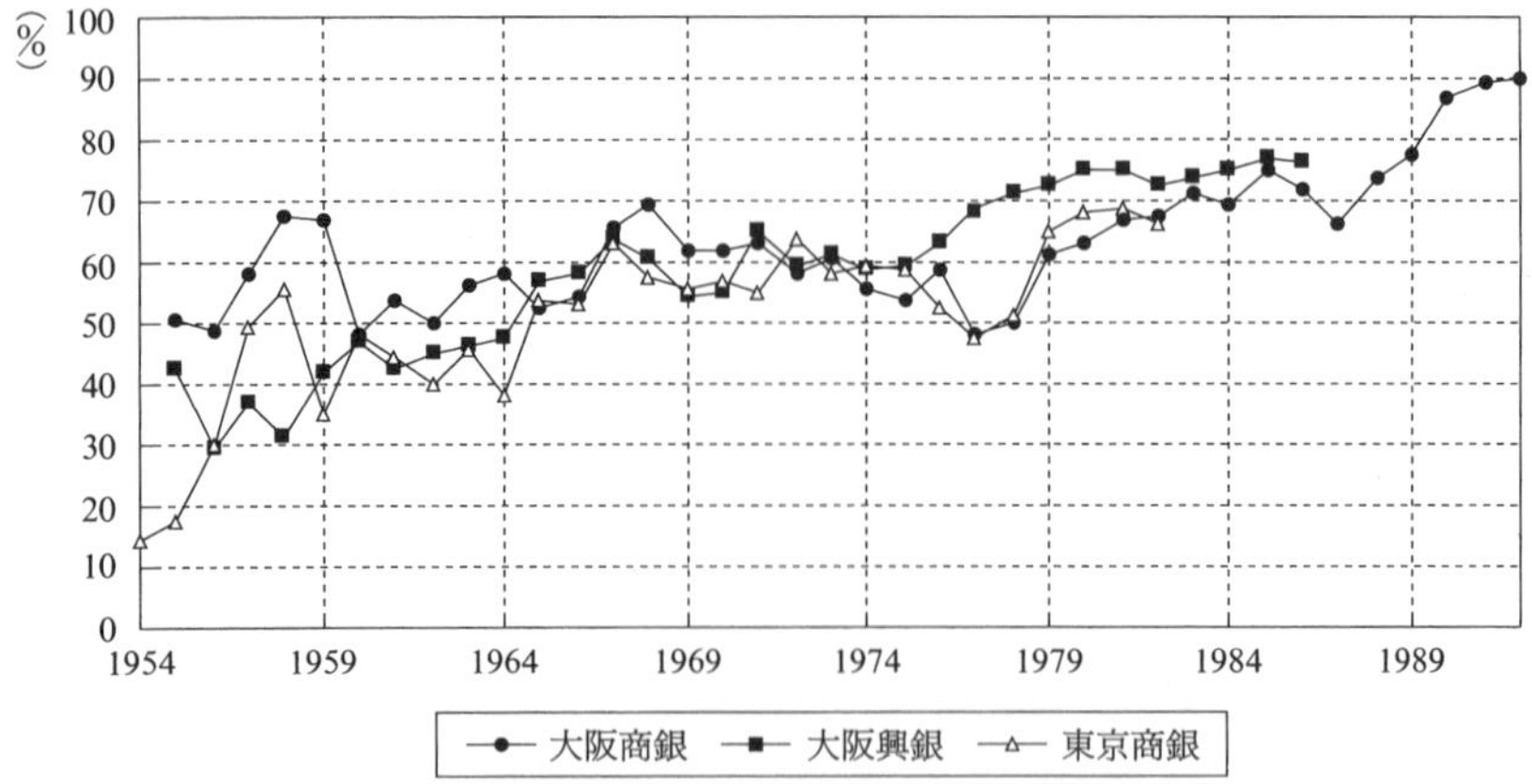

図 5-3　安定的資金源の確保（預金に占める定期預金の比率）

資料）大阪興銀，大阪商銀は表 5-1 に同じ。東京商銀は図 5-2 に同じ。

しながらも、それに至る過程は個別民金間に差異もあった。預金に占める定期預金比率を示した図5-3の設立初期に注目すると、大阪商銀は、定期預金の比率が他の民金に比べて高い。[18] 一九五〇年代半ばにおいて、預金全体のなかで占める割合は、すでに五〜六割を超えている。定期預金の獲得が課題とされた大阪興銀に比べて、大阪商銀は比較的に安定的な資金基盤があったことを意味する。[19]

東京商銀の定期預金の構成比は、設立初期に激しく変動している。一九六〇年代前半の東京商銀の定期預金比率は約四割を占めており、大阪の二つの民金より低い水準にあった。その代わり預金に占める定積比率は高かった（一九六〇〜六五年平均比率は、大阪商銀約二二%、大阪興銀約一六%、東京商銀約三四%）。[20] これらの点は東京商銀の預金基盤が不安定であったことを示している。[21] 設立初期にこのような不安定さをもった要因の一つは、東京商銀の預金獲得に対する取り組み方、すなわち組織の営業力の違いと考えられる。[22]

東京商銀が、新しい組合員や預金の獲得が順調でなかった理由は、同商銀が、左翼系と合同で設立した朝銀東京（第4章の同和信用組合）から分立して設立されたものの、朝銀の圧倒的な規模に遅れをとっていたからであった。そのため、第一期総代会（一九五五年）では業績不振の責任が問われ、全役員が総辞職する事態が発生した。再び営業不振が問題になった一九五八年三月末現在では、朝銀東京が、組合員数においては商銀の約五倍、出資金は約三倍、預金高は約五倍であることが指摘され(23)、六〇年には、前年の不振を理由として組合長が辞職することになった。このように、東京商銀の定積が相対的に高い比率を占めていたのは、定期預金が可能な組合員の獲得ができなかった営業不振の表れとして考えられる。

一九五〇年代の設立初期に見られた、定積の比率などの預金構成における民金間の差は、六〇年代後半になると縮小するようになった。東京商銀の定積比率は一九七〇年代以降一〇％以下に低下し、定期預金は六五年以降平均五割以上になった（図5-3）。

以上のように、一九五〇年代における低い在日の所得水準や乏しい家計余剰が、預金の零細性と短期性を規定し、そのため民金の経営は決済資金としての借用金が必要となるなど、脆弱性を免れないものであった。預金の零細性の解消は、定期性預金の上昇に伴って一九六〇年前後に端緒が見られたが、六〇年代後半になると勢いがつき、定期預金の比率の上昇をもたらした。こうして預金の零細性と短期性がある程度解消されると同時に、安定的な資金基盤として定期預金の構成が高まるにつれて決済資金としての借用金の比率も低下した。

一九六〇年代後半に見られた預金構成の安定化は、二つの側面から考える必要がある。一つは預金量の絶対額の確保であり、もう一つが預金構成の質的な安定化である。こうした二つの側面は独立したものではなく、定期預金の比率の上昇が問題になったように、預金構成の変化が結果的には量の確保に繋がり、大口の定期預金獲得が構成比の変化をもたらした。いずれにしても、この二つの側面を総合した預金量の成長は、東京商銀の事例が物語るように保証された道筋ではなかった。預金量の成長についてはあらためて分析することにし、民金においてどのように資金基盤の「安定化」が図られたのかについて、次項で若干の考察を加えることにする。

表 5-2　大阪興銀の預金増強運動

（単位：百万円）

年　度	実施期間（不明な場合は期限のみ）	目標値（A）	実　績（B）	達成率（B/A，％）
1955	12 月	90	130	144.4
1957/①	3 月	235	615	261.7
1957/②	不　明	120	120	100.0
1965	期末（1966 年 3 月）	4,505	4,673	103.7
1967	11 月～12 月	10,000	10,705	107.1
1969	期末（1970 年 3 月）	20,000	20,151	100.8
1973	11 月～12 月	50,000	46,694	93.4
1975/①	1 月 16 日～3 月	60,000	60,128	100.2
1975/②	7 月～10 月	2,000	3,000	150.0
1975/③	12 月	70,000	71,329	101.9
1976	不　明	80,000	87,104	108.9
1978	7 月 17 日～9 月	100,000	111,200	111.2

注）1957/② の運動と，1975/② の運動は，期間内に達成する金額，その他は期間末の預金残高。
資料）大阪興銀『大阪興銀三十年史』1987 年より作成。

（3）預金基盤の強化――①預金増強運動

ここでは預金の絶対的な量の確保という視点から「預金増強運動」を、次項では質的に安定的な資金源という視点から本国からの支援金（第4章で触れた本国融資）を取り上げ、預金基盤の強化について検討する。

表5-2は『大阪興銀三十年史』に記載された預金増強運動のなかで、金額ベースの目標値と結果がわかったケースのみをまとめたものである[24]。

表5-2の大阪興銀の預金増強運動の平均達成率は一二三・六％であり、ほぼ同じ期間の東京商銀の平均達成率九三・六％を大きく上回った[25]。大阪興銀は、金融引き締め措置の影響を受けた一九七三年を例外とし、ほとんどの預金増強運動において目標値を上回る実績をあげた[26]。「一九六四年の預金増強運動を契機として、この年から毎年数回の預金増強月間が設けられるようになった[27]」大阪興銀では、明確な目標設定の下で推進される預金増強運動が通常の営業活動内に取り込まれることになった。それに伴って、ゴルフ会や懇親会、敬老会[28]などを展開した。こうした活動は、第一義的には、分断された在日の繋がりを強化する親睦を目的としており、預金獲得に直接繋がるわけではない。しかし、民金にとってみれば、潜在化していた在日を発見する機会が与えられ、市場獲得の基盤づくりになったと考えることができる。それに対して東京商銀は、一九七三年以外にも、達成できなかったケースが見られた。一九七三年の場合も、

大阪興銀が目標期間を三カ月延長して再設定し、一カ月残して達成されたのに対して、目標額と期間を調整しても東京商銀は、達成できなかった。

こうした結果の違いを説明することは、容易ではない[29]。一般的に指摘されるように朝鮮総連の民団に対する組織力の優位性が、政治的中心地の東京においては他の地域より強かった。そうした組織力の優劣は、商銀経営にも少なからず影響したであろう。強調しておきたい点は、在日の人口規模において第二の規模をもっている東京に設立された東京商銀においても、預金獲得が容易ではなかったこと、組合員としての在日と預金は、積極的に集めなければ集まらない——いかにも自明なことであるが——、ということである。このように、個別民金の経営規模は、地域の在日総人口だけでなく、預金獲得の具体的な実行内容によって規定されると考える。

東京商銀の初期において困難であった預金の獲得は、一九六七年に転機を迎える。一九六五年三月末に預金高二〇億円達成を目標としていながらも、六五年の日韓条約後の六七年三月末においても約一七億円にとどまっており、預金獲得に苦戦を強いられていた。ところが、一九六七年五月に第六代理事長として許弼奭が就任してから、同期末（六八年三月末）に一気に約三七億円を突破した[30]。

この実績に表される顕著な成長をもたらしたのは、預金獲得に対する取り組みの変化であった。預金増強運動において、期間を設定し、目標値を設定することはそれまでも見られたが、一九六七年からは新たに積極的な宣伝活動や在日の親睦を深める活動も行うことになった。新理事長の下で、一九六七年に、商銀ゴルフ会開催（同年一〇月から始まり、基本的に毎月開催）、地区別の映画会や懇談会などを開催し、在日のための様々な催しを企画し、東京商銀の宣伝を行った[31]。そして、旧体制においては、本店開業から一〇年後（一九六四年）になってようやく第一号新宿支店を開設したに過ぎなかったのに対して、六七年から第二号として荒川支店の計画を進め、六八年に開業したことを皮切りに、一年から二年おきに支店を新設するようになった[32]。

組合員や預金獲得が実際の活動の結果であるとすれば、新規開拓が行われる過程も重要であろう。設立初期については不明であるが、一九八〇年代以降の大阪興銀の事例についての証言に依拠し補足説明をしておこう。

新規開拓の方法としては、まず、各種の在日関連の組織が作成した名簿にもとづいて行われる大阪興銀の宣伝活動がある。「新規先をとるときはいろいろなデータがあるんですよ。まず、民団名簿があります。それから商工会名簿、道民会リストがあります。〔それらに〕取引がある、ないとチェックすると、三分の一くらいから半分があります。こういう名簿〔のなか〕にまだ〔取引のない在日が〕沢山残ってるんですよ[33]」。しかし、「民団名簿もだめですよ。三分の一は不十分ですね。名簿に載っていないのが沢山あるんです。道民会[34]はまだまし。網羅している数が少ない〔何百人〕から、まだ正確性があるんです。〔在日を〕一〇〇％網羅しているところはない。領事館もだめ」というように、名簿は在日を発見する一つの手段に過ぎなかった。このため、実際の営業活動は、例えば、「歩いて、自転車にのって、表札から見つけることも」ある[35]。その一方で重要な手段は「やっぱり紹介、口コミが一番多かったんですね。取引がある企業から、関西興銀〔大阪興銀〕いいから取引しなさいというのが沢山ありますす」というように、取引先の組合員と築く信頼関係は、新規顧客の開拓にも影響する。貸出金利の高低などの金融サービスだけでなく、大阪興銀が展開するコミュニティのための様々な活動（ゴルフ会や敬老会など）が、民金と顧客との信頼関係を築いていく上で効果をもち、取引関係に影響した[36]。こうした信頼関係によって、紹介などを通じて新規開拓できる顧客の情報も入手することができた[37]と考えられる。

(4) 預金基盤の強化――②本国融資

次に、特に民金の初期の経営において無視できない資金基盤になったものとして、一九六一年から配分された「在日僑胞中小企業育成基金」（本国融資）について指摘しなければならない。本国融資は、前章で明らかにしたよ

表5-3　本国融資（「在日僑胞中小企業育成基金」）の役割（大阪興銀）

（単位：百万円）

年（3月）	預金高	割当額[1]	増加額比率[2]（%）	年（3月）	預金高	割当額[1]	増加額比率[2]（%）
1961	1,285	8		1971	25,525	374	−0.5
1962	1,819	117	20.4	1972	31,114	不明	
1963	2,408	129	2.0	1973	41,896	337	
1964	2,925	129	0	1974	51,024	967	6.9
1965	3,703	136	0.9	1975	60,128	616	−3.9
1966	4,674	210	7.6	1976	75,116	865	1.7
1967	7,182	242	1.3	1977	87,104	1,352	4.1
1968	10,705	295	1.5	1978	96,712	1,537	1.9
1969	15,112	356	1.4	1979	111,559	1,531	0
1970	20,152	401	0.9	1980	129,598	2,915	7.7

注1）割当額＝「貸借対照表」の預託金（1973年より金融機関預金）勘定。
　2）増加額比率＝対前年割当額増加額／対前年預金増加額×100。
資料）「貸借対照表」大阪興銀『大阪興銀三十年史』1987年，411-439頁より作成。

うに、韓国政府が在日企業のための二〇〇万ドル支援を決定したことにもとづいて実現したものである。詳しくは前章で検討したから、ここでは比較的詳細にその推移がわかる大阪興銀を取り上げ、本国融資の役割の歴史的推移を確認しよう。表5-3は、データが取れる年度の本国融資の配分額について、各年の預金高増加額に対する本国融資の比率を示したものである[(38)]。重要なポイントのみをまとめると、次のようになる。

一九六二年における大阪興銀の本国融資の配分額は、対前年預金増加額の二割程度であり、小さくない比率を占めている。安定的な預金の不足に悩まされていた設立初期の一九六〇年代前半において、安定的資金源泉としての役割を果たしていた。また、推測の域を出ないが、本国支援という名目と有利な融資条件が組合員に対する呼び水的な効果をもたらした可能性を考えれば、それ以上の意味があったと思われる。一九六六年になると約八%に低下し、同基金の増額に合わせて比率も変動するが、初期に比べて低い水準で推移した。同じく大阪商銀は、一九六一年一七・九%、六五年一二・九%であり[(39)]、代表的な民金の割当額の意味は、成長するにつれて相対的に小さくなった。零細な民金においても、第4章で検討したように組合員数や預金高など民金の経営規模によって配分額が決まっているから実額は小さいが、

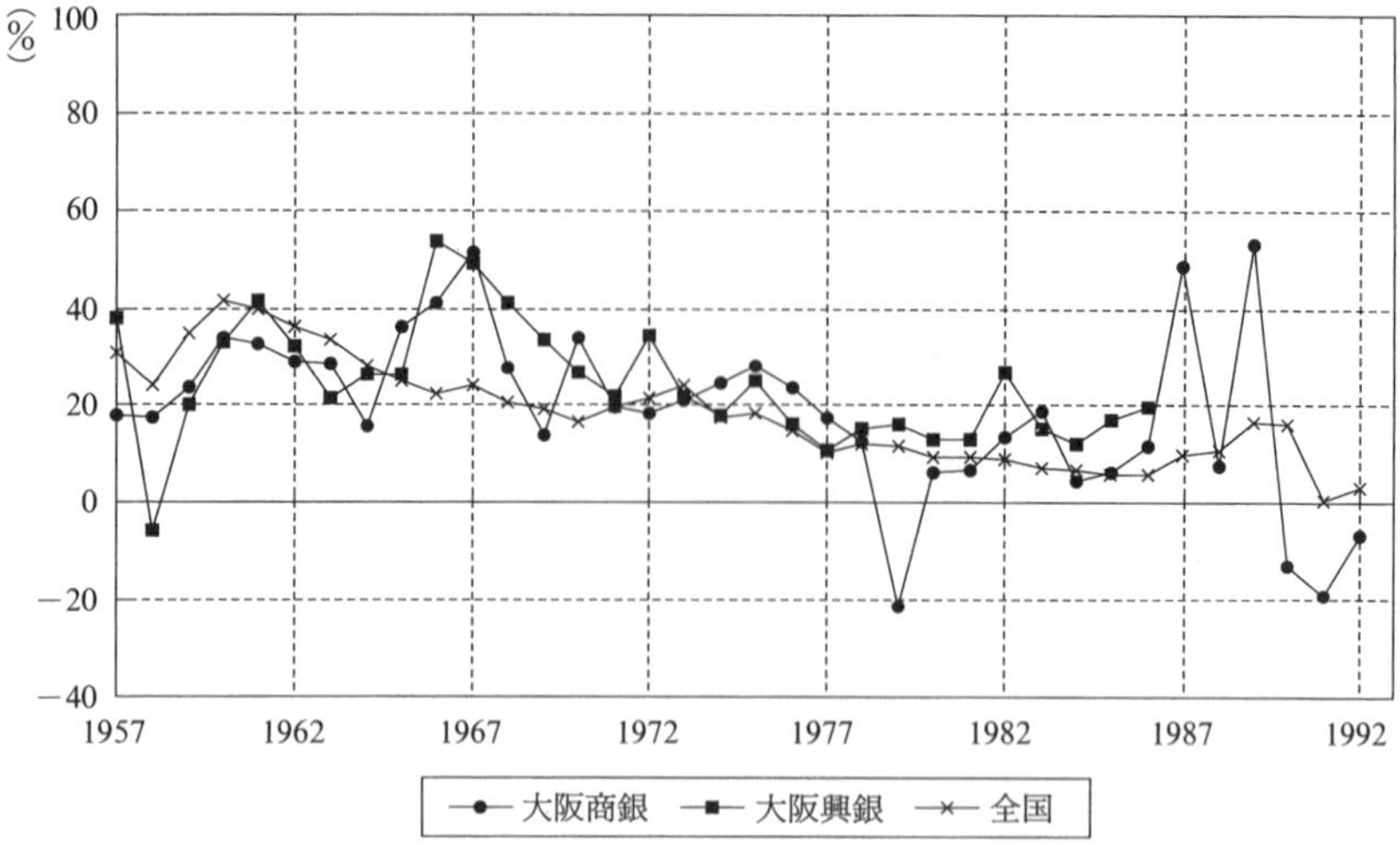

図 5-4　預金成長率

資料）全国は，日本銀行調査統計局『経済統計年報』昭和 34 年，91 頁，昭和 40 年，224 頁，昭和 45 年，133 頁，昭和 50 年，147 頁，平成 7 年，107 頁，大阪興銀，大阪商銀は表 5-1 に同じ。

本国融資は、特に設立初期において安定的な資金源として重要な役割を果たし、呼び水的な効果をもたらしたものと考えることができる。

(5) 預金高の成長

民金に共通する長期的な特徴について、図5-4により、成長率の動向を全国平均と対比しながら見てみよう。大阪商銀と大阪興銀は、設立初期および一九七九年を除けば、多少の差を示しながらも概して成長率の高低が連動している。[40] 振幅が大きいとはいえ、長期的には全国平均の動向に沿って推移した。そのなかで、一九五〇年代には全国平均を下回っていた預金成長率は、六五年以降、概して平均を上回るようになり、同年は民金にとって転機になったと思われる。[41]

すでに指摘したことと重なるが、一九六〇年代後半が在日社会において大きな意味をもったことは間違いない。一九六五年に締結された日韓条約以降の安定的な社会環境が、金融機関の基盤整備において、預金の急成長というかたちで表れたことになる。しかし、政治的な背景が直接影響したというより、まずは、在日の経済的な地位の上昇要因を考えることが適切であろう。
　政治的な状況の反映は、組合員数を代理変数として見ることができる。その推移がわかる大阪商銀と東京商銀の傾向を見ると（図5-5）、大阪商銀の組合員数はそれ以前からコンスタントに増加しており、一九六〇年代後半が明確な転機になったと見ることはできない。一方の東京商銀は、短期的な増加に終わった一九六一年、六八〜六九年、七七年、八〇年を除き、預金の獲得運動が積極的に展開された一九六八年以降の組合員数増加が目覚しい。他方で、すでに触れた在日の経済的地位の上昇が一人当たりの預金高増加（前掲図5-2）によって表現されると考えると、東京商銀の場合、一人当たり預金高の成長と同民金の下への資本の結集（組合員数の増加）が同時に起こったと思われる。

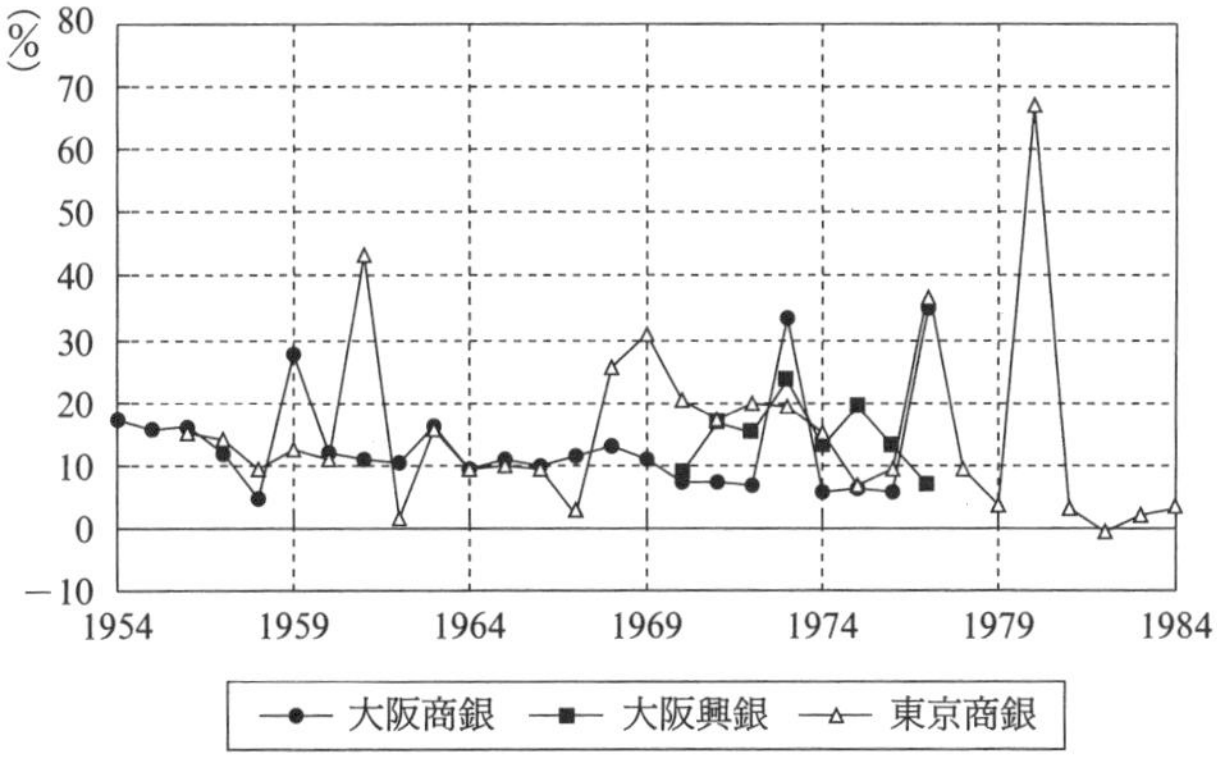

図5-5　組合員数伸び率

資料）東京商銀は，『東京商銀三十年史』1984年，大阪商銀の1969年までは，『大阪商銀二十年史』1973年。大阪商銀の1970年以降・大阪興銀は，『全国信用組合財務諸表』昭和44年〜昭和52年度，より作成。

　東京商銀の一九六〇年代後半の預金高の増額を、組合員数の増加と一人当たりの増加額から考えると次のようになる。一九六五年三月から七〇年三月までの東京商銀の預金高の増額は約一一五億円、六五年三月の組合員数一、八〇五人、新組合員数二、四五九人、六五年の一人当たり預金高は約九二万円、その増加額は約二一八万円である。預金高の増額は、既存の組合員の一人当たり預金高の増加した分の総額（A：二一八万円×一、八〇五人）と新組合員の預金高（[九二万円×二、四五九人]［B］＋預金増加額［二一八万円×二、四五九人］［C］）の合計である。一人当たり預金の増額で説明される、A、Cの預金高増額（A＋B＋C≒一一五億円）に対する寄与度は、約三四％、四六％であり、一九六〇年代後半の預金高の増加は、八割程度を一人当たりの預金高の増加で説明できる。約二割は、組合員数の増加による結果であった。このように東京商銀の預金高の成長は、一人当たりの預金高の増加＝「蓄積」とともに、分散し、埋もれていた在日の資金が積極的な預金運動によって発掘され、「結集」した結果であった。

（6）資金調達コスト

以上の預金獲得は、民金の経営にとっては、結果として、資金調達コストの変化からも見ることができる。その歴史的推移について検討を加えておこう。ここでは、預金金利＝資金コストに対して、同じ地域に設立された大阪興銀と大阪商銀の組合員獲得をめぐる競争が影響する側面がありうることを示す。二つの民金は、同地域の韓国系の在日という同じ母集団を経営基盤としているため、組合員や預金獲得において競争関係にあるが、ここでは、両者の競争を、限られた組合員の争奪戦としてのみ想定しているわけではない。同化の進展などで潜在化している在日を発掘し、組合員として取り込むことによる預金高の増加を促し、結果として市場拡大に繋がるような競い合いの状態を指している。以下の分析において、大阪興銀と大阪商銀の預金金利を対照し、分析するのは、両者の優劣を決定付けるような狭義の競争過程に関心を寄せるからではなく、そこに見られる有意な差や個別民金の行動が、在日を市場として形成し、基盤を強化した側面がある、という仮説にもとづいている。

図5-6より、資金調達コストの主要な項目である預金金利から見ておこう。民金にとって預金金利は、資金基盤となる預金を集める上で、組合員獲得をめぐる他の金融機関との競争において一つの要素になる。既述した競争の概念を念頭に置きながら同図を眺めると、後発の大阪興銀の預金金利は、高低の変化においては規制金利とされる金融機関全体の預金金利(42)（以下、平均金利とする）に連動しながらも、平均金利の傾向とは乖離するかたちで右

肩上がりになっている。大阪興銀に比べると、大阪商銀の金利水準は、一九五〇年代にすでに高い水準になっているためか、歴史的な傾向は明確ではない。平均金利が一九六〇年代において安定していたのとは異なり、大阪興銀が階段状の上昇傾向にあり、大阪商銀が二つの山を描いているのは、この時代において民金の預金構成の変化——安定的な資金源泉となる定期預金の上昇——が激しかったことが影響していると思われる。

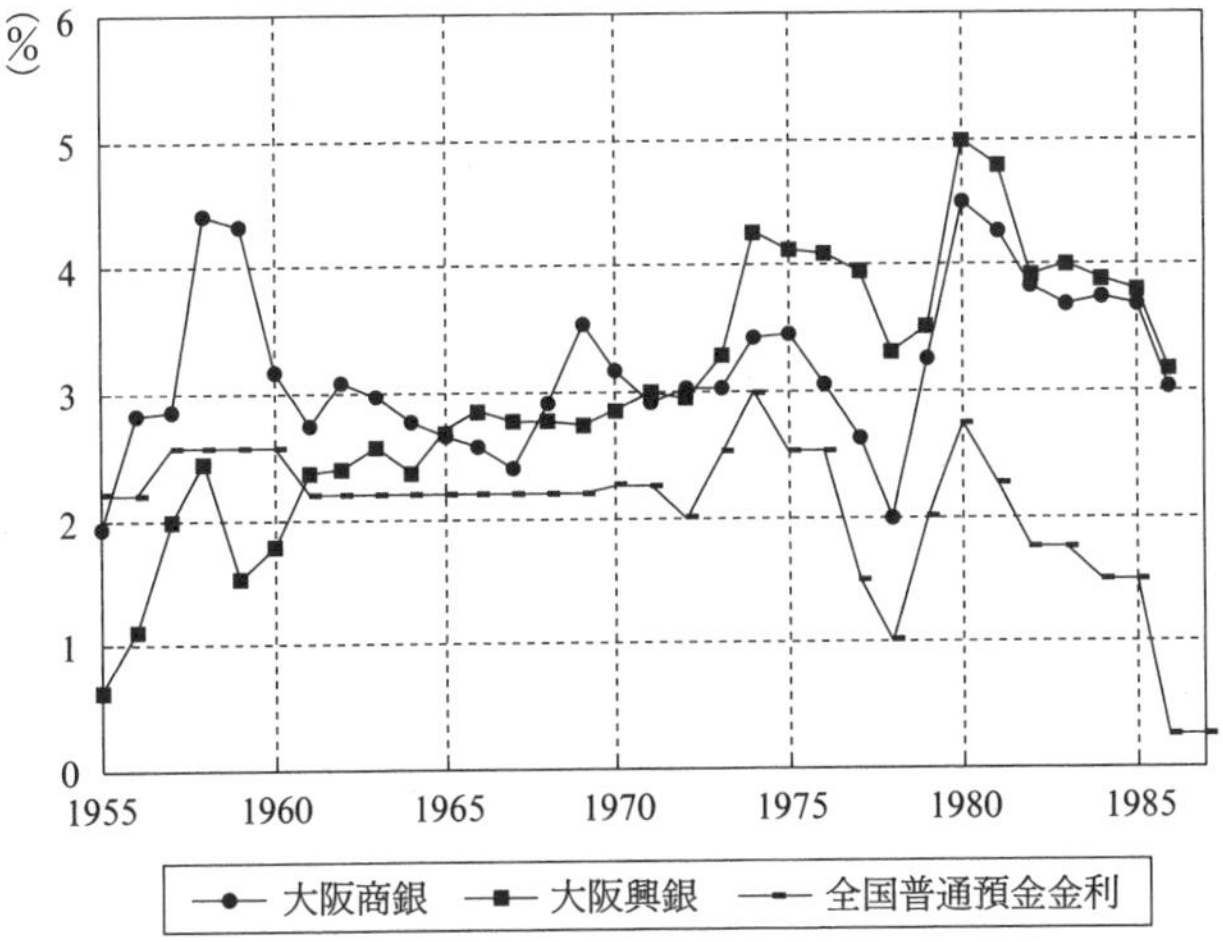

図 5-6　預金金利

資料）全国普通預金金利は，『日本長期統計総覧』（日本統計協会 1987-1988，総務省統計局ホームページ〈http://www.stat.go.jp/data/chouki/zuhyou/14-01.xls〉）の日本の長期統計系列（内日本の長期統計系列 第 14 章 金融・保険，14-1 主要金利水準［昭和 21 年～平成 15 年］)。原データは，日本銀行調査統計局『経済統計年報』，『金融経済統計月報』。大阪商銀，大阪興銀は表 5-1 に同じ。

表 5-4　預金獲得競争

（単位：百万円）

年	大阪商銀		大阪興銀
1961	1,836	＞	1,819
1962	2,372	＜	2,408
1963	3,056	＞	2,925
1964	3,535	＜	3,703
1965	4,817	＞	4,674
1966	6,801	＜	7,182
1967	10,296	＜	10,705
1968	13,160	≪	15,112
1969	15,008	≪	20,152
1970	20,125	≪	25,525

資料）表 5-1 に同じ。

大阪興銀の預金金利について時代別に見ると、一九五〇年代後半では大阪商銀との間に大きな格差が存在していたが、大阪商銀の高すぎた資金調達コストが調整される方向にあった六〇年代には、金利差が縮小した。表5-4では、この時期に、預金獲得において大阪興銀の大阪商銀に対する追い上げが激しかった様子がうかがえる。大阪興銀において、一九六五年に思い切った預金金利の引き上げが見られ、大阪商銀を上回る金利水準が六七年まで続き、同期間中に大阪商銀の預金高を追い抜くことになった。それに対して、大阪商銀も一九六八年に大幅な引き上げが見られたが、再び低下するなど変化が激しく、預金構成が安定していないことが示唆される。それとは対照的に、大阪興銀は一九六〇年代から七〇年代前半まで、定期性預金の獲得が順調であったと思われる。平均金利が一九七四年から七七年まで低下するなかで、大阪商銀との金利格差が拡大するかたちで、大阪興銀の預金金利が下げ止まっていることは、注目に値する。こうした条件のなかで、大阪興銀は、一九七八年九月に預金高一、〇〇〇億円突破を達成した[43]（前掲表5-1）。

2　資産運用の特質

(1)　資産運用

大阪興銀の資産運用を表した図5-7によると、その中心は預け金と貸付および割引（以下では貸出金とする）である。この傾向は、預け金と貸出金が九割以上を占める全国平均においても同様である。組合員に必要資金を提供しあう信用組合の相互扶助的な性格は、資産運用の面では、こうした貸出金を中心にするシンプルな構成として表れる[44]。

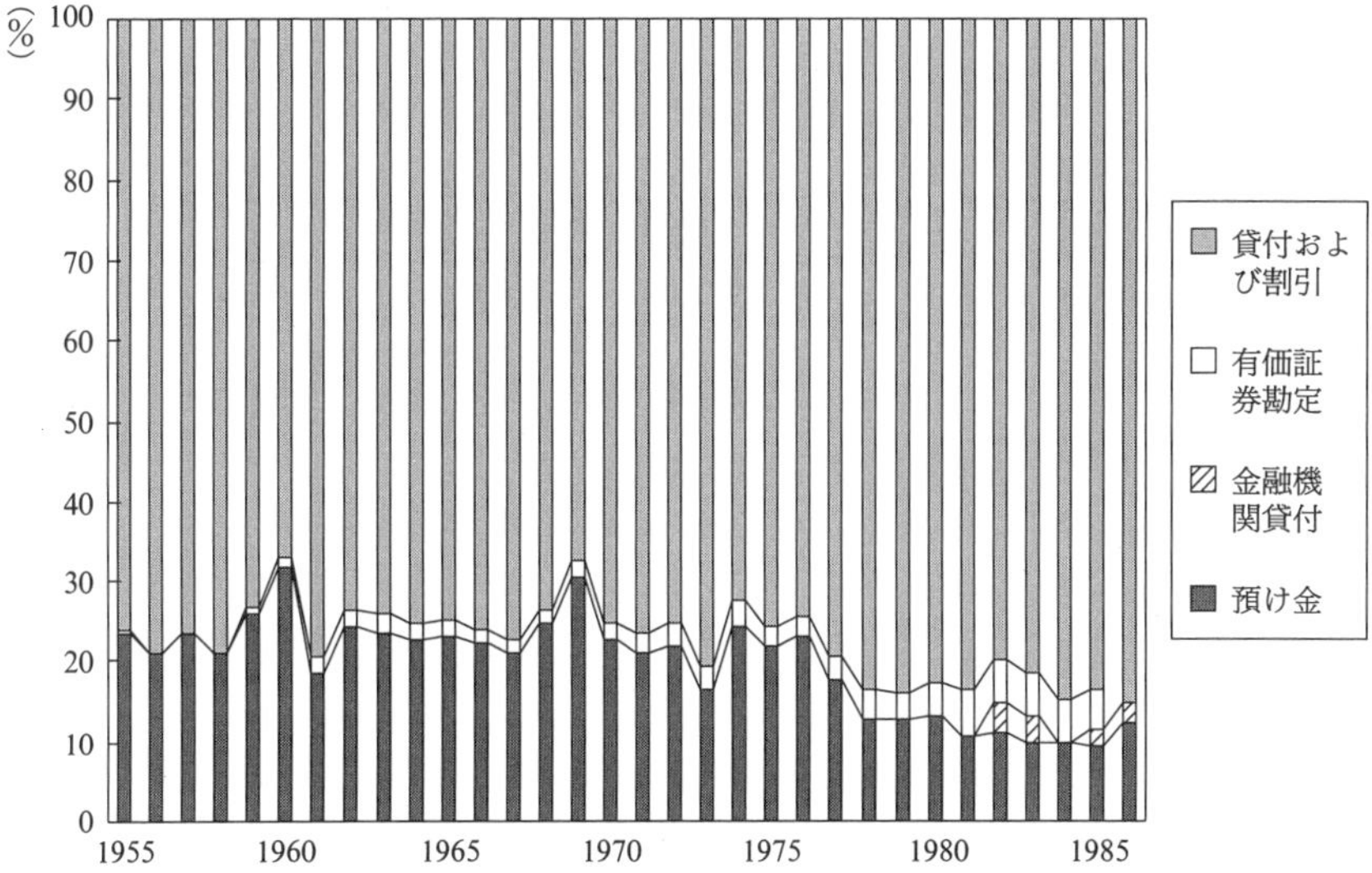

図5-7　大阪興銀の資金調達と資産運用

資料）表5-3に同じ。

貸出金について時代別に見ると、一九七五年を前後にして、全国平均と大阪興銀の違いが看取される。資産運用に占める貸出金比率は、一九七五年まで、全国平均が大阪興銀より高いとはいえ、約七五％から八〇％で推移し、ほぼ同じ傾向を示した。一九七五年以降、全国平均は資産運用に占める有価証券運用を約一〇ポイント増やしたため貸出金が約七〇％に低下した。これに対して、大阪興銀は、貸出金運用をさらに高め、約八割に達するようになった。

以上の信用組合の資産運用のあり方は、おおよそ他の民金においても同様である[45]。大阪商銀、東京商銀の預け金の資産運用に占める比率は、大阪興銀と同様に、設立直後を除いて二割から三割の間で変動し、預け金を除いてほとんどが貸出金として運用された。有価証券運用と金融機関貸出金は、ネグリジブルであり、後者は一九八〇年代に増加するものの五％以下にとどまっていた。このことを踏まえ、三つの民金の預金に対する預け金比率（図5-8）から民金間の違いを浮き彫りにしながら、民金の資産運用構造の全体像

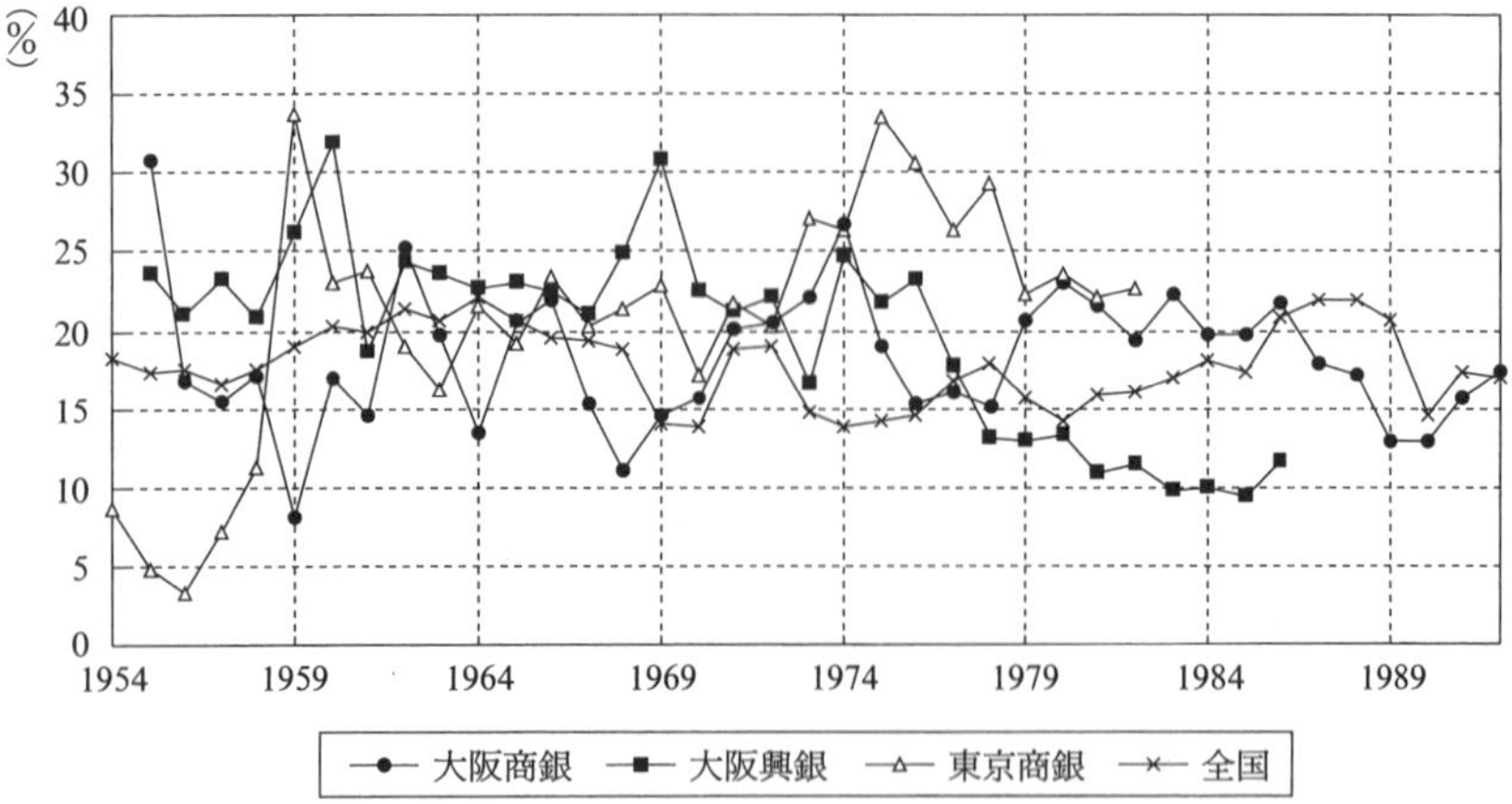

図 5-8　資金運用に占める預け金比率

資料）全国は図 5-4 に同じ，大阪興銀，大阪商銀は表 5-1 に，東京商銀は図 5-2 に同じ。

を示すことにする。

多様な資産運用が制度的に難しい[46]信用組合においては、貸出金を除く余裕金は預け金としておくため、相対的に高い預け金比率を示す信用組合は、貸出需要が小さい状態を示す。預け金にはもう一つの機能がある。それは、決済のために、預金高に対して流動性の高い資産として、一定の規模で確保しておく支払い準備としての役割である。したがってこの比率が極めて低い場合は、金融機関の経営としては問題があると見てよい。預け金の適正な基準は明確ではないが、ここでは全国平均を基準として考えることにしよう。

そうした基準に照らしてみると、時代別に全国平均の預け金比率を下回る民金が変わっていく様子が看取されることは興味深い。すなわち、一九五〇年代には東京商銀、六〇年代大阪商銀、そして八〇年代大阪興銀が、それぞれ相対的に低い水準を呈した。この点から、預け金運用の水準は、各時代の特徴を表すというよりは、各民金がおかれた特殊な状況＝経営状態、あるいはある歴史的状況の下で展開した行動を表現すると考えることができる。詳細な分析は割愛し、特徴的な諸点について言及することにしたい。

既述した運用構造にもとづけば、預け金を差し引いた分が貸出金への運用であるから、例えば、一九五〇年代に東京商銀の低い水準の預け金比率は、貸出金比率が高いこと、高い預貸率を意味する。実際に、この時期の東京商銀は過少な定期預金の構造の下で、預貸率は非常に高く、初年度を除いて約一一〇%台が四年続く状態であった。このような不健全な経営状態が、積極的な融資政策を表すわけではないことは明らかであろう。同時期の東京商銀は、預金高が順調に伸びなかったことが問題になっていたから、維持すべき適切な預け金の比率を保つことができないという、経営の不安定さを表しているのである。

大阪興銀の預け金の比率は、一九七〇年代末を境界にして、全国平均に比べて高水準から低水準に変わった。一九七〇年代まで高い水準を保っていたのは、六〇年代前半まで割引手形による貸出が相対的に大きかったこと（後述）、六五年以降借用金依存を脱却し、相対的に低い預貸率（後述）を保持しながら融資には慎重であったことに関連していると思われる。一九八〇年代以降は、同組合の歴史上でもっとも低い水準であり、それまでの慎重な経営（後述）から一転して、健全性が犠牲になった可能性を表す。一九五〇年代の東京商銀と同じく低水準の預け金比率でも、八〇年代の大阪興銀においては異なる意味を表現すると考えられるが、そのような状況が生まれた要因（融資政策の変化）については、第三節で検討する。

図5-9により大阪興銀の貸出金の詳細を見ると、割引手形が設立直後七割を占め、それ以降徐々に低下したものの、一九六〇年代でも三割程度を維持していた。このように、割引手形が、大阪商銀[47]に比べて（一般の信用組合に比べても）高い比重を占めていたのは、「定期性〔預金〕の〔預金高に占める〕構成比が低く、限られた資金で数多くの需要に応えるためには、運用資金の流動性を高め」る必要があり、「そこで長期の設備資金を極力抑制、短期の貸付に重点を置くとともに、資金効率に優れた割引手形を極力に推進する融資政策がとられた」からであった[48]。「全店を挙げて商手の獲得に取り組んだ結果、当組合の割引手形の構成比は六〇年代を通じて、漸減傾向は避

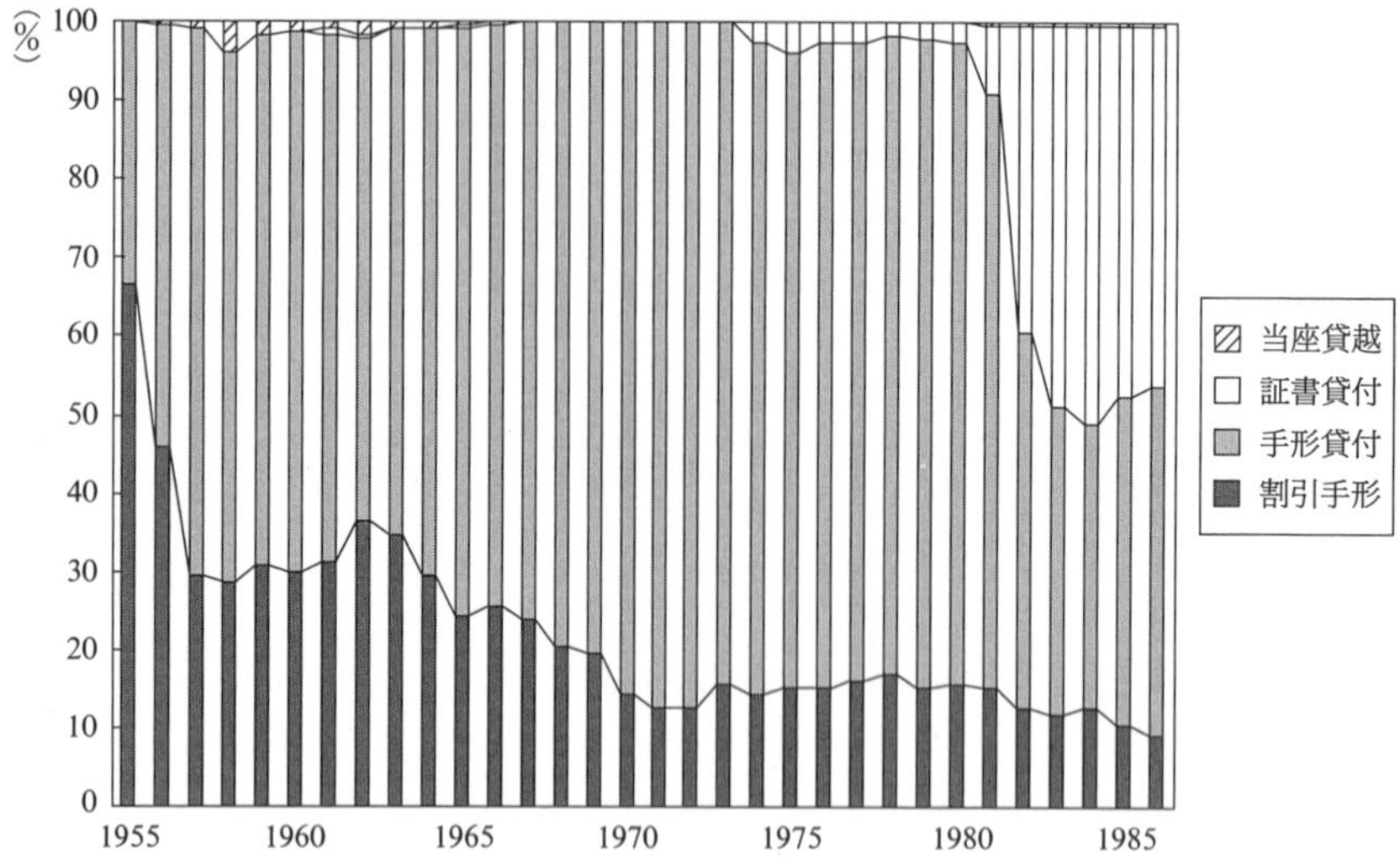

図 5-9　大阪興銀の資金運用

資料）表 5-3 に同じ。

けられないものの、全国平均をかなり上回り、高い比率で推移した[49]」。

安定性の高い定期性の預金が相対的に低い、特に定期預金の構成比が低いという預金構成の制約のために、長期の設備資金より短期の貸付に重点をおいた融資政策を展開した点は興味深い。実際に、一九六五年一月三一日現在の貸出金の貸金使途別構成を見ると、「運転資金八六・九％、設備資金一三・一％と運転資金が圧倒的に多く、この傾向は六〇年代を通じてほとんど変わっていない[50]」とされている。こうした構成比は、大阪興銀の融資政策の特徴ではなく、そもそも在日の資金需要を表している側面は否めないが、前述した預金構成における大阪商銀との違いを考えると、定期預金の比率が相対的に高かった大阪商銀の方が、大阪興銀に比べれば長期の設備投資などの資金需要に対応できる預金構造をもっていたと見ることができる。言い換えれば、大阪興銀において、設備資金の需要があったとしても十分に対応できなかった可能性があり、その要因として預金構成の制約が存在したことになる。資金需要が運転資金中心であることは、この時期の在日コミュニティにおける経済成長の度合いを反映しており、大阪興銀に集められた在日の貯蓄は、長期資金が必要な企業に対応できる質のものではなかったことを表しているのである。

民金の貸出金成長の歴史的変化を全国との成長率比較から見ると、表5-5が示すように、大阪の二つの民金は、一九六〇年代後半から全国平均を上回る成長率となった[51]。大阪興銀の成長率は、大半の時期において大阪商銀のそれを上回るだけでなく、全国平均に対して、二つのオイルショック期を除き、一〇%以上引き離して推移した。

表5-5　貸出金成長率

（単位：%）

	大阪商銀 (A)	大阪興銀 (B)	全国平均 (C)	成長率格差	
				A－C	B－C
1958~60	33.6	17.6	30.0	3.6	－12.4
1961~63	22.2	33.9	35.6	－13.4	－1.7
1964~66	28.3	21.6	25.3	2.9	－3.7
1967~69	46.0	46.8	23.9	22.0	22.9
1970~72	18.0	30.0	17.5	0.5	12.4
1973~75	18.8	22.8	20.6	－1.8	2.3
1976~78	26.6	20.9	10.9	15.6	10.0
1979~81	－2.2	17.4	10.3	－12.5	7.1
1982~83	11.6	17.4	7.4	4.3	10.1
1984~87	11.3	18.2	5.9	5.4	12.3

資料）全国は，日本銀行調査統計局『経済統計年報』昭和34年，91頁，昭和40年，224頁，昭和45年，133頁，昭和50年，147頁，平成7年，107頁，大阪興銀，大阪商銀は表5-1に同じ。

（2）資金需要

これまで、民金の資金調達と運用を概観し、民金の多様性や歴史的な転換についての共通点を確認した。次に、調達と運用を照合し、総合的に考えてみることにしたい。まず、一般的に資金需給の逼迫度を測る指標である預貸率から見ておこう。

図5-10によると、民金の預貸率は、概して全国平均を上回っていた。また、各民金の特徴について、一九六〇年代まで、七〇年代、八〇年代以降に分けて次のようにまとめることができる。一九六〇年代までは、大阪商銀と東京商銀の預貸率が全国平均を上回っているのに対して、大阪興銀は、相対的に低い水準にとどまっている。特に一九六〇年代後半では、全国平均が上昇するなかで低下を記録した。一九七〇年代では、いずれの民金も全国平均に近く、大阪興銀の預貸率も全国の変動に沿って動いた。しか

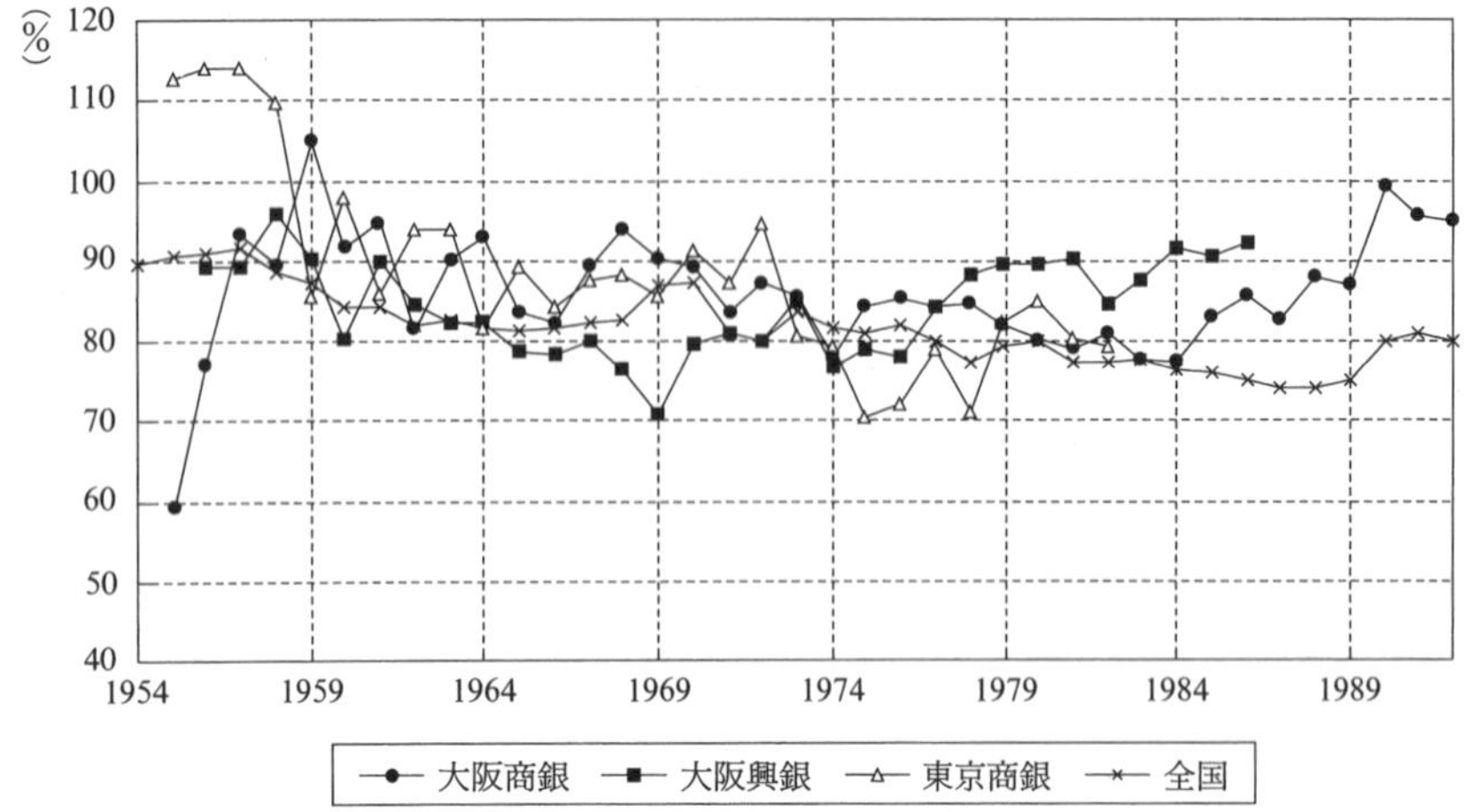

図 5-10　預貸率

資料）全国は図 5-4，大阪興銀，大阪商銀は表 5-1，東京商銀は図 5-2 に同じ。

し、大阪興銀は一九七〇年代末から、全国平均を引き離して上昇の傾向を示し、八〇年代以降になると、他の民金をも上回る（前掲表5－1）ようになった。[52]一九八〇年代を通して低下気味の全国平均や他民金との格差は歴然としている（第三節参照）。

預貸率は、預金に対する貸出額の比率であり、預金高と貸出需要両方によって規定される。したがってその水準の高低だけでなく、経営状態に照らし合わせて評価する必要があろう。例えば、大阪興銀が一九七〇年代に相対的に低い預貸率になっている背景には、借用金依存から脱却したことや預け金の比率が相対的に高かったことがあった。これらを総合的に考えると、資金需要が相対的に小さかったというよりは、経営の健全性を重視したとも評価できる。

（3）資金運用の特徴

民金がどのように資金運用を行ったかについて、大阪興銀の純増資金の運用に焦点を合わせて検討しよう。大阪興銀が追加的に獲得した預金高を、資産運用においてどのように配分したのか、その結果としての資産構成がどのように変化したかなどを見ることにする。

表5-6は、大阪興銀の資産純増加額について、五年単位で、主要な項目に分けて配分額とその比率をまとめたものである。資産・負債の主要項目のみを取捨したため、資産（同表では資産運用）と負債（同じく資金調達）の合計値は必ずしも一致しない。同表には一九五六年と八五年の資産の構成比も示しており、大阪興銀の資産運用の資

表5-6　大阪興銀の資産運用

（単位：百万円，％）

		1956年[1] 資産構成比	1955〜60純増		1960〜65純増		1965〜70純増		1970〜75純増		1975〜80純増		1980〜85純増		1985年 資産構成比
			実額	比率	実額	比率	実額	比率	実額	比率	実額	比率	実額	比率	
資金調達	預　金	87.4	1,121	86.0	3,388	99.4	20,851	98.3	49,591	98.1	71,301	95.4	171,349	98.9	97.9
	借用金	3.3	168	12.9	−80	−2.3	−87	−0.4		0.0	2,464	3.3	1,303	0.8	1.2
	出資金	9.3	14	1.1	99	2.9	441	2.1	939	1.9	940	1.3	553	0.3	0.9
	計	100.0	1,303	100.0	3,407	100.0	21,205	100.0	50,530	100.0	74,705	100.0	173,205	100.0	100.0
資産運用	預け金	20.9	441	33.1	644	19.1	4,914	22.4	10,947	21.2	3,717	4.8	11,843	6.3	9.5
	金融機関貸付	0.0		0.0		0.0		0.0		0.0		0.0	7,850	4.2	2.3
	有価証券	0.2	7	0.5	88	2.6	352	1.6	1,557	3.0	2,721	3.5	10,183	5.4	4.3
	貸出金	78.9	883	66.3	2,638	78.3	16,634	76.0	39,150	75.8	71,599	91.8	157,069	84.0	83.9
	計	100.0	1,331	100.0	3,370	100.0	21,900	100.0	51,654	100.0	78,037	100.0	186,945	100.0	100.0
当期利益金			8		11		75		260		327		789		
資産計			1,353		3,537		22,520		55,838		90,845		228,233		

注1）1955年に設立されたため，翌年の資産を提示した。
資料）表5-3に同じ。

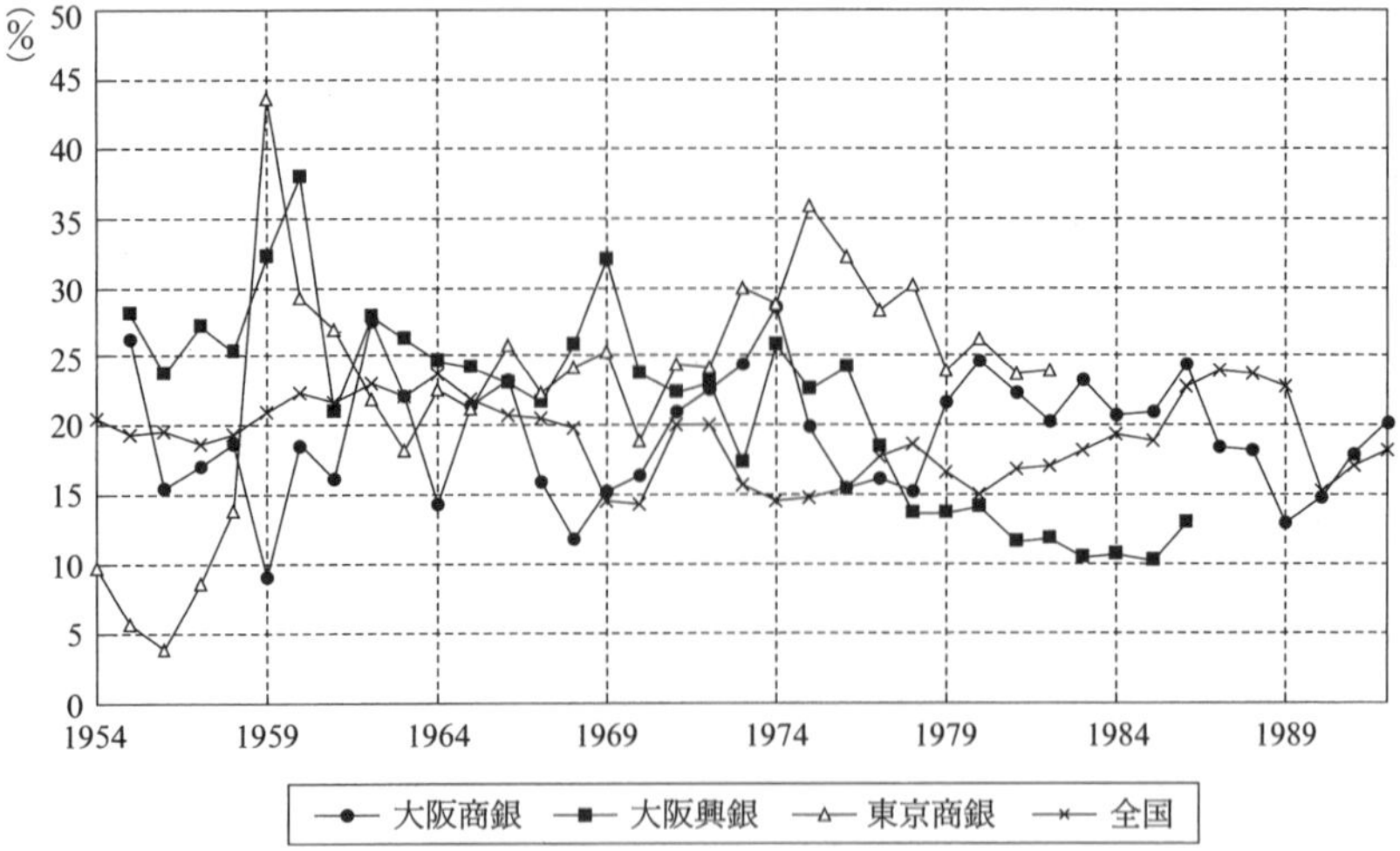

図 5-11　預金に対する預け金比率

資料）全国は図 5-4 に，大阪興銀，大阪商銀は表 5-1 に，東京商銀は図 5-2 に同じ。

金配分（構成比の変化として表れる）によって、資産構成がどのように変わったのかがわかる。

例えば、一九五五年から六〇年に追加的に集められた預金一一億円は、八億八、〇〇〇万円の貸出金と七百万円の有価証券投資として運用され、差し引いた残りの二億円では必要とされる追加的な決済資金に十分に対応できず、一億七、〇〇〇万円の借入が増加した。預け金は、「現金」と同様に預金の取り付けに備えるための準備金である。そして、「大和銀行の当座預金と普通預金、一部定期預金、この三つに分かれて預けています。大和銀行の当座預金にいれて、決済してもらうんですね。これが預け金です(53)」というように、小切手などの決済を目的として主に取引銀行の大和銀行に預けている資金である。

図5-11によると、一九五〇年代では、全国平均が預金に対して約二割の預け金比率を保っているのに比べて、大阪興銀はかなり高い水準を保っている。先述したように、設立初期には預金高の絶対規模が小さいため、準備金として一定の規模を維持するために預け金比率が高い水準で保たれる。それは借金への依存度が他の時代に比べて高い要

因でもあった。

一九六〇〜六五年、六五〜七〇年の預金増分（それぞれ約三四億、約二〇九億）のなかで、約一九％、二二％と調整を行いながら預け金に回した結果、預け金は残高ベースでは約二〇％から三〇％の間で維持された（図5-11）。そして、この期間には借用金のほとんどを返済しており、貸出は、預け金の水準を維持しうる範囲——預け金を差し引いた預金増分を原資に——で行われたと考えられる。[54] このような預け金の水準を保ちながら貸出を行うという慎重な融資方針によって、一九七〇年代の大阪興銀の預貸率は他の民金に比べて低水準で保たれたと思われる。

そこで、慎重な融資という経営行動を可能にした大阪興銀の経営的基盤を検討する。

預金規模が小さい設立初期においても、経営が成り立つためには、一定規模の融資を行う必要がある。一方で、大阪興銀は、十分な預け金が確保できないため借用金に依存せざるをえないなど、預金規模が零細であるという問題を抱えていた。この設立初期の零細性は、預金高が増えていくにつれて、預け金比率を他の民金・全国平均に比べて高い水準で維持しながら、借用金依存度を低下させるかたちで解消の方向に向かった。預け金を十分に確保する分だけ貸出額への配分が小さくなるが、[55] 借用金調達コストを削減することによって収益を確保することができる。このように、大阪興銀がそれまでの借用金依存から脱却し、余裕のある経営が選択可能な状態になったことは、それがある程度の預金規模が確保できた時点で表れるという意味で、民金の成長においては注目すべき画期であろう。在日にとって、民金の成長とその基盤となる在日経済の発展の転機は、一九六〇年代後半に訪れたということになる。

前節で述べたように、大阪興銀の健全な経営を支えたのは、一九六〇年代後半から、安定的な預金源の定期預金が構成比と絶対量において上昇したことであった。これによって、長期的な資金需要にも、対応できるようになっていったのであろう。ところが、一九七〇年代後半には異なる状況が発生したと思われる。一九七五〜八〇年の預金増加分七〇〇億円（前掲表5-6）に対してわずか約五％しか預け金に配分していない。預け金比率を下げるかたちで貸出金にまわしても、預金増加分を超える新たな資金需要を賄いきれず、準備金としての預け金の確保のためもあって再び二五億円の借入が行われた。その結果、預け金の水準が全国平均を下回り（前掲図5-11）、預貸率の上昇（前掲図5-10）が見られた。預金高の上昇率は、全国平均と他の民金を上回っていたから、集められた預金以上の資金需要があったと説明するだけでは、不十分だろう。しかも、単年度に限る現象ではないから、一時的な資金繰りのために預け金の比率を下げたと考えることもできない。このことについては、預け金の水準を大阪興銀の経営史上最低にしながらも融資に対応する、という従来の融資政策からの転換として捉え、第三節にてあらためて論ずる。(56)

（4）資産運用利回り

以上の資産運用によってもたらされる利益源泉はどのようなものであったか。貸出金、預け金など各資産の運用の結果となる総合資産運用利回りについて、まず資産運用の中で八割程度を占めていた貸出金の金利動向を確認しよう。ここでも、前節と同じく、大阪商銀との競争を意識しながら検討する。

図5-12によると、大阪商銀に比べて大阪興銀の金利は、変動幅が小さく、全体的に時代を経るにつれて下がる傾向にあった。それは、金融機関平均金利（以下、平均金利と称する）の動向に沿うものであったが、大阪興銀の預金高が順調に伸びていたことを考えれば、安定的に下げられてきたと言うことができる。

特徴的な時期として、預金獲得競争が激しかった一九六〇年代前半と、比較的大きな格差を示す六八年から六九年までと、七六年から七九年までを指摘することができる。後の二つの時期の高い利回りは、一九六〇年代後半と七〇年代後半の相対的に高い資金調達コスト（預金コスト）を反映していると考えられる。また、この時期までの大阪興銀は、既述のように概して健全な運用をしていたから、無理に貸出を伸ばさないという慎重さの結果とも考えられる。

以上のような状況は、大阪興銀の意図的な経営方針によって生み出された側面があった。図5-13の大阪興銀は、一九六一年には、貸出金利の切り下げと、預金金利の引き上げが見られたが、それは、預金の平均金利と同じ傾向

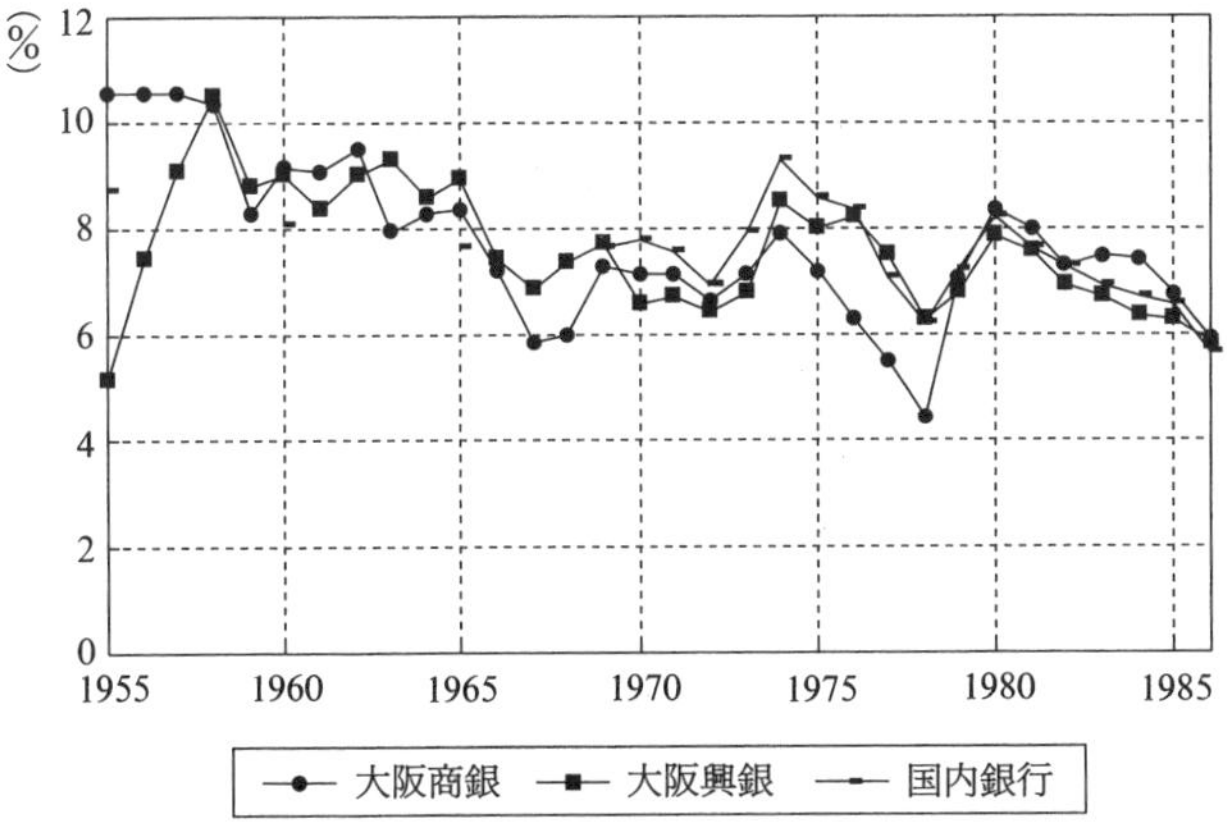

図 5-12　貸出金利

資料）国内銀行は図 5-4 に，大阪興銀，大阪商銀は表 5-1 に同じ。

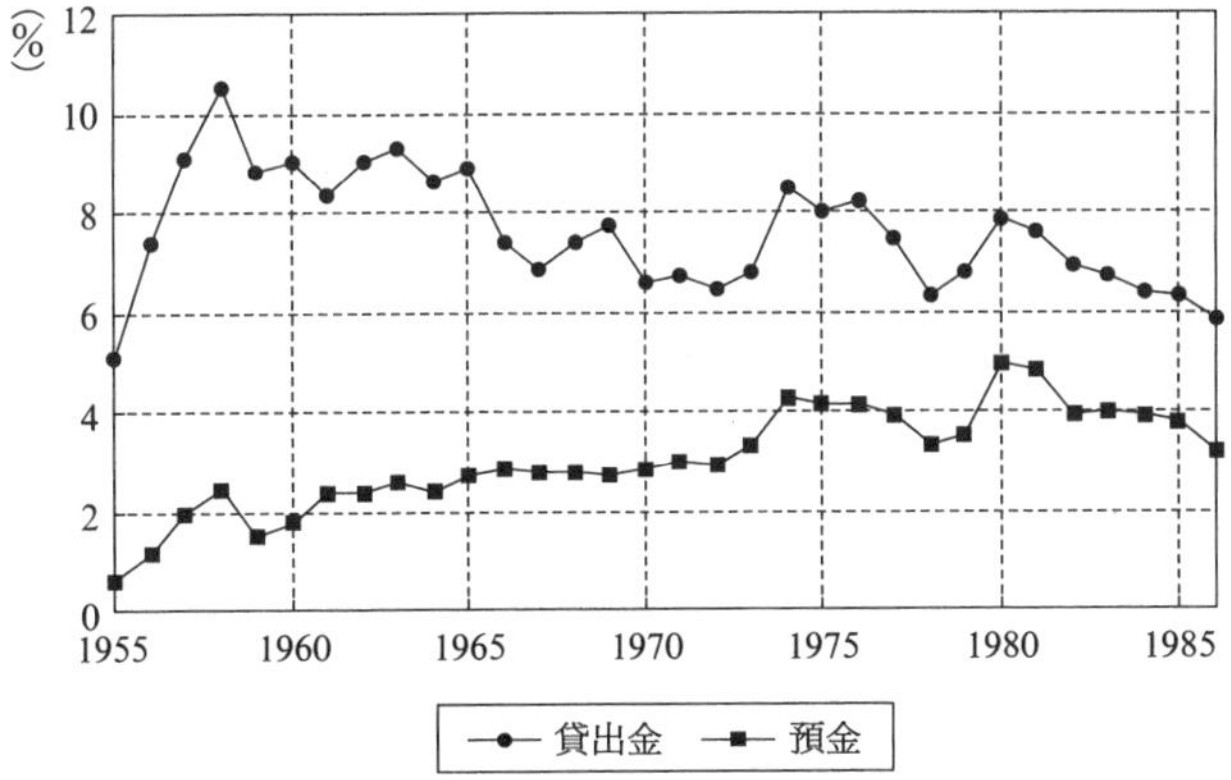

図 5-13　大阪興銀の金利

資料）表 5-3 に同じ。

を示した大阪商銀（一九六〇年三・二%→六一年二・八%、前掲図5-6）とは逆の動きになる。後発の大阪興銀は、大阪商銀に比べて預金金利が約〇・二ポイント上回った一九六六年に、大阪商銀を預金高で追い越したことになる（前掲表5-4）。これに対して大阪商銀は、同時期に該当する一九六三年から六五年までの間に、貸出金利が上昇（一九六三年七・九→六五年八・三%）し、預金金利が低下（同、三・〇→二・七%）するなど、明確な戦略のもとでの金利設定は見られない（前掲図5-6、図5-12）。また、大阪興銀に追い抜かれた後、一九六七年に貸出金利が底を打った（図5-12）時期にあわせて、六八年から大幅な預金金利の引き上げ（前掲図5-6）を行ったが、二年後には、上げすぎた預金コストを修正したことから判明するように、これに対応して運用利回りが改善されたとは言い難かった。

次に一九七〇年代後半について検討するために、まず、資産運用において、大阪興銀と大阪商銀が、時期によって多少異なる運営をしていたことを思い出す必要がある。前掲図5-7に示されるように、大阪興銀は、一九七〇年代前半まで、総資産運用の二五%前後を預け金比率が占めている。それに対して大阪商銀の預け金比率は、一九七〇年代半ばまでは一五%から二〇%の間で変動が激しい[57]こともあり、二つの民金の預け金比率の傾向は明確なコントラストを描いた。

こうした預け金比率の変化は、資産運用利回りと貸出金利との乖離として表れる。資産運用利回りは、運用項目（預け金・有価証券投資・金融機関貸出金・貸出金）の資産残高に対する収益額の比率として算出されている。預け金の運用利回りは、手形貸付や割引手形によるそれより低いため、預け金による運用額の分だけ収益を小さくする。他の二項目への運用規模が小さいこともあって貸出金利と資産運用利回りとの差は、預け金運用の程度によって生み出されるとみなすことができるから、民金は、貸出金と預け金の資金配分の比率を調整することによって、利鞘と収益の大きさをコントロールすることができる、ということになる。

図5-14によると、大阪興銀の資産運用利回りは、預け金運用の比率が高いため、一九七〇年代までは貸出金利との差が後の時代に比べて大きく表れ、この差は、七七年以降縮小するまで、維持された。大阪興銀が一九七〇年代まで慎重な融資という資産運用を展開したのに対して、他の民金はどのような状況にあっただろうか。大阪商銀は、預け金比率の変動が大きかったこともあって、貸出金利と資産運用利回り間の格差に時代別の明確な特徴は見出されない。預け金比率が他の時期に比べて高かった、一九六二年、六六年（以上、約二五％）、一九七四年前後（約二〇〜二五％）、八〇代年前半（二三％前後）に、貸出金利と資産運用利回り間の差が大きく、その分資産運用利回りは小さかった。[58] ただし、一九五九年、六八年、七六年から七八年までの各時期には、大阪興銀には見られなかった、異常な動きが看取される。すなわち、貸出金利と資産運用利回りとの差がほとんどなく、預け金比率は前後の時期に比べると低位にあり、預け金を極限まで下げて、できる限り貸出金に資金を回したと思われる。こうした状況が生まれたのは、それぞれの時期の貸出金利の低下（前掲図5-12[59]）を貸出量の拡大でカバーするためであったと思われる。

大阪商銀の経営において問題であったのは、預金金利が一九五〇年代から一定の高さを保っていること（前掲図5-6）、それに

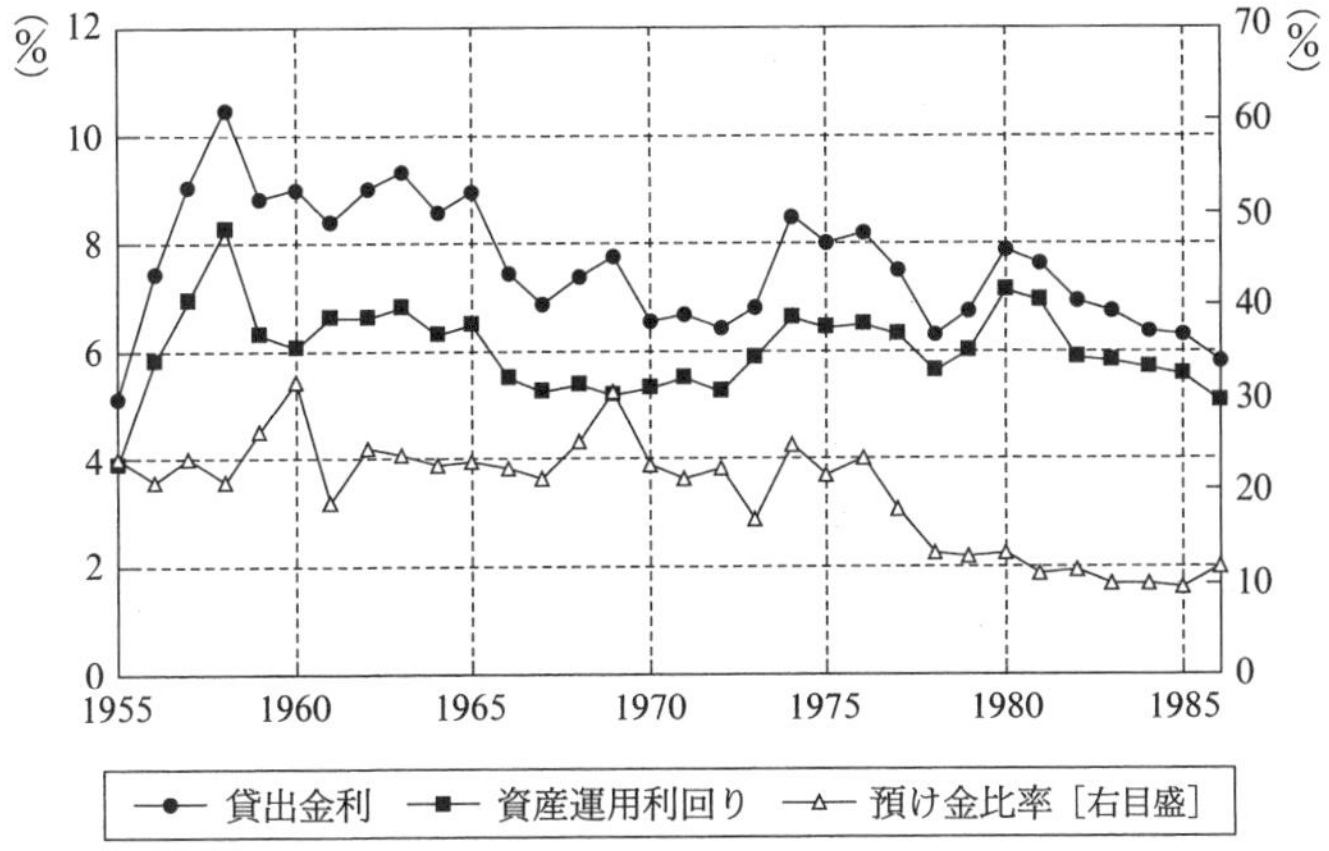

図5-14　大阪興銀の資産運用利回り・預け金比率

資料）表5-3に同じ。

対して資産運用利回りが傾向的に下がってきた（前掲図5-12の貸出金利より〇・五〜二％下回って推移）ことによって、その差分が小さくなったことであった。大阪興銀に比べると、大阪商銀の預け金運用は相対的に低かったから、貸出金利と運用利回りの差も小さく、したがって、貸出への運用が常時でそもそも高いため、預け金比率を極限まで下げても貸出に回す資金量はそれほど大きくない状況が生まれていたのである。しかも、大阪興銀に比べて預金高の増加が急激でなかった（前掲表5-1）から、追加的に確保される資金量も相対的に小さく、預け金比率を下げて貸出にまわす必要があった。大阪商銀は大阪興銀に比べて常時借用金に依存していたが[60]、それはこうした状態から発生していたのである。

前章のType 1に分類される大阪商銀のこのような状況から、他の市場基盤の脆弱な民金の経営状態を推測することができる。すなわち、組合員数の規模が小さい民金では、資金不足が起きやすく、そのような状態では、まずは預け金比率を下げて発生した余裕資金を貸出に回すことで対応する。結果としては預貸率をあげる（民金の預貸率が高いことについては次章で見る）ことになるが、一方で預け金比率を下げることは、決済資金不足に陥る可能性を高め、それは借用金依存を構造化させる。民金の預貸率の水準には[61]、単なる資金需要だけでなく、預金成長率に規定される追加的な資金量と預金基盤の脆弱性による側面が含まれることを、大阪商銀の事例は示している。

以上、第一節から第二節にわたって、民金の資金調達や運用に関して、経営安定化に焦点をあわせて検討してきた。ここまでの分析によって、第一に、全国平均を上回る預貸率から考えると、資金を集めればそれなりに運用先があり、したがって経営安定化においては潜在的な在日を発掘し、預金の獲得が重要であったこと、第二に、一九六〇年代後半において、預金規模も順調に伸び、安定的な長期性の預金比率が高まって預金構成の内実が充実し、経営が安定化したこと、が明らかになった。これらのことを踏まえて、一九七〇年代には、民金はおおよそ安定的な経営が可能になったと考えることができる。そこで次に、慎重な融資政策の下で順調に成長した大阪興銀が、一九七〇年代末に資金運用において転機を迎え、特徴的な経営行動を示したことに焦点を合わせ、閉ざされた市場での企業活動の制約の側面について考察を行う。

3　民族系金融機関の成長の制約と克服

一九八〇年代以降の大阪興銀について、前節までの検討をまとめておくと、全国平均と他民金に比べて、預金高や貸出金の高い成長率を示す一方で、高水準の預貸率＝低い預け金比率を保ち、借用金の依存度が上昇した。このような変化を、一九七〇年代までの慎重な融資政策から積極的な融資開発への経営戦略の転換として読み直し、諸経営要素がどのように関連しているかを検討することにしよう。

一九八〇年代以降の状況は、二つの可能性の結果として解釈することができる。第一に、資産総額が大きくなったことによって、預け金の比率を下げても絶対量としては一定の規模の余裕資金としてプールされるため、預け金比率を下げながら貸出金としての運用を最大化することができた、と考えられる。こうした推測は、後述する大阪興銀が一九七八年末から展開した積極的な融資行動と整合的である。では、一九七〇年代末にそうした戦略の転換が行われたのはなぜだろうか。ここから、第二の可能性として、何らかの理由から、そのような行動をとらざるを得ない側面がある、という推測が成り立つ。その要因として、資金調達コストの上昇を、制約条件を作り出した閉ざされた市場という視点に関連付けて考えることにする。

表 5-7　1970 年代後半における大阪興銀の融資政策転換

（単位：百万円，％）

	残高増加額						借用金利息	当期収益
	資金調達（100％）			資産運用（100％）				
	預　金	借用金	出資金	預け金	有価証券勘定	貸出金		
1973～74	9,104	89	134	6,683	332	2,563	−45	75
1974～75	14,988	−89	301	1,422	485	13,410	58	26
1975～76	11,988	738	387	4,181	184	8,624	110	64
1976～77	9,607	−257	216	−3,242	179	13,006	−93	127
1977～78	14,848	−481	133	−2,741	857	17,210	−137	197
1978～79	18,038	2,865	136	2,510	827	17,912	233	241
1979～80	16,820	−401	67	3,009	674	14,847	316	−302
1980～81	19,016	−627	146	−1,583	1,557	18,239	−151	121
	上構成比							
1973～74	97.6	1.0	1.4	69.8	3.5	26.8		
1974～75	98.6	−0.6	2.0	9.3	3.2	87.5		
1975～76	91.4	5.6	3.0	32.2	1.4	66.4		
1976～77	100.4	−2.7	2.3	−32.6	1.8	130.8		
1977～78	102.4	−3.3	0.9	−17.9	5.6	112.3		
1978～79	85.7	13.6	0.7	11.8	3.9	84.3		
1979～80	102.0	−2.4	0.4	16.2	3.6	80.1		
1980～81	102.6	−3.4	0.8	−8.7	8.6	100.1		

資料）表 5-3 に同じ。残高増加額は，各年度貸借対照表より，当期借用金利息と収益は，各年度損益計算書より作成。

（1）スプレッドの縮小と融資政策の転換

表5-7は、五年間隔の増加額を分析した前掲表5-6と同様の方法で、各年の変化を示したものである。表5-6で指摘した預け金の配分が一九七五～八〇年で急激に減少していた点を、ここでは七六年以降[62]の動向に注目して詳しく検討する。一九七六～七七年では、調達された資金増額は、借用金を返済して約九六億円となったが、それだけでは約一三〇億円の貸出に対応できず、預け金約三二億円を引き上げて発生した余裕金までを加算して行った[63]。

一九七〇年代後半における金融機関全体の金利動向（以下、平均金利と略称する）を示した表5-8によると、貸出金利は七〇年代後半に大幅に低下した。同表平均金利の傾向に対して、大阪興銀と大阪商銀については、異なる動きが看取される。すなわち、大阪商銀の貸出金利は全国平均の低下に合わせて一九七六年に切り下げられたのに反して、大阪興銀のそれは一年遅れて翌年の七七年に行われた。開いた大阪商銀との金利格差（B－A）を修正する方向に動いたと解釈することができる。金利差は、同年の大阪商銀の大幅な切り下げによって結果的には拡大することになるが、大阪興銀は、この時期に、既述した戦略の転換に差し掛かったことになる。

大阪興銀は、一九七七年の貸出金利の切り下げから予想される収益の低下を、短期的には、借用金を返済することによって発生する借用金利息の圧縮でカバーしようとした。その効果があって、貸出金利を切り下げた一九七七年の収益増加額の三分の二は、借用金利息の低下で説明される。それは三年ほど続き、一九七七〜七九年に総資本利益率が突出して高くなったのは（後掲図5-16）、借用金返済＝利息圧縮の結果であった。借用金返済は、しかし、短期的な措置にしかなりえなかった。

貸出金利の低下に対しては、もう一つの対策が講じられた。一九七七年の預け金の引き上げ額は三二億円にも達しており、借用金の返済のみではなく、貸出金のための資金源にも充てられた。言い換えれば、預け金比率を下げる方向で、貸出金運用への追加的な資金配分を大きくしたのである。一九七七年から調達された資金の増加分に対する預け金配分比率が変化したことによって、大阪興銀の預金残高に対する預け金比率は、七六年に二四・三％から、七七年一八・五％、七八年一三・六％へと低下し、八〇年以降にも全国平均を下回る水準に固定された。

表5-8　金融機関別貸出金利水準

（単位：％）

年	都市銀行	信用金庫	民金 大阪商銀（A）	民金 大阪興銀（B）	民金 金利格差（B－A）
1974	9.461	9.587	7.944	8.507	0.563
1975	8.456	9.614	7.248	7.993	0.745
1976	8.096	9.293	6.301	8.203	1.902
1977	6.555	8.641	5.513	7.477	1.964
1978	5.771	7.725	4.455	6.313	1.858
1979	7.047	7.841	7.049	6.761	−0.288
1980	8.246	9.013	8.373	7.887	−0.486

資料）都市銀行と信用金庫は，日本銀行統計局『経済統計年報』昭和45年，120頁，126頁，130頁，昭和55年，150頁，156頁，160頁より作成。大阪興銀，大阪商銀は表5-1に同じ。

以上のように見ると、一九七七年の借用金返済と、資産運用における預け金と貸出金の配分調整は、貸出金利の低下を吸収する一時的な措置と考えることもできる。しかし、そうした傾向は短期で終わらず、一九八〇年代以降まで維持されることになったから、この時期に見られた資産運用の変化は、戦略的な方向付けになったと見ることができる。そこで、資金調達のコスト上昇に注目し、構造的な問題を明らかにするための手がかりを探ってみよう。

図5-15は、大阪興銀の運用利回りと資金調達コスト［(預金金利＋借用利息)／(預金＋借用金＋出資金)×一〇〇］[64]を示したものである。その差分（以下、スプレッド）は利益の源泉となる。

図5-15によると、一九六五年以降の借用金依存度が低下するなかで、資金調達コストは、主に預金金利に影響するようになった[65]。預金金利は、一九六〇年代以降五割以上を占めるようになった定期預金の比率によって規定される部分が大きい。定積に比べて安定性が高いだけに、民金にとっては高コストとなる。図5-15からも観察されるように、大阪興銀の預金金利は、定期預金の比率上昇と連動しており、歴史的に右上がりの傾向になっている。

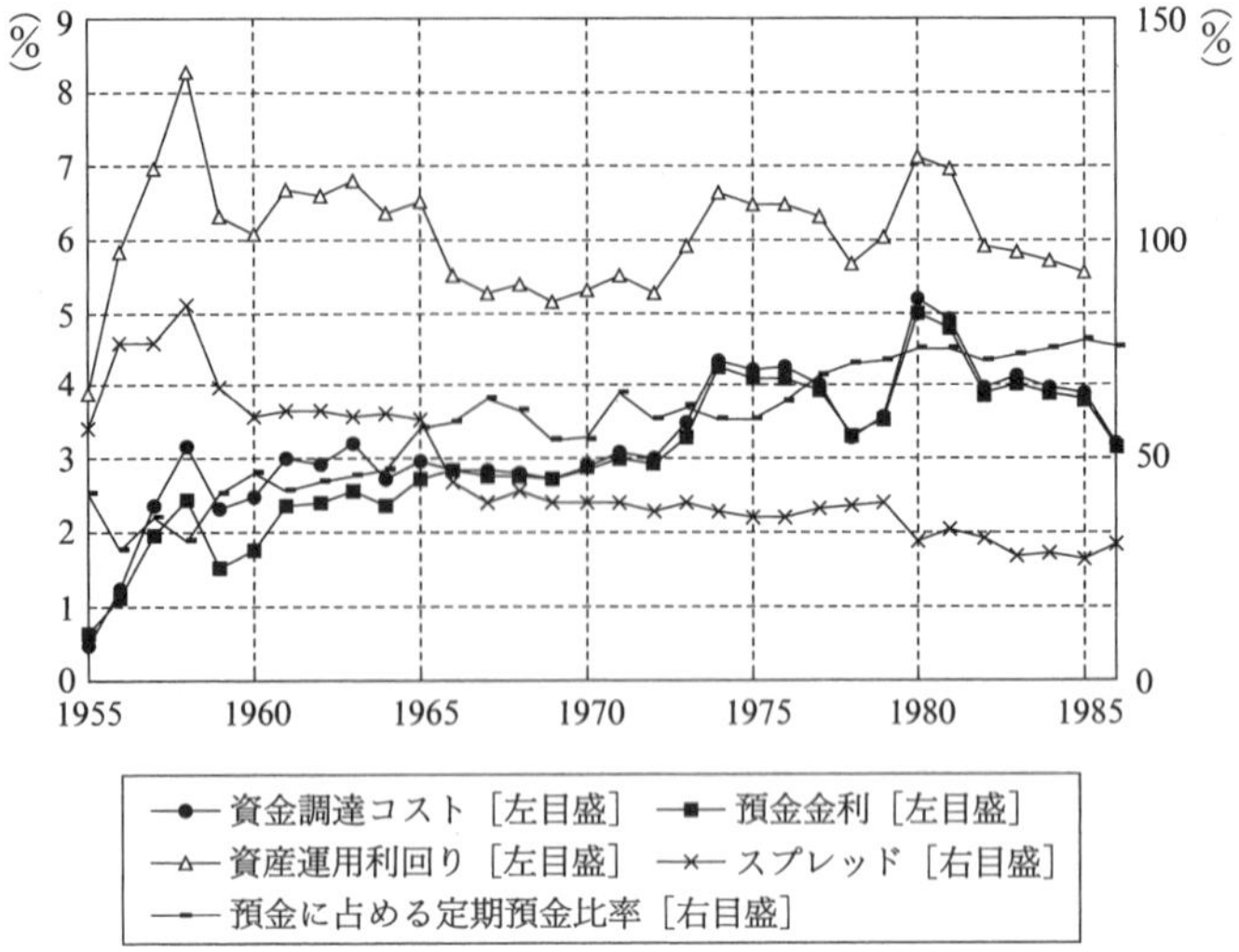

図5-15　資金調達コストの上昇（大阪興銀）

注）資金調達コスト＝(預金金利＋借用利息)／(預金＋借用金＋出資金)×100。
資料）表5-1に同じ。

こうした預金金利の上昇は、貸出金利が傾向的に下がっていく（前掲図5-14）なかで、資産運用利回りと資金調達コストとのスプレッドを小さくすることになった。スプレッドからさらに経費率＝［（人件費＋物件費＋税金）／預金・積金×一〇〇］を差し引いた分の趨勢を五年平均で見ると、一九五六～六〇年一・一ポイント％（以下同様）、六一～六五年一・〇、六六～七〇年一・〇、七一～七五年〇・七、七六～八〇年〇・五、八一～八六年〇・三であり、低下傾向は歴然としている。(66) スプレッドは、定期預金比率が上昇する一九六〇年代後半に、急速に小さくなった。

全体の収益は、前掲図5-14まで総合して考えると、貸出金利と資産運用利回りの差を圧縮することによって、つまり預け金運用の比率を下げながら貸出にまわして保たれていたことになる。大阪興銀の傾向は、程度の差はあれ、大阪商銀においても同様である。(67)

一九七八年五月から七月まで大阪興銀が展開した「定期積金増強運動」は、預金に占める定期預金の比率が高いことを修正するためであった。一九七八年三月末時点で、大阪興銀の定期預金は、定積との合計額に対して九二・六％、預金高全体の中では六八・八％を占めている。預金高全体に占める定積の比率は五・六％であり、「近畿地区の他の上位信組（五信組）と比較しても、その差は歴然としており、他の信組の定積（ここでは、預金に占める定積比率）が残高ベースで七％から一五％前後、契約高では当組合が一一・五％であるのに対し、他組合のそれは一八％から四〇％ときわめて高い。預金の総量では近畿地区第二位にある当組合も、定積に限っていえば、残高や契約高において、上位六組合のなかで最下位であった(68)」のである。こうした問題意識から、「定期積金増強運動」の一つの狙いとして、「預金コストを引き下げること」を挙げている。(69) しかしながら、前掲図5-15に示されるように、預金に占める定期預金の比率は上がる一方であった。「定期積金増強運動」の結果を見ても、預金に占める定積の比率（前掲図5-1）は、七九年三月に六・二％、八〇年三月に七・一％へと、多少の改善を見たものの、八〇年以降は平均約六％に再び減少することになった。このように、預金構成における高コスト体質の改善は、定積の構成比上昇によっては実現されなかった。

(2) 積極的融資開発へ

繰り返してきたように、大阪興銀は、預け金を高い水準で保持していた状況が転じ、一九七〇年代後半から融資が優先されるようになった[70]。こうした融資政策の具体化が「総合計画レインボー運動」[71]（以下、「総合計画」）であり、預金コスト改善のために展開された「定期積金増強運動」終了後の一九七八年一一月から開始された。まず、「総合計画」の中心的な活動に注目しよう。

一九七八年九月に総預金一、〇〇〇億円を突破した大阪興銀は、業界を取り巻く当時の状況を次のように見ていた。すなわち、「石油危機後、無借金企業の出現、減量経営の定着、資金調達方法の多様化などによる資金需要の低迷により、大手金融機関は運用先の確保・拡大のため中小企業へ熾烈な貸出攻勢をかけ始めた。特に優良企業に対しては新たに発生する資金需要を待つのではなく、豊富な資金量と低金利を武器に、他行肩替わりという尖鋭な融資戦略にでる。事実、都銀等の中小企業向け貸出残高は、年を追うごとに増加していった」のである。このように、金融機関間の競争が激しくなる中で、大阪興銀の「渉外活動は伝統的に預金先行型」で、「創業以来、高い預貸率[72]で推移してきたことが、当組合の融資部門の弱体化を招いていた」[73]と消極的な融資体制が問題として認識されるようになった。そこで大阪興銀が打ち出した戦略が、「金融機能の開発強化」＝融資基盤の強化であり、「経営の効率化と資産内容の健全化による体質の強化」を目的とした「総合計画」が展開されることになった。以下、預金と融資強化活動を中心に検討することにする。

注目しておきたい活動として、取引先を「ブルーサークル」として組織化し、「総合計画」の基盤としたことが挙げられる。一九七八年一一月から各営業店では、有志によるブルー委員会が開催され、税務・財務などのセミナーの実施、若手経営者育成強化のための生活全般に関する意見交換が行われた。各地の委員会を母体にして生まれたブルーサークルの活動は、在日経営者同士の勉強会のみならず、家族ぐるみの親睦まで広がっていた。この活動によって世代も超えてそれまで繋がりのなかった在日同士の関係が再構築(74)され、そのなかで、在日商工人の情報交換の場としての機能も強化されたと思われる。

「総合計画」は、一九七八年にスタートし、二年毎の中期計画を更新しながら推進された。預金・融資強化において特に指摘したいのは、一九八二年から実施された第三次中期計画のなかの二、〇〇〇億円体制の確立と、CSS（Customer Service System）の開発推進である。

前者に関しては、一九七八年九月の一、〇〇〇億円の二倍の預金高を、四年六カ月後に達成することを目標とし、商品企画、店舗政策、融資戦略が打ち出された。

後者のCSSとは、組合員向けの情報サービスの提供や経営コンサルティングのシステム化を推進するために組織されたプロジェクトチームであった。このチームの任務は、次の証言にも表されるように、具体的には「融資基盤の拡充」であった。すなわち、一九七〇年代末に、「理事長に、〔大阪〕興銀は企画力が弱いと、いわれたんですね。そこでビジネスを理解する運動として、われわれパチンコ、ホテル、焼肉、人夫出し、これら〔の業種〕にただで働きに行ったんですよ。焼肉屋は担保ない人が多いですね。どうやって審査しますか？〔審査するために〕ビジネスを理解しないとだめでした。他の銀行はわからなくても、興銀はわかる、パチンコは何故儲かる、何故儲からないか、焼肉屋は何故儲かって儲からないか、どこに秘密があるのか、この〔融資を申請した〕人たちはいけるのか？　それを探らないとだめでしょう。そのために、担保なくても貸せるように、事業として貸していいのかどうか〔がわかるように〕、みんな働きにいったんですよ、メーカーを含めてね。〔そうすると〕だんだんわかってくるんですよ」[75]。

組織の規模は「本社に五人くらい、各支店に必ず業種別に一人から二人。パチンコ担当だったら、一人は必ずいる。不動産は、支店によって一人くらい」[76]であった。業種別に、例えば、「人夫出しの専門家は、西支店、西淀、こういう人夫出しが多いところに派遣され」た。正式に制度化される以前から「彼は焼肉のプロ、彼はパチンコのプロ、彼は人夫出し、あの人は金型のプロというのがいた」が、「そういう人たちを正式の組織にしたのが、CSS」であった。

特に中小零細企業への融資強化策と考えられるのが、書式代行のサービスであった[77]。大阪興銀の融資のために準備する書類は、一般金融機関に比べて少なかった。「ここが日本の金融機関ともっとも違う」ところであった。必要な書類は、決算書、計画書、いろいろな金銭、所定の書類であったが、直近、過去三年分が要求される。一般金融機関と取引する比較的規模の大きい企業は決算書を備えていても、「在日の小さい焼肉屋さんは、持ってませんね。〔その〕おじさんは、〔決算書を〕作れない」状況であった。「〔大阪〕興銀の場合、書類作成代行をしてたんです。なぜかというと、日本の字もわからない人がいる、数字もわからない人がいる、だけど、資金は残る」という「儲かったという人がいる」。こうしたサービスは、一般的に内部資料に欠ける中小零細企業に対して、大阪興銀が事業体を正確に把握、審査するための情報をえる方法になるという意味で評価できる。

以上のように、大阪興銀は、一九七〇年代末に、預金獲得重視から、預金規模を基盤にしながら融資政策を積極的に展開する方向へと、経営の重点を変化させた。一九八〇年代の他の民金をも上回る驚異的な成長（前掲表5-1、表5-5）は、そのような取り組みの結果であった。その活動は、確かに、直接には、在日社会を基盤としている民金が、「企業」としての成長を目標として展開したものであった。その過程に、結果として、大阪興銀を通じた在日コミュニティへの在日の忠誠心を高め、コミュニティにおけるネットワークを構築、強化するようにブルーサークルが組み込まれたことは、発掘され組織化されることによって民族マイノリティ・コミュニティが強化される側面を物語っている[78]。

「総合計画」の中心的な目標が預金獲得と融資政策であった背景には、既述した預金金利の高コスト問題を、資産運用において貸出金運用を増やすことによって吸収する、そのためには預金獲得が必要である、という意図があったと考えてよい。一九七七年に講じられた預け金引き上げと貸出金運用は、借用金返済とともに選択された貸出金利の低下の吸収策であった。繰り返しになるが、借用金返済には限度があるため、そこで高いコストをも念頭においた長期的な対策として積極的な融資政策に転換していったと考えられる。こうした積極的な融資策は、当然のことながら、資金源としての預金獲得が前提になる。高コスト対策として積極的な融資政策を展開し、そのための資金源として積極的な預金獲得が必要となる一方で、預け金比率は、積極的な融資政策による貸出金運用比率に規定されるから、積極的になればなるほど増加する預金高に見合った水準に保つことがますます困難になる、ということになる。この様子を、表5-7に戻って検討してみよう。

一九七八～七九年、七九～八〇年の預け金への追加的配分は、前の二年間にかけて引き上げたことによる低水準を修正すべく、資産運用の一一％以上の水準で行われた。結果的には一九八〇年代以降急増する預金高に見合った水準には至らなかった。しかも、一九七八～七九年には、獲得した預金の一八〇億円がほぼ全額貸出金として運用され、運用額の一一％の預け金は、借用金によって調達されたと思われる。翌年の一九七九～八〇年に追加された預金は、借用金を返済する一方で、貸出金利の上昇もあって、貸出金運用分を抑制しながら、預け金として配分することができた。しかし、同年度には預金金利も、貸出金利を上回って一ポイント上昇しているから、貸出金運用の抑制は、借用金返済のための短期的な措置であったと思われる。一九八〇～八一年には、追加的に獲得した預金を貸出金と借用金返済に充てながら、再び預け金が引き上げられ、その分有価証券投資が行われた。預金コスト吸収のために預け金投資にかかわる機会費用を有価証券投資によって相殺しようとした措置として見ることができる。

以上のように、一九七〇年代末から固定化した預け金比率の低水準は、大阪興銀の高コスト体質の構造的な問題に対応するために講じられた積極的な融資政策によって生み出され、その後急増する預金高に見合った水準への改善が難しい状況を表す現象であった。積極的な融資が豊富な預金を必要とし、そのためには預金金利を下げられない、その状態のなかではより多くの融資と速い回転率が必然化される仕組みになっていった。その結果、決済に必要な資金は、一時的とはいえたびたび借用金に依存せざるをえない状況になったのである。設立初期には、安定的な預金基盤がないために借用金を必要としていた。この時期の借用金依存は、預金規模は十分あるにもかかわらず、余裕資金の貧血状態によって発生したものであった。

付け加えなければならないのは、全体の利益は規模の経済に規定されるから、資金調達コストから運用利回りを差し引いたスプレッドが小さくなっても経営可能である側面を否定しない、ということである。預け金は絶対規模が大きく、一九七〇年代末以降の借用金依存度は七九年を除いて約二%以下、七六〜八六年平均で約〇・二%（前掲表5-1）であり、設立初期の五五〜六五年平均の約七%に比べて七分の一以下の水準であったから、預け金比率の低下と借用金依存度の上昇でもって健全ではない経営であるとは一概に言えない。むしろ、大阪興銀に以上の積極的な融資政策が可能な預金基盤があったことが重要であろう。そして、結果から見て、大阪興銀は積極的な預金獲得および運用ができた組織的な能力も備えていたのである。

民金間の経営の多様性を踏まえ、大阪興銀の一九七〇年代末の融資政策の転換の要因について、本書の視点から、次のように解釈することができる。

経営実態では、大阪商銀との競争のなかで、借用金依存を避けながら慎重な融資を保持していた大阪興銀にとって、資金調達コストの上昇が一九七〇年代末に問題となった。その問題に対して、大阪興銀は、一方では低コストの定積の構成比を上げること、他方では積極的な融資政策を展開することによって克服しようとした。前者は大きな効果を上げることができず、大阪興銀は、後者を重点的に展開する行動に打って出た。

この選択は、上述したように、積極的な預金獲得および融資戦略の展開を可能にした組織能力を表すこととして評価することができるだろう。しかしながら、他方で、それは、より有利な運用先を求めて開かれた市場へと進出できないことが前提になっており、その条件の下で自ら市場を開発し、融資の需要を喚起するという、限られた選択肢のなかで行われた特徴的な行動と理解することができる。展開された融資開発では、在日が得意とする事業に対して大小問わず幅広い対象が想定されたから、優良な融資先を捜すことが結果的には優良な預金獲得にも繋がっただろうし、将来の融資先を育成することが目標になったと思われる。在日コミュニティの成長を促すことに繋がるが、そうした循環は、民金がおかれた閉じられた市場基盤という条件のもとでもつ、成長の制約の側面を浮き彫りにしていると理解することができる。

おわりに

図5-16は、以上のことが、大阪興銀の収益にどのような結果をもたらしたのかを大阪商銀と比較して示している。長期的には、大阪興銀の方が大阪商銀に比べて利益率が高く、大きな変動がない安定的な経営であったことが一目瞭然である。大阪興銀と大阪商銀の資金調達コストと資産運用利回りは時代によって異なるから、図5-16の収益の差も、時期によって異なる要因が影響しているだろう。全体を通して収益に影響したと思われる一つの要因

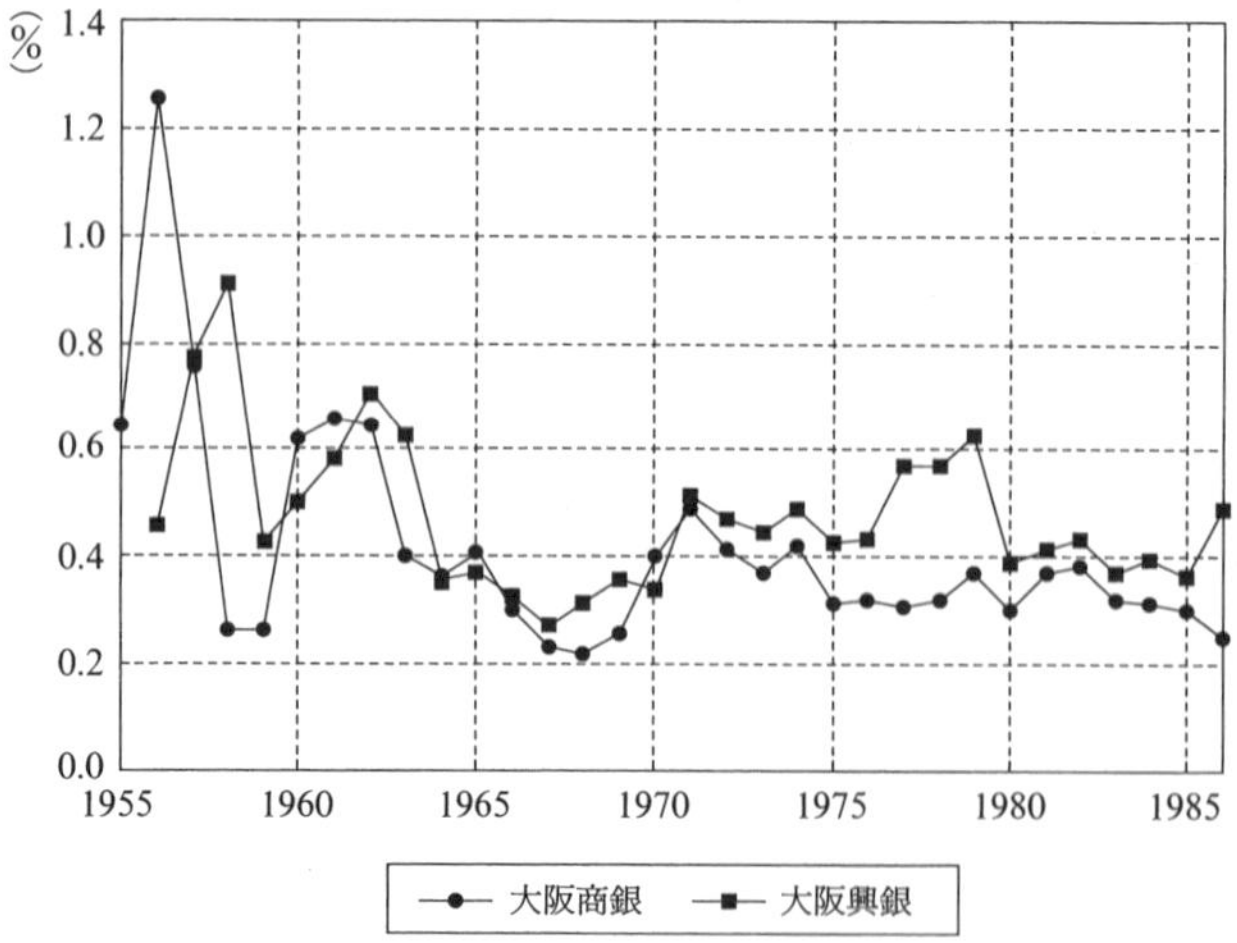

図 5-16　総資本利益率

資料）表 5-1 に同じ。

は、比較的低水準であった大阪興銀の借用金依存度であった。一九五〇年代から六〇年代前半では、預金構成において、大阪商銀が大阪興銀に比べて定期預金の比率が高いことも、収益率に関連しただろう。いずれにしても、定期預金の比率は、経営規模によっても異なる影響をもたらすため、民金の成長に即して評価しなければならず、戦後五〇年間を一括して特定の要因から分析することは適切ではない。

以上のように、歴史的な特徴に焦点を当て、個別民金の多様性に留意しつつ分析してきた本章において強調しておきたいことは、第一に、閉ざされた市場の条件のもとで、民金の成長に限界があったこと、第二に、「金利」や「コスト」などの要素に注目することによって民金の経営状態をある程度推定できること、第三に、大阪興銀と大阪商銀のパフォーマンスや行動の違いと、その要因がその経営構造や行動から説明可能な部分があること、である。

第一点に関連して重要なのは、信用組合という制度に制約され、その克服の仕方が限定されたかたちに方向付けられたことである。つまり、民金は、開かれた市場へと事業展開ができない条件の下で、コミュニティ内の市場に注力せざるをえず、融資を自ら開発する方策と、その基盤となる預金獲得のために潜在的な市場をより積極的に掘り起こす以外に、選択肢がなかった。このことによって民金がコミュニティの発展を促す結果をもたらす側面を評価しながらも、制約の面を重視するのは、開かれた市場を基盤にした第I部の産業と金融機関との相互作用に関連して、次のような一方的な関係を作り出すからである。すなわち、民金の成長の制約とその下で展開された克服策は、金融機関が成長することによって在日企業の成長をリードするようなメカニズムを作り出すことが困難であったことを示唆する。民族コミュニティ規模に規定された民金の成長が、開かれた市場を基盤にした在日企業の成長に合致するとは限らないからである。この点が、在日企業の資金調達に対して果たす民金の役割を考察する第7章の分析において、有効な視点になることを強調しておこう。

第二点を強調するのは、第6章で行う全国民金の分析に際して注意を払うべき指標、基準を予め明らかにしうるからであり、代表的な民金と比べて規模において劣勢な各地民金の経営状態をここでの分析を念頭において検討することになる。もちろん、地域毎に、民金が基盤にする在日企業の産業実態との関連で論ずべき要因も考慮されるべきである。

第三点に関連して重要なのは、大阪興銀と大阪商銀の競争関係を浮き彫りにしたことである。すなわち、次章では、政治的な対立を前提として朝銀と商銀の競争的な展開を考察するが、それは、直接「政治性」を浮き彫りにすることが目的ではなく、母集団を同じくする民金が、経営において相互に影響しうる可能性を、経済的な側面から考えてみたということである。大阪興銀と、大阪商銀という、政治路線を同じくする民金に注目すると、同一地域内の民金の経営動向の差異を「競争関係」の視点で解釈できる部分がある。それは、単なる政治的な対決のような競争ではない側面であり、「政治性」を相対化するうえでも有益である。先述したように、競争は組合員の奪い合いというゼロサムゲームではなく、それによる市場開拓、市場形成に表されるように、民金の能動的な事業展開が促され、それによって在日が発見され、拡大される側面がある。大阪興銀と大阪商銀が全国の民金のなかでも有力な信用組合として成長したことは、大阪に集住する在日の人口規模だけでなく、そうした競争の側面からも評価できる。ただし、絶対的な人口規模に規定された地域でも、市場拡大において二つの民金の競争の効果が同様であるとは限らないことも指摘しておこう。

第6章　一九七〇年代における民族系金融機関の金融サービス

——朝銀と商銀の競争的な展開から

はじめに

本章では、在日固有の政治的な背景が経済組織の展開に及ぼした影響に注目しながら、民金が提供した金融サービスの実態を明らかにする。その際、二点にわたり、在日の政治性がもつ複合的な意味での「限界」を中心に分析を進める。第一に、政治的要因が経済合理性を制約した点である。民金の設立のあり方、すなわち各都道府県別に二つの民金ができたことは、第4章第四節で展望したように、結果的には民金の零細性を強めた可能性が高く、そのことが、民金の経済組織としての活動を制約したと考えられる。第二に、民金の経営における政治性の限界という点である。その制約が在日企業や在日の経済活動に及ぼした影響について検討する。それは、民金は、政治的な「忠誠心」を要求するだけで組合員を獲得しえたのだろうか、という疑問にもとづいている。民金は、在日に対して預金金利と貸出金利のインセンティブを与えなければ、経済組織として維持、成長することができない側面をもっているのである。このように、民金の全国展開を可能にした政治性が、経済組織の成長過程において表出する具体的な態様に留意するという視角から、民金の金融サービス（主に預金・貸出金利）について分析する。

以上の検討に際して予め留意しておくべきは、在日が金融サービスを受ける二つの市場、すなわち貸出市場と預金市場において立場の非対称性をもつことである。民族マイノリティの金融問題については、一般的に貸出市場における差別が問題になる。それに対して、預金市場における立場について、議論されることは少ない。預金市場においては、特に排除されないからであろう。金融市場における差別については、例えば、第4章（一七一頁、資料3）で融資困難が主張されるように、貸出市場に焦点を合わせて、在日企業が日本の中小企業と比べて借手として不利な状況に置かれるとされる。こうした点と、預金者としては差別されないという異なる在日の立場を対照してみると、民金の特殊な事情が浮き彫りになる。つまり、貸出市場において差別される在日は、一般の金融機関ではなく民金と取引する可能性が高くなる。一方で、預金者としての在日は、預金市場では差別されるわけではないため、日本の一般の金融機関への預金・貯金も有力な選択肢となる。預金者として金融機関を選ぶときの条件は、有利性（利子率の高さなど）、利便性（立地、支店数など）や金融機関としての信頼度（倒産の危険性があるかどうか）などがあろう。在日は、預金市場においては様々な選択肢をもっており、それに応じて民金への預金の可能性は低くなる。このような対照から明らかなように、預金者である在日と、融資の需要がある在日とは、必ずしも一致するとは限らないし、二つの市場における在日の異なる状況から信用組合の民金は、貸出市場より、預金市場をめぐる激しい競争にさらされることになる。

したがって、貸出市場と預金市場を仲介する民金は、潜在的な貸出需要の存在と、一般の金融機関に流出しやすい資金源泉のアンバランスをどのように調整するかが問題になる。言い換えれば、潜在的な資金需要に対して、コミュニティの外に分散しているかもしれない在日を発見し、預金を集め、コミュニティの中に資金が蓄積されるようにしなければならない[(1)]。民族コミュニティを基盤にしながら、預金市場においては、一般金融機関との激しい競争に巻き込まれるのである[(2)]。こうした事情があるため、民金がかかわる競争は、資金運用においてより、資金調達において表面化しやすく、民金にとっては、預金獲得が第一義的な課題であったと考えることができる。

以上のような視点から、本章では、一九七〇年代を対象として、民金の構造的な特徴を捉える。第5章の分析で見たように、民金には、一九六〇年代後半に急成長したという共通点が見られ、その後の大きな転換は経営内容が変化した八〇年代に訪れた[3]。すなわち、一九六〇年代後半において、在日の経済的な地位の上昇が民金の預金構成を安定化させ、その預金基盤の強化のもとで、手形貸付を中心とする貸出運用という構造が定着していった。こうした共通点が、一九七〇年代後半まで維持された。一九七三年のオイルショックによる一時的な金利変動など攪乱要因があったのは事実であるが、七〇年代に民金の構造的な特徴が大きく変わることはなかった。このように、民金の経営内容とその基盤となる在日コミュニティの経済状況とが安定化した点を踏まえると、一九七〇年代を一つの時代として捉えることができる[4]。

一九七〇年代を一つの時代として捉えることは、在日の産業構造との関連を考える上でも有効である。第1章で明らかにしたように、製造業を中心としていた在日企業にとって、一九七〇年代は製造業の転換期に当たり、在日企業の典型的な事業転換が見られた時代である。このような在日産業のダイナミズムと関連させて民金の機能を捉える上でも、一九七〇年代は、格好の分析対象であると言うことができる。こうした展望をもつ本章は、第7章で行う一九七五年の在日企業の取引金融機関分析の前提ともなる。

本章では、具体的に、各都道府県に設立されていた民金について、データが入手できる一九六九～七七年の財務諸表から預金金利、貸出金利を算出し、預貸率などの経営指標に関する朝銀と商銀の比較を行う。本文の分析で使用するすべての指標は、特に断りがない限り、一九六九～七七年までと、一九八六年の『全国信用組合財務諸表』に収録された民金の財務データに依拠している。その際、七〇を越える民金についてそれぞれ九年間分のデータを提示することは煩雑であり、おおまかな見取り図を得にくい。また、財務諸表が年度末残高統計であるため、期中のフローベースの資金の流れまで踏まえた分析ができない。これらのことを考慮し、指標は対象期間（一九六九～七七年）の平均値をとることにした。

第一節では一九七〇年代における金融機関としての民金の位置付けや民金の市場基盤である在日コミュニティの状況について、第二節では在日の資金需要について、それぞれ概観する。続く第三節、第四節では、各都道府県における預金金利・貸出金利を分析し、金融インフラとしての民金が在日の産業経済にどのような性格をもたらしたかについて考察する。

1　一九七〇年代における民族系金融機関

民金に関する分析に先立ち、一九七〇年代の歴史的位置を概観しておこう。

在日企業にとって、民金は、金融機関としてどの程度の意味をもっていただろうか。一九七五年時点において、民金を利用する企業は、取引銀行がわかる五、六八八社のうち約五一・二％（後掲表7-1）であり、民金のみと取引しているものは、二九・〇％を占めた。[5] この水準を評価する比較可能な指標はないが、中小企業向けの貸出金額に占める信用組合の比率を挙げてみよう。一九七一年三月末の残高ベースで、中小専門金融機関（信用組合、信用金庫、相互銀行）、政府系金融機関、全国銀行の中小企業向けの貸出金額に占める比率は、順に四六・一％、一〇・七％、四三・二％である。[6] 信用組合は、全体のなかで六・三％を占めており、在日の企業金融における民金の位置づけは小さくないと言えよう。[7]

次に、一九七〇年代を控えて、在日を取り巻く社会環境に大きな転換があったことを指摘することができる。一九六五年の日韓条約締結がそれであり、このような政治環境の変化は、韓国籍の在日を基盤とする民族団体にとっては、活動基盤が強化されたことを意味した。また、表6-1に示されるように、一九六九年に、韓国籍の登録数が朝鮮籍を追い越したことも注目される。一九六九年の逆転は、一九五一年一一月から実施された「出入国管理令」によって韓国籍による登録(8)が始まってから、コンスタントに増加してきた流れのなかで起きた現象であった。

こうした国籍構成の変化は、例えば、大阪興銀は組合員の資格を「韓国籍」に限定していたから、在日コミュニティを経営基盤にしている民金の組合員獲得においては基本的な条件の変動となろう。政治的立場を反映すると考えられる「国籍」比率の逆転が象徴することは、北朝鮮系の組織や朝鮮籍の在日を基盤にする朝銀の側から見れば、組合員開拓の基盤である在日の絶対規模の縮小を意味する。第5章で分析したように、組合員獲得において必要な情報は、例えば民団などの各種の民族団体の会員名簿から得ていたから、民金の市場基盤という視点から考えると、そうした名簿に反映される国籍所有者の規模は、開拓可能な在日の市場の大きさを規定する。朝銀が市場を開拓する際に意識せざるをえない条件変化であったことは間違いない。とはいえ、北朝鮮を支持する団体・組織の会員数は、韓国を支持する団体・組織のそれを上回っており、一九七〇年代において相対的に大きい規模の組織を作り上げ、維持する組織力をもっていたことも事実であった(9)。ここでは、北朝鮮を支持する団体・組織の相対的優位が何によるのかを問う必要はないだろう。本章では、こうした事実を念頭におきながら、それが民金の

表 6-1　在日の韓国籍・朝鮮籍の変遷

（単位：人）

年　度	外国人登録数（韓国・朝鮮）	韓国籍		朝鮮籍
		人口	比率(%)	
1947年	598,507	—	—	—
1950年	544,903	77,433	14.2	467,470
1955年	577,682	143,889	24.9	433,793
1960年	581,257	179,298	30.9	401,959
1965年	583,537	244,421	41.9	339,116
1969年	607,315	309,637	51.0	297,678
1970年	614,202	331,389	54.0	282,813
1994年	678,997	454,884	67.0	224,113
商銀・朝銀組合員数（1994年）		212,587	—	219,917

資料）在日本大韓民国民団中央本部編『図表で見る韓国民団50年の歩み〔増補改訂版〕』五月書房，1997年，7頁より作成。

経済活動を通してどのように反映したかを考えることにする。

2　資金需要の動向

本節では、在日の資金需要について預貸率に注目する。第4章で明らかにしたように、民金は必ずしも十分な経済的基盤の上で設立されたわけではなかったから、設立後の経営において様々な問題が立ちはだかっていたと推測できる。各地域の在日の産業活動を基盤にした資金需要がなければ、またそれに対応できる預金基盤が確保されなければ、金融機関として自力で成長することができなかったであろう。そうした預金と資金需要のバランスを表す預貸率は、在日の資金需要と、民金の経営状態について、大枠の姿を素描してくれる。地域別の異なった環境が生み出す多様性を前提に、まずはじめに、全国民金の預貸率の動向について、日本全国の信用組合平均（以下、全国平均と略称する）と比較しながら見ていく。

一九六九～七七年の平均預貸率を示した表6-2によると、朝銀は一地域、商銀は一二地域を除いて、全国平均を上回っている。信用組合の場合、有価証券などへの資金運用が小さい傾向にあるとはいえ（全国平均八二・九%[10]の預貸率がこれを示す）、民金では朝銀・商銀ともに平均約八七%の水準を示しており、貸出への運用がさらに大きい。これは、全国平均に比べての傾向であるが、地域の動向を反映するブロック平均値に対する指数は、データが取れる一九六九～七三年平均を一〇〇にすると、朝銀と商銀はそれぞれ一一〇、一〇五[11]である。このような高水準の預貸率は、在日の資金需要が全体的に平均を上回って旺盛であったためと考えられる。預金を集めれば、それなりに貸出運用先が見つかったと考えてよい。

表6-2　民金の1969～77年平均預貸率（全国平均に対する傾向）

都道府県	朝銀	商銀	対全国平均比率		都道府県	朝銀	商銀	対全国平均比率	
			朝銀	商銀				朝銀	商銀
北海道	97.5	97.3	117.6	117.4	広島県	90.7	83.2	109.4	100.4
和歌山県	90.8	93.7	109.5	113.0	富山県	85.8	83.1	103.5	100.2
奈良県	98.4	92.8	118.7	111.9	長野県	93.2	82.8	112.4	99.9
岩手県	91.3	91.9	110.1	110.9	兵庫県	92.7	82.7	111.8	99.8
京都府	90.8	90.3	109.5	108.9	東京都	87.6	82.2	105.7	99.2
島根県	85.8	89.2	103.5	107.6	神奈川県	89.0	81.9	107.4	98.8
岡山県	89.9	87.9	108.4	106.0	群馬県	84.6	81.4	102.1	98.2
滋賀県	87.2	87.4	105.2	105.4	秋田県	87.9	81.1	106.0	97.8
岐阜県	91.5	87.3	110.4	105.3	愛知県	88.8	80.4	107.1	97.0
三重県	89.5	87.1	108.0	105.1	大阪府（大阪興銀）		79.4		95.8
熊本県		86.6		104.5	福井県	89.7	78.4	108.2	94.6
埼玉県	90.2	86.6	108.8	104.5	石川県	83.9	76.0	101.2	91.7
山口県	93.3	86.6	112.5	104.5	青森県	84.8	73.5	102.3	88.7
福岡県	94.2	86.5	113.6	104.3	茨城県	87.9	70.7	106.0	85.3
静岡県	91.2	85.8	110.0	103.5	福島県	91.7		110.6	
千葉県	86.7	85.5	104.6	103.1	栃木県	92.2		111.2	
大阪府（大阪商銀）	89.6	85.3	108.1	102.9	愛媛県	85.3		102.9	
新潟県	89.5	85.0	108.0	102.5	大分県	96.5		116.4	
宮城県	80.9	84.4	97.6	101.8					
長崎県		83.8		101.1	平　均	89.7	84.6	108.2	102.1

注）対全国比率＝（民金の1969～77年平均預貸率）÷全国平均値「82.9」×100。
資料）全国平均は，日本銀行調査統計局『経済統計年報』昭和34年，91頁，昭和40年，224頁，昭和45年，133頁，昭和50年，147頁，平成7年，107頁，「信用組合主要勘定表」より計算。

以上のような全国平均を上回る預貸率に表現される資金需要は、民金の経済的な基盤が必ずしも十分ではなく、設立が政治的な背景のもとで可能であったとはいえ、潜在化していた経済的な必要性を先取りした、あるいは、性急な結論付けを恐れずに述べれば、民金設立によって在日の経済活動が活発になった、という評価を可能にするかもしれない。もっとも、平均値に至らなかった民金が一三と、少なくない規模で存在することにも注目すべきである。そうした平均値以下の民金は、商銀がその大半を占めていたことから、朝銀と商銀との差異に注目することが、民金のあり方を理解する手がかりとなろう。そこで、預貸率の動向に、民金の規模や、朝銀と商銀の設立時期がどのように関連していたかについて検討していくことにする。

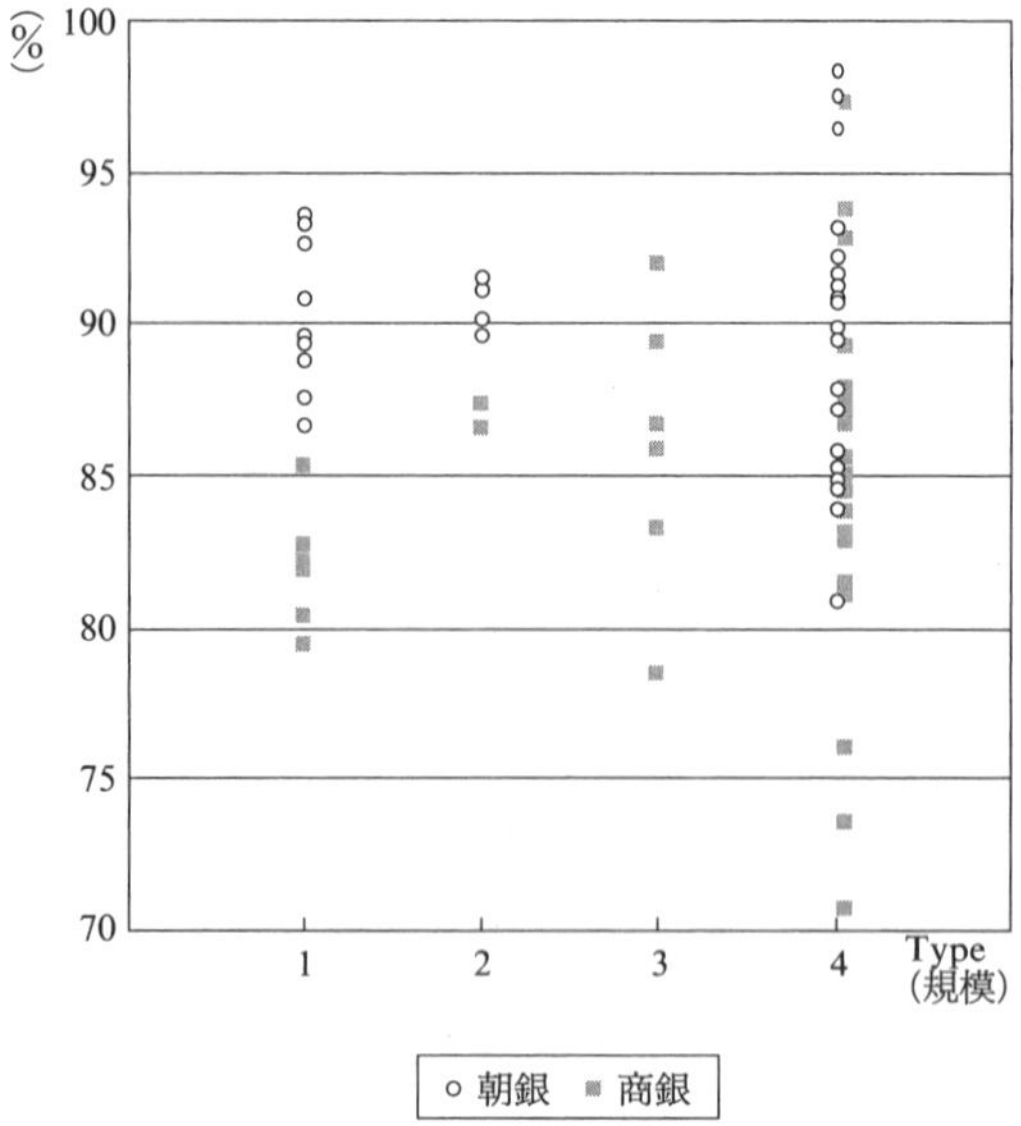

図6-1　タイプ別預貸率

注）1969〜77年の平均預貸率。以下の図表において，特に断りがない限り，すべて1969〜77年平均値である。

資料）『全国信用組合財務諸表』昭和44年〜昭和52年度，より作成。

（1）民金の規模階層と預貸率

図6-1は、第4章で示した民金のタイプ別に、朝銀・商銀の区別を加えてそれらの預貸率を示したものである。同図によると、一見タイプ別による有意な差が見られず、規模と預貸率の明確な関係は読み取れない。しかし、図6-1では、朝銀と商銀の差異が明らかであり、その差異がタイプによって様相を異にしていることに注目することができる。Type 4においては、平均預貸率は朝銀（八九・三）が商銀（八三・一）を上回っているとはいえ、両者の預貸率はともに八〇から一〇〇の間に広く分布しているのである。Type 1とType 2になると、朝銀の預貸率が商銀より高い水準に集中する傾向は変わらないが、全体的に狭い範囲に収斂して分布する。

このように、預貸率に関して論ずべきは、第一にType 4における拡散は何故発生したのか（第二項）、第二に朝銀の高い預貸率は何を意味するのか（第三項および第五節）、の二点である。これらについてはのちに立ち入って分析することにし、さしあたり民金の預貸率について別の視点から眺めることにする。

預貸率の高低には、地域毎の異なる経済環境も影響しているものと思われる。このような多様性を勘案し、地域毎に朝銀と商銀を比較してみよう。預貸率には、各都道府県に並立する朝銀と商銀が相互に影響を与えているのであろうか。預貸率を地域によって二つの民金の設立時期に差があることとの関連で考えてみると、図6-2のように、同年度に設立された地域（①）、商銀の設立が先行した地域（②）、朝銀の設立が先行した地域（③）に分けることができる。

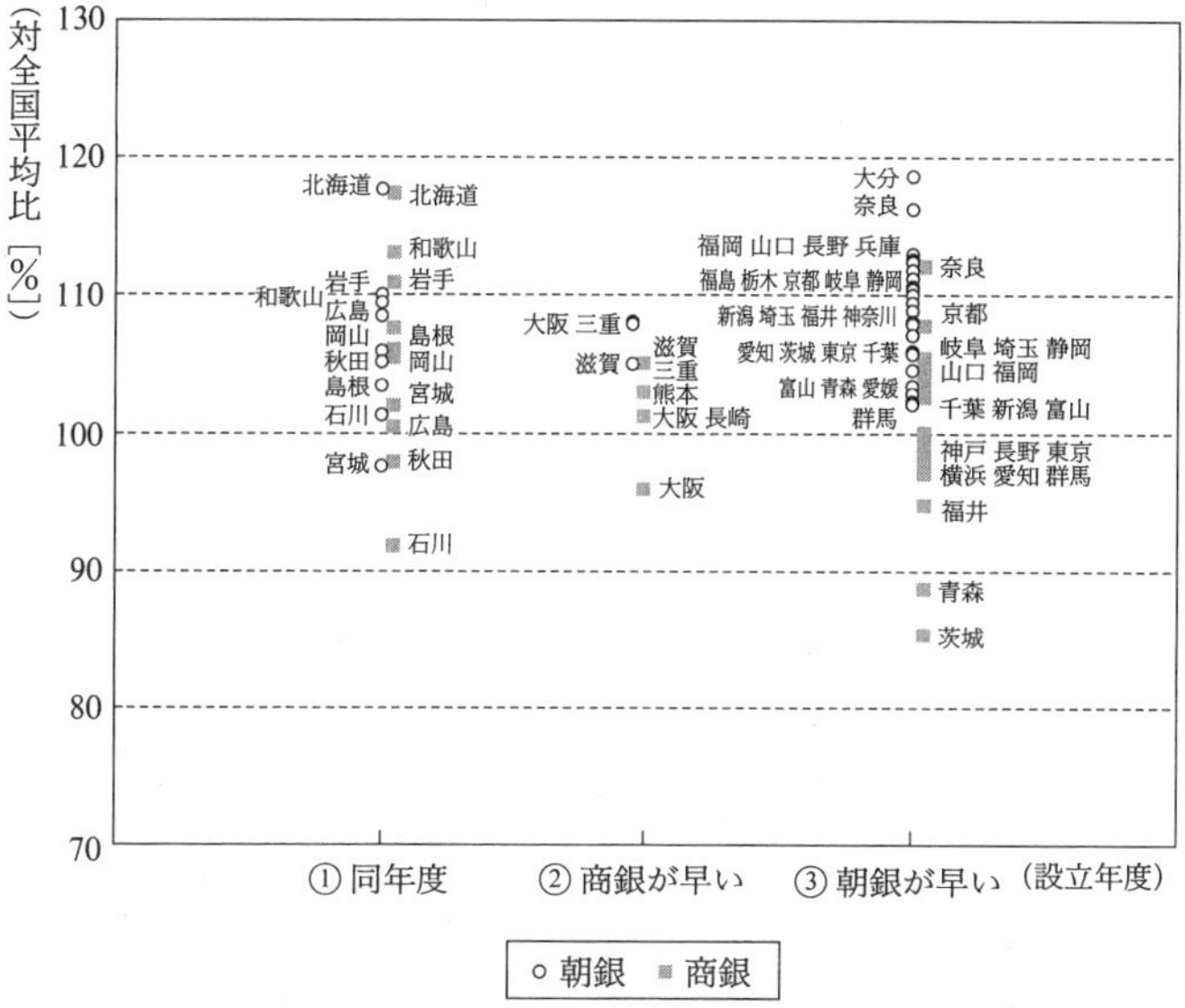

図6-2　預貸率と設立年度の動向

資料）預貸率は表6-2，設立年度は第4章の表4-1より作成。

図6-2の縦軸は、預貸率の全国平均に対する民金の預貸率の比率（%表示）を表しており、平均以下の民金は一〇〇以下に分布している。全体的に、平均以下の民金のほとんどが朝銀の設立が先行した地域（③）に分類されている。③においては、朝銀の預貸率は同地域の商銀に比べて、高い水準である。図6-1に見られた特徴が、地域別においてもそのまま表れている。同年度に設立された地域（①）では、商銀が上回る地域もあり、③とは異なり全体的に預貸率は同一水準で、しかも全国平均より高い水準に分布している。このように、設立年度の差がある地域とない地域とで、預貸率の傾向に違いがあることは、設立の前後関係が預貸率の高さに影響していることを示唆する。

ここまで検討してきた民金の規模と預貸率の関

表6-3　経営規模と設立年度の動向

	Type 1	Type 2	Type 3	Type 4
① 朝銀と商銀が同年度に設立された地域			広島商銀 岩手朝銀	宮城朝銀・宮城商銀，朝銀島根・島根商銀，岩手商銀，和歌山朝銀・和歌山商銀，朝銀岡山・岡山商銀，朝銀広島，北海道朝銀・北海道商銀，朝銀秋田・秋田商銀，石川朝銀・石川商銀
② 商銀の設立年度が朝銀より早い地域	朝銀大阪・大阪商銀・大阪興銀	三重朝銀・三重商銀，熊本商銀		滋賀朝銀・滋賀商銀，長崎商銀
③ 朝銀の設立年度が商銀より早い地域	京都朝銀，朝銀山口，福岡朝銀，朝銀兵庫・神戸商銀，千葉朝銀，朝銀東京・東京商銀，神奈川朝銀・横浜商銀，朝銀愛知・愛知商銀	埼玉朝銀，静岡朝銀，福岡商銀，福井朝銀	京都商銀，静岡商銀，山口商銀，福井商銀	奈良朝銀・奈良商銀，新潟朝銀・新潟商銀，朝銀富山・富山商銀，朝銀福島，朝銀岐阜・岐阜商銀，埼玉商銀，千葉商銀，長野朝銀・長野商銀，朝銀群馬・群馬商銀，青森朝銀・青森商銀，大分朝銀・大分商銀，朝銀茨城・茨城商銀，栃木朝銀・栃木商銀，朝銀愛媛

注）下線は，全国平均預貸率を下回った民金。
資料）Type類型は第4章の表4-4，設立年度は表4-1より作成。なお，1977年以降設立され，『全国信用組合財務諸表』から分析対象期間のデータをえられない民金（福島商銀，高知商銀，朝銀長崎，朝銀香川，佐賀朝銀，佐賀商銀）は除外されている。

係、地域別の朝銀と商銀の展開をまとめたものが、表6-3である。掘り下げるべき論点は、預貸率が、Type 4からType 1になるにつれて拡散から収斂に向かっていながらも（図6-1）、③グループに見るように、同地域において朝銀が商銀の設立に先行したケースでは、全国平均預貸率より低水準の預貸率を記録している商銀（表中に下線で表示）が多く存在していることである。この点の解明が、在日の資金需要や民金のあり方を理解する上で、必要であると考える。以下、規模によって異なる要因が影響することを考慮し、預貸率が全国平均に至らなかったType 4とType 1の民金に注目して考察を加える。

（2） 民金の成長と預貸率

商銀のなかに平均以下の預貸率が少なからず見られた要因として、貸出市場で慎重な行動を取っていたことを考えなければならない[12]が、それよりも、以下のように設立後の経過年数から説明される部分が大きい。

預貸率は、貸出金と預け金に対する資産運用の配分によって決定される。預け金は、第5章で明らかにしたように、決済資金として一定の規模が必要であるが、設立初期においては預金規模が零細であるため預金に対する比率が高くなり、その影響で預貸率の水準は低くなりやすいのである。表6-4と図6-3は、そのことを裏付けている。タイプ別の平均設立年度を表した表6-4によると、一九七八年を基準にして、規模の小さいType 4は設立から平均一二年であり、Type 1になると約二二年になる。こうした企業年齢の差やType 4からType 1へという規模の拡大が、預貸率とどのような相関関係をもったか考えてみることにしよう。

Type 4を中心に、年数を経過するにつれて預貸率がどのように変化するかを表した図6-3によると、全国平均に至らなかったほとんどの民金は、設立後約一〇年以内

表6-4　タイプ別平均設立年度

	朝　銀	商　銀
Type 1	1954.7	1955.7
Type 2	1958.8	56.7
Type 3		1962.8
Type 4	1964.3	1966.8

資料）表4-1，表4-4より作成。

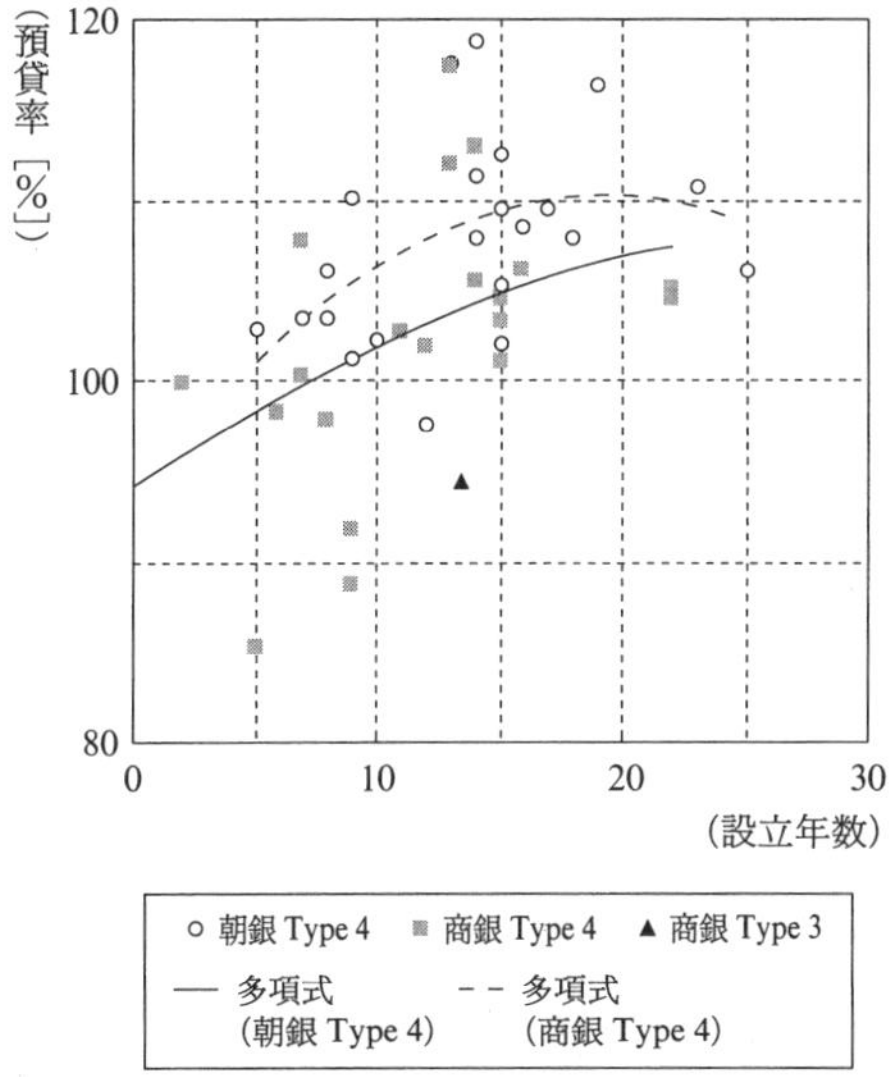

図6-3　設立年数（1978年基準）と（民金／全国平均）預貸率

資料）図6-2に同じ。

表 6-5　Type 4 の低い預貸率の民金

設立年差	地域（県）	預貸率 朝銀	預貸率 商銀	借用金/預け金比率[1] 朝銀	借用金/預け金比率[1] 商銀	預け金比率[2] 朝銀	預け金比率[2] 商銀	設立年度 朝銀	設立年度 商銀	預金高倍率[3]（朝銀／商銀）
③朝銀の設立が先行した地域	長野	93.2	82.8[4]	56.4	5.0	15.7	26.9	1963	1976	2.0
	群馬	84.6	81.8	16.5	28.9	18.6	22.4	1963	1972	2.1
	福井	89.7	78.4	32.0	7.6	17.0	24.9	1963	1965	1.2
	青森	84.8	73.5	17.6	11.2	23.5	27.3	1968	1969	1.3
	茨城	87.9	70.7	0.3	0.5	15.5	22.5	1953	1973	2.2
①同年度に設立された地域	宮城	80.9	84.4	22.6	28.3	24.0	22.5	1966	1966	1.4
	秋田	87.9	81.8	15.9	0	18.4	21.7	1970	1970	1.5
	石川	83.9	76.0	0	3.9	23.7	29.2	1969	1969	0.9

注 1）借用金／預け金×100（%）。
2）預け金比率（%）＝預け金／資金運用（預け金＋金融機関貸付＋有価証券＋貸出金）×100。
3）預金高倍率＝朝銀預金高／商銀預金高。
4）預貸率欄の下線の民金は，全国平均預貸率以下。
資料）図 6-2 に同じ。

の商銀である。設立後一〇年以上経過した民金では、その大半が全国平均を超えて分布している。平均以下の民金は、朝銀が先行して設立された③グループの地域では長野県、群馬県、福井県、青森県、茨城県の商銀、同年度に設立された①グループの地域では秋田県、石川県の商銀および宮城朝銀である（以下では、地域名について都道府県を省略して表記する）。

表6-5には、全国平均預貸率に及ばなかった上記の八地域が取り上げられている。これらの地域の全国平均以下の民金は、すべて一九六五年以降に設立されたこと、全国平均の預け金比率一五・五%[13]を上回っていることが確認できる。そして宮城を除き、朝銀の預貸率は全国平均以上になっている。これは、朝銀の設立時期が商銀より早かった（Type 4の平均設立年度は、朝銀が約一九六四年、商銀が約一九六七年、以上、表6-4）ためであろう。

③グループの五つの地域では、預金高倍率にも表れるように、設立後の経過年数の長い朝銀は、初期段階の高い預け金比率と低い預貸率から脱皮できる規模に達したと考えることができる。他方で、預け金に対する借用金の比率は、朝銀が商銀より高い傾向にあり、この状況が預貸率に影響したと思われる。借用を抑えながら預け金を積み上げたことが、商銀の預貸率を低くしたのであ

る。

表6-5の①グループに示した同年度に朝銀と商銀が設立された三つの地域では、宮城では朝銀の預貸率が全国平均に比べて低く、預金高倍率も石川の場合は商銀が高いなど、他のグループで見られた朝銀の優位さが明確に表れない。設立年度の差が大きくない福井、青森まで含めて考えると、設立後経過年数差の大きい地域に比べて、朝銀と商銀の間において預金高の格差が小さく、競争的になっている状況を想定しうる。このことから、朝銀と商銀の競争が、地域毎に異なる設立時期や異なる規模という条件下で展開されれば、預貸率に与える影響も一様ではないと推測することができる。ここでは、Type 4において預貸率の水準が分散的であったことについて、平均を下回る低い預貸率が、設立初期段階であることから説明される部分が大きい点を確認しておくだけで十分であろう。

（3）民金の経営行動と預貸率

預貸率について、設立初期に低い水準になる共通点が認められても、設立後一〇年以上を経過した地域の場合は、一つの要因で説明することができない。設立後約二五年経ったType 1の預貸率は、全国平均に対して朝銀一〇五～一一五、商銀九五～一〇五（前掲表6-2より算出）と、それ以前に比べてやや低い水準に落ち着いている。預貸率の拡散は、預金基盤の脆弱性から設立初期段階であるために表れる低い水準と、その後の地域毎の多様な要因（個別民金の経営行動を含めて）で変化した水準との複合的な結果であろう[14]。

前掲図6-1、図6-2では、Type 1においても、朝銀と商銀の預貸率には特徴的な格差があり、企業成長という歴史的な共通点以外の要因を考える必要があろう。例えば、第5章で検討した一九八〇年代以降の大阪興銀の事例が示すように、預金高が十分な規模に達している場合には、預け金比率を低めに設定しても一定の預け金規模が維持されるため、積極的な貸出運用が可能になる。こうしたことから、朝銀は商銀に比べて貸出運用をより積極的

表 6-6　朝銀と商銀の預金高倍率（1969〜77 年平均）

Type（朝銀／商銀）	地　域	設立年度		預金高倍率[1)]（朝銀／商銀）	預け金比率[2)]		借用金利息／経常費用[3)]	
		朝銀	商銀		朝銀	商銀	朝銀	商銀
Type（1/1）	東京都	1952	1954	1.3	15.1	25.1	4.5	7.6
Type（1/1）	神奈川県	1952	1962	1.0	15.6	14.4	5.2	1.1
Type（1/1）	愛知県	1953	1954	2.0	18.3	25.6	7.4	5.6
Type（1/3）	京都府	1954	1954	2.8	15.4	22.1	3.3	10.1
Type（1/1）	兵庫県	1952	1956	2.1	12.0	22.4	3.8	2.5
Type（1/1）	大阪府[4)]	1954	1953	0.7	14.1	22.3	4.3	3.1
Type（1/2）	福岡県	1953	1958	1.5	11.5	19.3	8.9	3.8

注 1）預金高倍率＝朝銀預金高／商銀預金高。
2）預け金比率（%）＝預け金／資金運用（預け金＋金融機関貸付＋有価証券＋貸出金）×100。
3）（借用金利息＋再割引料）／経常費用計×100（%）。
4）大阪の「商銀」は大阪興銀。大阪商銀は全国平均以上であったため記載しなかった。
資料）図 6-2 に同じ。

に行った、という行動様式の違いによる説明が可能かもしれない。

そこでType 1に属し、低い預貸率を示した大阪興銀についてあらためて確認しておこう。Type 1に該当する商銀（大阪商銀、大阪興銀、東京商銀、横浜商銀、愛知商銀、神戸商銀）のうち大阪興銀の預貸率は、全国平均に対して九五・八％の水準であり、もっとも低い。大阪興銀は、第5章の分析によると、一九七〇年代には、全国平均に比べて借用金への依存度が低く、預け金比率が高かった。融資には慎重で安定的な経営を志向したため、預貸率が低い水準で保たれており、資金運用先の確保に問題があったわけではなかった。

いくつかの経営指標をまとめた表6-6によると、商銀に対する朝銀の預金高倍率は、大阪・神奈川を除いて、約一・三倍から三倍弱であり、かなりの格差を示している。預け金比率は、横浜商銀を除いて全国平均（一五・五％）を上回っている商銀の方が、預貸率の傾向を反映して高い。民金経営における借用金依存度は、借用金コストの経常費用に対する比率で見ると、東京と京都を除いて、朝銀が同地域の商銀より高いことがわかる。これらよりType 1の商銀の経営行動と預貸率の関係について、「大阪興銀のように十分な預け金を確保する→決済資金の借用金への依存度を小さくする→そのことによって資金コストを抑える→資金需要に対しては追加的に集めた預金の範囲内で資金運用を行う」、このような脈絡で結果的に預貸率が低い水準になったと理解することができる。[15] これに対して、朝銀は、旺盛な資金需要に対し、預け金を取り崩して貸出運用への資金配分を高めながら対応したのであり、そのことによって発生しやすい決済資金の資金繰りのため、借用金への依存を高めたと考えられる。このような資金配分の行動の違いが、朝銀と商銀における預け金比率、借用金の依存度、預貸率の高低として表出したとみなすことができる。

以上のように民金の預貸率は、一部の地域においては全国平均に至らなかったが、それは設立後の経過年数に規定された部分が大きく、一九七〇年代にはほとんどの地域において、全国平均に比べて資金需要が大きかったと言うことができる。したがって、本章冒頭の問題関心に即して言えば、民金は、こうした旺盛な資金需要に対して、どのように預金を集めるかが課題であった。その際、第5章の分析から明らかなように、在日人口規模の大きい大都市に設立されても東京商銀のように預金獲得が順調でない場合があり、地域内における朝銀と商銀の競争が、特に人口規模の小さい地域では預金市場をめぐってより激しく展開されたと考えることもできる。次節では、預金市場における朝銀と商銀の競争関係について検討する。

3　地域別の金利動向の特徴

本節では、これまで目を向けた資金需要の動向を前提にして、朝銀と商銀の金利を比較する。金利は、民金が預金者としての在日や借手としての在日に提供する経済的インセンティブとなり、在日と民金との取引という相互作用の過程でそれらの水準が決定される。[16] ここでは、一九六九～七七年の平均値の分析になるため変化の視点は制約されるが、具体的なケースを取り上げて民金の金利水準の構造的な特質を明らかにする。

（1）民族系金融機関の金利水準（一九七一年）

朝銀と商銀が提供した金利水準を、一九七一年三月の各地域の信用組合平均値[17]（以下、「地域平均」とする）を基準に示しておこう。図6-4は、単年度の残高ベースであるため、限界のある比較であるが、民金の金利水準を知る上で、一つの目安になるであろう。

預金金利、貸出金利どちらについても、分布がばらついており、民金と一言で言っても多様であったことがうかがえる。営業範囲とする地域間の差異を考慮したにもかかわらず、少なくない民金の預金金利が地域平均以下の低い水準を示していることは、注目に値する。

貸出金利については、二九のType 4のうち二一の民金が平均以上である。そのうち一四の民金は、預金金利では地域平均を下回っている（□の網掛け部分）。こうした状態は、低利でも預金する在日が存在し、高い金利でも借り手が存在したことを物語る。この傾向はType 1の有力信用組合のなかにも見られる。Type 1のうち二つの民金（千葉朝銀、神戸商銀）は、預金コストを抑制しながらも、貸出金利を高めにしていたのである。その要因は、脆弱な預金基盤にあったと思われる。第5章で明らかにしたように、代表的な民金の場合、一九六〇年代後半にようやく成長の軌道に乗ったばかりであった。一九七〇年代になっても、他の信用組合に比べて競争力のある金利水準を設定できるまでには至っていなかったと言えよう。

本章冒頭で提示した預金市場における民金と一般金融機関との競争は、地域の平均金利水準を下回る民金が少なくなかったことから考えると、限定的であったと言うことができる。平均金利以下でも預金者が存在したことは、在日は、経済的な誘因だけでなく、政治的な立場、あるいは民族的な繋がりなどの理由で、金融機関を選んだと考えられる。[18] そうした政治性や民族性に左右される在日が存在するとすれば、民金にとってさしあたり競争相手となるのは同地域に設立された、朝銀、あるいは商銀になると見てよいであろう。競争対象が限定されてくると、民金にとって、預金金利を、対抗する朝銀、あるいは商銀の水準より高めに設定することが、政治性・民族性をも重視する在日を組合員として勧誘する際の具体的な競争手段となる。

次に、タイプに即して、図6-5に民金の貸出金利（組合員数規模の基準）を、図6-6に預金金利（預金高規模の基準）を、プロットした。[19] 図6-7には、収益の基盤となる貸出金利から預金金利を差し引いた預金貸出金利差を、同じくタイプ別に示した。

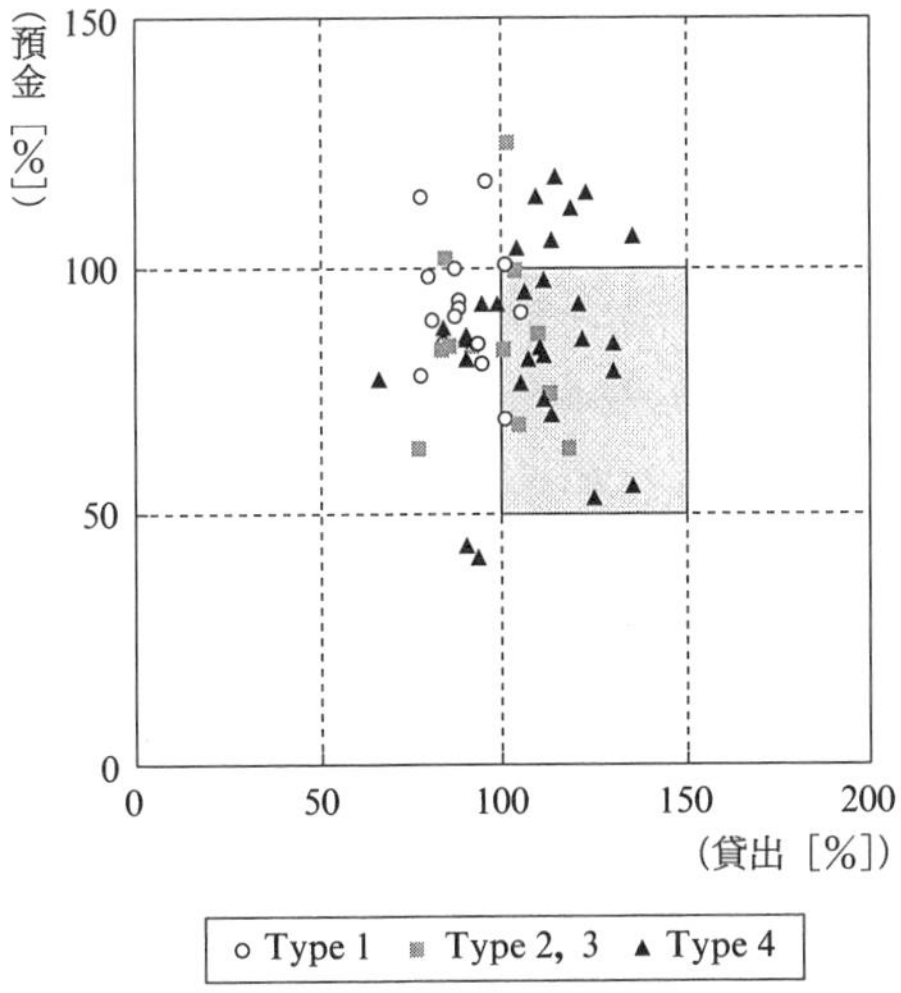

図 6-4　対地域平均金利水準（1971 年 3 月）

資料）『全国信用組合財務諸表』昭和 45 年，より作成。

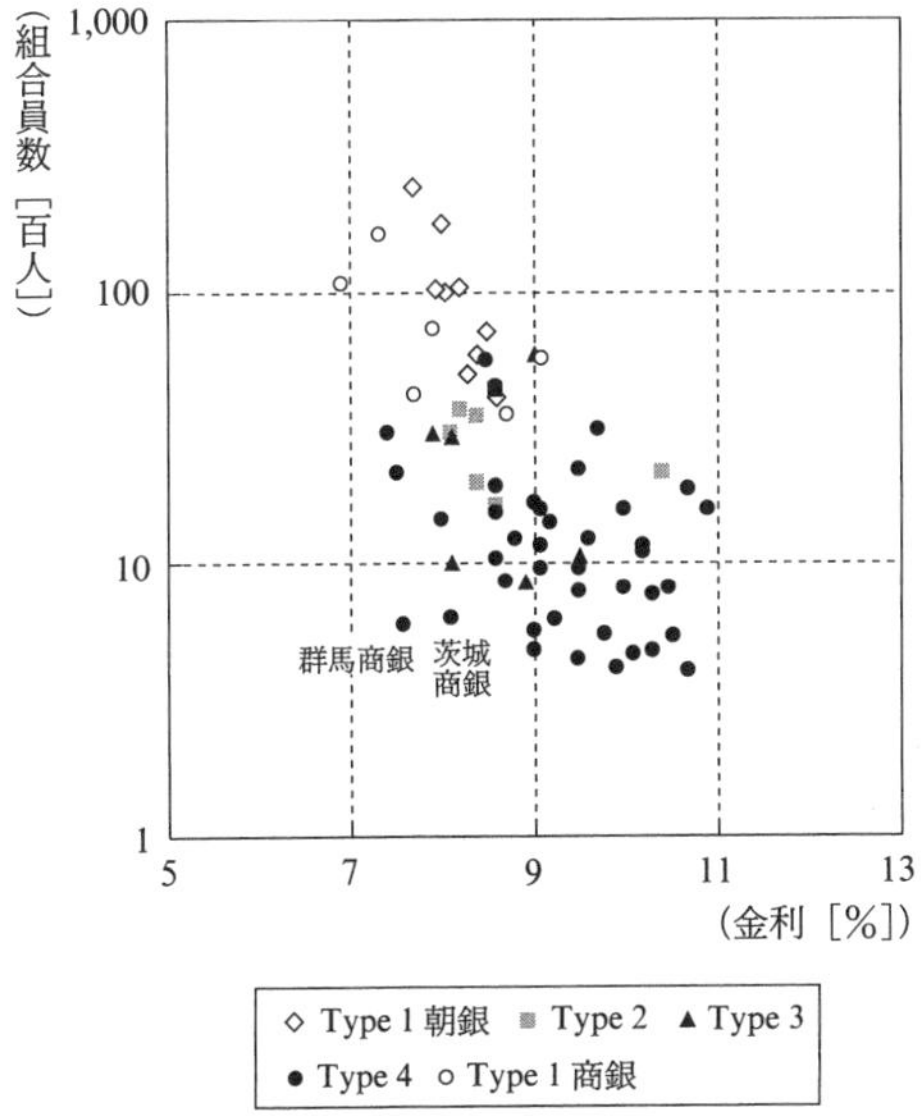

図 6-5　組合員数規模と貸出金利

資料）図 6-1 に同じ。

貸出金利については組合員数規模との逆相関関係が観察されるが[20]（図6-5）、預金金利については明確な関係が認められない（図6-6）。民金において大きな規模格差が存在するにもかかわらず、預金金利と規模との間に明確な関係が見られないところに、民金の預金獲得をめぐる行動が表出していると考えられる。そのため、預金貸出金利差においても、経済的合理性に逆行するようなAB線の左下[21]（図6-7）のグループ（岡山商銀、宮城商銀、茨城商銀、群馬商銀等）が看取される。[22]また、同規模のグループのなかでも、金利設定や利幅に大きな差異があった

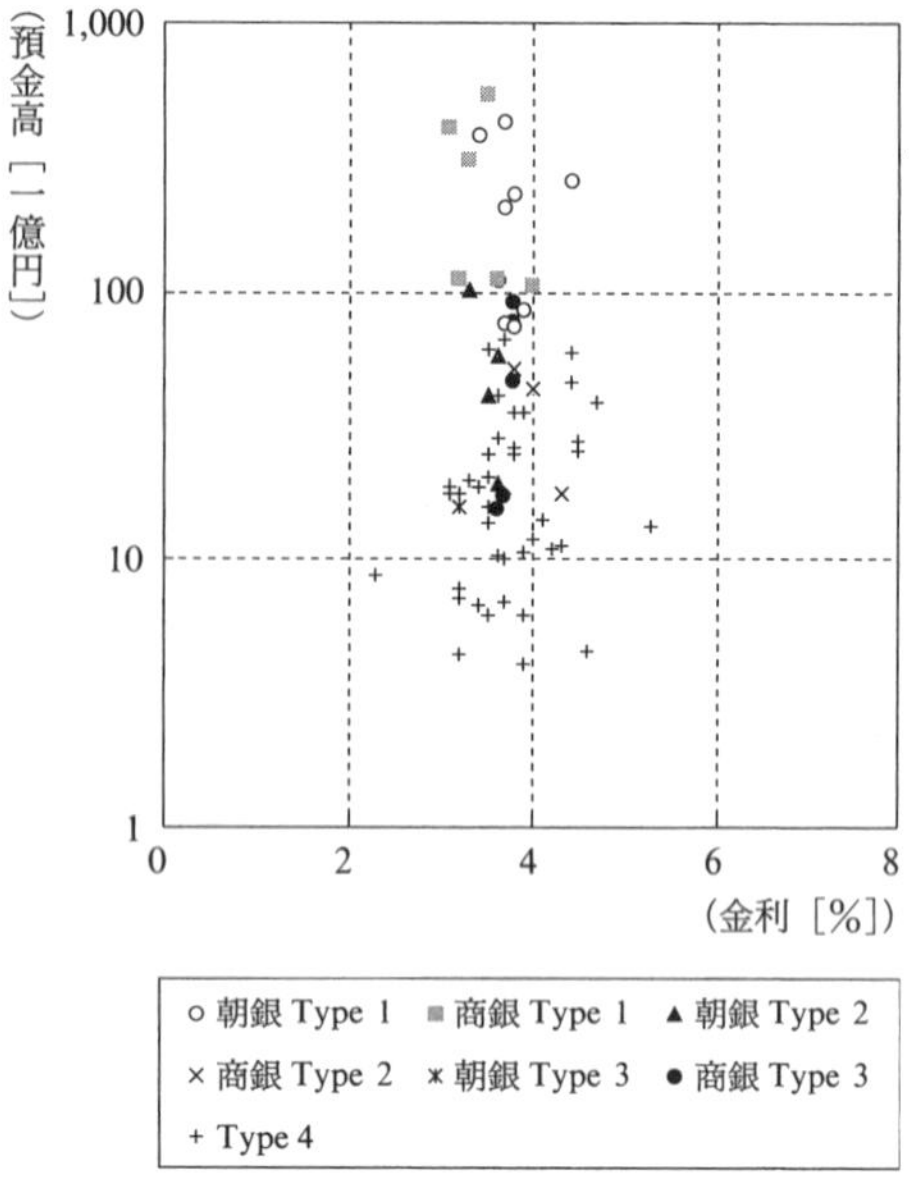

図 6-6　預金高規模と預金金利

資料）図 6-1 に同じ。

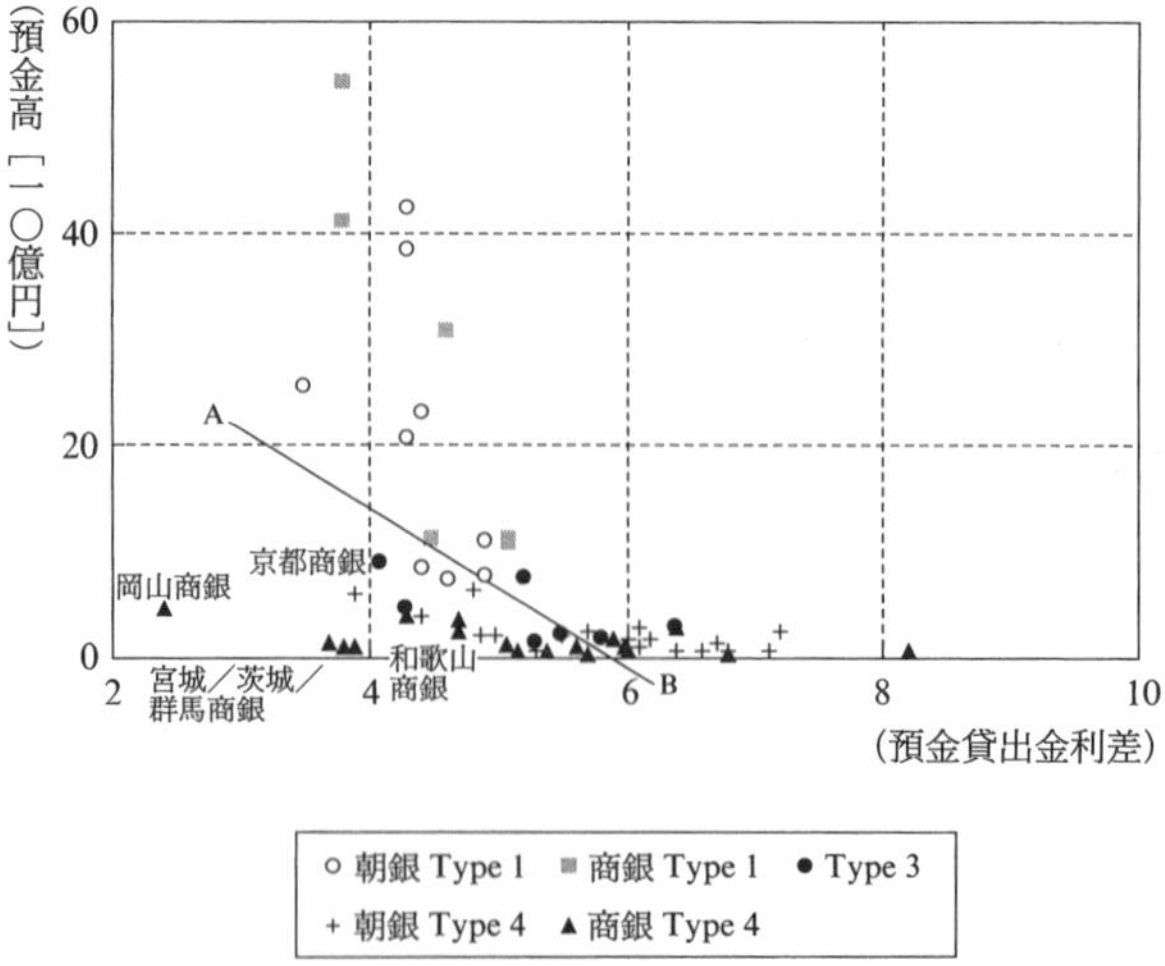

図 6-7　預金高規模と預金貸出金利差

資料）図 6-1 に同じ。

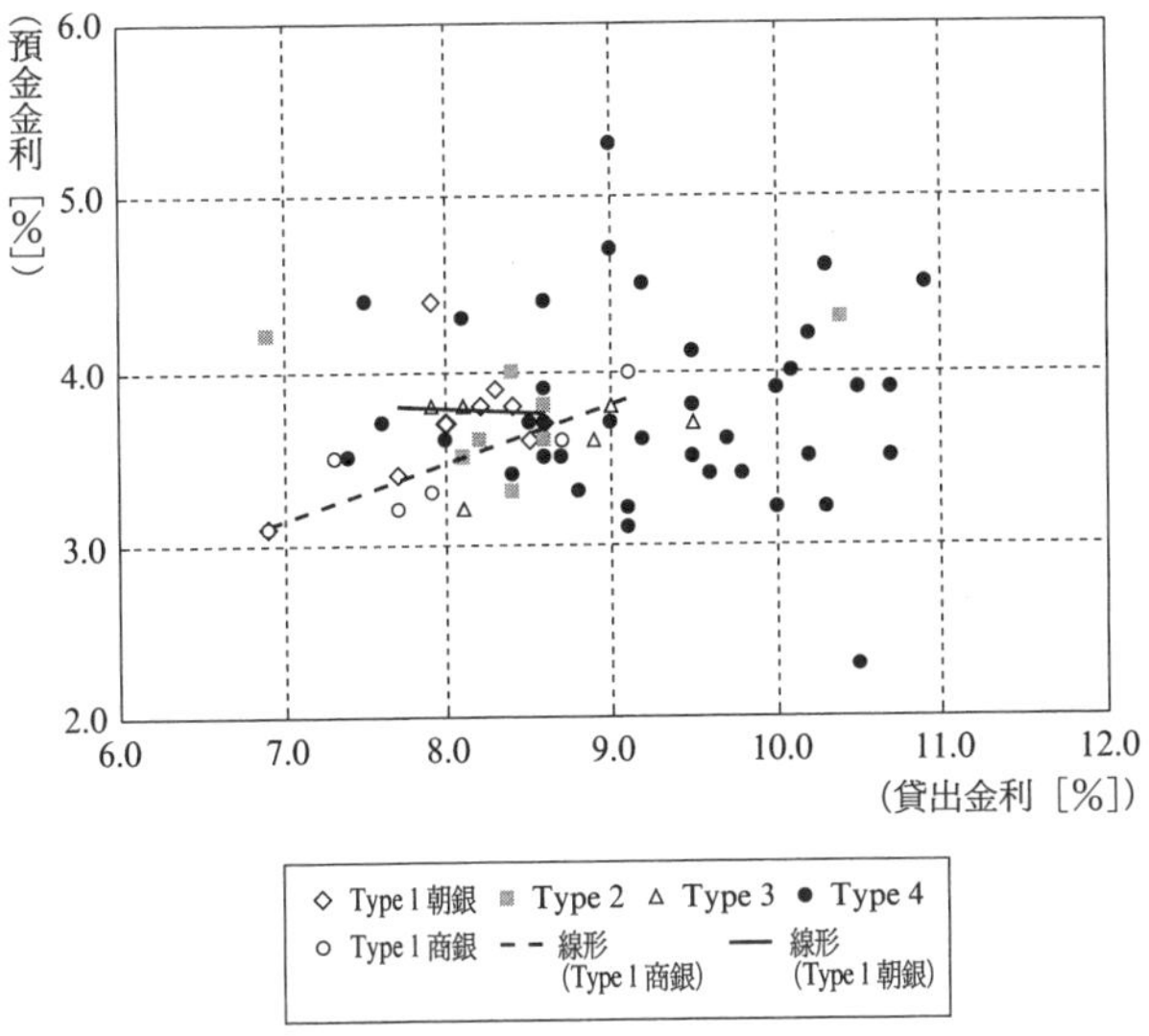

図 6-8　預金金利と貸出金利

資料）図 6-1 に同じ。

〔図６-５〕。地域別の動向がそうしたあり方に影響したものと推測される。それは特定の時期における構造的な断面を描き出しているだけではなく、下位に組合員数一、〇〇〇人前後規模で幅広く分布する民金に関しては、設立初期における預金基盤の零細性を表現しており、民金の成長の軌跡が反映されているとも言える。

（2）朝銀と商銀の金利水準

民金の金利水準の特徴に関連して、朝銀と商銀との間に差異があるだろうか。

朝銀と商銀の金利を対比した図６-８を見ると、ここでも全体的にばらつきが明らかである。しかし、Type 1 の預金金利では、朝銀が商銀より高い傾向が読み取れる。[23] 組合員になる在日にとっては、朝銀の金利の方が、経済的メリットが大きかったことになる。朝銀の場合、貸出金利の変動幅が商銀に比べて狭いが、貸出金利の変動に対する預金金利の変動が硬直的である。つまり、貸出利回りが小さくても、預金金利を一定の水準に保っていることになる。こうした、朝銀の相対的に高い水準で硬直性を示す預金金利の動向は、積極的な預金獲得運動にかかわっていたと思われる。このことは、朝銀と商銀を対照する、言い換えれば両者の競争的な側面を視野に入れることが有意義であることを示唆する。

4　地域内民族系金融機関間競争における政治性の制約

(1) 朝銀と商銀の規模格差と預金金利

朝銀と商銀の競合関係は、具体的には各都道府県別に独立して展開される。このことを考慮し地域別の動向を表したのが図6-9、図6-10である。ここでの分析は、朝銀と商銀の競争関係の存在を、金利のあり方から検出することを意図するものである。[24]

図6-9に現れる四つの象限は、預金金利と貸出金利のそれぞれについて朝銀と商銀との金利差(＝「朝銀の金利」－「商銀の金利」)に注目して区分した領域である。この区分から、金利設定に表れる朝銀、あるいは商銀の行動や、その帰結を類推することができる。同図が意味することについて、予め説明を加えておこう。

第一象限(以下、〈1〉とする)と第二象限(以下、〈2〉とする)の地域では朝銀が、第三象限(以下、〈3〉とする)と第四象限(以下、〈4〉とする)の地域では商銀が、預金金利が相対的に高く、それぞれの民金が預金攻勢をかけたこと、または組合員獲得において優位であることを意味する。そのなかで、〈1〉の朝銀、〈3〉の商銀は、預金金利を吸収するために一定の利鞘を確保した貸出金利の設定を行った。これらの民金は、相対的に高い金利でも借りたいという需要先を確保することができれば、直ちに経営上の問題を抱えることにはならない。

それに対して、〈2〉に分布する朝銀と、〈4〉に分布する商銀は、ある条件を必要とする。例えば〈2〉にプロットされた朝銀(〈4〉にプロットされた商銀)は、同地域の商銀に比べて(朝銀に比べて)預金貸出金利差が小さいため、対照される民金より規模が大きいことが望ましい。逆に、〈2〉に存在する商銀と、〈4〉に存在する朝銀は、比較対象の民金に比べて利鞘が大きいが、例えば〈2〉の商銀は預金金利が相対的に低いため、組合員と預金の獲得が困難になる。すなわち、組合員にとっては経済的なメリットが小さいことを意味し、朝銀との競争において不利であるから、預金獲得のためには是正が求められる。

第二節で概観したように、民金の全国展開では、朝銀が先行して設立された地域が多く、そのことが影響し、後発の商銀の規模を上回るケースが数多く見られた。図6-9には、そうした格差が競争関係に及ぼした影響を観察するために、組合員数規模が二倍以上のグループ、二倍以内のグループ、商銀が朝銀を上回るグループ、の三つに分けて金利差の動向を表した。組合員数規模の「格差」と相対的な金利水準の設定との関係については、次のような特徴が見られる。

朝銀の組合員規模が商銀の二倍以上のグループは、一二の地域がある。そのうち五地域（同水準を含めると七地域）が、預金金利において、朝銀が相対的に高めの〈1〉と〈2〉に分布している。残りの五地域が、

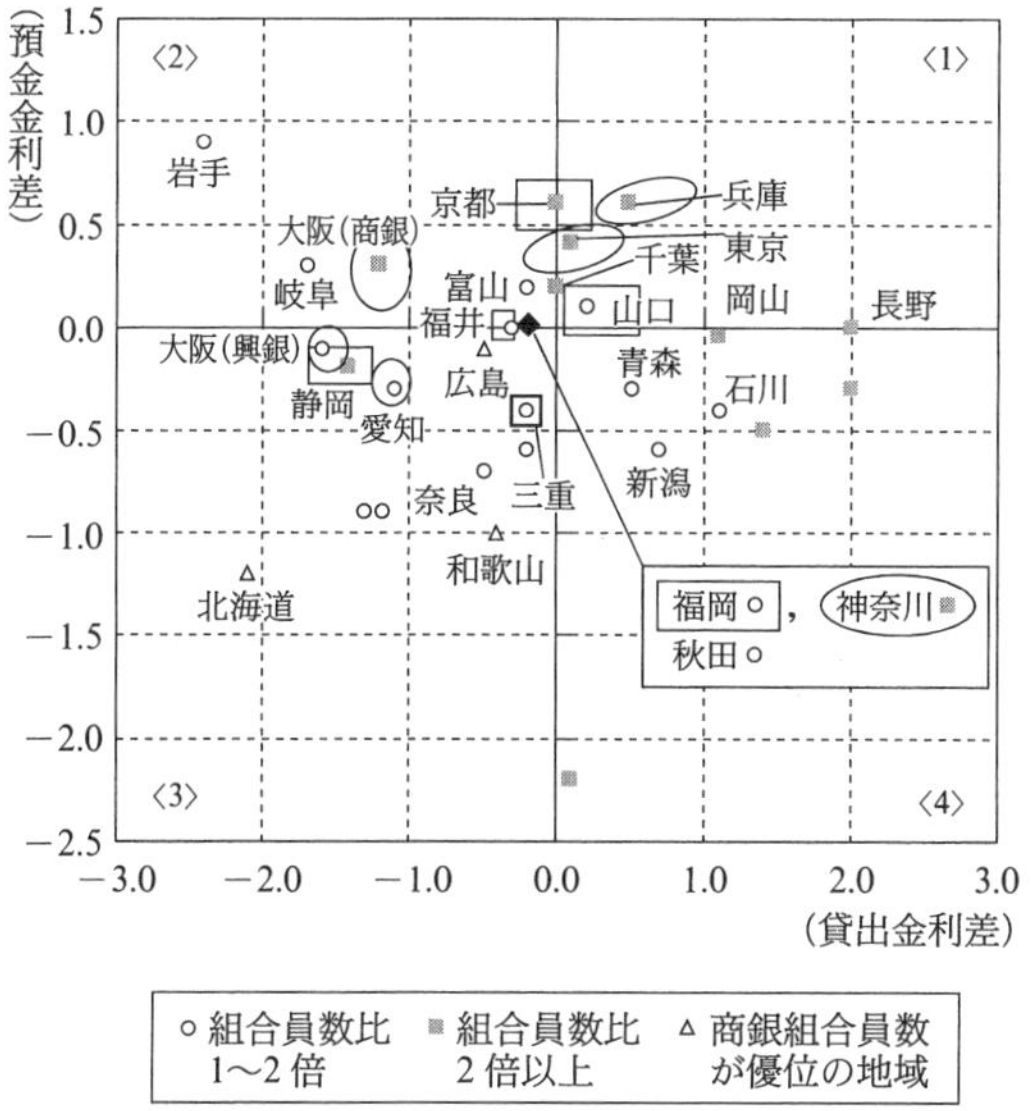

図6-9　同地域内民金の規模格差と金利格差

注1）金利差＝「朝銀の金利」−「商銀の金利」。組合員数比＝「朝銀」／「商銀」。
　2）○囲み：Type 1，□囲み：Type 2，3，無：Type 4。朝銀と商銀のタイプが異なる場合は，本図では小さい規模の方のタイプで表記した。例えば，朝銀がType 1であり商銀がType 2である福岡は，□囲みで表記した。逆に規模の大きい方のタイプで表記すると，〈1〉，〈2〉に分布する地域は，Type 1が6，Type 2，3が1，Type 4が2となり，本文の解釈を補強する。
資料）図6-1に同じ。

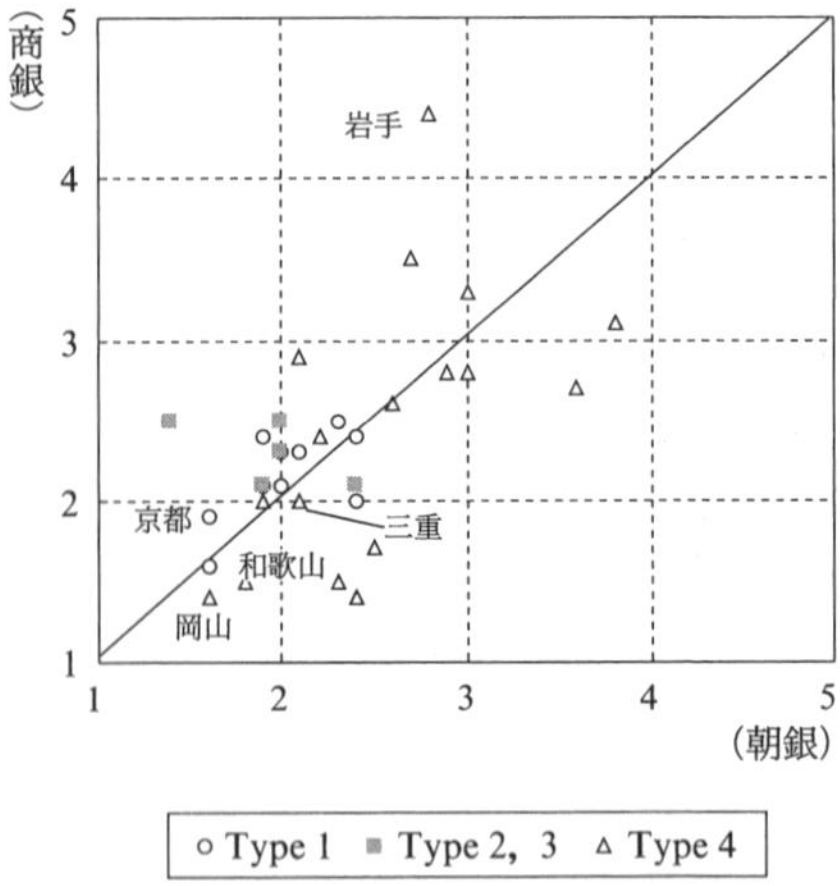

図 6-10　地域別預金・貸出金利鞘比較

資料）図 6-1 に同じ。

商銀の預金金利が高めの〈3〉と〈4〉に分布している。

〈1〉と〈2〉に分布する六つ（〈2〉の同水準を含む）の地域では、朝銀の金利設定が、組合員獲得においては優位であろう。こうした金利設定は、一九六九年以降国籍構成が変化した条件のもとでは、預金規模の維持（流出を食い止める効果）や組合員数のさらなる獲得において有効な手段になりえたと思われる。[25] 特に〈2〉に分布する神奈川（貸出金利差—〇・二、預金金利差〇）、大阪（同—一・二、〇・三。ただし朝銀大阪と大阪商銀）、京都（同〇、〇・六）、千葉（同〇、〇・二）の朝銀は、すべて Type 1 である。[26] 規模の大きい朝銀は、貸出金利を商銀に比べて低めか、同等の水準に設定できたと言えよう。

規模の格差が二倍以内の地域では、預金金利において商銀が朝銀より高い地域が多く、一七地域のうち一〇地域が、〈3〉と〈4〉に分布している。朝銀と規模格差が相対的に小さい地域の商銀は、組合員を獲得する＝預金を集めるために、預金金利を高めに設定したと思われる。

一〇地域のうち七地域は、〈3〉に分布している。それらの地域の商銀は、高い預金金利を吸収するために、貸出金利を朝銀より高めに設定しており、金利設定はノーマルであると言えよう。[27] 一方、〈4〉に分布する石川、青森、新潟では、商銀の方が相対的に高い預金金利を設定していながら、貸出金利を低めに設定している。〈4〉に分布するこれらの商銀は、十分な規模に達していることが望ましいが、すべて零細規模の Type 4 であった。これらの地域の朝銀は預金獲得に不利であるが、一方、これらの地域の商銀は小規模であるうえ十分な利鞘を確保できていない、ということになる。

規模の格差が相対的に小さい地域において商銀の預金金利が高いことは、商銀の組合員数規模が朝銀より大きい三つの地域でも同様に観察される。和歌山、北海道、広島であるが、組合員数規模が拮抗する奈良（倍率一・二）においても、商銀の預金金利が相対的に高い。これらのうち和歌山、奈良では、商銀が預金獲得攻勢の手段として預金金利を高水準に設定したと思われる（この点については後述する）。

以上、朝銀と商銀の規模格差の程度に着目して特徴を検討してきたが、朝銀が預金金利を高めに設定した地域（九地域）、逆に商銀が高めであった地域（一八地域）の民金規模をあらためて確認してみると、前者（図6-9の〈1〉、〈2〉に分布）は、三地域がType 1（○囲みの地域）、二地域がType 2, 3（□囲みの地域）、四地域[28]がType 4（無印の地域）であるのに対して、後者（図6-9の〈3〉、〈4〉に分布）は、一四地域がType 4、二地域がType 2, 3、二地域がType 1である。すなわち、朝銀が預金金利を高めに設定したのは、比較的規模の大きい民金が立地している地域であり、商銀が高めに預金金利を設定して預金獲得で攻勢をかけたのは、在日の人口規模の小さいType 4の地域であった。

以上のような貸出金利と預金金利の特徴から、朝銀と商銀において「預金金利」操作が行動の基準になっている、と考えることができる。第三節で考察したように、貸出金利において規模との逆相関関係が見られる一方で、それが預金金利においては明確に表れなかったのは、預金獲得の思惑が優先され、必ずしも規模に相応した預金金利設定がなされなかったからだと考えられる。こうした金利のあり方をめぐる競争は、収益基盤の利鞘の動向にどのように影響したのであろうか。

「預金貸出金利差」（貸出金利－預金金利）から、経費率（[人件費＋物件費＋税金]／預金・積金×100）を差し引いた「預金・貸出金利鞘」（図6-10）について、地域別に朝銀と商銀を比較してみると、Type 1およびType 2, 3の地域においては商銀が、零細な Type 4 の地域においては朝銀が、相対的に大きい利鞘をとる傾向にあった。タイプ別においては、Type 1 は原点近くに分布し、Type 4 は、四五度線にそって Type 1 より右上の方に分布しており、規模と利鞘の逆相関関係が見られた。ところが、和歌山、岡山などは、Type 4 でありながら、Type 1 よりも小さい利鞘である。和歌山の商銀は朝銀より預金金利が高め（図6-9）であったが、朝銀も同じく、他地域に比べて小さい利鞘になるような金利設定であった。岡山の場合も、朝銀と商銀はほぼ同じ水準の預金金利（一・一、一〇・〇四、図6-9）であったが、規模に相応する適切な利鞘の確保は、いずれの場合も困難であったと考えられる。

四五度線から乖離すればするほど、同地域の民金同士の利鞘の格差が大きいことを表す。例えば、岩手の場合、商銀は比較的に高い利鞘（四・四）を確保しているが、朝銀はその二分の一の利鞘に過ぎない。このような現象は、どのような状況で発生していたのだろうか。

特徴的な動きを示したグループのなかで、商銀が朝銀より規模が大きい和歌山、格差の小さい岩手、三重、岡山を取り上げ、競争がどのように展開したかに注目する。そして、Type 1 のなかでも利鞘がもっとも小さい朝銀京都（商銀は Type 3。両方の利鞘は一・六）に注目し、在日の人口規模が大きく、朝銀と商銀の格差が著しい地域についても考察を加える。

（2）朝銀と商銀の競争的展開《1》——商銀優位地域、和歌山のケース

繰り返しになるが、預金金利は貸出金利の設定によって吸収される必要がある。和歌山は、図6-9の〈3〉に分布しており、商銀が、朝銀より預金金利と貸出金利の両方を高めに設定している。しかし、既述のように、朝銀も商銀も、他の民金に比べて、利鞘の動向は必ずしも良好とは言えない状態であった。そこで、表6-7にもとづき、同地域について、一九六九年から七七年までの金利動向を検討してみよう。

表 6-7　和歌山県の預金獲得競争

年度	朝銀						商銀					
	組合員数	貸出金利	預金金利	利鞘	割引手形比率1)	定期預金比率1)	組合員数	貸出金利	預金金利	利鞘	割引手形比率1)	定期預金比率1)
1969	1,310	8.6	3.4	2.3	14.2	51.7	996	8.3	3.9	1.6	23.7	74.1
1970	1,309	8.0	3.3	1.7	11.5	59.7	1,217	8.7	4.2	1.8	27.7	76.3
1971	1,372	7.8	3.3	1.4	12.0	55.9	1,443	9.0	4.3	1.8	32.0	76.5
1972	1,439	8.3	3.4	1.5	14.1	61.5	1,614	8.3	3.9	1.9	37.3	74.9
1973	1,503	7.9	3.1	1.9	14.3	63.6	1,694	9.4	4.6	2.1	40.8	75.4
1974	1,560	8.7	4.3	1.2	12.9	63.5	1,832	9.2	5.4	1.0	41.7	76.5
1975	1,615	10.1	4.5	2.5	13.4	65.4	1,960	9.1	5.5	0.8	44.4	76.5
1976	1,685	9.2	4.2	2.0	11.4	63.1	2,080	9.9	5.2	0.8	45.4	75.4
1977	1,743	8.5	3.8	2.1	17.3	58.5	2,159	9.3	5.1	2.8	45.2	79.9

注 1）割引手形比率＝割引手形貸出金／貸出金総額×100，定期預金比率＝定期預金額／預金貯金総額×100。
資料）図 6-1 に同じ。

表6-7で注目すべきは、一九七一年に商銀の組合員数が朝銀を追い越したことである。一九六九年から七七年までの間、和歌山の預金金利の変動は、表6-8に示した信用金庫金利変動と比較してみると軌を一にしているとはいえ、金利水準の点で商銀が一貫して朝銀を上回っていた。一方の朝銀は、商銀に逆転された翌年の一九七二年に預金金利を、商銀が切り下げたこととは反対に、わずかではあるが引き上げた[29]。しかし、それでも商銀の水準には及ばず、朝銀は、その後組合員数規模で商銀の後塵を拝し続けた。このような状態はなぜ発生し、商銀の組合員獲得の攻勢は、商銀のどのような経営的判断にもとづいたと言えるだろうか。

まず貸出の金利水準を規定する預金および貸出金構成（表6-7）は、第一に、預金構成においては商銀の定期預金の構成比が朝銀のそれを上回っており、商銀の預金金利が朝銀に比べて結果的に高まった。第二に、貸出金構成においては、割引手形比率によって貸出構成の違いを見ると[30]、商銀では手形貸付（利回り九・二％）に比べて相対的に低利の割引手形（割引手形利回りは八・八％）への運用比率が朝銀のそれより常に高く、一九六九～七七年に二倍近くに上昇した[31]。割引手形はリスクが小さく、安定的な収益を期待しうるが、そのためには一定の預金規模が必要であった。定期預金による

表 6-8　信用金庫・信用組合の預金利率と貸出利回り

年	信用金庫		信用組合[1]	
	預金利率	貸出金利回り	預金利率[2]	貸出金利回り
1969	4.24	8.50	4.37	8.90
1970	4.34	8.51	4.58	8.73
1971	4.44	8.53	4.53	8.85
1972	4.28	8.21	4.41	8.86
1973	4.43	8.30	4.55	8.89
1974	5.38	9.49		
1975	5.75	9.68		
1976	5.36	9.24		
1977	4.84	8.64		

注 1）信用組合数（調査数）は，1969 年 538（439），70 年 534（434），71 年 526（461），72 年 510（412），73 年 497（437）である。
　2）「信用組合経営諸比率表」より，「預金原価」から「経費率」を差し引いて算出。
資料）信用金庫は，日本銀行統計局『経済統計年報』昭和 45 年，130 頁，昭和 55 年，160 頁，信用組合は，全国信用協同組合連合会『信用組合史・全国信用協同組合連合会 20 年史 別巻』1976 年，357 頁より作成。

高コスト運用を吸収するために、規模の経済を狙う手段がとられたと思われる。この時期の商銀の平均預貸率は九三・七％と、朝銀の九〇・八％、全国の八二・九％を上回っており、資金需要は旺盛であった。

以上のような和歌山商銀のケースは、貸出運用構造に規定され、組合員と預金獲得が必要となり、そのため朝銀より預金金利を高止まりにしたことを示している。商銀の金利設定は、地域内の在日を組合員として獲得するためには預金金利面で経済的なメリットを与えることが重要だったことを示している。

（3）朝銀と商銀の競争的展開《2》——朝銀優位地域、京都のケース

京都の場合、朝銀が Type 1 で、商銀が Type 3 であり、規模の格差が大きい。ここでは、朝銀に関するデータが連続的には得られないため、規模格差の大きい地域の競争関係について、商銀の金利動向に注目して検討していく。

一般の預金金利は一九七一年から七三年まで、いったん下がって回復した（表 6-8）が、下方硬直的であった京都商銀の預金金利は、七五年まで上昇し続けた（表 6-9）。一方、貸出金利は一九六九年から七一年まで上昇傾向にあったが、商銀の貸出金利は逆に低下しており、このため利鞘が小さくなった。これを是正するために、商銀

表 6-9　京都府の預金獲得競争

年度	組合員数倍率（朝銀／商銀）	朝銀						商銀					
		組合員数	貸出金利	預金金利	利鞘	割引手形比率	定期預金比率	組合員数	貸出金利	預金金利	利鞘	割引手形比率	定期預金比率
1969								1,529	9.0	3.3	2.8	49.3	49.3
1970								1,641	8.1	3.1	2.5	45.7	60.6
1971	5.0	9,326						1,878	7.7	3.4	2.2	37.5	68.9
1972	4.5	9,623						2,116	8.0	3.5	2.7	36.6	68.2
1973	4.4	10,202	7.3	3.5	2.0	11.4	64.1	2,313	8.4	3.6	3.3	34.8	65.0
1974	4.3	10,842						2,506	8.8	4.3	2.1	35.3	67.6
1975	2.4	11,053	8.2	4.9	1.4	11.1	68.9	4,697	6.7	5.1	−0.7	30.7	73.5
1976	2.4	11,543	8.6	5.0	1.6	11.7	71.8	4,861	8.3	4.3	1.8	27.5	70.8
1977	2.3	11,703	7.3	4.2	1.2	11.2	73.2	5,047	5.8	3.6	0.1	21.9	69.3

資料）図6-1に同じ。

は、一九七一年から七三年にかけて貸出金利を〇・七ポイント引き上げたが、翌年の七四年と七五年には預金金利も大幅な引き上げが行われた。さらに一九七三～七五年には、預金獲得のために金利を一・五ポイント引き上げたにもかかわらず、貸出金利はオイルショックの影響で低下し、預金金利の上昇を吸収できないまま、預金・貸出利鞘のいっそうの縮小を招いた。しかし、同年の組合員数は預金金利上昇に相関して前年比一五〇%以上の上昇となり、朝銀との組合員数格差は、四・三倍から二・四倍に縮小した。民金の組合員獲得と規模拡大において預金金利の設定が重要な意味をもったことを示す。

以上のように、規模格差が大きい京都地域においても、商銀は貸出金利の低下のなかでも、預金獲得のため、預金金利の引き下げに消極的であった。規模の格差があるにもかかわらず、一九七五年以降の貸出金利が朝銀を下回り続けたのは、そのような状況で貸出を行わなければならなかったことを意味する。表6-9に依拠して、京都商銀の資金調達と運用の特徴を見てみよう。

商銀の定期預金比率は、朝銀のそれと比較可能な時期では、ほぼ同水準であった。商銀は四九・三%の一九六九年から七一年まで、定期預金比率を毎年約一〇ポイントずつ伸ばしており、この時期には特に定期預金の獲得が目標になっていたことがわかる。こうして、朝銀の定期預金比率がわかる一九七三年以降は、ほとんど同水準になった。したがって、預金金利水準の格差は、預金構成の影響ではなく、京都商銀が組合員獲得に積極的であったことを意味する。その一方で、資金運用においては、商銀の割引手形比率は、朝銀に比べて二倍以上高かったが、一九六九年の約五〇%から七七年には二〇%強へ、中期的には低下している。割引手形利回り（七・八%）と手形貸付金利（七・九%）の間に大きな差がなかったとはいえ、組合員数格差を是正するために預金金利を高止まりにし、貸出運用の構成を変えることによって、預金コストを吸収しようとしたと思われる。

ちなみに、一九七三〜七七年には、商銀の割引手形比率が一二・九ポイント下がったにもかかわらず、朝銀の割引手形比率は一定であった。そのなかで、貸出金利格差がプラス一・一ポイントからマイナス一・五ポイントへ変化したことは、競争が、預金市場だけでなく、貸出市場においても展開された可能性を示唆している。

（4）朝銀と商銀の競争的展開《3》——競合・零細地域、岩手、三重、岡山のケース

最後に、Type 4 のなかで、朝銀と商銀において、預金貸出金利鞘の格差が大きい岩手、両民金ともに利鞘が小さい岡山（以上前掲図6-10）、そして商銀の設立が朝銀の設立に先行した三重を取り上げる。

朝銀が商銀の半分の利鞘であった岩手では、表6-10によると、一九六九年の設立以降、組合員数は毎年拮抗しながら増減しており、両民金の競争状態が、一目瞭然である。しかも、組合員の獲得が、一九七三年から七七年まで、預金金利の相対的な高低に相関していることは、興味深い。他地域では後発の商銀の預金獲得が問題になっていたが、岩手の場合は、朝銀が預金攻勢をかけながら、貸出競争も展開した様子が見てとれる。その競争が朝銀の利鞘を小さくしたと思われる。その結果は、一九七五年以降の朝銀の商銀を上回る組合員数に表れているが、七六〜七七年に商銀の預金金利の引き上げが行われたことは、組合員獲得をめざす逆攻勢と無縁ではないだろう。

岡山でも、朝銀と商銀は、同じ一九六二年に設立された。岡山商銀（表6-11）は、朝銀と比較可能な年度において、一貫して預金金利が高い。しかも一九七二年の預金金利は、一般の金利動向（前掲表6-8）とは逆に引き上げられており、同年には組合員数規模が前年の二・三倍から一・八倍に大きく縮小した。

岡山の場合は、朝銀と商銀の預金構成や資金運用の内容において明確な相違点がなく[32]、岡山商銀が朝銀に比べて高めの預金金利、低めの貸出金利を設定しているのは、組合員の獲得競争を展開したためだと考えることができる。朝銀の預金・貸出利鞘は、他の民金に比べて低水準であり、預金攻勢をかけた商銀の水準もそれに規定された。こうした競争が、岡山県の二つの民金の利鞘を、いずれも小さくさせたのである。

表6-10　岩手県の預金獲得競争

年	朝銀 組合員数	朝銀 貸出金利	朝銀 預金金利	朝銀 預金貸出金利差	商銀 組合員数	商銀 貸出金利	商銀 預金金利	商銀 預金貸出金利差
1969					605			
1970	705				631	10.4	2.3	8.1
1971	890				902	8.2	1.5	6.7
1972	990				924			
1973	1,051	9.1	3.1	6.0	944	10.8	2.3	8.5
1974	856	5.0	1.8	3.2	909	10.9	2.5	8.4
1975	1,131	9.8	4.2	5.6	767	11.6	2.3	9.3
1976	1,197	8.4	3.6	4.8	794	11.1	2.1	9.0
1977	1,255	8.0	3.4	4.6	881	10.3	2.7	7.6

資料）図6-1に同じ。

表6-11　岡山県の預金獲得競争

年度	朝銀 貸出金利	朝銀 預金金利	朝銀 利鞘	商銀 貸出金利	商銀 預金金利	商銀 利鞘	組合員数倍率（朝銀÷商銀）	預金高倍率（朝銀÷商銀）
1969				7.6	3.0	3.8		
1970								
1971				6.9	3.4	1.7	2.3	1.2
1972	7.3	3.2	3.3	6.8	3.9	2.3	1.8	0.9
1973				7.6	4.4	2.5	1.7	1.0
1974	8.0	4.3	2.8	7.8	5.2	1.8	1.8	1.1
1975	9.9	5.3	3.6	8.1	6.0	1.4	1.8	1.1
1976	9.0	4.9	3.0	7.9	5.1	1.9	1.7	1.3
1977	8.7	4.3	3.1	7.5	4.4	2.4	1.7	1.2

資料）図6-1に同じ。

三重（表6-12）の特徴は、商銀の設立（一九五五年、朝銀は六〇年）が先行したことである。にもかかわらず、組合員

表6-12　三重県の預金獲得競争

年	朝銀				商銀			
	組合員数	貸出金利	預金金利	利鞘	組合員数	貸出金利	預金金利	利鞘
1969	3,555	7.4	3.2	2.0	1,519	9.0	3.8	2.4
1970	3,544	7.7	3.3	2.2	1,686	9.3	4.1	2.1
1971	3,589	7.3	2.9	2.1	1,991	8.3	3.5	2.1
1972	3,538	6.8	3.0	1.8	1,811	7.2	3.2	2.0
1973	3,517	7.7	3.4	2.2	1,932	7.7	3.6	2.3
1974	3,612	8.9	4.2	1.7	1,986	8.5	4.5	2.3
1975	3,629	9.1	4.6	2.0	2,113	9.0	4.8	1.4
1976	3,764	9.6	4.3	2.5	2,231	8.5	4.3	1.5
1977	3,915	9.3	3.7	2.5	2,314	8.0	4.0	1.6

資料）図6-1に同じ。

数の規模は、例えば、一九六九年時点では朝銀が商銀の二・三倍であり、大きな規模格差が存在した。[33] 設立初期の状況は明らかではないが、この時期においては、商銀の預金金利は常に朝銀を上回っており、商銀が預金獲得攻勢をかけたと思われる。一方で、貸出金利は低下する傾向にあった。民金全体の傾向として、貸出金利は規模に規定されたから商銀の相対的に低い金利は、戦略的な行動であったことをうかがわせる。預け金比率、預金構成と貸出金の運用構成においては、朝銀と商銀に有意な差異は見られなかったから、[34] 規模の割に低い商銀の貸出金利は、競争の表れと考えることができる。預金獲得攻勢に加えて貸出競争が明確に表れるのは、一九七二年以降である。商銀の金利の上げ下げの傾向は、おおよそ一般金利の動向に即している。しかし、預金金利水準は朝銀を常に上回っており、朝銀が貸出金利を下げ止めにして一定の水準の預金・貸出金利鞘を確保しようとしていたのとは逆に、商銀は貸出金利を下げたのである。こうして、朝銀の商銀に対する組合員数倍率は、一九六九年の二・三倍から七七年には一・七倍に低下した。

以上本節では、民金全体の動向から特徴的な地域を取り上げ、朝銀と商銀の金利動向を府県ごとに比較して、具体的な競争の展開を見てきた。そうした分析視点が有効であれば、それは民金が在日企業に提供する金利水準について、「競争関係」とそれを規定した政治性の複合的な作用によって説明できる部分があることを意味する。つまり、地域によって事情は異なるが、民金の貸出金利は経営規模によって規定され、一九七〇年時点で信用組合の地域平均金利を上回る民金の貸出金利が数多く存在した。その一つの要因は、各地域に二つの民金が設立されたことによる経営規模の零細性から説明することができる。全体的には民金の預金金利も地域平均を下回ったが、同地域で対抗する二つの民金の間における金利水準の差異は、預金獲得競争によって生じたものであった。預金金利は、経済的なインセンティブを与えるために、民金経営にとって必ずしも経済合理性に合わせて設定されたわけではなかったと考えられる。

こうした金利水準を前提にすれば、借り手としての在日企業は、地域内の非在日企業に対して金融面では必ずしも十分な競争的条件をもっていなかったと考えることができる。それでも民金の借り手として在日企業が存在していた背景には、一般金融市場における取引に制約があった可能性がある。[35] 政治性がもたらした零細性や競合に伴う限界は、特に、事例として取り上げた脆弱な人口規模をもった地域において表面化した。

ただし、政治性の評価については、「限界」だけで捉えきることはできない。次節では、人口規模の大きい地域の競争関係をも念頭におきつつ、民金の金利水準と長期的な成長との関係の検討によって、政治性のもう一つの意味について掘り下げていくことにする。

5　民族系金融機関の機能――民族系金融機関の成長と貸出金利

(1) 民金の成長――一九七〇年・八六年

これまで分析してきた各地域の朝銀と商銀の金利は、一九六九年の国籍比率の逆転のもとで展開された民金の組合員獲得競争の結果から見て、どのような意味をもつだろうか。図6-11によると、商銀の組合員数規模は、一九

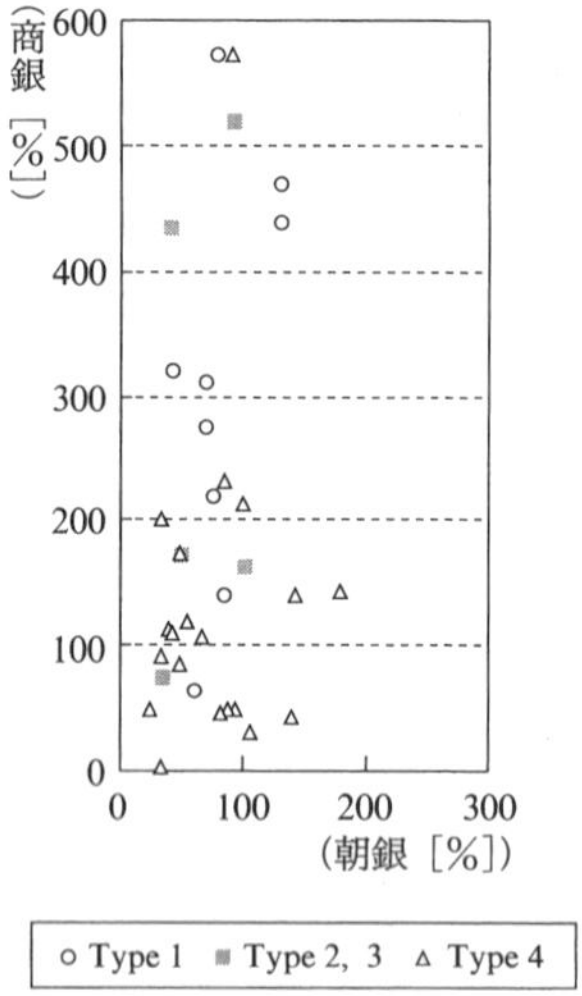

図6-11　1970～86年における組合員規模成長率比較

資料）『全国信用組合財務諸表』昭和45年，昭和61年より作成。

七〇～八六年[36]の間で三倍になり、成長率は朝銀に比べて高かった。すなわち、一九七〇～七八年の間では、朝銀が四〇・六%、商銀が一〇一・二%上昇し、七八～八六年の間では、それぞれ二二・五%、四五・五%上昇した。一九七〇～八六年の間では、上昇率が七四・〇%、一九三・七%となる[37]。とりわけ規模の大きい Type 1、Type 2, 3 の地域の商銀の成長率が高いのに対して、Type 4 は全体的に成長率が低く、商銀、朝銀による違いは認められない。このように規模によって成長率が異なったことは、前掲図6-5と図6-6に示された民金の規模の格差が、時間とともに解消されるのではなく、格差をより大きくしながら維持されたことを意味する。この格差は、在日の人口や経済活動の規模が相対的に小さい地域においては民金の成長に限界があったことを示すから、それを零細な民金の設立を可能にした政治性の露呈として理解することも可能であろう。その反面で強調したいことは、Type 1 の地域ではとりわけ高い成長率があったことである。本節では、この点を中心に、金利動向との関係を見ていくことにする。

規模の大きい民金において、朝銀を上回って商銀が著しく成長したのは、増加する韓国籍の在日を基盤とした組合員獲得が順調に進んだことを意味する。一方で、商銀の成長率には及ばなかったとはいえ、朝鮮籍人口の減少にもかかわらず、朝銀が組合員数を伸ばしたのは、どのように説明できるだろうか。そもそも商銀は組合員数規模が小さいから、商銀の高い成長率それ自体が、朝銀の劣勢を必ずしも意味しない。また、一九九〇年代に入っても組合員数は朝銀が商銀を上回っており（前掲表6-1。ただし、預金高は一九八六年三月末に商銀が追い越した[38]）、朝銀の組合員数の増加を政治的な基盤の変化のみで説明できないことは明白であろう。商銀の高い成長率と、朝銀の引き続く成長を総合的に説明できる要因の手がかりを、民金が提供した経済的インセンティブや、在日人口規模の大きい地域に見出される「政治性[39]」の影響として考察してみたい。そこで、不十分なデータであるが、一九七一～八七年平均成長率と、七一年の金利水準（七一年三月）および八七年の金利水準（八七年三月）とを相関させてみよう。

（2）金利水準の変化と民金経営

一九七一年における民金の預金金利（前掲図6-4）は、多くの地域で、地域平均金利に比べて低めに設定されていた。貸出金利は、平均以上を支払っている地域が存在し、そのほとんどがType 4であったが、大手のType 1のなかにおいても、同様のケースがあった。また歴史の浅い民金では、低金利設定が難しかったと考えられるが、民族的な繋がり、利便性[40]から預金するなど、非経済的な要因や金利以外のサービスを理由に民金の低利を受け入れる在日がいた。こうした在日に支えられ、民金は、相対的に資金調達コストを小さくすることができたのであろう。

一九八七年の預金金利・貸出金利は、七一年の状況と比較した図6-12によると、全体的に地域平均に収斂し、右上がりの近似線上近くに沿って分布する傾向にあった。これは預金コストが貸出利回りに即して設定されるようになったことを意味する。ここでの考察の目的は、民金の金利水準と信用組合平均（水準一〇〇）とを比較して、在日企業の資金調達における民金の役割を評価する基準を提示することにある。

一九八七年の預金金利の動向については、地域平均以下の民金が少なからず見られ、一九七一年の傾向とほぼ同じであることが認められる。図6-13によれば、地域平均以下の金利を設定している民金〈3〉+〈4〉は、七五・四%から二・四ポイント上昇し、この傾向はむしろ強化された。民金が、高金利で預金を集める地域が少なくなっ

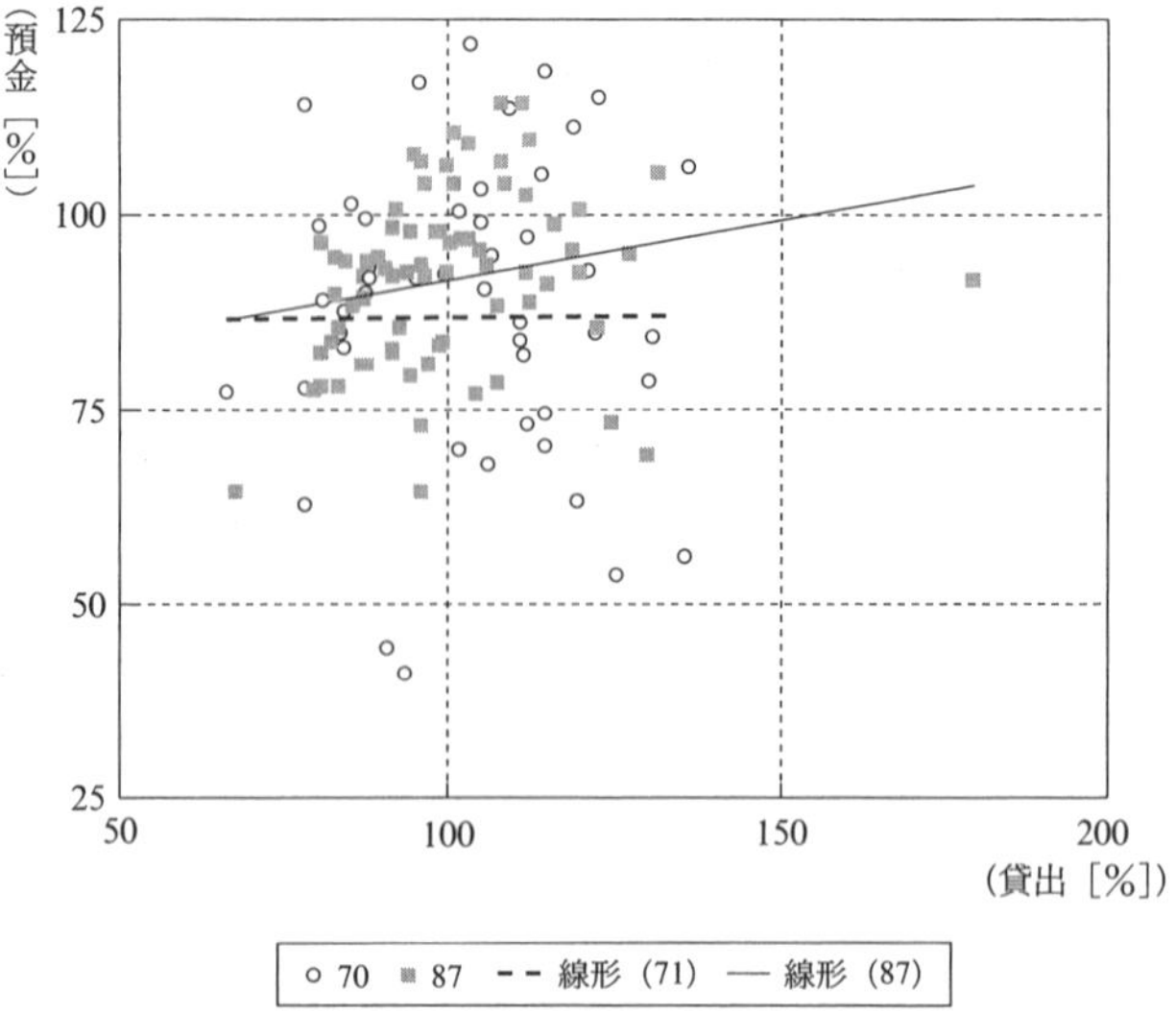

図 6-12　対地域平均金比利率

資料）『全国信用組合財務諸表』昭和 45 年，昭和 61 年より作成。

	1971 年 3 月（%，民金計：57）		1987 年 3 月（%，民金計：72）	
預金金利地域平均水準線 ＼ 貸出金利地域平均水準線	低	高	低	高
高	〈2〉 8.8	〈1〉 15.8	〈2〉 6.9	〈1〉 15.3
低	〈3〉 36.8	〈4〉 38.6	〈3〉 51.4	〈4〉 26.4

図 6-13　民金の金利水準の推移（1971〜87 年）

資料）図 6-4，図 6-12 より作成。

たわけであるが、時間とともに預金基盤が安定した段階に達したのか、預金コストを下げる必要があったのか、その詳細は不明である。いずれにしても、この状態を前提にして考えると、民金は、平均以下の預金金利を受け入れる在日を預金基盤としていたということになる。政治性、民族性など、非経済的な要因が働いていることも考えられるが、例えば、大阪興銀の場合、融資審査において「預金」の経歴が一つの基準になっており[41]、将来の融資を受けるための一種のコストとして預金している可能性もある。民金の立場で言えば、地域平均以下の預金金利は、資金調達コストが他の信用組合に比べて小さいことを意味する。[42]

貸出金利については、まず、地域平均を上回る民金〈1〉＋〈4〉が、一九七一年の五四・四%から八七年の四一・七％へ、一二・七ポイント減少した。そうした減少にもかかわらず、他の信用組合に比べて有利な貸出金利の設定ができない民金が存在することは、民金の成長の限界を表している。それでも平均金利より高い貸出金利を支払っている在日企業が存在したことは、高い貸出金利でも借りたいという資金需要があったことを意味する。ただし、図6-13には設立年度が一九七〇年以降の一三の民金[43]も含まれており、それらのすべては零細なType 4に属していた。[44]

他方で、Type 1は、一九七一年に比べて一つを除いて平均以下に収まるようになった。[45]預金コストが小さかったことが基盤になって、貸出金利を低くすることが可能であったと考えられる。このような変化に注目すれば、図6-13から興味深い事実が浮かび上がる。

図6-13の〈3〉の比率が一四・六ポイント高くなっており、平均より低い預金金利、貸出金利を設定していること、その一方で〈1〉はほとんどその比率を落としていないことが、それである。時間とともに〈3〉の分布が多くなることから考えると、民金の歴史的成長のパターンは、朝銀と商銀の競争を含みながらも、全体的には預金コストの圧縮によるか、高い貸出金利によるかの二極に分解していったと言うことができる。平均より高い貸出金利を設定した民金が存在しながらも、〈4〉の比率が大きく低下し、〈1〉が維持されていることは、Type 4のように預金金利を高めに設定することによって預金を集めながら、規模に規定されて貸出金利を高めに設定せざるを得ない民金が存在したことを示していると言えよう。言い換えれば、高い預金金利という経済的インセンティブを設定しなければ、預金が集まらなかったことを意味する。一方、規模の大きい民金（Type 1）では、〈3〉に収斂しており、預金金利を低くしても、その資金調達コストの圧縮を低い貸出金利に反映すれば、預金獲得も可能であったと思われる。こうして、経済組織の成長における政治性の帰結は、在日企業に有利な貸出金利の設定ができる組織としては成長できなかった民金を生み出す一方で、そうした成長の限界を乗り越えるような民金を輩出するものであった。

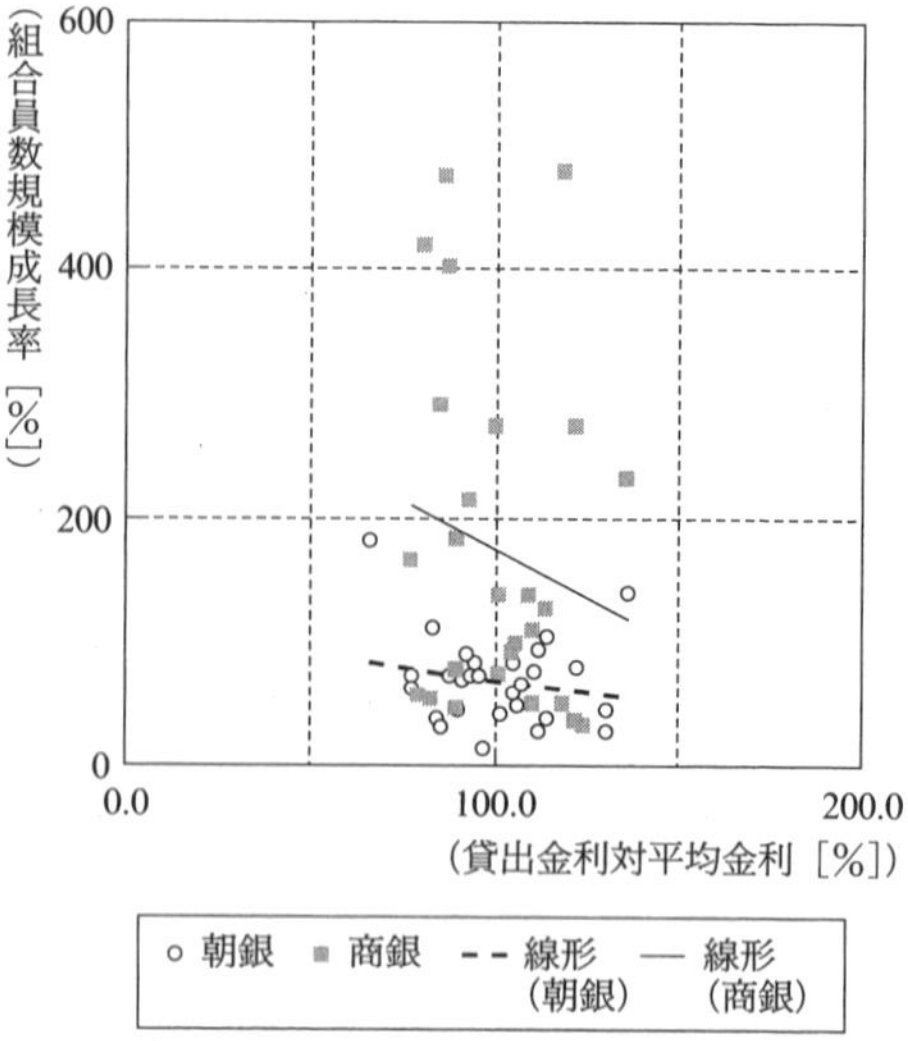

図6-14　成長率と貸出金利水準（1971年3月）

資料）図6-11に同じ。

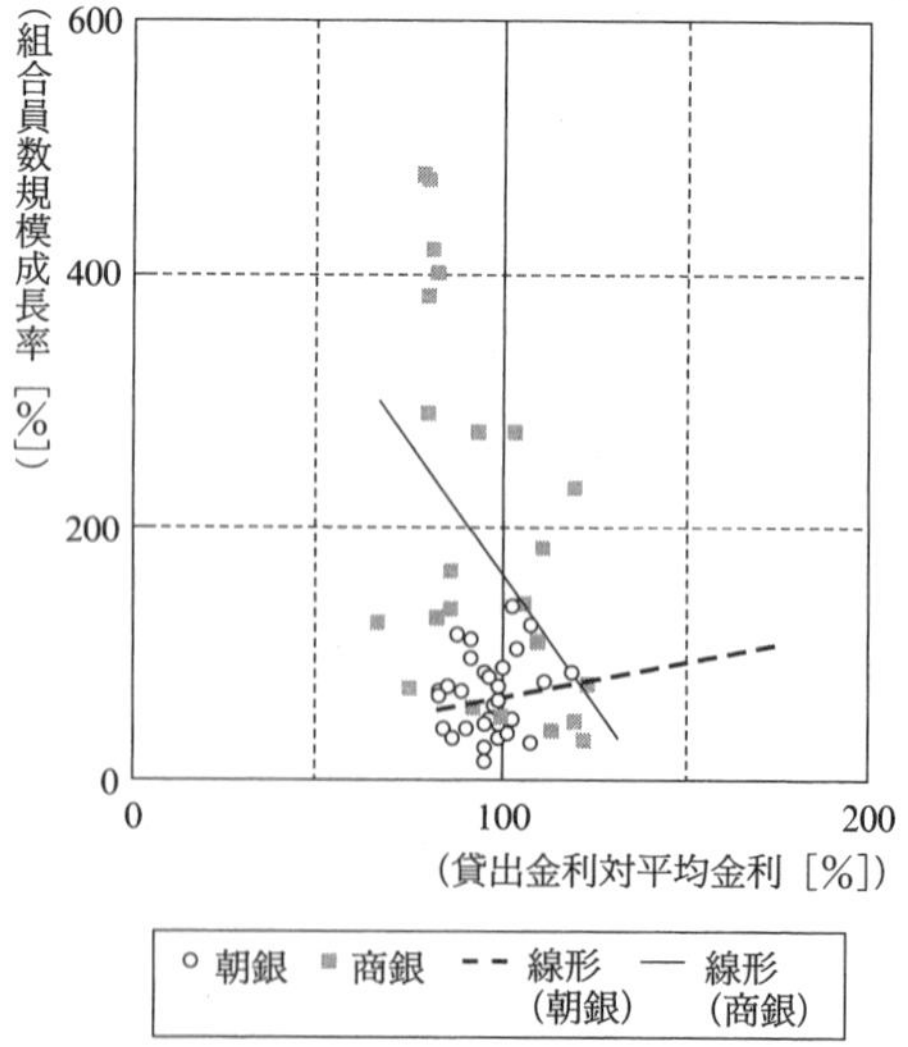

図6-15　成長率と貸出金利水準（1987年3月）

資料）図6-11に同じ。

（3）金利水準の改善と民金の成長

前項の考察で明らかなように、一九七一～八七年の注目すべき変化は預金金利より貸出金利においてであったから、そうした貸出金利の変化から、この期間の商銀が高い成長率を成し遂げた理由を考えることにする。

図6-14、図6-15を比較してみると、高い成長を成し遂げた商銀では、貸出金利と成長率との逆相関関係が強い。組合員を獲得する上で貸出金利を切り下げたことが、商銀の高い成長率に関連している可能性が高い(46)。結果から考えると、在日は、民金との取引において、貸出金利の低下に誘引され、そのなかで民金との関係(47)を強めてきたということができる。

組合員獲得において、高い成長率が見られた東京商銀、大阪商銀、大阪興銀はType 1に属している。[48] 預金金利を低くしても預金が集められ、預金コストを小さくすることによって、貸出金利も低く設定することが可能になり、そうしたことが組合員、預金の獲得に繋がったと考えられる。これに対してType 1のなかでも、貸出金利が相対的に高い横浜、愛知、京都などの商銀で成長率が低いことも、上述の理解に整合的である。[49] 朝銀のType 1の場合でも、貸出金利と成長率は緩やかな逆相関関係にあった。商銀に比べて低い成長率とはいえ、こうした共通点は、政治性のもう一つの意味を考えるカギとなる。この点について、項をあらためて論じることにする。

表6-13　成長率と金利水準（1987年3月）

地　域	組合名（タイプ）	1970～86年成長率	対地域平均金利水準[1] 貸　出	対地域平均金利水準[1] 預　金
東京都	商銀（Type 1）	472.8	84.0	86.1
	朝銀（Type 1）	74.7	87.0	90.8
大阪府	興銀（Type 1）	417.2	81.5	91.8
	商銀（Type 1）	400.6	85.3	94.8
	朝銀（Type 1）	113.1	85.8	89.3
兵庫県	商銀（Type 1）	134.4	94.3	79.3
	朝銀（Type 1）	74.6	96.6	88.8
神奈川県	商銀（Type 1）	98.6	99.1	96.4
	朝銀（Type 1）	41.8	95.7	96.6
愛知県	商銀（Type 1）	57.4	86.6	87.4
	朝銀（Type 1）	61.5	88.6	87.9
京都府	商銀（Type 3）	290.0	83.3	90.2
	朝銀（Type 1）	72.1	83.8	104.2
福岡県	商銀（Type 2）	163.3	82.9	77.4
	朝銀（Type 1）	72.1	89.7	105.6
山口県	商銀（Type 3）	273.1	97.6	81.2
	朝銀（Type 1）	69.1	87.4	83.2
千葉県	商銀（Type 4）	273.3	113.6	96.1
	朝銀（Type 1）	59.6	101.8	94.2

注1）地域平均に対する民金の金利は，期中の平均水準が判明しないため，ここではさしあたり1970年度末と86年度末の平均を基準にして計算した。
資料）図6-11に同じ。

（4）大都市における民金の成長と在日コミュニティ

表6-13のType 1が立地する大阪、東京、京都、兵庫の在日が集住する大都市では、貸出金利水準が朝銀に比べて低い商銀が、高い成長率を示している。このように、代表的な地域においては経済的なインセンティブが高い成長率に結びついており、そうした経済的インセンティブの提供を通じて展開される民金間の競争のなか

表 6-14　韓国・朝鮮人外国人登録数推移

都道府県	1974 年		2000 年		74〜00 年 増加率
	実数	比率	実数	比率	
総　数	638,806	100.0	635,269	100.0	−0.6
東京都	74,404	11.6	97,710	15.4	31.3
神奈川県	28,569	4.5	33,576	5.3	17.5
愛知県	53,657	8.4	47,788	7.5	−10.9
京都府	43,881	6.9	41,067	6.5	−6.4
大阪府	178,720	28.0	158,702	25.0	−11.2
兵庫県	67,044	10.5	65,140	10.3	−2.8
山口県	14,868	2.3	10,804	1.7	−27.3
福岡県	25,786	4.0	22,102	3.5	−14.3

資料）法務省（入管協会）『在留外国人統計』昭和 49 年，平成 12 年。

で、朝銀も商銀も、成長を続けたのである。

重要なのは、以上のType 1の高い組合員数成長が、在日の人口がそれほど増えていない（表6-14）状況下で実現したことである。(50) したがって、同地域内の朝銀と商銀の成長率は、潜在化した在日を掘り起こしながら市場を拡大したことによって成し遂げられたことを意味している。(51) その拡大過程は、結果から類推すれば、低利の貸出金利を実現していくような競争が介在したことによると考えることができる。

ここで、第二節の預貸率の考察で明らかにした、Type 1における朝銀と商銀の異なる動向（前掲図6-1）を思い出す必要がある。そこでは、Type 1の朝銀の預貸率は、Type 1の商銀より高い傾向を示していたが、それは資金配分の違いから説明できると述べた。資金配分の違いは、高い商銀の成長率、相対的に低い朝銀の成長率と整合的である。高い組合員成長率は、預金成長率とほぼ同義であるから、急激に預金高が増えていくことを意味する。その状況のもとで、商銀は十分な預け金を積み上げながら貸出を伸ばした。これに対して朝銀は、成長率が低いため、組合員数、預金の追加的な獲得が劣勢であり、預け金を削って貸し出し競争に応じることになった。こうして、高い成長率と低い成長率がもたらした資金配分の違いが、結果的には商銀の低い預貸率と朝銀の高い預貸率として表れたのである。重要なのは、朝銀が貸出金利を下げながら貸出競争に応じたことであり、その具体的な展開は潜在的な在日の開拓、預金獲得をしていく過程であった。それが、成長に結びついたのである。

以上のように，代表的な地域における朝銀と商銀の金利水準と成長率との関係は，在日社会の基盤が脆弱な地域における民金のそれに比べて，次のような特徴をもっていたと考えられる。Type 1が立地する大都市では，朝銀と商銀（大阪では商銀同士）の競争は，潜在化した在日を掘り起こす形で市場を広げる結果をもたらした。預貸率に表れるように，在日の資金需要は旺盛であったから，平均以下の預金金利を受け入れる在日の預金市場が拡大すれば，預金コストを小さくすることによって，長期的には貸出金利を平均以下に下げることができるようになった。在日企業がそうした民金の役割を評価したことが，高い成長率という結果として表れたと考えることができる。民金は，在日コミュニティの人口が急激には伸びず，外から補充される社会的増加も限定されたなかで，市場を開拓するために，潜在的な在日を発掘した。それは市場拡大という経済組織固有の動きであったが，その過程で政治性が生み出した朝銀と商銀の競争が，経済的インセンティブを与える形で介在したことが，重要な役割を果たしたと考えることができる。そして，そのようなメカニズムは，結果的にはコミュニティのネットワークを再構築，強化するという側面をもっていたと考えられる。

おわりに

民金に関して政治的要因が顕在化したのは，在日経済が十分には発展していない段階でそれらの設立を可能にした局面においてであった。本章では，そうした政治的背景の影響を前提にし，政治性の意味を経済的な側面から捉えなおすという視角から，民金の具体的な展開を考察してきた。

預金市場と貸出市場それぞれに置かれる在日の立場が異なるという条件は，民金の預金獲得運動を促進した。そうした預金獲得運動は、一九七〇年代において、地域平均を下回る金利設定が可能であったことに表れるように、政治性・民族性を重視する在日の忠誠心に訴え、これを喚起するものであった。こうして、民金は、比較的低コストの資金調達が可能であったが、それはすべての民金の経営に均しく与えられた条件ではなかった。

第一に、在日人口の小さい地域においては、預金金利は貸出金利を抑制できるような十分な水準ではなかった。東京、大阪、神戸など大都市で民金の設立が一九五〇年代に一段落したのち、六〇年代以降に民金が本格的に設立されることになった地域では、人口規模が小さいために遅れて設立されたのであり、それゆえに民金は設立されても簡単には零細性を脱却できず、それが直面する困難は競争的な条件によってさらに助長されたのである。こうして、預金獲得競争は、潜在化している在日を掘り起こす余地の乏しいなかで在日の奪い合いの様相を呈した。これによる相対的に高い預金コストの吸収のために、貸出金利は高止まる傾向となり、結果的には在日の企業活動に対して有利な条件の金利提供を困難にした。一般市場において十分な金融サービスを受けられない在日企業を支えるという意味では、高金利であっても民金の貸出は在日経済の長期的な成長には一定の役割を果たすことになるだろう。しかし、そこで有力な在日企業の吸引を難しくし、民金の成長の限界をもたらした側面を見落とすことはできない。一般の預金市場や貸出市場の変化という条件まで考慮にいれると、民金が市場基盤とする在日企業は、エスニック・マーケットやエスニック・エンクレーブのように閉ざされた市場を基盤としたものではなかったと言える[52]。しかも、民金の成長にとって制約となる地域コミュニティの狭隘性を自ら打破するための選択肢となりうる地域を越えた活動は、信用組合という制度のために不可能であった。地域コミュニティに留まらざるを得ないなかで、一般市場との競争を強いられたのである。

第二に、大都市における商銀と朝銀の競争は、潜在的な在日を可視化し、まずは預金市場、そして貸出市場を拡大する形で展開した。Type 1 の有力な民金は、人口基盤が大きいために成長の可能性も高かったが、貸出金利の低下という経済的インセンティブを与えたことによって、高い成長率との連関が形成されたのであった。

以上は、マクロレベルでは、経済合理性が必ずしもあるとは言えない過小な市場規模の地域に民金が設立されたことを意味するが、裏返してミクロレベルでは、経済的インセンティブを与えることによってある程度組合員の獲得が可能であった、ということを示す。これが本章で掘り下げた第二の論点である。こうして民金全体としては、地域平均より預金金利が低く、政治性や民族性による預金という側面が見られた。しかし、零細な地域に設立されたばかりの民金の場合は、競合する民金が存在したために、政治的、民族的な忠誠心のみではなく、借り手と貸し手としての在日に経済的なインセンティブを与えることになり、Type 4は自らの経営をいっそう困難にする結果をもたらしたのである。

政治性という必ずしも経済合理性と一致しないベクトルがもたらした帰結は、「制約」のみで捉えられるものではない。一つは、民金間の競争を介して喚起された預金獲得は資金需要までを発掘する側面をもっており、それが結果的に在日の経済活動を促した可能性があると評価することができる。もう一つは、本書の課題および第7章の分析に関連して、在日企業の経済活動における民金の役割として一つの方向性を刻印した点を指摘することができる。Type 1からType 4の規模をもつ民金が共存したことは、日本全体の在日コミュニティ内の多様な経済活動による様々な資金需要への対応可能な形態として存在したのではなく、「地域ごとの経済活動」と「一定の規模以下の民金」という対応関係を反映したものであった。民金が一般市場を基盤にする企業の成長のための資金需要に十分対応できない限界性をもちながらも、第一点目の役割もあって、起業をスムーズにする側面をもっていた。つまり、民金は、経営規模が小さいがゆえに、相対的に小さい規模の在日企業との取引に限定された側面があったのであり、特に一般の市場に吸収されることが困難な設立段階の在日企業にとって重要な役割を果たしたと考えられる。

本章では民金の役割を金利水準から検討してきたが、その役割のなかに、在日産業活動の変化のダイナミズムを民金という金融インフラがサポートしたことの積極面と限界面が表れていた。在日企業の側から見ると、民金の金融サービスが利用可能であるとは言っても、企業規模によっては、金利水準のみではなく、資金量の点で民金のサポートに不十分さが生じることになる。次章では、この点について分析する。

第7章　在日企業と取引金融機関

——民族系金融機関の役割と限界

はじめに

本章では、一九七〇年代の民金の機能について、在日企業の取引金融機関全体に占める韓国系の商銀の位置づけに焦点を合わせて検討し、在日の産業発展、企業成長において民金が果たした役割を明らかにする。

金融市場、とりわけ貸出市場において不利な立場にいるとされる在日にとって、民金さえあればそうした困難から解放される、というわけではなかっただろう。在日の実態に即して見たときに、在日の産業活動にかかわる資金需要とそれを供給する民金の能力との間にズレはなかったか、民金の役割は在日の産業活動の特徴をどのように規定したか、などが論点となる。こうした問題について、本章では在日企業と民金との取引関係に着目して分析を進める。

使用する資料は、『在日韓国人企業名鑑』（統一日報社、一九七六年）に記載されている各企業の「主要取引銀行」である。主要取引銀行は、一九七五年時点で在日企業が取引していた金融機関について、複数回答形式で掲載されている。全六、八〇九社のうち、主要取引銀行が判明する企業は五、六八八社（記載なし一、一二一社）であり、約八四％の回答率である。融資額、用途など取引内容については不明であり、金融機関の機能を評価する上では限界の大きいデータである。しかしながら、在日の企業金融の実態を数量的に把握しうる貴重な情報であり、在日企業の属性（事業内容、経営規模など）と金融機関との関連から、民金の機能について一つの答えを提示することができるであろう。なお、取引内容については、聞取り調査によって補足する。

分析を進めるにあたっては、次のような操作によってえられたデータを利用する。まず、金融機関を一般的な分類に即して都市銀行（以下、都銀と略称する）、地方銀行（地銀）、中小企業専門金融機関（中小金融）に分け、全国の三三の商銀を「民金」としてグルーピングする。[1] 中小企業専門金融機関には、信用組合、信用金庫、相互銀行が含まれる。信用組合の民金も中小金融に分類されるが、民金の機能を考えるために別項目として区分する。[2] 取引金融機関の分類を行ったうえで、各企業の取引金融機関の組み合わせ（本章では、「取引形態」と称する）を集計した。例えば、大阪市に所在するA企業の主要取引銀行が、大和銀行、大阪信用金庫と記載されている場合は、A企業の取引形態を「中小金融＋都銀」とする。このような方法で抽出された五、六八八社の取引形態のうち、商銀の設立のない地域の取引形態を除外した、五、三六七の取引形態を基本データとする。

以上のデータにもとづいて、民金と取引をしている企業の産業別（第一節）、規模別（第二節、第三節）の特徴について分析し、民金の位置づけについて検討する。また、経営規模と取引金融機関の対応関係から在日企業の成長の条件を展望する。第四節では、代表的な民金として大阪商銀および大阪興銀を取り上げ、開かれた市場を基盤にした在日企業の成長に対する、閉ざされた市場を基盤にした民金の役割について、総合的な考察を行う。

1 在日企業の産業別取引金融機関

まず、在日企業が取引する金融機関の全体の傾向について、表7-1の民金の設立がない一五地域に本社をおく在日企業を除いたC比率を手がかりに検討する。民金と取引が「ある」企業と「ない」企業にわけると、五四・一%と四五・九%で、前者が後者を約八ポイント上回っている。最多の取引形態は、全体の約三割を占める「民金のみ」であり、約一〇ポイントの差で中小金融が次いでいる。民金を含めて、中小企業を専門とする金融機関と取引する在日企業（「民金のみ」＋「民金＋中小金融」＋「中小金融」）をあらためて集計すると全体の五四・八%である。一方で、普通銀行の取引形態が少なくない。一般の金融機関のみ（「地銀」、「地銀＋都銀」、「都銀」）の取引形態だけで約二二・八%を占めているのは、そのことを反映している。また、都銀との取引が含まれる取引形態は、Aの一一・二%とBの一八・七%を合わせると、全体のうち二九・九%であり、「民金のみ」の取引形態に匹敵する。

次に、産業別の金融機関の取引形態の動向について概観する。

第I部で検討したことであるが、在日企業は一九七五年においていくつかの産業に集中（在日産業）していた。特定の産業への集中が取引形態に影響すると考えられるから、在日産業の取引形態を確認しておこう。表7-2は、在日産業[3]の取引形態の特徴について、民金との取引の有無を基準に表したものである。

表7-2ではまず、右二つの欄から、「総計」の産業別分布率に対して、「取引形態のわかる企業数」（C）のサンプル数（五、三六七社）の分布率において大きな偏りがないことを確認しておこう。取り上げた主要産業では、パチンコホール（細分類）、一般飲食店、総合工事業（以上中分類）の企業数がもっとも多く、屑鉄、スクラップ業の再生資源卸売業や、鉱物・金属材料卸売業（以上小分類）がそれに続いている。製造業では、金属製品製造業、プ

表 7-1　在日企業の取引形態

民金取引	取引形態	企業数	比率(%)	民金の設立のない地域に本社をおく企業数［除いた企業数］2)	C［比率, %］
有（A）	民金のみ	1,649	29.0	2［1,647］	［30.7］
	民金＋中小金融	335	5.9	1［334］	［6.2］
	民金＋中小金融＋地銀	40	0.7	0［40］	［0.7］
	民金＋地銀	290	5.1	2［288］	［5.4］
	民金＋中小金融＋都銀	95	1.7	0［95］	［1.8］
	民金＋都銀	503	8.8	1［502］	［9.4］
	小　計	2,912	51.2	6［2,906］	［54.1］
無（B）	中小金融	1,096	19.3	134［962］	［17.9］
	中小金融＋地銀	96	1.7	27［69］	［1.3］
	地　銀	556	9.8	131［425］	［7.9］
	中小金融＋都銀	209	3.7	7［202］	［3.8］
	地銀＋都銀	49	0.9	4［45］	［0.8］
	都　銀	770	13.5	12［758］	［14.1］
	小　計	2,776	48.8	315［2,461］	［45.9］
取引金融機関の分かる企業計		5,688	100	321［5,367］	［100］
不　明		1,121		93［1,028］	
総　計		6,809		414［6,395］	

注 1）中小金融は，中小企業専門金融機関の信用組合，信用金庫，相互銀行。以下の表も同様。
2）1975 年に商銀の設立のない地域（山形県，山梨県，鹿児島県，鳥取県，宮崎県，徳島県，福島県，愛媛県，長野県，佐賀県，大分県，栃木県，高知県，香川県，韓国，計 15）に本社のある企業を除外。
資料）統一日報社「在日韓国人企業名鑑編纂委員会」編『在日韓国人企業名鑑』統一日報社，1976 年，より集計。以下の図表においても，特に断りがない限り，同様である。

ラスチック製品製造業、ゴム製品製造業、繊維工業が続き、他に不動産業（以上中分類）等がある。

以上の主要な産業における金融機関の取引形態は、全体的には特定の産業に集中する傾向を反映してA、Bの比率に表れている。例えば、A、Bどちらの比率においても、パチンコホールと、一般飲食店、建築材料、鉱物・金属材料等卸売業が一〇％以上を占めている。

産業別の取引形態の特徴は、AとBの比率を比較し、民金と一般金融機関のどちらと取引する傾向が強い（比率が高い）かを観察することによって知ることができる。この基準に即して見ると、一般飲食店、貸金業、製造業のなかの繊維関係（繊維工業、衣服・その他の繊維製品製造業）は、民金と取

表 7-2　主要産業における民族系金融機関との取引動向

日本産業標準分類		民金有（A）		民金無（B）		取引形態のわかる企業数（C）		総　計	
中分類	小分類／細分類	企業数	比率（%）	企業数	比率（%）	企業数	比率（%）	企業数	比率（%）
娯楽業		392	*13.5*	274	11.1	666	12.4	782	12.2
	パチンコホール	371	*12.8*	264	10.7	635	11.8	747	11.7
一般飲食店		387	*13.3*	176	7.2	563	10.5	735	11.5
	焼肉・韓国料理店[1)]	221	*7.6*	95	3.9	316	5.9	412	6.4
その他の飲食店	バー，キャバレー，ナイトクラブ	76	*2.6*	40	1.6	116	2.2	160	2.5
建築材料，鉱物・金属材料等卸売業		428	*14.7*	274	11.1	702	13.1	885	13.8
	再生資源卸売業（鉄スクラップ，屑鉄）	206	*7.1*	132	5.4	338	6.3	421	6.6
	鉱物・金属材料卸売業	173	*6.0*	97	3.9	270	5.0	329	5.1
総合工事業		287	9.9	310	*12.6*	597	11.1	705	11.0
	土木工事業（土建業）	191	6.6	180	*7.3*	371	6.9	433	6.8
	一般土木建築工事業（ゼネコン）	69	2.4	94	*3.8*	163	3.0	197	3.1
不動産取引業（不動産売買業，仲介業）		91	*3.1*	72	2.9	163	3.0	183	2.9
不動産賃貸業・管理業		46	*1.6*	26	1.1	72	1.3	86	1.3
貸金業，投資業など非預金信用機関	貸金業	61	*2.1*	24	1.0	85	1.6	110	1.7
金属製品製造業		103	3.5	119	*4.8*	222	4.1	252	3.9
プラスチック製品製造業		84	2.9	90	*3.7*	174	3.2	195	3.0
ゴム製品製造業		31	1.1	113	*4.6*	144	2.7	156	2.4
	ゴム製・プラスチック製履物・同附属品製造業（ケミカルシューズ製造）	13	0.4	78	*3.2*	91	1.7	98	1.5
繊維工業		75	*2.6*	52	2.1	127	2.4	146	2.3
	染色整理業（友禅）	40	*1.4*	24	1.0	64	1.2	69	1.1
	紡績業（毛紡績業）	15	*0.5*	9	0.4	24	0.4	27	0.4
	ニット生地製造業（メリヤス生地）	6	0.2	10	*0.4*	16	0.3	23	0.4
	織物業（西陣織）	7	0.2	9	*0.4*	16	0.3	16	0.3
衣服・その他の繊維製品製造業		63	*2.2*	36	1.5	99	1.8	111	1.7
その他の製造業		45	*1.5*	31	1.3	76	1.4	88	1.4
旅館，その他の宿泊所	旅館（ホテル）	43	*1.5*	22	0.9	65	1.2	84	1.3
計[2)]		2,906	100	2,461	100	5,367	100	6,395	100

注 1）産業分類では，「焼肉・韓国料理店」という項目はない。「焼肉・韓国料理店」は，細分類「中華料理店，その他の東洋料理店」に分類される。ここでは，中華料理店を「一般飲食店」に分類し，焼肉・韓国料理店のみを計算した。
2）表に記載した産業以外に，「その他」を含む。
3）斜体字は，産業別に A と B の比率の高い方を示す。

引のあるA比率に偏っており、民金にとって取引における上位産業であることがわかる。総合工事業、前掲産業を除く製造業は、B比率に偏重する傾向にあり、これらは、在日産業のなかで一般金融機関と取引する傾向が強い。言い換えれば、民金は前者の産業群において役割が大きいと言うことができる。パチンコホールは、民金と取引する傾向を示しているが、一般飲食店や貸金業ほど明確ではなく、一般金融機関とも深い関係がある結果となった。

次に産業別に詳しく見ることにしよう。表7-3は、表7-2の産業ごとに、取引形態のわかる企業数に対する、取引形態別の構成比をとったものである。各産業の比率と、取引先のわかる企業全体の傾向を示す最下段の合計比率（在日企業全体の傾向とする）とを比較すると、当該産業で顕著に観察される特徴的な取引形態が浮かび上がる。産業ごとに合計比率（A）より高い構成比（以下「特徴的」とすることがある）を太字で表示した。産業ごとに特徴的な取引形態をまとめると、次のようになる。

在日産業のなかでもっとも高い比率（細分類）を占めるパチンコホールでは、在日企業全体では六・六％を占める相互銀行の比率が一四・五％と極めて高く、同金融機関との関係が深い。パチンコホールは、民金取引の有無において民金だけでなく一般金融機関との関係も重要であった（表7-2）が、「民金のみ」、「相銀」の二つの取引形態に集中しており、全体のほぼ五割を占める。[4]

一般飲食店は、「民金のみ」への依存度が高く、焼肉・韓国料理店になると五割以上であり、さらに高い。その他の産業のなかで、非製造業について列挙すると、再生資源卸売業は、「民金のみ」、「地銀」への依存度が他の産業に比べて高い。総合工事業は、全体的に一般金融機関の取引形態の比率がやや高めである。土木工事業は特に「地銀」、「民金＋地銀」、「民金＋中小金融」、一般土木建築工事業は「民金＋都銀」、「都銀＋中小金融」、「都銀」など、地銀、都銀が含まれる取引形態が多いことが特徴的である。不動産取引業は「相銀」、不動産賃貸・管理業、貸金業、旅館（ホテル）は「民金のみ」が、それぞれ特徴的な取引関係を示している。

製造業では、繊維関係（前掲表7-2）において民金への依存度が高かったが、取引形態の詳細を見ると、それは染色整理業と紡績業の「民金のみ」（合計比率より約二～七ポイント高い）と、衣服・その他の繊維製品製造業の「民金＋都銀」（合計比率の約二倍）への依存度が特に高いことが影響している。民金との取引のない取引形態においては、染色整理業は「信金」（合計比率の二倍）、それを除く繊維工業は「信金」、「都銀」が在日企業全体の傾向を上回って高い。衣服・その他の繊維製品製造業でも「民金＋都銀」の都銀が含まれる取引形態が特徴的であるから、繊維関係は全体的に民金、信金、都銀との関係が重要であったと言えよう。都銀への依存度が相対的に高い傾向は、繊維関係を除く製造業、例えば金属製品製造業、プラスチック製品製造業、ゴム製品製造業では、約一八・四～四六％を占めており、いっそう顕著である。

以上のように、取引形態は産業によって異なり、飲食店、再生資源卸売業、貸金業、旅館、染色整理業、不動産賃貸業・管理業は他の産業に比べて民金への依存度が、土木工事業は地銀への依存度が、染色整理業を除く製造業では都銀への依存度が高く、パチンコホールは民金と相銀との関係が深かった。

2　資金需要と民族系金融機関の対応

本節では、在日の代表的な産業としてパチンコホール（以下、ホールと略称するが、ホール事業とすることがある）を取り上げ、在日企業の資金需要の量的変化に民金がどのように対応できたのかについて、考察する。ホールは、在日産業のなかでも産業構造の転換を牽引した代表的な産業である。それだけでなく、業種内の分業体制がほとんどなく、同質の事業として分類されるため、資金需要の内容においても偏差が小さいという、分析上の利点があ

別取引形態

（単位：%）

引　形　態									取引のわかる企業数
民金＋都銀	中小金融[1]	信金	相銀	中小金融＋地銀	地銀	中小金融＋都銀	地銀＋都銀	都銀	
5.1	**26.1**	9.2	**14.9**	0.8	7.2	1.7	0.2	5.3	666（100）
4.7	**26.1**	9.6	**14.5**	0.8	7.6	1.6	0.2	5.4	635（100）
7.3	**18.8**	9.4	5.9	0.2	4.6	1.8	0.2	5.7	563（100）
6.0	**19.6**	**10.4**	5.1	0.0	4.7	0.6	0.0	5.1	316（100）
5.2	**18.1**	7.8	**8.6**	**1.7**	6.9	2.6	0.0	5.2	116（100）
7.4	12.4	7.1	4.0	1.0	**10.8**	1.9	**0.9**	12.1	702（100）
8.3	11.5	6.8	3.0	**1.8**	**10.7**	1.5	**1.2**	12.4	338（100）
7.0	13.3	6.7	5.9	0.4	**10.0**	0.7	0.7	10.7	270（100）
8.5	17.9	**10.9**	5.0	**2.8**	**10.1**	**6.0**	0.3	**14.7**	597（100）
7.0	17.0	8.4	3.5	**3.2**	**10.8**	3.5	0.3	13.7	371（100）
11.7	**19.6**	**12.3**	4.3	**3.1**	**8.0**	**9.8**	0.0	**17.2**	163（100）
11.0	**19.6**	9.2	**9.2**	**2.5**	3.7	3.7	0.0	**14.7**	163（100）
12.5	16.7	8.3	**6.9**	0.0	5.6	0.0	0.0	13.9	72（100）
4.7	9.4	3.5	5.9	1.2	5.9	2.4	0.0	9.4	85（100）
13.1	16.7	**11.3**	5.0	**2.3**	7.7	**5.9**	**1.4**	**19.8**	222（100）
14.4	**21.3**	**14.4**	5.7	0.6	4.6	**4.6**	**2.3**	**18.4**	174（100）
6.9	**19.4**	**13.2**	2.1	0.0	1.4	**18.1**	0.7	**38.9**	144（100）
6.6	16.5	8.8	3.3	0.0	0.0	**23.1**	0.0	**46.2**	91（100）
11.0	**20.5**	**18.1**	1.6	0.0	4.7	0.8	0.8	**14.2**	127（100）
9.4	**21.9**	**20.3**	0.0	0.0	3.1	1.6	0.0	10.9	64（100）
4.2	12.5	**12.5**	0.0	0.0	4.2	0.0	**4.2**	**16.7**	24（100）
6.3	**18.8**	**12.5**	6.3	0.0	**12.5**	0.0	0.0	**31.3**	16（100）
25.0	**37.5**	**37.5**	0.0	0.0	6.3	0.0	0.0	**12.5**	16（100）
19.2	14.1	8.1	5.1	0.0	5.1	2.0	**1.0**	14.1	99（100）
17.1	15.8	**11.8**	3.9	0.0	3.9	2.6	0.0	**18.4**	76（100）
3.1	16.9	7.7	6.2	0.0	**12.3**	1.5	0.0	3.1	65（100）
9.4	17.9	9.6	6.6	1.3	7.9	3.8	0.8	14.1	5,367（100）

「信用組合」，「信金＋相銀」を省略することがある。

表 7-3　産業

産業分類		取				
中分類	小分類／細分類	民金のみ	民金＋中小金融	民金＋中小金融＋地銀	民金＋地銀	民金＋中小金融＋都銀
娯楽業		**34.2**	**11.6**	**0.8**	4.7	**2.6**
	パチンコホール	**33.9**	**12.0**	**0.8**	4.6	**2.5**
一般飲食店		**48.1**	**7.3**	0.4	4.4	1.2
	焼肉・韓国料理店	**55.4**	3.8	0.0	3.8	0.9
その他の飲食店	バー，キャバレー，ナイトクラブ	**41.4**	**13.8**	0.0	4.3	0.9
建築材料，鉱物・金属材料等卸売業		**41.9**	3.7	0.6	**6.3**	1.1
	再生資源卸売業	**41.4**	3.8	0.3	5.3	1.8
	鉱物・金属材料卸売業	**45.9**	2.6	0.7	**7.4**	0.4
総合工事業		20.8	**7.2**	**0.8**	**7.9**	**2.8**
	土木工事業	24.8	**7.3**	**0.8**	**9.7**	**1.9**
	一般土木建築工事業	11.7	**6.7**	**1.2**	**6.1**	**4.7**
不動産取引業		30.7	**9.2**	0.6	2.5	1.8
不動産賃貸業・管理業		**37.5**	**6.9**	0.0	**6.9**	0.0
貸金業，投資業など非預金信用機関	貸金業	**49.4**	4.7	0.0	**10.6**	**2.4**
金属製品製造業		21.6	5.4	**1.4**	2.7	**2.3**
プラスチック製品製造業		25.3	3.4	0.0	4.6	0.6
ゴム製品製造業		9.0	0.7	0.0	1.4	**3.5**
	ゴム製・プラスチック製履物・同附属品製造業	4.4	0.0	0.0	1.1	**2.2**
繊維工業		29.1	**9.4**	**1.6**	**6.3**	1.6
	染色整理業	**32.8**	**12.5**	0.0	4.7	**3.1**
	紡績業	**37.5**	**8.3**	**4.2**	**8.3**	0.0
	ニット生地製造業	12.5	**6.3**	**6.3**	**6.3**	0.0
	織物業	6.3	0.0	0.0	**12.5**	0.0
衣服・その他の繊維製品製造業		29.3	**8.1**	**2.0**	5.1	0.0
その他の製造業		22.4	**7.9**	**1.3**	**7.9**	**2.6**
旅館，その他の宿泊所	旅　館	**41.5**	**12.3**	0.0	**9.2**	0.0
合計比率（A）2)		30.7	6.2	0.7	5.4	1.8

注 1）「信用組合」，「信金＋相銀」を含むが，わずかであったため信金と相銀のみを記載した。以下の表でも
2）商銀のない地域に本社のある企業を除き，取引形態のわかる企業を合計とする（表 7-1 を参照）。
3）太字は，産業別の取引形態の比率が合計比率（A）より高いことを示す。

る。取引形態においても、民金との取引の有無による大きな偏りがなかった（前掲表7-2）。また、ホールの分析には、在日の経済活動を捉える上で次のような有効性がある。第一に、飲食店のように、企業規模が特定の階層に集中せず、階層分化が進んでいること、第二に、京都の繊維産業のように、特定の地域に集中することなく、全国都道府県において重要であること、である。全国の在日企業の特徴、さらに全国展開した民金の機能を考える上で、適切な分析対象であると言えよう。

最初に、参入のときの資金調達について見ることにしよう。次の二つの証言は、一九七〇年代に開業したＪＥ社（《1》-1、第3章表3-7の〈19〉）とＭＹ社（《1》-2、第3章表3-7の〈9〉）の初期投資資金に関するものである。《1》-1では商銀、《1》-2では朝銀のように、両者とも民金から融資を受けて最初の事業資金を調達したことが明らかになる。

証言《1》-1　開業資金　ＪＥ社　一九七〇年代に和歌山市内に開店

質問（以下、「質」とする）：開業資金はどのように調達されましたか。

答（代表者による。以下、同様）：私の家は、喫茶店をしていました。喫茶店を売って、それを資金にして、中之島という場所ですが、ロータリーにある売り店を買ったんですね。

質：今は喫茶店を売ってもパチンコホールは買えないですが、そのときはお金を借りなくても買い取れたんですか。

答：いえいえ、足りません。足りない分は金融機関に借りました。和歌山相互に行って融資を申しこんだら、あなたいつ返すつもりですか、そういう質問をする時代やったんやね。今とは社会認識というのが全然違う。結局、民族系の金融機関〔和歌山商銀〕から借りました。融資そのものが大変な時代でした。というのは、商銀は資金量がなかったんやね。銀行〔和歌山商銀〕は資金が足りないといえないから、問題をこっち側にするけども、私からみると、資金力がなかったと思うわね。うちが現金で準備できたのが三、〇〇〇万円で、商銀からの三、〇〇〇万円の融資をうけました。後、開店資金〔運転資金〕とか、一、五〇〇〇万円は、お父さんとかお母さんに〔頼んで〕、頼母子講とか、個人の高利業で〔賄いました〕。

質：商銀から要求された条件はどのようなものでしたか。

答：店を担保にいれました。値打ちは六、〇〇〇万円くらいあるのを、商銀は三、〇〇〇万円担保取れるから、悪い話ではない。半分くらいは現金でもってないと、〔商売が〕できなかったということやな。残りの開店資金は、担保力はないので、自分で調達しなければならなかった。

（二〇〇五年六月三日、在日二世、創業者）

《1》-1の創業者は、立地条件が良いため投資資金が大きい地元の大阪市を離れ、和歌山の方を選んだという。親の資産が元本になっており、不足分は、一般金融機関からは調達できず、商銀からの融資に託すことになった。それでも、商銀の融資では必要な資金全部を賄うことができず、頼母子講などコミュニティ内のインフォーマルな金融制度から補完しなければならなかった。

《1》-2のMY社は、建築業を最初の事業とし、のちに不動産売買業まで事業を広げた。

証言《1》-2　開業資金　建築業MY社　一九七二年に神戸市内に開店

新長田の駅前ビルのパチンコが借地の物件として出た。民団の議長がやっていた物件でした。建設をやっていることから、物件、投資についての情報は自然と入ってくる。パチンコの開店のとき、資金がなくて困ったとき、朝銀〔朝鮮総連系〕からの融資の話があって、一億五、〇〇〇万円が必要だということを言ったら、貸してくれました。神戸商銀、大阪興銀と関係をもつようになってからも〔朝銀との取引は続きました〕。神戸商銀は資金力もないし、金融機関としてだめでした。

（二〇〇一年八月二五日、在日二世、創業者）

《1》-2の経営者は、民団（韓国系在日の政治団体）を通じて知り合った在日がホールを売りに出したという情報を入手し、その物件を買い取る形でホール事業に進出した。開業資金は、民金から調達しているが、証言からわかるように、最初は朝銀からであった。開業は一九七〇年代であったが、その後、商銀と朝銀、どちらとも取引している。[5] 神戸商銀は民金全体のなかでも、信用組合平均に比べて規模が大きいにもかかわらず、MY社にとっては必要な資金を十分調達することができないため、「資金力」がないと認識されていた。

次に取り上げる《2》のKM1社（第3章表3-7の〈14〉）は、京都府に四店舗を展開した、ホールとしては中堅に当たる企業である。

証言《2》多店舗展開　パチンコホール　KM1社　一九七〇年代京都市内に開店

質：民族系金融機関〔商銀〕と一般の金融機関のなかで、どちらとの取引が重要でしたか？

答：それはもう、一般の金融機関です。信用組合は、何億の金要るのに、そんな貸す力ありません。まず京都中央信用金庫に五億、相互銀行[6]に何億借りて、後、二番手か、三番手に京都商銀へ行って二、〇〇〇万か、三、〇〇〇万借りるということです。

質：それでも商銀との取引の必要がありましたか？

答：それはそうです〔即答〕。ちょっとした小金をする。担保も二番担保でも貸してくれました。一番担保は必ず相互銀行とか、信用金庫、そういうところにいれました。信用組合は、二番担保でも貸してくれました。その代わり金利が高かった。やっぱりメインバンクは、地方銀行、あるいは相互銀行です。

（二〇〇四年四月二四日、在日二世、創業者）

ＭＹ社と同じく民金の資金量の限界が指摘されているとはいえ、民金との取引にはもう一つの意味があった。主力の取引金融機関は資金需要量から低利の相互銀行や信用金庫であり、それらには第一順位の担保を入れ、民金には第二順位の担保を入れることによって、資金を調達した。必要な資金と担保の状況によって、金融機関を使い分けていたのである。(7) 民金は、成長する企業の資金調達において、補完的な役割を果たしたと言うことができる。

次に取り上げる《3》のマルハン（第3章表3-1、表3-7の〈8〉）は、在日一世の創業者が一九五七年に開業したホールである。次の証言は、京都府峰山町で創立した同社が、他地域に進出していく際の資金調達について述べたものである。

証言《3》全国展開資金　大手パチンコホール　マルハン　一九七〇年代半ばから全国展開

京都商銀も取引があったんですけれど、これも、ま、どうせ一、〇〇〇万とか、二、〇〇〇万とか、これは微々たるもんですよ。だから大きいスポンサーは幸福相互銀行ね、これは五億、一〇億単位でね。これが私に一番大きい。

（二〇〇二年八月一二日、在日一世、創業者）

マルハンのケースでは、民金が、同社が必要な規模の資金を提供できなかったことが明らかである。マルハンが一九七〇年代半ばから本格化した全国展開において重要な役割を果たした金融機関は、相互銀行であった。二〇〇二年現在のマルハンのメインバンクは、都市銀行である。

ホール事業への参入と成長に伴う在日企業の資金需要に対する民金の対応の事例から、取引金融機関における民金の位置づけを知ることができる。事業の経歴がない《1》-1のＪＥ社の場合、一般金融市場からの融資が困難であっただけに、商銀からの融資が初期投資において大きな役割を果たしたことは明らかである。ＫＭ1社のように、立地条件の良い大都市に出店するために初期投資規模が大きくなるケース、あるいは多店舗展開するケースにおいては、商銀は、必要な資金需要量に十分対応することができなかった。民金が必要な資金の絶対規模を提供できないところに、在日企業が一般金融機関と取引しなければならない理由があった。

以上では、第一に、相互銀行という特定の金融機関とホールの関係が、特に積極的に多店舗展開する成長企業の事例で確認された。第二に、在日企業は参入時から成長期になるにしたがって、必要とする資金が増大し、一般金融機関を含む取引形態に移行しなければならなかったことが示唆される。なかには民金の規模が小さいために設立の初期段階から一般金融機関と取引する企業もあった。いかにも当然のことに見えるが、在日企業は、資金需要の量的拡大に伴って、相互銀行などその提供が可能な金融機関と取引するようになった。第三に、以上のことを民金の役割という文脈から捉えると、民金も成長していかなければ、成長していく在日企業が必要とする資金需要に対応することができないことを意味する。

しかしながら在日企業が成長し、資金需要の規模が大きくなったからといって、一般金融機関との取引が自ずと可能になるわけではないだろう。一般の金融機関からの調達ができた在日企業のみが、結果として事業を拡張することができたと考えられる。次節では、第一点と第二点にかかわる在日企業と一般金融機関との取引可能性について、取引形態と在日企業の経営規模との相関関係を手がかりに、成長と取引形態の変化の側面から掘り下げて考察する。第三点については、大阪興銀の戦略の転換から最後に論ずる。

3　在日企業の規模別取引金融機関

(1)　企業規模と取引形態

一般的に民族マイノリティ企業の金融問題は、産業ではなく企業レベルで問題になるから、在日企業の特徴的な取引形態は、産業の側面に加えて企業レベルでも考察する必要がある。既述のように、一般金融機関と取引する傾向があるか、あるいは民金と取引する傾向があるかは、産業によって異なっていたが、その違いは、ホールの事例からも示されたように、同産業の企業の間でも一般金融機関と取引している在日企業と、そうでない企業というかたちで存在した。この差異を本節では企業規模との関連で考察する。在日企業全体のなかで、一般金融機関と取引している割合が五〇％弱（前掲表7-1）であるというときに、この比率が企業規模別ではどのように異なった様相を示すかについて考えることになる。

以下、企業規模を従業員数規模と資本金規模を基準にして、取引形態との関係について考察していく。個人経営の零細企業まで含む従業員数規模が判明する企業（三、六四九社）のうち取引形態の分かる企業は三、三三六社であり、在日企業全体（六、三九五社）の五二・二％のカバリッジである。このようなデータの限界を補うために、資本金規模および取引形態の分かる企業（二、二四五社）、従業員数規模無記載の企業のうち資本金規模および取引形態のわかる企業（三六〇社）についても検討し、比較的規模の大きいグループの傾向を補うことにしたい。

表7-4aと表7-4bは、従業員数規模と取引形態の動向を示している。まず、表7-4aより、従業員数規模のわかる企業の取引形態（縦比率のA）と、在日全体のそれ（C）を比較し、サンプルの偏りを確認しておこう。『在日韓国人企業名鑑』の凡例によると、四人以下は記載を省略するとしており、記載無の企業（B、後述）

表 7-4 a　企業規模と取引金融機関（従業員数規模別の取引形態）

（単位：%）

取引形態	従業員数規模（人） 4人以下	5～9	10～14	15～19	20～29	30～49	50～99	100 以上	従業員数規模のわかる企業（A）	記載無 企業数	記載無 [「左欄+4人以下」構成比]（B）	総企業数 [構成比]（C）
民金のみ	0.0	29.5	26.9	23.4	20.0	22.5	18.9	17.1	24.2	840	41.4	1,647 [30.7]
民金＋中小金融	0.0	7.9	6.6	7.1	6.1	4.7	8.6	12.0	7.1	96	4.7	334 [6.2]
民金＋中小金融＋地銀	0.0	1.2	0.8	0.8	1.7	0.7	1.7	0.5	1.0	5	0.2	40 [0.7]
民金＋地銀	0.0	6.1	7.3	6.5	5.1	5.1	5.0	3.0	5.8	93	4.6	288 [5.4]
民金＋中小金融＋都銀	0.0	0.8	1.0	3.5	4.0	3.3	4.6	4.5	2.5	11	0.5	95 [1.8]
民金＋都銀	0.0	8.2	9.9	11.8	11.8	11.4	12.3	13.6	10.6	148	7.3	502 [9.4]
民金と取引のある企業	0.0	53.7	52.4	53.1	48.6	47.7	51.0	50.8	51.3	1,193	58.7	2,906 [54.1]
中小金融	66.7	20.6	21.7	15.1	17.1	14.9	11.6	12.1	17.6	374	18.4	962 [17.9]
信　金	66.7	11.6	12.2	7.8	8.2	7.6	6.0	5.0	9.4	203	10.0	517 [9.6]
信金＋相銀	0.0	0.1	1.1	1.0	0.6	0.4	0.3	0.0	0.6	9	0.4	28 [0.5]
相　銀	0.0	7.4	6.2	6.3	8.0	6.0	5.3	7.0	6.7	129	6.7	352 [6.6]
中小金融＋地銀	0.0	0.5	0.8	2.5	1.7	2.0	2.6	2.0	1.5	20	1.0	69 [1.3]
地　銀	0.0	7.8	7.5	9.1	8.0	6.2	7.0	6.0	7.5	174	8.6	425 [7.9]
中小金融＋都銀	0.0	2.3	4.1	3.5	6.3	8.5	7.6	8.0	5.1	33	1.6	202 [3.8]
地銀＋都銀	0.0	0.6	1.0	0.8	1.5	1.6	2.0	2.5	1.2	5	0.2	45 [0.8]
都　銀	33.3	14.5	12.5	15.9	16.8	19.2	18.2	18.5	15.8	232	11.5	758 [14.1]
取引形態の判明する企業	100.0	100.0	100.0	100.0	100.0	100.0	100.0	100.0	100.0	2,031	100.0	5,367 [100]
取引形態不明企業数	0	110	73	29	36	35	20	10	313	715	(−)	1,028
総　計	3	892	802	426	511	484	322	209	3,649	2,746		6,395

注）下線欄は，従業員数規模階層別の取引形態の比率が A の比率より高いことを示す。

表 7-4 b　企業規模と取引金融機関（取引形態別の従業員数規模）

（単位：%）

取引形態 記載無を「4 人以下」とした比率1)	従業員数規模（人） 4 人以下	5~9	10~14	15~19	20~29	30~49	50~99	100 以上	上計［記載無除，100］ 下計［記載無含1)，100］	従業員数記載無企業数
民金のみ	—	28.6	24.3	11.5	11.8	12.5	7.1	4.2	807	840
	51.0	14.0	11.9	5.6	5.8	6.1	3.5	2.1	1,647	
民金＋中小金融	—	26.1	20.2	11.8	12.2	8.8	10.9	10.1	238	96
	28.7	*18.6*	*14.4*	*8.4*	8.7	6.3	*7.8*	*7.2*	334	
民金＋中小金融＋地銀	—	25.7	17.1	8.6	22.9	8.6	14.3	2.9	35	5
	12.5	*22.5*	*15.0*	*7.5*	*20.0*	7.5	*12.5*	2.5	40	
民金＋地銀	—	24.6	27.2	13.3	12.3	11.8	.7	3.1	195	93
	32.3	*16.7*	*18.4*	*9.0*	8.3	8.0	5.2	2.1	288	
民金＋中小金融＋都銀	—	7.1	8.3	16.7	22.6	17.9	16.7	10.7	84	11
	11.6	6.3	7.4	*14.7*	*20.0*	*15.8*	*14.7*	*9.5*	95	
民金＋都銀	—	18.1	20.3	13.3	15.8	14.4	10.5	7.6	354	148
	29.5	12.7	*14.3*	*9.4*	*11.2*	*10.2*	*7.4*	*5.4*	502	
中小金融	0.3	27.4	26.9	10.2	13.8	11.4	6.0	4.1	588	374
	39.1	*16.7*	*16.4*	6.2	8.4	7.0	3.6	2.5	962	
信　金	0.6	29.0	28.3	9.9	12.4	10.8	5.7	3.2	314	203
	39.7	*17.6*	*17.2*	6.0	7.5	6.6	3.5	1.9	517	
信金＋相銀	—	5.3	42.1	21.1	15.8	10.5	5.3	—	19	9
	32.1	3.6	*28.6*	*14.3*	*10.7*	7.1	3.6	0.0	28	
相　銀	—	26.0	20.2	11.2	17.0	12.1	7.2	6.3	223	129
	36.6	*16.5*	12.8	7.1	*10.8*	7.7	4.5	*4.0*	352	
中小金融＋地銀	—	8.2	12.2	20.4	16.3	18.4	16.3	8.2	49	20
	29.0	5.8	8.7	*14.5*	*11.6*	*13.0*	*11.6*	*5.8*	69	
地　銀	—	24.3	21.9	14.3	15.1	11.2	8.4	4.8	251	174
	40.9	14.4	12.9	*8.5*	8.9	6.6	4.9	2.8	425	
中小金融＋都銀	—	10.7	17.8	8.3	17.8	22.5	13.6	9.5	169	33
	16.3	8.9	*14.9*	6.9	*14.9*	*18.8*	*11.4*	*7.9*	202	
地銀＋都銀	—	12.5	17.5	7.5	17.5	17.5	15.0	12.5	40	5
	11.1	11.1	*15.6*	6.7	*15.6*	*15.6*	*13.3*	*11.1*	45	
都　銀	0.2	21.5	17.3	12.0	15.2	16.3	10.5	7.0	526	232
	30.7	*14.9*	12.0	*8.3*	*10.6*	*11.3*	*7.3*	*4.9*	758	
記載無を除いた計（A）	0.1	23.4	21.8	11.9	14.2	13.5	9.1	6.0	3,336	2,031
記載無を含んだ計（B）	37.9	14.6	13.6	7.4	8.9	8.4	5.6	3.7	5,367	
取引形態不明企業数	0	110	73	29	36	35	20	10	313	715
総計企業数	3	892	802	426	511	484	322	209	3,649	2,746

注 1）統一日報社「在日韓国人企業名鑑編集委員会」編，前掲書，の凡例によると，「従業員数 4 人以下は記載を略した」としており，表右端欄の「記載無」に含まれている。表 7-4 a の本文検討を踏まえ，記載無企業を「4 人以下」とみなした合計である。

2）網掛けの欄は，取引形態別の従業員数規模階層の比率が A の比率より高いことを示す。斜体字は，同じく，B の比率より高いことを示す。

のなかに民金のみの取引形態が多く含まれている。このことが影響して民金のみの比率が六ポイント程度低く、その代わり、都銀が含まれる取引形態Aが多少高くなっているため、総企業数の構成比Cに比べ、民金と取引のある企業の比率が二・八ポイント程度低いが、大きな乖離ではない。

従業員数規模別の取引形態の比率を、Aの比率と比較することによって、規模階層別に偏っている取引形態を知ることができる。例えば、〈五〜九人〉階層では、「民金のみ」の比率がAより約五・三ポイント高く、他に「中小金融」の取引形態が相対的に高い。このように規模の小さい〈五〜九人〉階層では、中小企業を専門とする金融機関との関係が深い。同じ方法で他の階層において特に偏重している取引形態を見てみると、取引形態の比率がAに比べて高い（下線）次のグループを取り出すことができる。すなわち、〈一〇〜一四人〉階層では、「民金のみ」、「中小金融」、〈一五〜一九人〉階層では、「地銀」、「民金＋地銀」、〈二〇〜二九人〉階層では、「相銀」、「中小金融＋都銀」、〈三〇〜四九人〉階層では、「中小金融＋都銀」、「都銀」、〈五〇〜九九人〉階層では「民金＋都銀」、「中小金融＋都銀」、「都銀」、〈一〇〇人以上〉階層では、「民金＋中小金融」のほか「都銀」が含まれる取引形態である。

ちなみに、四人以下が三社に過ぎないのは、既述の事情から記載無に含まれているからである。そこで四人以下が含まれる「記載無」（B）の取引形態から、四人以下の傾向を推測してみよう。記載無のうちどの程度が四人以下かは不明であるが[8]、Bの構成に比較すると、「民金のみ」の比率が〈五〜九人〉よりも高く、中小金融の比率は〈五〜九人〉階層とAの中間であり、おおよそ〈四人以下〉の傾向として捉えられる[9]。

全体的に、表中に下線欄が右下がりで分布することに表れるように、民金と取引のあるグループ、一般金融機関と取引のあるグループにおいても、規模が小さい場合は民金や中小金融と取引する傾向があり、規模が大きくなるにつれて、普通銀行との組み合わせの取引、あるいは普通銀行のみの取引が特徴的な形態になっていく。五〇人以上の階層規模で「民金＋中小金融」の特徴的取引形態が例外的に見えるが、比較的規模の大きい階層において民金のみではなく他の金融機関の役割があるという点で、上記の傾向に添うものである。

表7-4bでは、取引形態別の従業員数規模の分布を表している（上段）。四人以下については、先述の分析を踏まえて、記載無を「四人以下」階層とみなして構成比を取り直し、下段に記した。取引形態別の従業員数規模を、記載無を除いた計の比率（横比率のA）およびそれを含んだ計の比率（横比率のB）とを比較すると、取引形態別にどの階層に特化しているかがわかる。A、Bに比べて高い比率の従業員数規模を、上段では網掛け字で、下段では斜体字で表した。全体的に、民金の場合、従業員数規模の小さい階層の比率が高く、信金・相銀などの中小金融から、地方銀行、都銀が含まれる取引形態になっていくにつれて従業員数規模の大きい階層の比率が高くなっていくことが見て取れる。表7-4a、表7-4bの全体の傾向として、在日企業の規模に即して異なる階層の金融機関の組み合わせ、また規模の大きい企業では金融機関階層の上昇が見られた。このことは、同じ方法で分類し、取引形態と資本金規模との対応関係――資本金規模階層別の取引形態と、取引形態別の企業規模の階層の分布率――を分析した結果からでも言える。[10] 企業の規模階層の上昇に合わせて取引形態を整理すると、「民金のみ」、「中小金融」から、民金と地銀の組み合わせ、地銀を経て、「都銀」へ、というように、取引する金融機関が変化する。

前掲表7-1で確認した約五四％の取引の傾向を示した民金の役割を経営規模との関連で考えると、民金と取引のある企業の比率に示されるように、民金は、特に資本金規模の小さい階層企業において重要な役割を果たしたことになる。約一八％（前掲表7-1）を占めた「中小金融」は、資本金規模階層の上昇と、信金から相銀への変化が対応しており、さらに上層の規模では、地銀、都銀への依存を深めていくことになった。一般金融機関、あるいは普通銀行との取引の可能性において第一節で検討した産業要因に加えて、経営規模が影響したことが推測される。

（2）パチンコホール事業のケース

企業の規模階層と金融機関の階層の対応関係が見られ、そこにある方向性をもった取引形態の変化が表れるのであれば、その対応関係を経営規模と金融機関の取引の特徴を表すものとして理解することができる。そしてそのような一九七五年時点に見られる構造的な特徴を、企業成長に伴って可能になる取引形態を示唆するものとして捉えることができる。そこで、ホール事業に絞り、規模階層を成長の代理変数とし、企業成長と取引形態の変化の可能性について、検討してみよう。予め断っておきたい点は、ここで見出される取引形態の変化は、成長に伴ってたどっていく絶対的なルートではないし、一九七五年時点で展望しうる可能性に過ぎないということである。

表7-5は、七〇七社のホールのうち、取引形態のわかる六三五社（前掲、表7-2）を抽出し、さらに従業員数規模が判明する企業の取引形態と従業員数規模の関連を集計したものである。同表には、記載無企業の検討を踏まえ、それらを4人以下とみなした上で、規模が大きいと想定される資本金規模のわかる会社組織の企業を除外した六一一社についてまとめてある。従業員数規模階層別の特徴的な取引形態（斜体）について、右端欄（A）の全体比率より高いことを基準にまとめると、次のようになる。

第一に、ホール事業において「民金のみ」の取引形態が特徴的であったことは第一節で指摘したが、民金は規模の大きい企業においても重要な役割を果したと考えられる。「民金のみ」の取引形態は、〈一〇～一四人〉規模で四三・八％と、単独の金融機関としてはもっとも高い比率を占めるのみならず、〈三〇～四九人〉規模でも特徴的取引形態である。そして、第二に、中小金融のなかでも相銀の役割が大きく、〈五～九人〉規模の小規模階層に加えて〈二〇～二九人〉規模でも重要さが目立つ。第三に、二〇人以上の規模階層では都銀の役割が重要になってくることがわかる。

前項と同じく、規模と取引形態をクロス分析し、在日企業の成長に伴う取引形態の変化を推定してみよう。第一

表 7-5　パチンコホールの経営規模と取引形態

（単位：社，%）

	取引形態	記載無[1]		5〜9人		10〜14人		15〜19人		20〜29人		30〜49人		50〜99人		100人以上		左計	総計比率(A)
1	民金のみ	33	32.4	31	31.0	56	*43.8*	17	27.4	20	27.8	31	*44.3*	17	*36.2*	6	20.0	211	34.5
2	民金＋中小金融	12	11.8	15	*15.0*	13	10.2	12	*19.4*	5	6.9	4	5.7	4	8.5	9	*30.0*	74	12.1
3	民金＋中小金融＋地銀		0.0	2	*2.0*		0.0	1	*1.6*	1	*1.4*		0.0	1	*2.1*		0.0	5	0.8
4	民金＋地銀	6	*5.9*	6	*6.0*	7	*5.5*	5	*8.1*	2	2.8	1	1.4		0.0		0.0	27	4.4
5	民金＋中小金融＋都銀	2	2.0	1	1.0	2	1.6	2	*3.2*	3	*4.2*	2	*2.9*	3	*6.4*	1	*3.3*	16	2.6
6	民金＋都銀	6	*5.9*	0	0.0	2	1.6	3	*4.8*	7	*9.7*	3	4.3	3	*6.4*	5	*16.7*	29	4.7
	小　計	59	57.8	55	55.0	80	*62.5*	40	*64.5*	38	52.8	41	58.6	28	*59.6*	21	*70.0*	362	59.2
7	中小金融	27	*26.5*	30	*30.0*	34	*26.6*	13	21.0	21	*29.2*	15	21.4	10	21.3	3	10.0	153	25.0
	信　金	10	*9.8*	7	7.0	14	*10.9*	5	8.1	5	6.9	6	8.6	6	*12.8*	2	6.7	55	9.0
	相　銀	16	*15.7*	21	*21.0*	12	9.4	8	12.9	15	*20.8*	8	11.4	4	8.5	1	3.3	85	13.9
8	中小金融＋地銀	1	*1.0*		0.0		0.0		0.0	2	*2.8*	1	*1.4*		0.0	1	*3.3*	5	0.8
9	地　銀	13	*12.7*	7	7.0	10	*7.8*	7	*11.3*	4	5.6	4	5.7	1	2.1	1	3.3	47	7.7
10	中小金融＋都銀	1	1.0	1	1.0		0.0		0.0	2	*2.8*	2	*2.9*	3	*6.4*	1	*3.3*	10	1.6
11	地銀＋都銀		0.0		0.0		0.0		0.0		0.0		0.0	1	*2.1*		0.0	1	0.2
12	都　銀	1	1.0	7	*7.0*	4	3.1	2	3.2	5	*6.9*	7	*10.0*	4	*8.5*	3	*10.0*	33	5.4
	小　計	43	*42.2*	45	*45.0*	48	37.5	22	35.5	34	*47.2*	29	*41.4*	19	40.4	9	30.0	249	40.8
	取引形態のわかる企業数	102	100.0	100	100.0	128	100.0	62	100.0	72	100.0	70	100.0	47	100.0	30	100.0	611	100.0
	取引形態不明企業数	48		17		14		7		4		3		1		2		96	
	総計企業数	150		117		142		69		76		73		48		32		707	

注1）記載無については，表7-4に同じ。どの程度か不明であるが，おおまかな最下層の傾向を知るため，ここでは資本金規模の分かる企業（40社）を除外して算出した。そのため，パチンコホールの総計企業数は，747社（表7-2）に一致しない。

点については、ホールの企業成長に伴う取引形態は、他産業に対比して、企業の成長段階において一般金融機関の役割が期待されるという共通点と、成長段階での民金の役割も目立つという相違点を、指摘できる。既述のように、他産業では、「民金のみ」の取引形態の占める比率は、〈五～九人〉階層でもっとも高く、企業の規模拡大とともに下がる傾向を示した。その「民金のみ」の代わりに、民金と他の金融機関との組み合わせや一般金融機関の取引形態が重要になる。これほどの明確さがホール事業では認められないが、「都銀」や「民金＋都銀」の特徴的取引形態が二〇人以上の規模で発見できることは、一般金融機関の役割も重要になってくることを示す。

中規模以上の階層においても民金が一定の役割を果たすというホールの特徴については、具体的な取引内容が解明される必要があるが、さしあたり次の二つの要因が考えられる。

一つの要因は、民金の間では金融力の格差が大きいため、事業拡張の戦略をとった企業に対して成長のどの段階まで対応できるかが民金によって異なることが考えられる。神戸商銀など創業資金が提供できない民金については、前節の証言が明らかにしたとおりである。一方で、最大の規模に成長した大阪興銀と取引する在日企業は、相対的に階層規模が大きく、上層の規模においても同民金と取引する傾向が見られる（第四節で後述）。大阪興銀が規模の大きな資金需要に対応可能であったことを表していると思われる。また、前節の証言《2》から明らかになったように、成長する在日企業は、資金調達は一般金融機関のメインバンクを中心に行いながら、二番手担保の活用など、民金独自の機能を評価していた。

ただし、民金の対応力や独自の機能は、他産業に対しても同じであるから、ホールの取引形態が示した特徴には、大阪興銀の同事業に対する積極的な取り組みなど、銀行行動が影響する側面を考慮する必要があろう。第3章で示したように、ホールは、民金にとって重要な預金基盤になっていた。ホール事業は、毎日現金の収入があり、(11)金融機関と取引する目的の一つが当座預金であった可能性が高い。そのことが、民金側にホールとの取引を繋ぎ止めたい理由として作用し、上層の階層においても金融力のある民金と取引する特徴を生み出したと思われる[12]。

第二点については、次項で考察する。

第三点は、証言の内容を踏まえれば、企業規模に即して、あるいは成長のために、必要な資金量に民金が対応できなくなるところに普通銀行と取引する必要性があり、取引が可能であった企業の取引形態の傾向を表現していると推測できる。

（3）企業成長と一般金融機関との取引

ここでは第二点、第三点に注目し、成長に伴う取引形態の変化や一般金融機関との取引の可能性について、考察する。変化が明確に表されるように、次のような操作を行った。民金、中小金融、地銀、都銀を規模に即した階層的な金融機関と捉え、前掲表7-5の取引形態を、上層の金融機関に代表させた取引形態として再集計してまとめたのが表7-6である。例えば、A社の取引形態が「民金のみ」、B社は「民金＋中小金融」、C社は「中小金融＋地銀＋都銀」という場合、A社が取引する代表的な金融機関は民金（A社の取引形態を民金に代表させる）となり、

表7-6　民金の役割と限界

（単位：社，%）

	金融機関	参照欄（表7-5より）	記載無（4人以下を含）		5~9人		10~14人		15~19人		20~29人		30~49人		50~99人		100人以上		総計	
規模の大きい金融機関に代表させた取引形態	民金	1	33	32.4	31	31.0	56	43.8	17	27.4	20	27.8	31	44.3	17	36.2	6	20.0	211	34.5
	中小金融	2＋7	39	38.2	45	45.0	47	36.7	25	40.3	26	36.1	19	27.1	14	29.8	12	40.0	227	37.2
	地銀	3＋4＋8＋9	20	19.6	15	15.0	17	13.3	13	21.0	9	12.5	6	8.6	2	4.3	2	6.7	84	13.7
	都銀	5＋6＋10＋11＋12	10	9.8	9	9.0	8	6.3	7	11.3	17	23.6	14	20.0	14	29.8	10	33.3	89	14.6
取引形態のわかる企業数			102	100.0	100	100.0	128	100.0	62	100.0	72	100.0	70	100.0	47	100.0	30	100.0	611	100.0

B社とC社は、中小金融（B社の取引形態を民金より規模の大きい中小金融に代表させる）、都銀（C社の取引形態を中小金融、地銀より規模の大きい都銀に代表させる）となる。民金のみと取引するA社に比べて、より大きい金融機関と取引するB社とC社の企業規模が大きければ、つまり在日企業の規模拡大と金融機関の階層上昇の間に相関関係があれば、在日企業は成長とともに上位の金融機関との取引の道が拓かれ、取引形態を変化させたとみなすことができる。

表7-6によれば、民金は〈一〇〜一四人〉規模では四割以上を占めていたが、〈一〇〇人以上〉では約半分に低下し、それに代わって都銀の比率が高くなった。民金の果たす役割は、規模の成長に伴って相対的に小さくなったのである。都銀との取引が企業規模の拡大に相関している点は、驚くべきではないにしろ、鮮やかな結果となった。

一方で、相銀が前項で指摘したように全体の取引形態のなかでも、長期的な成長においても、重要な役割を果たしたことが、表7-5、7-6から確認される。このような特定の金融機関の役割は、在日に限る特殊な事情ではなかったと思われる。相銀は、表7-7が示すように、ホールが含まれる「映画・娯楽」に対する運用比率が高い傾向にあった。しかも、表7-8によると、当該産業への貸出残高においても、圧倒的な規模であった。相銀にとって、ホールを含む「映画・娯楽」が無視できない取引先であったと思われる。

この点については、資料の制約からホール事業だけのデータは不明であるが、表7-9から、サービス業における同事業の重要性が次第に大きくなったことは確認できる。同表は、一九六〇年代から八〇年代までの三時点を取り上げ、収入規模の階層別に占めるホールの地位を、同業種を含む産業分類を取り出して示したものである。収入規模の大きい階層に注目すると、サービス産業全体のなかで、ホールで説明できる部分が大きくなっていく。その傾向は、一九七二年時点では、六〇年代に比べて弱まっているように見えるが、ホールが含まれる産業分類が「そ

表 7-7　金融機関別業種別一般中小企業貸出比率（残高ベース，1968 年 3 月末）

業　種	全国銀行			相　銀	商工組合中央金庫	中小企業金融公庫	対全国銀行特化係数				
		都　銀	地　銀				都　銀	地　銀	相　銀	商工組合中央金庫	中小企業金融公庫
製造業	38.5	41.0	38.2	30.6	55.0	62.9	1.1	1.0	0.8	1.4	1.6
農　業	0.8	0.2	1.4	1.0	—	—	0.3	1.8	1.3	0.0	—
林　業	0.4	0.2	0.5	0.2	0.1	—	0.5	1.3	0.5	0.3	—
漁業，水産養殖業	0.9	0.3	1.6	0.9	0.3	—	0.3	1.8	1.0	0.3	—
鉱　業	0.5	0.4	0.6	0.5	0.6	1.5	0.8	1.2	1.0	1.2	3.0
建設業	6.1	5.7	6.7	8.7	3.1	5.3	0.9	1.1	1.4	0.5	0.9
卸売業，小売業	29.3	30.4	30.1	32.2	29.2	16.1	1.0	1.0	1.1	1.0	0.5
金融，保険業	0.7	0.8	0.4	0.6	0.6	—	1.1	0.6	0.9	0.9	—
不動産業	4.5	4.3	3.2	3.9	0.1	—	1.0	0.7	0.9	—	—
運輸通信業	2.7	2.3	2.2	4.1	5.6	7.2	0.9	0.8	1.5	2.1	2.7
電気，ガス，水道業	—	—	—	0.1	—	0.6	—	—	—	—	—
サービス業	7.6	5.3	8.2	11.4	5.1	6.4	0.7	1.1	1.5	0.7	0.8
旅　館	1.3	0.2	1.4	2.9	3.2	2.9	0.2	1.1	2.2	2.5	2.2
映画，娯楽	0.5	0.3	0.4	2.3	0.1	—	0.6	0.8	4.6	0.2	—
個人（消費資金，納税資金等）	8.0	9.1	6.9	5.6	0.3	—	1.1	0.9	0.7	—	—
合　計	100.0	100.0	100.0	100.0	100.0	100.0					

資料）日本銀行調査統計局『経済統計月報』昭和 43 年 4 月号，59-96 頁。

表 7-8　金融機関別業種別中小企業貸出残高（1968 年 3 月末）

（単位：百万円）

業　種	全国銀行			相互銀行	商工組合中央金庫	中小企業金融公庫
		都　銀	地　銀			
映画，娯楽	41,507	10,901	15,310	82,272	339	29

資料）相互銀行協会『相互銀行』第 19 巻第 6 号，1968 年，112-113 頁。

表 7-9　収入規模別事業所数

1963年				1972年				1986年			
収入規模	大分類 サービス業（A）	小分類 その他娯楽業（B）	B/A (%)	収入規模	大分類 サービス業（A）	小分類 遊技場（C）	C/A (%)	収入規模	大分類 サービス業（A）	細分類 ホール（D）	D/A (%)
事業所数総数	510,319[1)]	14,536[2)]	2.8	事業所数総数	626,863[1)]	26,767[2)]	4.3	事業所数総数	776,039[1)]	12,642[2)]	1.6
1万円未満	10,404	135	1.3	売上なし	22,963	601	2.6	売上なし	31,891	1,047	3.3
1~10万円	40,858	609	1.5	100万円未満	241,368	7,073	2.9	100万円未満	122,364	71	0.1
10~20万円	59,693	945	1.6	100~300万円	194,429	7,578	3.9	100~300万円	171,728	79	0.0
20~30万円	66,144	1,008	1.5	300~500万円	64,420	2,788	4.3	300~500万円	114,774	141	0.1
30~50万円	97,764	1,611	1.6	500~1,000万円	44,822	2,558	5.7	500~1,000万円	121,417	270	0.2
50~100万円	100,676	2,122	2.1	1,000~3,000万円	33,906	2,582	7.6	1,000~3,000万円	110,144	879	0.8
100~200万円	60,706	1,776	2.9	3,000~5,000万円	9,442	1,012	10.7	3,000~5,000万円	30,704	621	2.0
200~300万円	23,511	935	4.0	5,000万~1億円	7,981	1,331	16.7	5,000万~1億円	27,000	1,606	5.9
300~500万円	18,517	999	5.4	1~3億円	5,692	1,040	18.3	1~3億円	19,244	2,440	12.7
500~1,000万円	14,403	1,333	9.3	3~10億円	1,541	197	12.8	3~10億円	10,823	3,343	30.9
1,000~3,000万円	11,383	1,657	14.6	10億円以上	298	6	2.0	10億円以上	4,200	1,970	46.9
3,000~5,000万円	3,055	700	22.9								
5,000万~1億円	1,898	465	24.5								
1~3億円	998	218	21.8								
3~5億円	146	16	11.0								
5億円以上	162	8	4.9								

資料）総理府統計局『事業所統計調査報告 サービス業編』昭和38年，10-13頁，昭和47年，2-5頁，昭和61年，2-5頁，より作成。

注1）収入規模階層別の事業所数の合計（1963年510,318，72年626,862，86年764,289）と一致しないが，資料のデータのままにした。
2）注1）に同じ。収入規模階層別の事業所数の合計は，1963年14,537，72年26,766，86年12,467である。

の他の娯楽業」から「遊技場」として独立しており、六〇年代の分類には他の業種が含まれているため、過大評価されている可能性がある。詳細は不明であるが[13]、少なくとも、一九八〇年代後半には、最上層の約五割をホールだけで説明できるまでに成長する。

以上の検討のように、相銀が「映画・娯楽」への貸出において高い地位を占めた背景には、ホールの事業としての成長性があったと思われる。ただし、相銀と同産業との密接な関連を、産業側の一般的な状況だけでなく、例えば、大阪興銀のように、積極的な取り組みという銀行行動の結果としても考える必要がある。大阪興銀が、預金基盤として繋ぎ止めておきたい取引先としてホールに注目したことは、相銀の場合でも作用したと思われる。

以上、経営規模を成長の指標とし、取引形態の変化を在日企業から眺めてみると、相銀とホールとの特徴的な結びつきを考慮しても、企業成長とともに必要とする資金規模が大きくなり、資本金規模に合わせて信用力も得ることができた企業は、一般金融機関との取引が可能であったことが示唆される。誤解を招かないように付け加えておけば、その取引において成長は、必要条件であったことである。規模の小さい企業において一般金融機関との取引が少なく[14]、民金への依存度が高いことがそれを物語る。このように、規模が大きくなれば（信用力を含めて）都市銀行とも取引できる道があったが、ただし、その実現は規模を含めて「信用力」があるという条件があって可能なわけであり、「信用を得るまで」が問題であろう。したがって、そうしたコミュニティ内の金融インフラを基盤にし、どのように信用力を得ていくかが個別企業にとっては成長に関して重要であり、「それまで」に民金の果たす役割の重要さ――高金利の民金にしか借入ができない在日企業が存在したこと（第6章）や、社会的信用のない在日に初期投資資金を融資した和歌山商銀の事例（本章第二節）がこのことを示す――があらためて強調されよう。

4　大阪府における在日企業と取引金融機関

本節では、信用組合の地域性を考慮して、大阪府（以下、本節で大阪とする場合、大阪府を指す）の在日企業に注目し、産業別、規模別動向から民金の役割について検討する。一九七〇年代には地場産業の製造業を基盤に、全国でも最多数の在日企業が大阪に所在している。このような大阪を基盤に、大阪商銀と大阪興銀の二つの商銀は、潜在的な在日を競争的に掘り起こして市場を拡大することにより（第5章、第6章）、全国有数の信用組合として成長した[15]。

成長して信用力が得られた優良な在日企業は、必要な資金を民金から調達できなかった状況のなかで、一般金融機関との取引が可能であったと考えられる。このことは、民金の立場で言えば、優良な企業をめぐる一般金融機関との競争を意味する。信用組合という制度的な制約から、そして「民族系金融機関」という性質から、在日コミュニティを市場基盤としている民金はこの事態をただ指をくわえて傍観するしかなかったのだろうか。代表的な民金に注目して、一般金融機関との競争がどのような形で表れ、そこで民金が取りえた戦略にはどのような可能性があったかについて、考察する。

（1）一九七〇年代の大阪

まず、一九六〇年代末から七〇年代まで、大阪興銀が在日の主要産業についてどのように見ていたのか、社史にもとづいて概観しておこう[16]。

大阪興銀が特にこの時代に注目していた産業には、まず建設業があった。大阪の在日の経済活動は製造業の比重が大きかったが、一九六〇年代末から建設ブームに乗って建設業に参入するケースが著しく増えるようになった[17]。一九七〇年の大阪万博、七二年からの列島改造ブームによって大阪の在日事業の業態が拡大、成長し、土木・建設分野は主要産業になった。

列島改造ブームが土地投機を巻き起こしたことに関連して、不動産業が隆盛した。これを背景に在日も不動産業に進出した。在日企業は、参入時点では零細資本の不動産仲介、建売業であったが、一九七五年以降中堅企業に成長した。そして、製造業、ホール事業等で成功した在日の間で、多角化事業として貸ビルなど賃貸業への投資が流行となった。

一九七〇年代はレジャー産業成長の時代でもあり、七〇〜七三年にピークを迎えたボーリング、麻雀人口の増加などを背景に、多くの在日が、ホール、ボーリング、ビリヤード、麻雀を網羅したレジャービルの経営へ参入した。ホールの事業所数は一九七〇年代には横ばいであったが、大型化が進んだ。この時期におけるホールへの参入は、他産業からの進出、既存の業者の郊外進出などによる新規開店という特徴が見られた。また、在日は、多店舗展開というよりは、ホールを事業の土台とし、モーテル、ソープランドなど当時注目された他業種に進出する傾向があった。焼肉店は、レジャー産業とともに外食産業として成長したが、この時代の在日事業の特徴としてチェーン展開が見られた。

他方で、製造業にとって一九七〇年代は成熟期であった。在日が多いメリヤス、ヘップサンダル、プラスチック成形加工は、一九六七年から七八年の統計で、事業所数で二倍以上増加し、出荷額でヘップサンダルが一三倍、婦人革靴が六倍、プラスチック製品が五倍、メリヤス関係が三倍であった。製造業の在日企業はこの時期に中堅企業として成長した。そのなかで、代表的な地場産業であり、在日の主要産業であった繊維産業は、ドルショック後の不況によって打撃を受けた。

表 7-10　民金取引企業の取引形態

取引形態	全国「民金取引有」企業比率（A, %）	大阪商銀（B, %）	特化係数（B/A）	大阪興銀（C, %）	特化係数（C/A）
民金のみ	56.7	48.8	0.9	50.7	0.9
民金＋中小金融	11.5	8.8	0.8	8.1	0.7
民金＋中小金融＋地銀	1.4	0.5	0.4	0.2	0.2
民金＋地銀	9.9	4.5	0.5	4.5	0.5
民金＋中小金融＋都銀	3.3	4.5	1.4	3.8	1.2
民金＋都銀	17.3	33.0	1.9	32.7	1.9
企業数	100［2,906 社］	100［400 社］		100［444 社］	

（2）規模階層と取引金融機関

以上の産業動向のなかで、大阪に所在する在日企業の事業活動はどのような取引形態に支えられていたのだろうか。大阪の在日企業のサンプル総数は一、四三一社であり、大阪商銀と大阪興銀、両方と取引する企業数が一八五社、それを含む大阪商銀と取引する企業が四〇〇社（大阪商銀のみと取引する企業数は、二一五社）、同じく大阪興銀のそれが四四四社（同じく二五九社）である。一方で、一般の金融機関と取引する企業は、四九七社である。[18] 大阪商銀・大阪興銀と取引する企業六五九社は、大阪全体に対しては約四九％である。取引先のわかる企業（六五九＋四九七＋九＝一、一六五社）のうち約五七％を占めており、在日企業全体の約五四％（前掲表7-1）に比べてやや高い。[19]

まず、二つの民金と取引のある在日企業の特徴を特定しておこう。大阪商銀と大阪興銀が取引する企業の取引形態の動向は、民金と取引のある在日企業全体の傾向と比較した表7-10が概略を示してくれる。同表によると、民金と取引のある在日企業全体（A）に対して、大阪商銀、大阪興銀と取引する企業は、都銀と取引している企業が多い。大阪興銀の場合、四四四社のうち一六二社、約三六・五％の企業が都銀を含む取引形態になっている（大阪商銀は一五〇社、約三七・五％）。このことは、大阪商銀と大阪興銀が、民金と取引のある在日企業のなかでも優良な企業を確保していることを意味する。

大阪の二つの民金が比較的優良な在日企業と取引していることを考慮し、以下の規模動向を見る際には、中堅企業層が含まれる資本金規模の分析から始めることにする。

大阪商銀と大阪興銀の取引企業（順に延べ数四〇〇社、同四四四社）の資本金規模別分布（①「三〇〇万円未満」、②「〜一、〇〇〇万円未満」、③「〜四、〇〇〇万円未満」、④「〜六、〇〇〇万円未満」、⑤「〜一億円未満」、⑥「一億円以上」の六階層）について、大阪府を除く全国（商銀が設立された地域）の在日企業の資本金規模別分布を金融機関との取引形態別に求め、これらのうちまず「民金との取引がある企業」（a）と対比した特化係数を見ると、大阪商銀は②の「〜一、〇〇〇万円」、③の「〜四、〇〇〇万円」、⑥の「一億円以上」（順に一・二、一・一、一・七）階層で高く、大阪興銀は、③、⑥の階層で高い（同じく一・三、一・三）。③と⑥の階層との取引が二つの民金ともに多いことが分かる。また、「一般金融機関のみと取引する在日企業」（b）を基準にする特化係数では、大阪商銀は②の階層（一・三）で、大阪興銀は②と③の階層（一・一、一・二）で高い。このように、二つの民金と取引する企業は、特化係数（a）では中規模から大規模な企業が多く、特化係数（b）では中規模の企業が多い傾向が見られた。このことから、大阪の二つの民金は、他地域の民金の取引先企業と比べると相対的に大きな規模の企業との取引があるとはいえ、一般金融機関との取引がある企業と比べると中堅規模の企業と取引するということになる。

表７‐11は、大阪府にある在日企業の資本金規模について、資本金規模不明のグループに関しては従業員規模で補足して示したものである。先の民金と一般金融機関、それぞれと取引のある企業の間に見られる有意な差異に注目し、資本金規模階層をより詳細にした上で、「大阪商銀のみと取引する企業」、「大阪興銀のみと取引する企業」、「両民金と取引する企業」、「一般金融機関のみと取引する企業」に分けて表示した。合計Ａの比率（縦）と比較すると、大阪商銀のみと取引する企業は、比較的中規模の「四〇〇〜九〇〇万円以下」階層（⑧）に、大阪興銀のみと一般金融機関は同じく最下位階層の「四〇〇万円以下」（⑦）、規模の大きい「九〇〇万円超過」（⑨）階層に、

表 7-11　大阪府民金取引企業の経営規模

（単位：社）

	資本金規模	商銀のみ		商銀＋興銀		興銀のみ		一般金融機関		合　計（A）		不　明	
資本金判明分	100 万円以下	11		7		8		20		46		4	
	200 万円以下	8		5		16		28		57		5	
	300 万円以下	8		12		8		21		49		10	
	400 万円以下	5		2		4		5		16		3	
	小　計	32	33.7%	26	34.2%	36	39.1%	74	36.6%	168	36.1%	22	42.1%
		19.0%		15.5%		21.4%		44.0%		100.0%			
	500 万円以下	24		14		14		33		85		9	
	600 万円以下	6		1		2		4		13		1	
	700 万円以下			2		1		3		6			
	800 万円以下	3		1		5		9		18		1	
	900 万円以下	3						3		6		1	
	小　計	36	37.9%	18	23.7%	22	23.9%	52	25.7%	128	27.5%	12	21.1%
		28.1%		14.1%		17.2%		40.6%		100.0%			
	1,000 万円以下	9		14		18		15		56		8	
	1,200 万円以下	1		2				10		13			
	1,500 万円以下	4		2		3		1		10			
	2,000 万円以下	4		8		8		18		38		2	
	3,000 万円以下	4		3		1		13		21		2	
	4,000 万円以下	1		1		1		3		6		3	
	5,000 万円以下	2				1		7		10		2	
	10,000 万円以下	2		1		1		4		8		1	
	10,000 万円超			1		1		5		7			
	小　計	27	28.4%	32	42.1%	34	37.0%	76	37.6%	169	36.3%	18	36.8%
		16.0%		18.9%		20.1%		45.0%		100.0%			
	合　計（B）	95	100%	76	100%	92	100%	202	100%	465	100%	52	100%

		20.4%		16.3%		19.8%		43.4%		100.0%			
	平均資本金規模（万円）	1,009		1,250		1,220		3,158		1,926		1,143	
資本金不明分	資本金規模	商銀のみ		商銀＋興銀		興銀のみ		一般金融機関		合　計		不　明	
	4 人以下	71		44		80		148		343		146	
	5〜9 人	18		20		29		55		122		34	
	小　計	18	36.7%	20	30.8%	29	33.3%	55	37.4%	122	35.1%	34	49.3%
	[記載無を 4 以下とみなした構成比]	<u>14.8%</u>	[74.2%]	16.4%	[58.7%]	23.8%	[65.3%]	<u>45.1%</u>	[68.8%]	100.0%	[67.3%]		
	10〜14 人	12		12		30		36		90		11	
	15〜19 人	6		12		13		18		49		7	
	20〜29 人	8		10		6		20		44		10	
	小　計	26	53.1%	34	52.3%	49	56.3%	74	50.3%	183	52.6%	28	41.1%
	[記載無を 4 以下とみなした構成比]	<u>14.2%</u>	[21.7%]	18.6%	[31.2%]	<u>26.8%</u>	[29.3%]	40.4%	[25.1%]	100%	[26.5%]		
	30〜49 人	4		4		5		17		30		3	
	50〜99 人	1		4		4				9		3	
	100 人以上			3				1		4		1	
	小　計	5	10.2%	11	16.9%	9	10.3%	18	12.2%	43	12.4%	7	12.3%
	[記載無を 4 以下とみなした構成比]	11.6%	[4.2%]	<u>25.6%</u>	[10.1%]	20.9%	[5.4%]	41.9%	[6.1%]	100%	[6.2%]		
	合　計（B）	49	100%	65	100%	87	100%	147	100%	348	100%	69	100%
	[記載無を 4 以下とみなした合計]	14.1%	[100%, 120]	18.7%	[100%, 109]	25.0%	[100%, 167]	42.2%	[100%, 295]	100%	[100%, 691]		
	記載無	71		44		80		148		343		146	
合　計		215		185		259		497		1,156		266	

注 1）網掛けは，各金融機関と取引する企業の規模階層別の分布率が，合計 A（縦）のそれより高いことを示す。
2）下線は，規模階層別の金融機関の分布率が，合計 B（横）のそれより高いことを示す。

多い。二つの民金と一般金融機関が取引する企業の規模階層の違いは、大規模な企業層に見られる。表には算出していないが、四、〇〇〇万円超の企業数のシェアは、「大阪商銀のみ」四・二%、「大阪興銀のみ」三・三%、「両民金」二・六%で、一般金融機関の七・九%の約半分以下である。二つの民金が、大規模な規模階層の企業に対しては限定的な役割しか果たしえなかったことを示唆する。このような留保はあるものの、重要なのは、それ以下の規模では、二つの民金が、すべての規模階層の企業と取引している点である。合計Bの比率（横）より高い割合を占める規模階層別の金融機関（下線）は、⑦の最下層では「大阪興銀のみ」、⑧の中規模では「大阪商銀のみ」、それ以上の⑨の階層では「大阪興銀のみ」と「両民金」が、それぞれの階層にある在日企業と取引する傾向が強い。(20)

資本金規模の判明しない個人企業が見落とされていることを考慮し、表7-11の下段には、従業員数規模について表した。大阪府の在日企業（一、四三一社）のうち資本金規模のわからない企業のほとんどは個人企業であり（九〇九社のうち八二九社）、全体としては小規模と考えられる。資本金規模で見られた動向とは逆に、大阪商銀が小規模の「五～九人」に、大阪興銀が「一〇～二九人」の中規模層に集中する傾向にあった。一般金融機関が小規模の在日企業に集中していることに対して、二つの民金は、資本金規模分布と同様に、従業員数規模においても、階層を網羅して取引している。

以上のように、二つの民金は、一定の規模階層までの企業に対して、一般金融機関と比肩できる役割を果たしたと評価することができる。しかも、階層別の企業分布に少し違いが見出されるとはいえ、それぞれ単独のケース、あるいは二つの民金がともに取引するケースがいずれも、各階層にわたってまんべんなく存在しており、第5章と第6章で分析したように、両者が潜在的な在日を競争的に掘り起こして、多様な企業を雇客として獲得していることと、また、両者が協調して取引先を確保することで、企業成長に対応した金融サービスを提供していたことが示唆される。

表 7-12　大阪府民金取引企業の主要産業

主要事業中分類	大阪商銀		大阪興銀		大阪企業（記載無を含）に対する特化係数		一般金融機関取引企業に対する特化係数	
	企業数	比率	企業数	比率	商銀	興銀	商銀	興銀
建築材料，鉱物・金属材料卸売業	39	*9.8*	35	7.9	1.1	0.8	0.9	1.1
総合工事業	30	7.5	39	*8.8*	0.9	1.0	1.0	0.9
金属製品製造業	31	*7.8*	27	6.1	1.0	0.8	0.6	0.8
プラスチック製品製造業	24	6.0	41	*9.2*	0.8	1.2	0.9	0.8
一般飲食店	35	*8.8*	32	7.2	1.1	0.9	1.4	1.5
娯楽業	28	7.0	35	*7.9*	1.1	1.3	2.0	1.5
衣服・その他の繊維製品製造業	25	*6.3*	17	3.8	1.5	0.9	1.3	1.3
その他の製造業	15	3.8	22	*5.0*	1.1	1.5	1.9	1.3
ゴム製品製造業	7	1.8	12	*2.7*	0.6	0.9	0.6	0.7
不動産取引業	18	4.5	23	*5.2*	1.5	1.8	2.9	1.6
なめし革・同製品・毛皮製造業	8	*2.0*	7	1.6	0.7	0.6	0.5	0.8
一般機械器具製造業	9	*2.3*	9	2.0	0.9	0.8	0.7	0.8
繊維工業	12	*3.0*	6	1.4	1.2	0.6	1.7	1.4
その他の飲食店	10	2.5	13	*2.9*	1.2	1.4	2.9	2.0
不動産賃貸・管理業	8	*2.0*	6	1.4	1.6	1.1	3.4	3.1
総企業数	400[1)]	100	444[1)]	100	1,431[2)]		497	

注1）複数回答。大阪商銀と興銀，どちらとも取引のある企業185社を含む。
2）京都商銀4社，神戸商銀3社，奈良商銀2社を含む。
3）斜体は，大阪商銀，大阪興銀のうち，比率の高いものを表示。

表7-12は大阪商銀・大阪興銀と取引する企業の主要産業を示したものである。まず、大阪商銀・大阪興銀とそれぞれ取引する企業の間に、産業の有意な差があるかについて確認してみよう。大阪興銀に対する大阪商銀の特徴的な産業は、大阪商銀の設立が繊維問屋中心であったことを反映しているのか、繊維産業に含まれる「衣服・その他の繊維製品製造業」と「繊維工業」、「不動産賃貸・管理業」などである。(21) 同じく大阪興銀の特徴的な産業は「総合工事業」、「プラスチック製品製造業」、「不動産取引業」である。(22)

二つの民金の産業的特徴は、一般金融機関と取引する企業に比較すると、民金としての共通点が浮かび上がる。右端の二つの欄の特化係数に示されるように、大阪商銀と大阪興銀は、一般金融機関に対してほとんど同じ産業に特化（網掛けで表示）している。不動産関係では、大阪商銀・大阪興銀ともに特化係数が、一・六から三・四でとりわけ高く、娯楽業においてもともに高い。他方で、「金属製品製造業」、「プラスチック製品製造業」、「ゴム製品製造業」、「なめし革・同製品・毛皮製造業」、「一般機械器具製造業」の製造業企業は、一般の金融機関と取引する傾向が強い（下線で表示）。このように、産業レベルでは、一般金融機関と民金は棲み分けの傾向にある。

一般金融機関と取引する在日企業と、大阪商銀、大阪興銀と取引する在日企業の間に産業の棲み分けがあるとすれば、取引形態は、産業別に在日企業の成長に伴ってどのような様態を呈するであろうか。このことを示すための十分なサンプル数が得られないため、差し当たり大分類に即して企業規模と取引形態の関係から、成長による変化について考察することにしたい。

（3）産業別の在日企業の成長と取引形態の変化

図7-1から続く三つの図は、産業大分類に即して、大阪の、代表的で企業数ももっとも多い製造業の図7-1をはじめとして、建設業（図7-2）、サービス業（図7-3）の従業員数規模別の取引形態の動向をそれぞれ示している。従業員規模の階層を企業成長の段階とし、規模階層の上昇に伴う取引形態の変化から民金の役割に関して検討する。産業別の差異に注目すると、次のような産業別特徴が認められる。

製造業（図7-1）では、全体的に民金と一般金融機関との境界線が五割線の前後になっており、他の産業に比べ、一般金融機関の比率が高い。しかも、小規模の段階でも都銀との取引のある企業の比率が、後続の他産業より高い。他方で、民金と取引のある企業が占める比率は規模拡大に伴って傾向的に下がっており、一〇〇人以上になると一般金融機関のみと取引のある取引形態は、八〇%を占めるようになる。「民金のみ」の比率は低下の一途をたどり、全産業（図7-4）と異なり最大の規模においては、ほとんど見られなくなった。他に規模拡大に伴って

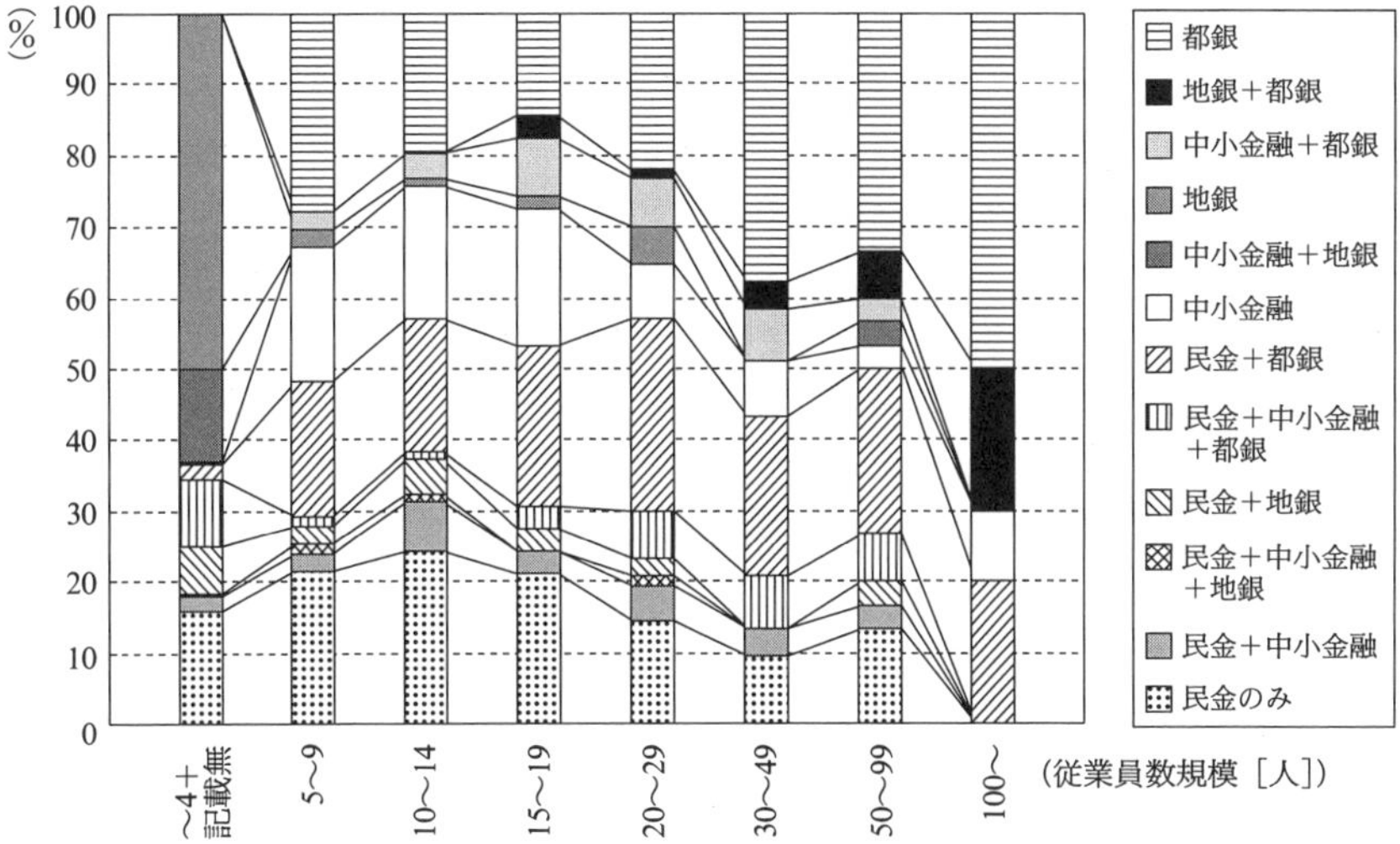

図 7-1　大阪府在日企業の成長と取引形態・製造業

注）従業員数規模の「〜4＋記載無」は，「4 人以下」企業に，記載無の企業数のうち，小規模と思われる「個人経営」企業を足して算出した。「記載無」については，表 7-4 a，b の本文説明を参照。以下の図 7-2 から図 7-5 まで同様。

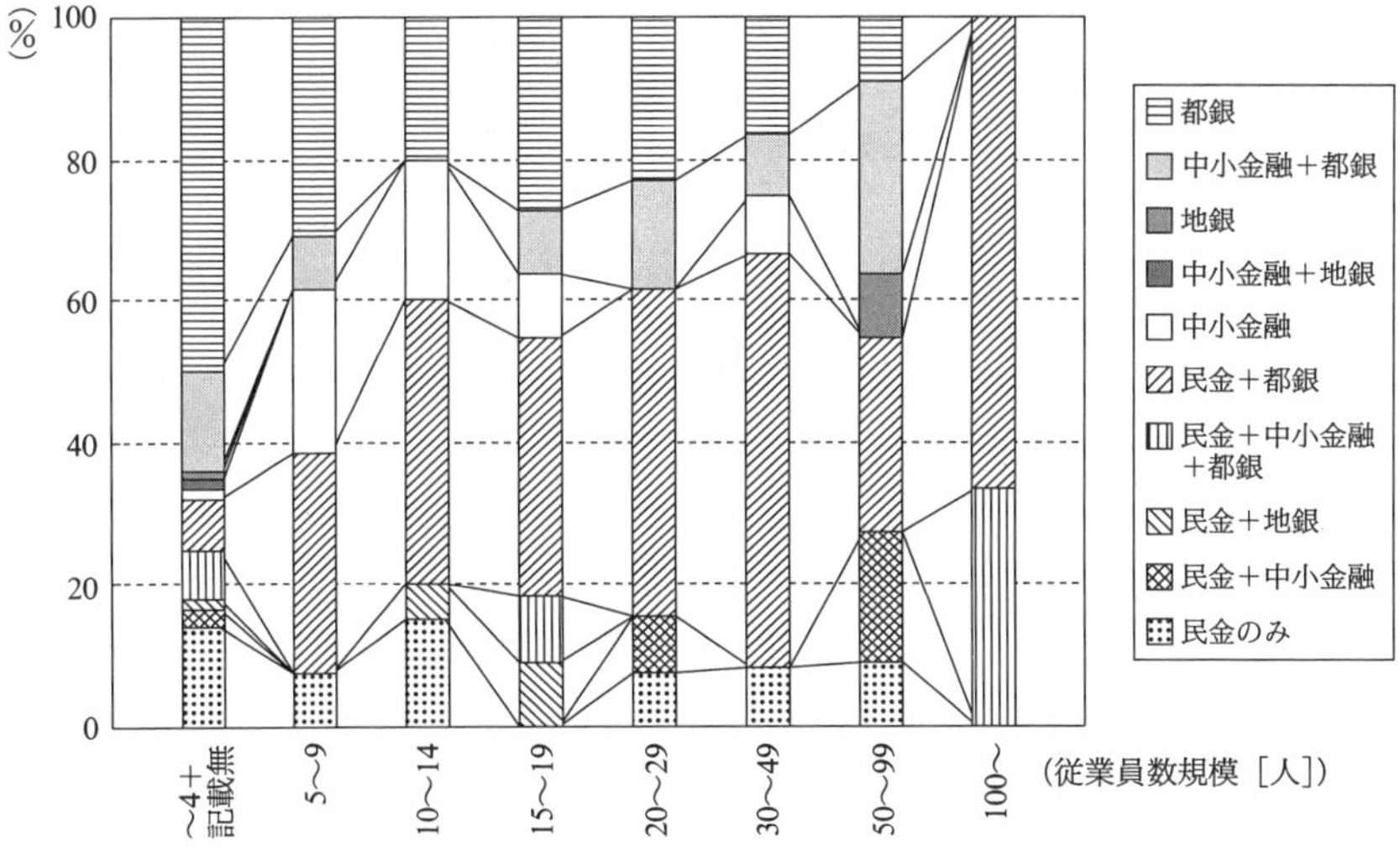

図 7-2　大阪府在日企業の成長と取引形態・建設業

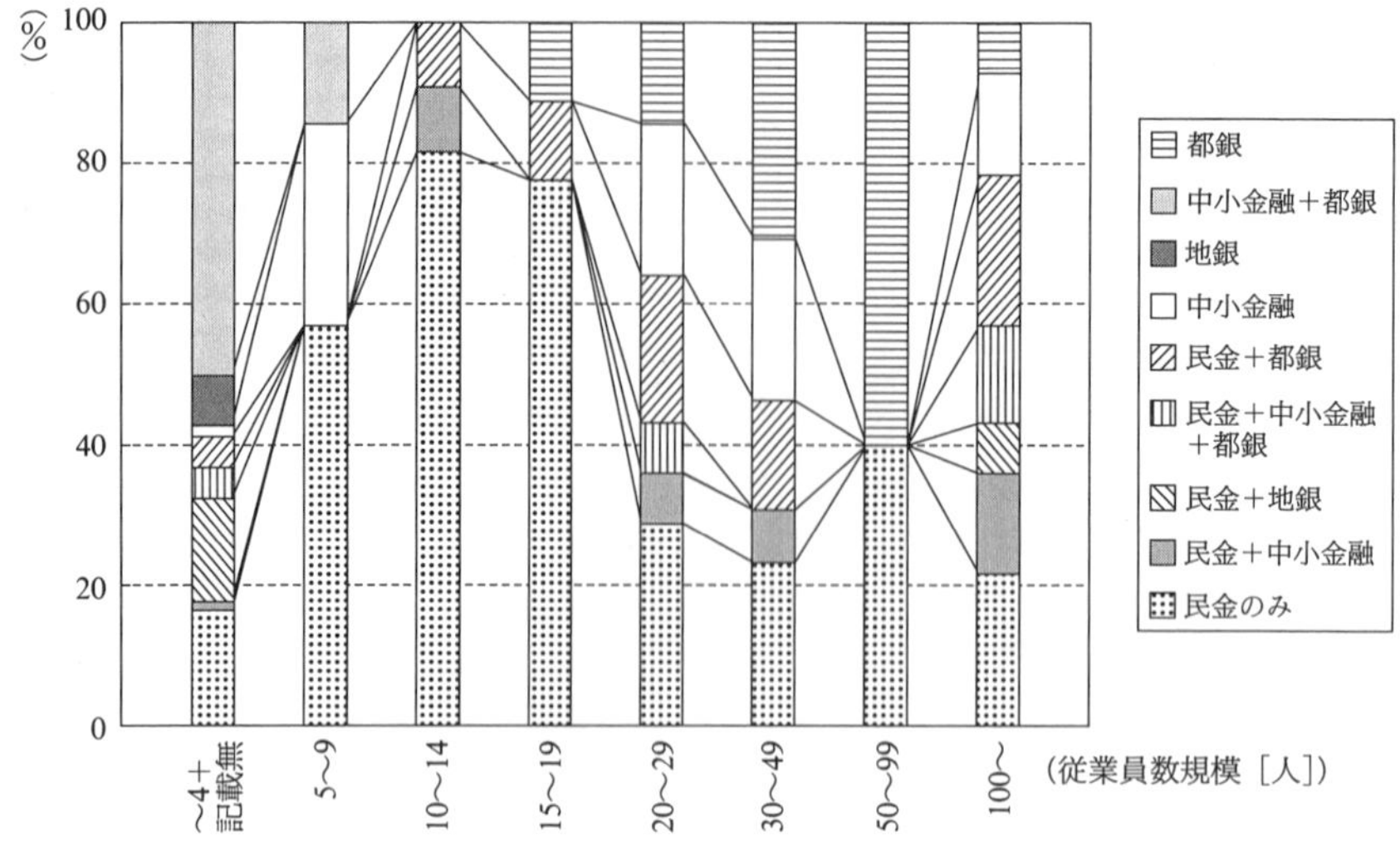

図 7-3　大阪府在日企業の成長と取引形態・サービス業

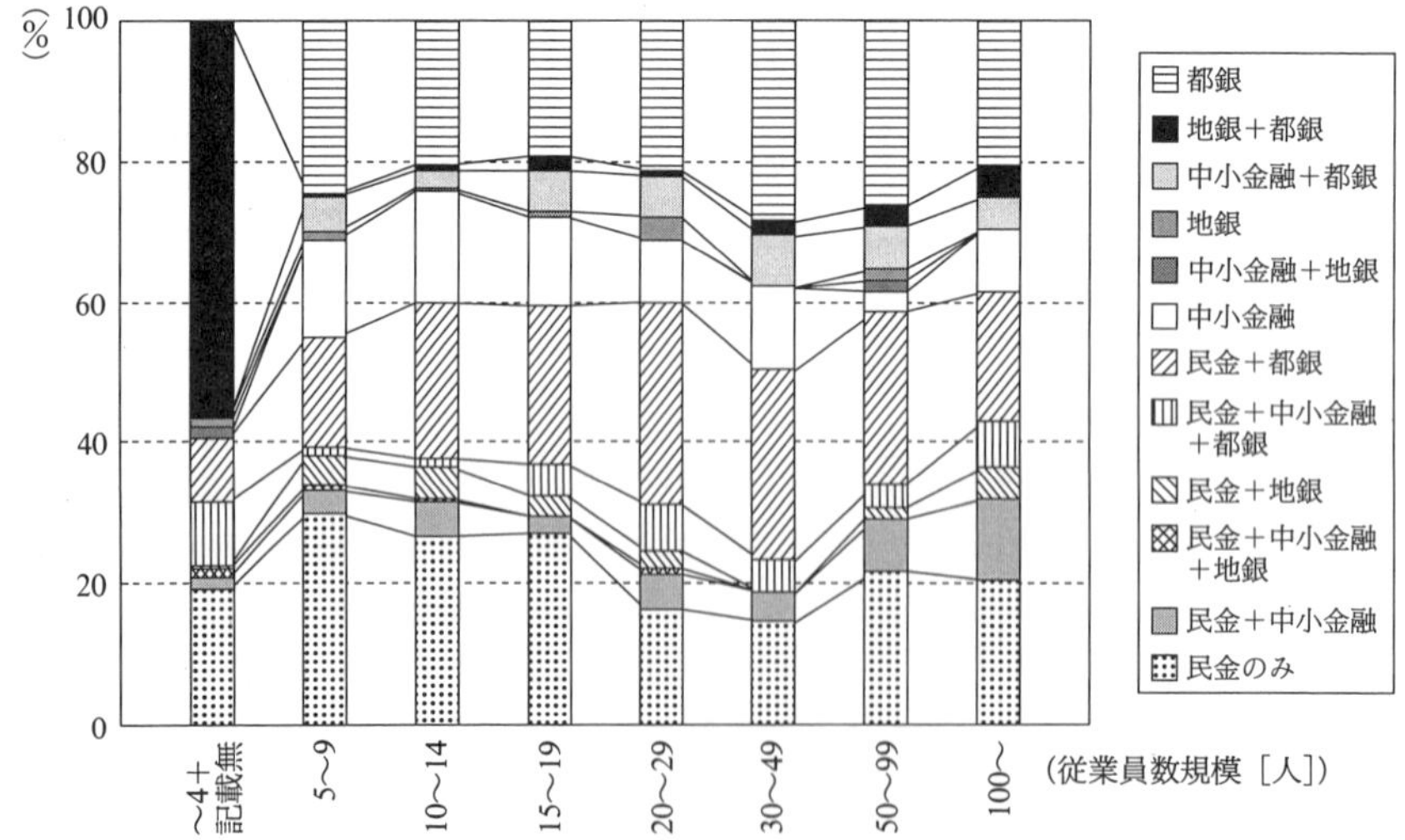

図 7-4　大阪府在日企業の成長と取引形態・全産業

比率が小さくなる取引形態に中小金融（約二〇％→一〇％）がある。それら取引形態に代わって、都銀が含まれる「都銀」、「地銀＋都銀」、「民金＋都銀」のウエートの増加が顕著である。

製造業において一般金融機関との取引傾向が強い要因は、詳細な分析は今後の課題であるが、第I部での検討によると、取引先の信用を築くことが企業成長において重要であったことに関連すると考えられる。取引先の信用を得たことが都銀との取引に繋がった西陣織のケース（前掲表2-5のSH社）のように、取引先の信用を得るための企業活動が一般金融機関との取引を切り開いたと考える。このような特徴は、在日産業のなかで、サービス業とは異なり、特定の工程に特化したかたちで製造業の分業構造に組み込まれた環境から生み出された傾向であろう。

建設業（図7-2）は、全産業と製造業に比べて異色の取引形態の傾向を示している。まず、「民金のみ」の占める比率が推計の〈四人以下〉を除いて、大きくない。そのほかに、建設業では、二点を指摘することができる。第一に、規模の小さい九人以下の階層において都銀の比率が三割を占めており、全産業（約二五％）より高く、建設業の産業特徴が明らかである。[23] 第二に、「民金＋都銀」の比率が極めて高いことである。小さい規模から都銀との取引があり、規模が大きくなるにつれて、都銀のみの取引形態が占める比率は低下するものの、民金と都銀の組み合わせの比率が上昇しており、規模の大きい企業をめぐって民金と一般金融機関が競争的な関係にあるとみなすことができる。

次のサービス業（図7-3）では、他の産業に比べて、民金が含まれる取引形態の占める比重が極めて高い。推計した四人以下の階層は、「民金＋都銀」の比率が高く、経営規模の大きい企業が含まれている可能性があるため、ここでは五人以上規模の企業について見ることにする。ホールが多数含まれるサービス業は、第三節でホールの取引形態の分析から明らかにしたことが反映され、〈一〇～一四人〉階層での「民金のみ」の重要さが顕著である。しかし、二〇人以上の階層になると、「民金のみ」の比率は八割から三割まで低下し、それに伴って、「民金＋都銀」、「中小金融」（相銀）、「都銀」、「民金＋中小金融＋都銀」への、都銀を含む取引形態になっていく。一九七五年以降、産業構造の非製造業化を主導していくこの産業でも、民金だけでなく、一般金融機関との取引の組み合わせが重要な比重を占めるようになる。

以上、産業別の考察により、小規模の企業でも都銀との取引がある製造業、建設業、他産業に比べて民金との取引のある取引形態の比率が高いサービス業、などの違いが見出された。しかしながら全体的には、成長の初期段階とみなせる小規模では民金の役割が大きく、規模が大きくなる＝成長につれて、一般金融機関の役割が大きくなる傾向には変わりない、と言えよう。この点を踏まえ、図7-4より、大阪府の全産業の動向をまとめる。

民金との取引の有無の境界線となる、「中小金融」と「民金＋都銀」の間の線をなぞってみると、一〇人から二九人までの中間規模の階層と五〇人以上で民金の比率が高く、平均六割の線で上下している。このように中間規模の階層と規模の大きい階層で比率を高めていることが民金と取引する平均比率を押し上げたのであり、代表的な民金としての特殊性を浮かび上がらせる。

階層別の詳細を見ると、推計した四人以下と〈五～九人〉の規模の小さい階層では「民金のみ」の取引形態が大きい比率を占めている。大阪の在日企業は、規模拡大に伴って、「民金のみ」の比率が小さくなり、他の一般金融機関との組み合わせの取引が増え、特に「民金＋都銀」が「民金のみ」の比率の低下を埋め合わせて高くなっていく。

以上、一般金融機関と在日企業との取引には、産業ごとの特徴が明確でありながら、経営規模の小さい階層においては民金の役割が大きく、規模の大きい階層は民金のみの役割が小さくなる一方で一般金融機関の組み合わせの取引形態が増えるなど、成長に伴って民金の役割に限界があったことが推測される。これらの点を踏まえ、冒頭で提起した在日企業の成長と取引金融機関の関係および民金の役割を展望する。

おわりに——在日企業成長と民族系金融機関の機能に関する一考察

本章で大阪府を対象にして発見された事実をあらためてまとめると、次のようになる。

第一に、大阪の在日企業は、他地域に比べて、民金と取引する傾向が強かった。特に、大阪の民金と取引する企業は、規模が大きく都銀と取引が可能な優良企業の占める比率が高かった。

第二に、民金と一般金融機関は、産業ごとに棲み分ける関係にあった。民金は飲食店、不動産、サービス業に、一般金融機関は製造業、建設業に特化していた。

第三に、経営規模の小さい「在日企業」は民金のみに依存し、規模の大きい在日企業の民金への依存度は低下した。別の角度から見ると、民金、一般金融機関と取引する在日企業の平均資本金規模はそれぞれ一、一五三万円、三、一五八万円（前掲表7-11より計算）で、後者が前者の二倍以上である。このように規模の大きい在日企業では、「民金のみ」にかわって一般金融機関とも取引する、あるいは一般金融機関のみと取引する傾向が見られた。

以上の大阪商銀、大阪興銀の事例を、その他の地域の民金と比較すると、次のような特徴を導き出すことができる。大阪商銀と大阪興銀も、一般金融機関に比べて、不動産業や飲食店など、全国の民金に共通する産業に特化していた。その一方で、第一点に表れたように、在日人口規模が大きい大阪では、他の地域に比べて製造業など中小企業が携わる地場産業の裾野が広く、二つの民金はビジネスチャンスを掴むことができた在日を市場基盤にして、成長できたと思われる。企業の規模階層の上昇を成長として考えると、資金基盤の大きいこれらの民金が、在日企業に対して、設立時からより長期的に、成長や事業チャンスに必要な資金需要に対応することもできたと想定しうる。この点に着目し、前掲図7-4の大阪の企業成長による取引形態の変化と、全国のそれを示した図7-5を比較

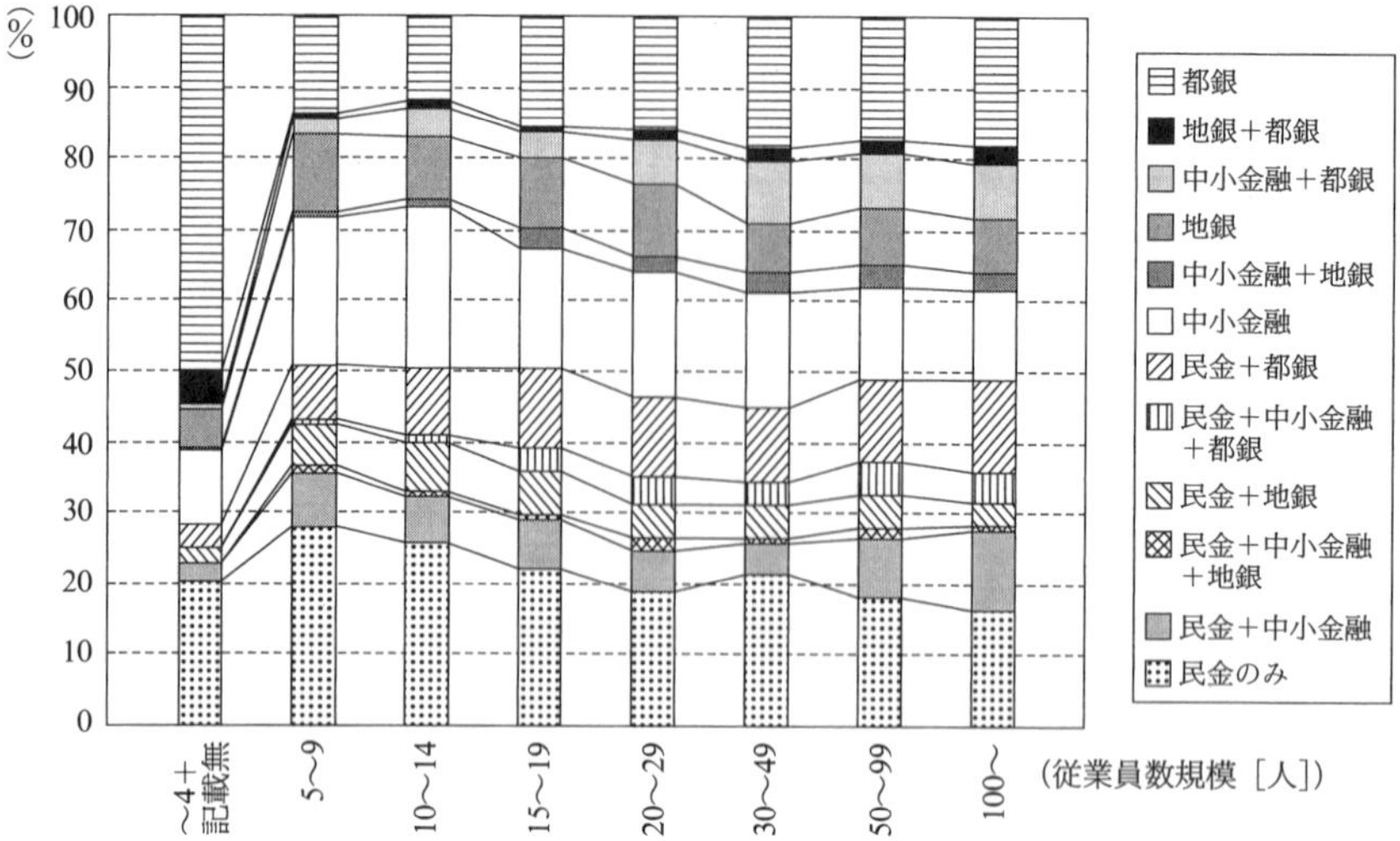

図7-5　全国在日企業の成長と取引形態・全産業

しながら、民金の役割についてまとめることにする。

第三節で検討したことであるが、二つの図に共通するように、企業の初期段階と成長局面を比べると初期段階において、民金の役割が大きかったことは明らかである。大阪商銀、大阪興銀と他地域の民金との差は、在日企業が成長局面において民金から離陸する時点の違いと、取引形態が変化するパターンの違いとして表れる。図7-4に比べて図7-5では、民金との取引の有無に関係なく、中小金融や地銀の金融機関との組み合わせ、つまり信用組合と都銀の間の中間層にあたる金融機関が少なくない比重を占めている。それに対して、大阪商銀と大阪興銀の場合には、民金のみから、中小金融を含む中間形態を飛び越えて、民金＋都銀、都銀へと、主要な取引形態が変わっていく。大阪商銀、大阪興銀とその他の民金とのあいだにおけるこの違いを、在日企業の成長と資金需要の変化から説明すると、次のようになる。

民金との取引によって事業を立ち上げることができた在日企業は、成長とともに、また成長するために、資金需要の規模も大きくなる。在日企業が一般金融機関との取引を必要とする時期は、民金が対応できる資金需要量を超えた時点になる。民金が在日企業の成長と資金需要の拡大にあわせて十分な資金供給ができるかどうかは、民金の成長、資金基盤に依存する。ホールの在日経営者の証言が物語るように、和歌山のようなType 4の商銀のみならず、神戸や京都など在日が集住する大都市のType 1の商銀ですら、資金需要の規模が大きい在日企業に十分な対応ができたとは言い難い。在日企業の成長に追いつけない民金は、資金基盤が脆弱であるために、大阪商銀、大阪興銀の場合に比べて企業成長のより早い段階で、拡大する資金需要に対する資金難が生じる。

それらに比べて、大阪商銀と大阪興銀は、資金需要に対応しえた期間のスパンがより長期にわたっていたと思われる。他の地域では、取引形態において、成長とともに、信用組合の民金から、信金、相銀、地銀へと、金融機関の階層が段階的に変化していった。民金の資金力の限界に規定される面が強かったのであろう。これに対して、大阪商銀と大阪興銀は、企業の取引形態が「民金のみ」から直接「民金＋都銀」、「都銀」に変化し、在日企業が資金需要面において都銀を必要とする段階まで、自力で対応できたのである。

他方で、大阪商銀と大阪興銀に関しては、他の民金に比べて資金基盤が大きく長期的に在日企業の成長を支えることができたこと、その結果として民金も成長したことのみを強調するわけにはいかない。なぜなら民金は成長のなかで都銀との競争を意識することになったからである。一般金融機関との取引の機会が広がっていく企業は、社会的に信用力のある優良な企業である。例えば在日企業が民金と都銀の両方と取引がある場合、それはさしあたり在日が簡単には民金を離れなかったことや、民金が都銀などの一般金融機関と補完的な関係にあることを意味する。しかし、その状況は、同時に大阪商銀と大阪興銀に対して、都銀程度の金利、資金量の提供を強制する。一九七五年時点で確認されるこうした競争のなかで大阪興銀は、第5章で指摘したことであるが、資金基盤のいっそうの強化を図りながら、優良企業に対する積極的な融資政策を採るようになった。また、それまで民金と取引がなく、一般金融機関と取引があった潜在化した在日を、在日コミュニティ内に取り込む動きを強めるようになった。

同時に、大阪興銀は一般金融機関が比較的手薄である小規模、特にスタートアップを手助けする融資政策も行った。大阪興銀が零細規模の焼肉店、人夫出し、酒場など一般金融機関が得意としない事業を現場レベルで把握し、積極的な融資政策を展開したことには、こうした意味がある。このような零細規模の企業の市場開拓は、もう一つの潜在的な在日を発掘することを意味し、長期的には将来の大阪興銀の収益基盤になるものである。こうした両極の規模階層を狙った戦略が、一九七〇年代末から大阪興銀が展開した、預金基盤の強化と融資開発に代表される「総合計画レインボー運動」[24]であった。このような積極的な融資政策のために産業関連の情報が蓄積されるようになったことは、第3章でホールを事例に考察したとおりである。[25]

在日企業は、初期段階では民金、インフォーマルな金融制度に支えられ、成長局面では一般金融市場との関連で、それぞれ離陸を成し遂げた。南北対立は同地域に二つの民金を作り出し、金融機関としての零細性を刻印したが、それは直ちにマイナスの評価に値するものではない。特に事業経歴のない在日が事業を起こすときは、必要な資金の規模は比較的小さいため、民金の零細性は大きな問題にはならない。したがって、零細な民金が二つ存在したことが、担保力や信用力に欠ける在日が事業を起こすことを可能にした意味は大きい。産業構造の速い転換は、この企業成長の初期段階に「集中」した民金の役割によって支えられたのである。その一方で、企業の成長と資金需要の拡大から考えると、民金がそれに見合う形で成長しない限り、民金の零細性はそれ以外の一般金融機関との取引を必然化させた。その限りで、成長する企業に対する民金の役割を過大に評価することはできない。

やや後の一九八七年の調査であるが、在日団体による次のような報告がある。

……一九八七年の統計データによると、民族金融機関だけと取引しているのは一一・二％〔傍点引用者、以下同様〕であり、民族金融機関を主とし、日本の銀行を従としているのが、二七・一％である。約五八％が、日本の銀行だけ、あるいは民族金融機関を従とした付き合いをしている。このことから、一三年前〔一九八七年〕、民族金融機関を主とする者とそうでない者との利用割合は、四対六であったと言える。現在はどうであろうか。大手銀行の中小企業への進出、継続的な帰化、という状況を考えれば、四対六の比率を維持できていれば、上出来、という状況ではないだろうか。もちろんマイナス要因ばかりではない。民族金融機関との付き合いがあれば、それを交渉のネタとして、日本の銀行から有利な条件を引き出すのに使ったりもできる。実際、先の統計でも、何らかの形で民族金融機関と付き合いのある比率は、七二・三%にのぼる。案外こういう使われ方が実態かも知れない。

（「銀行設立に関する提言」『民団新聞』二〇〇一年一月一日付）

本章での分析基準が異なるため、単純な比較は難しいが、一九八七年時点で約一一%に該当する民金のみと取引している在日と、約七割に相当する民金と付き合いのある在日の存在は、一九七五年のそれぞれ約三割と五割（前掲表7-1）に対して、興味深い事実を表す。変化の要因を述べる余裕はここではないが、前者の低下と後者の上昇は、長期にわたって民金の役割が低下したことを、本章の分析を踏まえて言い換えると、一般金融機関との取引が可能になるまで民金が果たした役割の歴史的結果を物語っている。

以上のように本章が示したのは、民金の役割を評価したうえでなおかつ、在日企業の跳躍には、一般金融機関との取引が必要であった点である。したがって、在日企業の成長にとっては、日本社会にどのような受け皿が準備されていたのかが重要になる。在日企業の成長と民金の成長とは、必ずしも歩調があうとは限らない。在日企業は、成長のプロセスで、資金調達において一般金融機関との補完的な取引形態を模索するようになる。一般金融機関との取引が可能になるかどうかは、個別企業の事情や産業によって異なる。その可能性は、企業成長が民金の提供する資金規模に規定される期間中に、どのような社会的信用や担保力が得られるか、どの程度にまで成長できるか、に依存したと考えられる。

終　章　戦後における在日産業経済のダイナミズム

はじめに

終章では、本書の分析を通して明らかになった諸点をまとめて、序章において議論の糸口を見出すために検討した諸理論と先行研究に対して付け加えうる論点を総括する。本書では、在日の産業経済を理解するため、ライトの研究に代表されるエスニック・エコノミーの視点にヒントをえて、「企業」と「産業」を分析単位として「開かれた市場」を想定し、序章で提示した次の三つの課題を中心に分析をしてきた。

第一に、在日の産業経済に関する既存の対極的な見解――ほとんどが中小零細企業である在日企業の停滞性と脆弱性を強調する見方と、革新的な企業家活動を重視する見方――に対して、本書はどのような位置関係にあるのか。

第二に、歴史的変化を描いたことによって、ライトなどによる既存の諸理論に対してどのような論点を加えられるのか。

第三に、外村が描いた戦後の在日朝鮮人社会の変容は、本書の産業経済の考察からどのように映し出されるか。

本書の課題として提示した論点のなかで、歴史の検討にかかわる以上の点について、第一節で論じる。第二節では、歴史的考察の含意を踏まえ、第四の課題である、「民族マイノリティ」というものが経済活動においてどのような意味をもつのかについて論じ、民族マイノリティの経済活動への適切な視座を探る。

1 在日産業経済の歴史的考察

(1) 各章の要約

総括に先立ち、まず、各章のファクト・ファインディングと筆者の評価について、あらためてまとめておこう。本書は経営資源の調達にかかわるコミュニティの機能に着眼し、第I部では情報と産業実態、第II部ではそうした産業活動を支えた資金提供者としての民族系金融機関に焦点を当てて分析を行ってきた。

第I部では在日の産業構造の特徴を見出し、情報に関連するコミュニティの機能に着目して、その変化のメカニズムに関する仮説を提示した。

第1章では、在日の産業経済活動について、伝統的な集住地域である京阪神を中心とする近畿地方における在日企業の産業構造に注目し、その構造的特徴と歴史的変化を明らかにした。終戦直後の大阪および高度成長が終了した後の一九七五年の近畿地方における在日産業の構造的な特徴は、次のようないくつかの産業への著しい集中であった。すなわち、戦前からの就労経験と連続性をもつ製造業や土木工事業のほか、貧困層に共通する雑業的性格をもつ屑鉄卸などの業種、焼肉・韓国料理店など在日文化が基盤になった業種、そして戦後本格的に成長したパチンコ産業が、在日産業として形成され、発展した。一九七五年と九七年の二時点の歴史的な変化に注目すると、土木工事業やパチンコ産業への集中度をいっそう高めながら、そこに新しく金融業や不動産業が加わり、全般的に非製造業化が進んだ。その変化の特徴は、スピードの速さにあった。在日の産業構造は地域性を反映しながら、当該地域の産業構造の一般動向よりもスピーディーなサービス産業化が進行したのである。

このような歴史的変化に見られる事実について、筆者は、在日企業が伝統的に集中していた製造業の衰退に際して速く退出しただけでなく、同時に日本全体のサービス産業化への流れにそって素速く対応したと解釈し、在日の能動的な対応がそのような産業構造におけるダイナミックな変化を生み出したとする仮説を提示した。在日産業経済の構造的特徴のなかで、例えば製造業、土木工事業への集中については、先行研究が指摘したように、戦前からの就労経験が多くのことを説明してくれる。しかしながら、就労経験による経営資源の蓄積を指摘するだけでは、それが単なる個人レベルの経験の集合なのか、あるいは経営資源が伝播したことによって民族集団の特徴として表れたのか、についてが明確でない。さらには歴史的変化を特徴づける、戦後の新産業としてのパチンコ産業への在日の集中、同産業の重要性の高まりによる在日産業の構成変化を適切に把握できない。構造的特徴と歴史的変化を総合的に説明する手がかりは、在日コミュニティの機能にあった。

第2章では、在日が戦前から就労経験をもち、数多くの企業が設立された、地場産業の京都繊維産業を取り上げ、そのなかの繊維工業（以下、繊維産業）が在日産業として形成され、成長していく際にコミュニティがどのように機能したかを考察した。繊維産業が在日産業として形成された契機は、終戦直後の繊維への需要の高まりであった。繊維産業が在日産業になるプロセスは、参入の段階においてコミュニティが、需要動向の情報、技術、共同経営など、起業を実現するための具体的な手段を提供したことにより、繊維産業への参入が民族的範囲で広がったことである。しかし、参入後の成長段階では、追加的な経営資源の調達において得意先との関係や一般金融機関との取引などが重要になり、参入の段階で見られたコミュニティの機能は相対的に小さくなった。その後繊維産業が斜陽化すると、同産業における在日企業は、成長産業であるパチンコ産業に携わっていた在日によってビジネスチャンスにかかわる情報が提供されたことや、パチンコ産業の側から資金不足を解決するために共同出資を勧誘されたことなどによって、斜陽化した産業からの退出（転換）を促されることになった。このような新しい産業としてのパチンコ産業への参入の結果が在日産業の転換であるが、コミュニティ機能によって退出と参入が容易であったことが、在日産業構造の速い変化をもたらしたと考える。

在日の産業構造の形成や変化における特徴は、コミュニティが、産業関連の資源について、例えば情報を伝播する役割を果たしたことに関連していた。在日が斜陽産業ではなく、成長する産業への参入を促されるなかで、特にパチンコ産業が在日の主要産業の一つになりえたのは、同産業がもつ市場の大きさと同産業に関連する情報のあり方に起因していた。

第3章では、パチンコ産業を取り上げ、在日が戦後どのようにこの産業に関与することになり、なぜ在日の主要産業になりえたのかについて、考察した。在日の産業構造の変化を主導したパチンコ産業が高い成長性を有していたことと、在日の参入時点がパチンコ産業の好況局面であったことは、在日産業構造の変化を主体的な対応の結果とする仮説を裏付けるものであった。在日がパチンコ産業に関与する初期条件は、一九五〇年代前半のパチンコブーム期のときに作られた。ブーム終焉の要因が暴力団との黒い繋がりへの取締りに関連していたため、パチンコ産業に関してマイナスの社会的イメージが作り出され、その後、非在日企業は参入を敬遠することとなった。そうした社会環境のなかで、初期条件を基盤にしたコミュニティの情報伝播機能に促され、在日がパチンコ産業の成長段階において積極的に参入していくことになった。在日がパチンコ産業に参入する契機は、在日コミュニティの関連情報の提供に促された新規参入のケースに加えて、斜陽化する産業からの転業、ビジネスチャンスを摑むための多角化の一環としての投資などであった。こうした複合的な理由が、パチンコ産業の成長期における激しい参入を生み出し、パチンコ産業は在日にとっての重要度を高めていった。参入、退出する企業の増大はコミュニティ内の情報の蓄積を促し、在日コミュニティ内でパチンコ産業はアクセスしやすい産業となった。その過程のなかでさらに蓄積される情報は参入をますます容易にする基盤となっていた。全国市場をもつパチンコ産業は、結果的には、地場産業がもつ情報生産・伝播の地域性に制限されることなく、全国レベルで在日の主要産業になった。非在日の参入が限定されるなかで、在日コミュニティ内に蓄積された情報によって、非在日に対する参入の優位性が保たれ、パチンコ産業の発展において在日は実態的な担い手となり、在日コミュニティはパチンコホールを蘇生させるインキュベーター的な機能を果たした。

情報を蓄積し、それを伝播する在日コミュニティの機能があったとしても、それが直ちに産業への参入や起業に結びつくわけではないだろう。情報と経営ノウハウという経営資源が「起業」として実現する上での十分条件は「資金」である。逆に、資金調達に問題がある場合は、産業構造の変化もゆっくりしたものとして表れる。したがって、在日の産業構造の変化における速さという特徴は、在日における資金調達に関する考察からも説明される必要がある。第II部では、在日の資金問題について、民族系金融機関の歴史を追い、構造的分析を行った。ライトによると、移民のコミュニティを市場基盤とする銀行は、経営に関する専門知識という経営資源が調達できず、安定的な投資先を作り出す経済発展に達していない段階においては、失敗に終わることが多い。このような指摘に留意しながら、第II部では民族系金融機関の設立過程に見られる特殊性に注目し、それらの設立、経営に伴う諸困難がどのように克服され、在日の産業経済においていかなる役割を果たしたか、また第I部で考察した在日の特徴とはどのような関係にあるかを明らかにした。

第4章では、各都道府県に朝銀と商銀が対抗的に設立されたことに注目し、二つ目の民族系金融機関の設立過程から全国展開を検討した。二つ目の民族系金融機関としての商銀の設立は、金融機関を必要とする経済的ニーズを最初の契機としていた。政治的背景のもとで全国展開が既定事実になっていくなかで、経済基盤が不十分な地域での設立は順調ではなかった。商銀の全国展開は、朝銀や朝鮮総連に政治的に対抗する目的をもつ韓信協の取り組みによって設立に関する情報が共有、伝播されるなかで、可能になった。ただし、民族系金融機関の大半は、各地域の産業基盤が未熟な段階での設立であり、二つの信用組合が設立されたため、零細な経営規模での運営を余儀なくされた。民族系金融機関は設立初期から経済組織として経営的に自立することは難しく、韓国政府による支援金は、民族系金融機関の成長の初期段階において、必要不可欠なものとなった。このように、民族系金融機関の設立においても、在日企業の参入・起業段階で示されたコミュニティの機能が共通して見出せる。

民族系金融機関の金融機関としての役割の大小は、安定的な預金基盤がどのように確保できるか、その後の成長を可能にする適切な運用先を獲得できるかに依存している。この点については、民族系金融機関が、経済組織として歴史的にどのように発展したかを分析することによって明らかにした。

第5章では、代表的な大阪興銀を中心に、民族系金融機関の長期的な成長を検討した。民族系金融機関は、一九五〇年代の設立初期段階では、安定的な預金獲得ができず、韓国政府からの支援金が実現しないなかで、借用金に依存した苦しい運営を経験した。資金源としての預金の獲得は、一九六〇年代前半に支援金送金が実現したことを伴いつつ、在日の経済状況を反映して、六〇年代後半以降安定的となった。高度成長の下で、在日の産業発展も本格的となり、大都市におけるコミュニティの規模に支えられ、民族系金融機関もまた成長することが可能になった。大阪では、同じ韓国系在日を市場基盤とする二つの商銀ができたことが競争的に潜在的な在日を掘り起こす効果をもたらし、成長に繋がった。そのことによって、在日コミュニティの産業発展を支えるための資金基盤が整備され、さらに、大阪興銀は、産業関連の情報を組織的に生み出しながら、積極的な融資開発の戦略を展開するようになった。しかし、それは、民金の基盤が在日に限定される閉ざされた市場での成長という制約を反映したものでもあった。

代表的な民族系金融機関のように、競争に促進された在日コミュニティの再結集による資本蓄積は、全国的には順調であったわけではなかった。第6章では、民金の経営が安定する一九七〇年代を中心に、地域別の朝銀と商銀の競争という視点から、在日に対してどのような金融サービスが提供されたかに注目した。民族系金融機関が提供する金利は、設立段階に見られた政治的背景による構造に規定された。すなわち、一方では、在日コミュニティの人口規模と、地域内に二つの民族系金融機関ができたことによって、競争が組合員の奪い合いのかたちで表れ預金基盤と運営における零細性を助長した。このような地域別の展開の結果、全国的に少なくない民族系金融機関において零細性が構造的なものとなり、それらの地域では、在日企業の競争力に繋がる低金利資金の提供ができなかった。他方では、大阪のように、競争が潜在的な在日の発掘を通して市場拡大に繋がり、在日の資本が集積したことによって一般の信用組合に比べて低金利の資金を提供することが可能な場合もあった。全体的には、潜在的に旺盛な資金需要と、在日の政治的な立場や民族的忠誠心によって、比較的低コストでの資金調達および低利の貸出金利による経営体と、高い預金金利および高い運用利回りによる経営体の二極に収斂した。長期的な成長過程では、経営規模の限界に規定された金利構造と役割において民金間で差異が見られたのである。

第7章では、民族系金融機関が在日の産業活動においてどのような役割を果たしたのか、産業構造の特徴にどのように関連しているかについて、在日企業の取引金融機関の構造的特徴に注目して分析し、それを踏まえて歴史的変化を展望した。構造的には、在日企業が民族系金融機関との取引傾向が強いか、一般金融機関との取引傾向が強いかが、産業ごとに異なることが明らかになった。すなわち、製造業と土木工事業においては一般金融機関との取引、飲食店や不動産、屑鉄などにおいては民族系金融機関との取引、パチンコ産業においては両方との取引の傾向が見られた。在日企業の経営規模に即して見ると、第一に、どの産業においても小規模では民族系金融機関との取引傾向が強く表れ、大規模では一般金融機関、とりわけ都市銀行などの普通銀行との取引が必要であった。このことから、筆者は、経営規模を企業成長の段階を示すとみなし、初期段階における在日企業と民族系金融機関との深い関係こそ、在日の産業構造の速い転換を金融面で支えたコミュニティ機能として、重要だとした。第二に、一般金融機関との取引においても、零細な民族系金融機関と取引する企業と、代表的な民族系金融機関である大阪商銀や大阪興銀と取引する企業では、取引金融機関の変遷に違いがあった。つまり、前者においては民族系金融機関が零細であるため、在日企業の成長に伴った資金需要規模の拡大に対応することが困難で、後者に比べてより早い段階で一般金融機関と取引する必要があった。大阪商銀や大阪興銀と取引する在日企業は、産業に関しては民族系金融機関一般の取引先企業と共通性をもっていたが、比較的規模が大きく、都市銀行と取引のある優良な企業も少なくなかった。このように、民族系金融機関は、全体的に在日企業の成長の初期段階に果たす役割が大きく、やや例外的に、大阪商銀と大阪興銀は、資金基盤の規模の成長に支えられ、在日企業の資金需要において都市銀行が必要となる成長段階までの資金需要に対応することができた。

（2）三つの論点にかかわる総括

以上のように、在日産業経済のダイナミックな変化を作り出したのは、コミュニティの機能であった。それは、第一に、在日コミュニティ内に特定の産業に偏った情報が蓄積され、塊（イーディス・ペンローズの言う「資源の束」[1]）として存在したことと、第二に、民族系金融機関が、一般金融機関との取引が困難な産業（飲食店、貸金業、不動産）と成長産業（パチンコ産業）に対し、そして企業成長の初期段階において、資金供給の点で重要な役割を果たしたことに関連していた。

ⓐ停滞と革新

第一の論点のなかで、まず取り上げたいのは、在日の産業経済を停滞的とする評価についてである。零細性による淘汰の結果として変化を説明する先行研究に対して、本書では、サービス産業化に対する能動的な対応の結果としての速い変化という歴史的動態の側面を付け加えた。先行研究が明らかにした変化の乏しさについては、部分的な現象と言うことができる。本書が光を当てた変化する部分と総合することによって、在日全体の産業経済が明らかになったと言えよう。在日産業経済のダイナミズムの要点は、コミュニティが衰退産業からの退出をどのように促し、どのように新しいビジネスチャンスの情報を与えたかにかかわっていた。

在日の経済活動を、差別と文化的な背景を要因とする企業家活動として特徴づけながら、それが同化によって弱まるという変化を描いた研究は、以上の産業構造の歴史的変化について、適切な説明を与えることができない。本書で明らかにしたように、在日の産業構造のダイナミックな変化は、本国社会の固有な文化的要素よりは、コミュニティ機能に関連した中小零細企業の参入と退出によってもたらされたものであった。その限りで企業家活動による説明は、在日コミュニティ全体の産業活動から見れば、部分的なものにとどまると言えよう。無数の自営業者、企業が次々と生まれてくるメカニズムの解明の重要性があらためて浮き彫りになる。こうしてみると、ライトが捉えた市場を発見して適応する企業家としての自営業者の方が、在日の産業経済を理解する上ではより適切であることがわかる。

ⓑ差別と開かれた市場

第二の論点、歴史的分析が既存の諸理論に加えられることに関連しては、論ずべきことは多岐にわたるが、次の二点を中心に議論することにしたい。一つは、「差別」とは距離を置き、「区別」として、すなわち、文化的差異、異なる社会集団として見ることによって何が見えたか、もう一つは、「市場」に着目した分析の有効性はどうであったかである。

まず、ライトが分析対象としている移民社会と比較して在日集団の特殊性を確認しておく必要がある。すなわち、在米コリアンとは異なって、在日コミュニティには第二次大戦後、ニューカマーが二〇世紀末までほとんど流入せず、それによって日本社会と異質な文化が維持される度合いは小さかったうえ、民族集団の激しい成長もなかった。こうした在日の特殊性によって、在日の産業経済の考察では、コミュニティの機能がよりピュアなかたちで観察できたと考える。

本書では、在日の産業活動における特徴について、産業への参入段階でコミュニティがかかわったという事実にもとづき、コミュニティの機能から理解するという仮説を展開してきた。在日コミュニティの機能についてまとめておくと、いくつかの特定の産業に偏ってコミュニティ内に蓄積された〈情報〉（以下、〈情報〉と書く場合は、このような特定の産業にかかわる、偏って凝縮された情報を指す）があり、在日の立場で見ると調達できる経営資源がコミュニティ内の特定のところに偏って存在（例えば繊維産業に関連する情報は、京都の在日コミュニティに蓄積される）し、それが産業への参入段階では有効であった、ということである。在日コミュニティ内には産業に関連する〈情報〉が、時間とともに、在日による選択の繰り返しのなかで再生産され、言い換えればそれが有効であるため再選択されるのであり、また選択によって集積する過程で〈情報〉や経営資源がより有効なものになっていく。そうした〈情報〉が在日の周辺に蓄積されることが、産業に参入する際にインフラ的な機能を果たしたということになる。この過程から明らかなように、〈情報〉の「蓄積」とは、単に溜まっている状態を指すのではなく、共有にもとづく利用、活用を含みこんだ概念である。本書では〈情報〉の蓄積をその意味を込めて捉えている。

以上の、本書で注目したコミュニティ内の〈情報〉と、ライトが民族の能力（資源）と捉えたものとの違いを明確にしておこう。ライトはコミュニティ内の資源について、例えば民族固有の文化など先天的に与えられるものとする。こうした構造的分析に対して、本書では、経営資源を、コミュニティ内に情報として作られ蓄積されていく過程やその歴史的結果として把握したのである。

さて、「差別」を社会的に限定された選択肢しか与えられない状態とし、在日を「区別」された民族集団として捉えたうえで、そのコミュニティ機能に関連して注目したいのは、上記の〈情報〉の蓄積における具体的な姿である。主体的な選択という視点から特定の産業、工程への特化を眺めると、次のような経済的な意味があったと言える。例えば、京都の繊維産業のなかでの蒸・水洗業における在日の独占的地位は、一般的にはそれが3K（危険・汚い・きつい）の業種であることと関連づけて理解されている。それは非在日企業の参入を制限する社会的条件になるが、在日にとってみれば、分業化され、範囲の狭い工程であることが〈情報〉の蓄積を容易にした。また在日自らがそこに特化していく歴史的過程は、そうした〈情報〉の蓄積が有効であったことを裏付けている。その情報蓄積の有効性は、産業全体から見れば、結果論的には特定の工程において在日を担い手とした分業体制に依存して、京都の繊維産業が長期的に成長してきたことにも表れている。同工程は戦前においては染色工場内にあったのであり、分業体制が最初から決まっていたわけではない。蒸・水洗は、染色工程と技術的に緊密な関係にある工程であるため、染色業の取引先からの情報提供があってはじめて分業として成り立つ。その過程で在日という特定の民族内に〈情報〉が歴史的に蓄積され、産業全体の成長がその工程の存立を前提にしてきたと見ることができる。このように、範囲の狭い工程であったことが比較的資源に乏しい在日にとって〈情報〉や技術の蓄積を容易にし、そうした蓄積が有効であったがゆえに、京都の繊維産業のような製造業が在日の産業構造全体のなかで長期間にわたって重要産業でありえたと考えることができる。

以上のように、ライトの見解に学んだ「区別」された集団という視点は、差別からは見えてこない、歴史的所産としての情報蓄積というコミュニティの機能を浮き彫りにする。しかも、こうした〈情報〉が、「文化的差異」というような集団に「先天的」に備わっているものではなかったことにも注意しなければならない。このような説明が在日の産業経済を理解する上で意味があるとすれば、さらにエスニック・エコノミーに対して、情報の「偏った」蓄積の機能を付加することによって、「移民集団」の経済活動を分析する視角をより豊かにすることができる。(2)

次に市場という視点についてである。議論を推し進める糸口は、在日は、コミュニティ内で自律的な発展ができるほど十分な市場規模をもっていなかったため、コミュニティの外における市場開拓が必要であった、という状況にある。しかしながら、産業活動ができる市場基盤は、自ずと確保できるものではない。開かれた市場基盤の確保、ビジネスチャンスの発見においてはコミュニティが小さくない役割を果たした。時間とともにコミュニティ内に蓄積される情報などの資源（ライトによると能力）が産業活動を可能にする具体的な基盤になったことは、繰り返して強調してきた通りである。在日コミュニティ内に歴史的に蓄積される経営資源、〈情報〉が産業構造のダイナミズムを作り出したと言える。

ここでは二つのことに注意したい。一つは、ダイナミズムを生み出した偏った〈情報〉の束は、固定された産業のなかでの選択による「集中」だけに結びつくわけではないということである。情報収集に関連して、在日が常に開かれた市場に接しており、情報が蓄積される産業において在日コミュニティが閉ざされていないという視点を失ってはいけない。いくつかの産業の入れ替え——漸次的にでも——が行われ、そのなかで再選択されるという開かれた市場の視点をもつことによって、産業構造の多様化と集中の強化を多面的に説明することができる。

もう一つは、在日コミュニティの機能は、独立変数として在日の産業構造の変化を規定する要因ではない点である。在日にとっての主要産業が繊維産業からパチンコ産業になっていく過程では、日本の産業構造の変化がコミュニティの機能を介して在日にいちはやく伝わったことが、斜陽産業から成長産業へのシフトに繋がった。しかし、そうしたシグナルが在日産業構造の変化に繋がるためには、受け皿となる産業の市場規模が十分に大きくなければならない。繊維産業の市場が狭隘であったのに比べて、パチンコ産業の市場の成長性は、在日を吸収することができる現実的な基盤となった。すなわち、在日産業を形成しうる十分な規模と全国的な展開という市場の特徴をもつパチンコ産業においてであったからこそ、在日の参入を容易にするコミュニティ内に蓄積された〈情報〉が機能した、ということである。この視点を敷衍すれば、エスニック・マーケットやエンクレーブ・エコノミー論で想定しているコミュニティを市場基盤にした企業、産業の成長の限界が明らかになる。この点を明確に示したのは、在日の民族系金融機関である。

全国展開した民族系金融機関は、コミュニティ性をもつ信用組合の形態であるため、コミュニティの規模に規定されるエスニック・マーケットやエンクレーブ・エコノミー論の市場基盤と共通点をもつ。各産業の市場基盤を地域の在日コミュニティに、民族マイノリティ企業を民族系金融機関に置き換えてみると、人口規模＝市場規模が十分大きい地域では大阪商銀や大阪興銀が代表的な金融機関として成長し、一方で、市場規模が小さい多数の地域では民族系金融機関の成長に限界が生じた。そうした民族系金融機関の限界の克服は、地域の在日コミュニティの枠を超えた市場開拓にあったが、法制度的な制約のため、それは不可能であった。これを在日全体で考えると、同じ制約が在日企業に課せられているとはいえ、と同時に、その解決の手段も、「開かれた市場」として示されていることが指摘できる。すなわち企業の市場基盤としてのコミュニティ規模の限界を捉えることにより、その限界を打破しようとする産業経済の内在的な変化の論理を発見できる。この論理が開かれた市場でどのように実現されるかを観察すれば、長期的な展望が可能になり、マイノリティ経済の内在的な変化の力を捉えることができないエスニック・マーケットやエンクレーブ・エコノミー論の難点を克服して広がりのある議論ができると筆者は考える。

ところで、在日企業と民族系金融機関について、ここで再び開かれた市場という視点を導入すると、民族系金融機関が市場基盤にしている在日企業は、在日コミュニティを市場基盤としているわけではなかったことに気付く。

ほとんどの在日産業は、日本人と日本企業一般を市場基盤としている。そのため、在日企業の成長の可能性は、民族系金融機関に比べて大きいということになる。それに対して民族系金融機関は、信用組合という制度に制約され、在日企業が成長するに伴って必要とする資金需要に対応できるほど発展可能な市場基盤をもっていない。そこに、民族系金融機関の限界が表れている。

以上のように、開かれた市場という視点が、一方ではそれを開拓する上でのコミュニティの役割、産業構造の変化を浮き彫りにするだけでなく、他方ではコミュニティの機能の限界を捉える上でも有効であると言えよう。

ⓒコミュニティの経済的機能と在日

第三に、外村の在日朝鮮人社会の戦後のあり方に関する議論に対して、経済活動に光を当てた本書の分析結果からどのような論点を提示できるかについてである。外村の描く戦後の在日朝鮮人社会についての要点は、人口規模の縮小、本国との断絶などの環境変化の下で、文化論的な独自性の維持が困難となり、戦前に比べて紐帯が弱化する一方で、日本社会に差別されることにより結束が強められてもいき、その結果、独自の世界が展開された、というものであった。これに対して、戦後在日朝鮮人社会の変容を経済的側面から考えることを通して、在日朝鮮人社会における結束について述べてみたい。

予め明確にしておかなければならないことは、本書で想定している民族コミュニティは、経済活動という特定の側面に重点をおいているため、外村の扱う在日朝鮮人社会という対象の広範さに比べて、範囲の狭い概念であるという点である。ここではコミュニティの概念に即して、外村の在日朝鮮人社会に光をあてる。(3) 結論を先に述べておくと、産業経済の成長の論理には、コミュニティの結束を基盤にしてコミュニティの殻を打ち破る論理と、経済発展の結果コミュニティ基盤が強化されるという両面性があるということである。

まず、外村が在日朝鮮人社会において紐帯が弱化したと描いたことについて、本書が注目したコミュニティの機能との関係を考えておく必要がある。外村が紐帯が弱化したとする一つの根拠は、異質な文化を支える各種サービス業が成り立たなくなったことが在日の同化を表し、またそうしたサービス業の不在が民族的紐帯の弱化の進行を促した、という点にあった。こうした視点は、すでに指摘したように、エスニック・マーケットやエンクレーブ・エコノミー論に通じる閉ざされた市場を想定しており、本書が開かれた市場を想定して明らかにしたコミュニティの機能を捉えることができない。

確かに、コミュニティは市場としての意味が小さくなり、戦前に比べると紐帯が弱化した側面があった。しかし、その側面の裏側にあるのは、コミュニティ市場を打ち破り開かれた市場に主体的に参入していく在日と、それを可能にするコミュニティの機能である。これはコミュニティの内側に「変化」の論理が存在すること、と同時に、民族集団の「結束」が健在であることを示している。「変化」の論理はコミュニティの市場としての限界を乗り越えようとするものであり、将来的には紐帯の弱化をもたらしうる。しかし、紐帯の弱化はエスニック・マーケットやエンクレーブ・エコノミーなどの民族集団内に視点を留めたために過大評価されているに過ぎず、コミュニティの枠を超えた開かれた市場とそれに出ていくために果たしたコミュニティ機能から見ると、一概に在日の紐帯が弱化したとは言えない。第一の論点で指摘した停滞的な側面が部分的な現象であるとした批判は、外村の見解に対しても当てはまる。もちろん、こうした評価は、外村が戦前を基準にした場合のように、比較する時点によって変わってくる。しかしながら、産業経済の特徴がコミュニティの機能に関連しているとすれば、そのことは在日の繋がりが弱体化していく一方であるという主張を裏付けるものではないだろう。

以上を捉えた上で、情報の蓄積や伝播に着目すると、コミュニティの機能に具体的に映し出される在日コミュニティの一断面を垣間見ることができる。歴史的所産としての〈情報〉の蓄積についてはあらためてまとめる必要はなかろう。そうしたある特定の産業、工程に偏って蓄積された情報が、産業集中と変化におけるスピーディーな転換をもたらしたことも既述した。情報の伝播のあり方は、結論を先に述べると、在日の産業経済の特徴であるスピーディーな転換を作り出す一つの特性となる。

仮説的な見解にとどめざるを得ないが、筆者は次のようなことを想定している。在日は、一般市場において行われる単なる経済的な取引関係、それによる情報の収集を行うだけにとどまらなかった。民族的な繫がり（友人、友人の知り合い、親族関係、民族団体の活動を通じた関係など）が、情報収集のツールにもなっていた。そうした非経済的な関係を通しても情報が流れるのであり、情報の伝播のためにあらためて関係を取り結ぶわけではない。非在日においては、産業関連の〈情報〉が取引関係や一般市場というより広い範囲で存在するのに対して、在日においては、範囲の狭い民族的繫がりにおいて多様なチャンネルを介して産業経済に関連する情報が流れる。そうした狭い範囲で追加的な情報収集の手段があることが、速い情報の伝播を作り出したと考えられる。こうした側面は、民族系金融機関が積極的に展開する、様々な社会活動（ゴルフ会、老人会、旅行、祭りなど）や組合員の組織化によって助長される。このような活動は、それが本書で想定した範囲の狭い概念としての在日コミュニティではなく、より広い在日同士の社会関係を作り出しながら、またそれを基盤にしていることが垣間見られる。こうして見ると、経済実態的な姿から浮かび上がる「紐帯が維持・強化される側面」もまた、それ自体として、在日コミュニティを映し出す要素であると言えよう。

繰り返して強調することになるが、外村の広い概念としての在日朝鮮人社会について総合的なコメントを加えるためには、本書が対象としたコミュニティの捉えうる範囲を拡張しなければならない。そうした限界を認めた上で、以下では、戦後の在日朝鮮人社会の結束を産業経済からどう捉えるかに関して、本書で観察された事実にもとづく含意をまとめる。

(3) 在日産業経済のダイナミズム

本書の主題である在日企業、産業と民族コミュニティとの関係について、産業経済が民族コミュニティに規定される側面と、産業経済が自らの論理によって民族コミュニティのあり方を変えていく側面を全体的に捉えることによって、在日産業経済のダイナミズムを素描し、歴史的考察の総括とする。

まず、産業経済の成長に伴って、在日コミュニティが再結集され、再結束が生み出された側面から述べよう。この事実は、同化とともに紐帯が弱まっていくとする不可逆的な変化を当然のごとく捉える見方が一面的であることを示唆している。再結集は、次のような具体的な形で表れた。在日コミュニティを基盤にして成長した民族系金融機関は、大阪興銀の事例が示すように、潜在化していた在日を成長するために掘り起こして再結集させ、顧客として組織化することによって結束を新たに作り出した。大阪のように十分な在日コミュニティの規模があった場合に限らず、民族系金融機関は在日コミュニティを基盤にしているがゆえに、経済組織としての成長にはコミュニティの成長を促す論理が組み込まれており、そうした機能が民族コミュニティの再結束を作り出したと考えることができる。しかも、南北対立の二軸の結束力は、政治的立場に即した在日をそれぞれ取り込んだにとどまらない効果を生んだと思われる。朝銀と商銀の設立の過程では、南北の政治的立場に収斂しない、中立的な在日が少なからず存在したことが重要であった。地域ごとの二つの民族系金融機関は、在日に二つの選択肢を与え、金融機関の競争の論理から、中立的な在日を積極的に掘り起こしつつ、在日コミュニティの再結集を促進したと考えられるのである。

そうした民族系金融機関が前提となった上で、さらなる成長は、閉ざされたコミュニティ市場という制約の下では需要を作り出すことによってのみ可能であり、そのためには情報を組織的に作り出す必要があった。このような組織的に生産された情報が付け加わることによって、在日企業の成長産業への新規参入、事業転換は、よりスムーズになった。在日コミュニティ内の情報蓄積の能力はもともとインフォーマルな性格をもっていたが、これに情報の組織化が付加されることによって、より影響力の強いものになったことは言うまでもない。こうして、コミュニティの機能は、経済組織の成長に結びつくことによって自己増殖的になっていった。

産業経済の活動が促すコミュニティ内の変化の側面、すなわち、在日企業が開かれた市場に向かってコミュニティの枠を打ち破っていく側面と、その過程でコミュニティが機能——結束を基盤としたもの——した側面、さらに産業経済の成長の結果としてコミュニティが再結集する側面、これら三つの側面の歴史的展望はどのようなものであろうか。その手がかりを、在日企業の成長に関連して考えてみよう。

在日企業の特定産業への参入段階で見られたコミュニティの機能が、企業成長に伴って必要とされる資源調達において相対的に小さくなったことは、すでに指摘したとおりである。そうした結果をもたらしたのは、第一に、在日企業の資源調達に対するコミュニティの対応という内的要因と、第二に一般的環境要因の両方から考える必要がある。本書では、コミュニティの機能を中心に分析してきたため、コミュニティが対応できなかった側面——この点は次節で検討する——を強調したが、それを踏まえて、外部環境が与える影響についても考えておく必要があろう。

第一に、在日企業の成長に伴って在日コミュニティの機能が相対的に低下したのは、在日企業が成長において必要とした資源を在日コミュニティが提供することができなかったからである。在日コミュニティの規模が小さいために、成長した在日企業に対応可能なコミュニティの機能には相対的な限界があり、在日企業にとってはある段階において一般社会からの資源調達を不可欠なものとした。そうした局面に置かれた在日企業は、在日コミュニティとはかかわりのないかたちで、信用にもとづいて資源を調達するしかなかった。その際、優良な企業には一般金融機関との取引や得意先からの情報など、資源調達のチャンスが与えられた。このように、在日企業の成功は、初期段階においてはコミュニティの役割を前提にしつつも、成長段階では新たな信用力（資金だけでなく取引先との関係を含む）の獲得に依存したのである。では、こうした資源調達の可能性については、どのように理解すればよいだろうか。

例えば、資金の問題を考えてみよう。一般金融機関との取引の契機は、製造業を事例に考えることができる。すなわち、在日の製造業が、在日の他の産業に比べて都市銀行との関係が密接であったのは、京都の繊維産業のように、取引先から信用を得ていたため、その信用が都銀との取引を可能にしたからである。このように製造業は、日々の事業活動において、ものづくりという製品を媒介にした取引先との関係を築かなければならない環境におかれており、それが一般金融機関との取引の突破口になる。取引先の信用を得ることが、結果的には一般金融市場が在日を貸出先として認知する媒介項になったのである。このように、在日企業の積極的な成長は、自らとコミュニティとの関連を突き崩していく可能性をもっている。[4][5]

しかし、裏返して言えば、民族系金融機関のようなサポートは、社会的な信用がない初期段階の在日企業が一般金融市場と取引が可能になるような信用力を得る段階までは、あるいは製造業と異なり一般消費者を相手に事業活動を行うサービス業などにおいては、極めて重要だったということになる。

第二に、環境の変化であるが、例えば、在日がパチンコ産業に特化したことには、一般社会の環境変化が大きく作用した可能性がある。敬遠される産業としてのパチンコ産業のマイナス・イメージが歴史的な産物として定着していく過程は、それを象徴的に示している。しかし、それが歴史的所産であるがゆえに、そうしたイメージの再変化もまた起こりうる。一般社会がパチンコ産業をビジネスチャンスとして認知し、非在日企業の参入が行われると、在日がパチンコ産業に関与する社会的環境も変わる。この変化のもとでは、本書で重視した情報蓄積に関連して言えば、それまで相対的に在日の周囲に濃厚に蓄積された参入に関連する情報が、民族という枠を超えて流出していき、在日コミュニティ内部の情報の密度は少しずつ薄まっていく。こうした変化は、近年始まったばかりである。

外部環境の変化は、資金調達においても、一般金融機関との取引が開始される時点に影響を与え、民族系金融機関と一般金融機関の境界線＝コミュニティと一般社会との境界線の均衡点を変動させる。例えば、相互銀行が優良な在日企業を貸出先として開拓する経営戦略をとったように、実際に、一般金融機関との取引の契機は、在日企業の資金需要の面だけでなく、金融機関からの取引勧誘によるケースもあった。

ただし、在日企業が成長すると、コミュニティとの関連が弱まると見ることは、一面的である。本書で明らかにした次の事例を挙げておこう。大阪興銀と取引する企業のなかには都市銀行とも取引するケースが少なからずあったが、この事実は、既述のように在日企業の成長に伴う資金需要に民族系金融機関が対応できなかったため、都市銀行との取引が必要であったとの解釈を可能にする。これに対してもう一つの側面として、都市銀行と取引が可能であっても、在日企業が民族系金融機関との取引を簡単には止めなかったという事実も指摘できる。在日企業が成長して資金需要のため都市銀行との関係が必要になった場合でも、経済合理性だけでは説明できないコミュニティとの紐帯、コミュニティの機能が簡単に断ち切られるわけではない[6]。したがって、社会環境が変化し企業が成長すると、自ずとコミュニティとの関連が弱まるとは限らない。むしろ、それは民族系金融機関の預金基盤を強めて、コミュニティの経済的発展の基盤を固める方向にも展開する。

また、社会環境が変化しても、産業の形成段階や企業成長の初期段階に必要とされるコミュニティ機能は、コミュニティの産業経済全体のなかに依然として存在しうる。この点は節をあらためて論ずる。

在日コミュニティが人口成長の停滞などによって活力を失い凝集力を失っていくという可能性は、確かに否定できない。しかし、開かれた市場に積極的に進出していくことによって自らマイノリティという閉ざされた社会集団の殻を打破していくとき、コミュニティの機能が必要であり有効であり続けた。開かれた市場における在日企業および在日産業の成長の結果、一般社会との関係が深まるとしても、その関係の深まりが同時にコミュニティの産業経済を底上げして活力を生み出しうるのであり、コミュニティとの関連が弱くなったわけではなかった。産業経済の発展がコミュニティの再結集をもたらしたのである。こうした両面性を含みこんだ成長の論理の連鎖的結果が生み出したダイナミックな変貌の姿が、戦後半世紀の在日産業経済の歴史であったのである。

2　民族マイノリティ企業の成長にかかわる試論――分析結果の理論的含意

本書では、従来の経済学では明確に認識されることのなかった「民族マイノリティ」という非経済的概念が、経済活動においてどのような意味をもつのかということにこだわり続け、まずは対象とした集団の歴史事実を描いてきた。ただし、民族というものが経済活動に何らかの有効な意味をもつということは、アプリオリに設定されたわけではなかった。試みた分析の手続きは、第一に、マイノリティとされる在日が所有者である企業を在日企業と定義することによって、日本の企業に民族という区分を設定して当てはまる集団を取り出し、第二に、その企業群に共通し、しかも（それらを含む）日本企業全体とは異なる特徴を明らかにし、第三に、その特徴を生み出す要因は何であり、民族とどのようなかかわりをもったかを問う、というものであった。「民族」の区分が意味をもつためには、第二の特徴を見出すことができること、と同時に、第三に関連して、特徴をもたらした要因が「民族」とのかかわりで説得的に説明できること、の条件が満たされなければならない。

民族マイノリティの経済と民族との関係を明らかにする分析方法は、民族の区分を設定し、対象となった在日企業の成長において、コミュニティ機能を検討し評価することによって民族とのかかわりを考察する、というものであった。分析の結果、本書の主張は、上記の第二と第三の提示により、「民族」というものが経済活動において意味をもつ＝コミュニティが何らかの機能を果たすということであった。もっとも経済活動に対する民族のかかわり、言い換えればコミュニティの機能が、民族固有のものであったかどうかについては、必ずしも明確でなかった(7)。

民族というものがもつ理論的インプリケーションについてさらに議論を進めることが、ここまで分析を進めてきた者に残された課題であると思われる。この大きな問題提起に比べると答えられる範囲は小さいが、その試論的展開の第一歩を踏み出すことにしたい。考察にあたり取り上げるべき点は多岐にわたるが、在日企業の経済活動に関する特徴——特定産業への集中とその強化、産業構造の速い転換——に焦点を絞り、在日企業の成長とコミュニティ機能との関連における民族固有の領域を浮かび上がらせたい。

あらためて次のことを強調しておく。以下では、在日企業を民族マイノリティ企業として概念を拡張し、企業としての誕生や成長を論じるが、それは、本書が示してきた在日産業、在日企業のダイナミズムを明らかにするという基本的な視点から見たとき、在日産業の変化をもたらしたものが、成長する産業分野への在日企業の参入と成長であり、同時に速い退出であったという認識にもとづいている。このような変化をもたらしたのは、在日の企業活動であり、その特徴を明らかにするという限りで、企業としての誕生および成長、そしてその限界を論じる。言い換えると、ここでの関心は、特定の個別企業の誕生や成長を論じることではないし、また企業の誕生および成長の一般議論を包括的に論じることでもない。それは、本書で在日企業に特徴的であると捉えている企業行動をもたらす条件を、民族コミュニティとの関係のなかで民族マイノリティ企業に共通する問題として論じることである。

（1）前　提

民族マイノリティ企業は、在日企業の定義を拡張したかたちで、所有者、あるいは筆頭株主が民族マイノリティである企業とすることができる[8]。

そして、本書の分析を踏まえ、民族マイノリティ企業の本質的な規定を、「企業成長の初期段階において、民族コミュニティという特殊な資源調達先（手段）をもつ企業」とすることができる。

民族マイノリティ企業は、所有者がマイノリティであることによって、一般企業と異なる性格（特殊性）をもつ一方で、市場でのプレイヤーとして企業に共通する性格（共通性）をあわせもつ。一般的にはこの両者が区別されることはなく、不利な条件を強いられるという限りで前者のみが強調され、そこから企業としての成長の限界、停滞が関連づけられて論じられる。しかしながら、民族マイノリティ企業の成長にのみ越えられない限界があるというわけではない。逆に、開かれた市場が想定されうる限り、企業一般に共通する特質を在日産業、在日企業のダイナミズムをもたらしてきた要因とみなしている可能性もあるから、この特質を民族マイノリティ企業以外にも見出しうるかを検討する必要がある。そうした考察を通して他の企業にも共通しうるものとして説明される部分と、民族固有の要因で説明可能な領域が明らかになる。

ここまで、在日コミュニティの経済機能について、その機能の発生史にさかのぼって十分に議論してきたわけではない。歴史的に蓄積された資源が重要であったと指摘するだけでは、不十分なことは言うまでもない。なぜなら、アメリカにおける民族マイノリティ研究によると、活発な経済活動を生み出す資源に欠けた民族もあるから、資源の蓄積は、自明ではない。したがって、在日コミュニティの資源がいかに形成され、何故機能したのかについて、それ自体の説明が必要であろう。

戦後日本では、外村が指摘しているように、一般社会とは区別される在日朝鮮人社会（コミュニティ内の結束力）

が、戦前の遺産を歴史的前提として存在した。在日朝鮮人社会が形成され、維持された背景に、外村、河の指摘のように戦前以来の差別などの社会的な要因や政治的条件、また文化的要素が関連していることは間違いない。このように経済外の諸条件が意味をもったであろうことを否定しないが、在日の企業活動に必要とされる資源調達において、在日が利用可能な資源を歴史的に拡大再生産させてきた内在的な論理があったことを重視し、以下では民族マイノリティのなかでも資源蓄積の可能性をもつものを前提としよう。

（2）民族マイノリティ企業の誕生と成長の源泉(9)

ペンローズによると、企業の成長は、蓄積されていく資源とその余剰を基盤とする。(10) このペンローズの仮説を手がかりにして、民族マイノリティ企業の誕生と成長の源泉を考えてみたい。

本書で明らかにした在日コミュニティ機能とは、経済的には偏った〈情報〉の蓄積として理解することができる。パチンコ産業などの特定の産業に関連する情報は、一般社会に比べ、在日コミュニティ内に偏在し、京都の在日コミュニティ内には、繊維産業に関する情報が分厚く存在していた。そのような産業が在日産業として形成されたのであり、〈情報〉の核のあるところで、それを利用して在日企業が確率的に生まれやすかったと考えることができる。在日コミュニティは、そうした特定の産業における在日企業の誕生を促進する機能を果たしたのである。このように在日企業の資源調達に注目することで、企業の誕生が促されるように、有用な情報が偏ったかたちで、あるいは濃淡をもったかたちで市場に存在することが明らかになった。(11) ただし、それは、情報のあり方や市場の性格の現実的な一断面を示しており、特に民族マイノリティという性格に規定された側面ではない。

このことは、序章で述べたように、大阪では石川県出身者が公衆浴場業に集中していたことと類似している。(12) それはその県民が差別を受けるからでも、公衆浴場業経営に優れている性質を先天的にもっているからでもない。繰り返しになるが、それは、公衆浴場業に偏った情報が、同一県出身者がつくるコミュニティ内に蓄積されたからだと考えることができる。

ある企業の誕生は、何らかのかたちでの情報や資金などの調達を不可欠とする。経営資源の調達先は、市場一般であったり、第一次帰属集団としてのコミュニティであったり、企業によって様々である。[13] 在日は、起業の際の資源調達を、〈情報〉が偏って蓄積された民族コミュニティに依存したことによって、特定産業に集中する特徴[14]――別の角度から言えば、凝縮された情報に影響されて特定の分野の企業が生まれやすかったのであるが――が作り出された。民族という枠をはめてみたときに浮き彫りになる情報の偏在は――同一県出身というような集団を考えると説明しうる例はあるとしても――日本人全般には見られず、その結果、日本人企業には特定の産業への集中もなかったのである。

さて、企業誕生[15]の基盤となった、偏って蓄積された〈情報〉は、企業成長の基盤となる余剰の発生についても当てはまる。企業内で生産される情報をはじめとする経営資源は、企業特殊的と言われることもあるように、その企業活動に規定されて偏ったものになる。それゆえ、「余剰」も偏りをもった資源となり、企業成長も、偏りをもった余剰資源から説明できる。この議論を拡張すると、民族マイノリティ企業の成長を可能にする源泉について考えることができる。

これについて、本書では情報と資金という経営資源に絞って検討してきたが、ここでは民族マイノリティの経営者と同じ民族の従業員という人的資源を手がかりに考えてみよう。ライトが指摘したように、民族マイノリティは、一般労働市場では差別に加えて、民族の人的資源を本国と同様に評価する基準がないため二重の不利益を受ける。[16] それは、言語の問題でも生じるし、母国で習得した学歴が受入国の社会では母国同様に認定されないことからも生じる。そのため民族マイノリティは、一般労働市場では人的資源に見合った所得が得られない。それに対して、エスニック・エコノミーの同じ民族同士では、人的資源の評価が可能な言語手段や基準を共有する。このようにエスニック・エコノミーでは、民族マイノリティが一般労働市場より評価されるため、より良い所得が得られるとライトは考えている。

しかし、これは自明ではない。エスニック・エコノミーが提供できる職（自営業を含む）が、質・量の両面で十分であるとは限らないからである。一般労働市場に差別があり、民族マイノリティ企業がいくつかの産業に偏って集中する（限られたチャンス）ことを前提にすると、民族コミュニティ内で人的資源の供給と職業機会の提供の間にはミスマッチが発生しやすい。より正確には民族マイノリティの人的資源、能力に比べれば、不十分な職務しか与えられない可能性が高い。このような事情のために民族マイノリティ企業のなかに発生しやすい人的能力の余剰こそ、ペンローズが言う成長の源泉の一つとなる。民族コミュニティの偏った情報の蓄積によって企業が誕生しやすく、企業内に余剰資源が発生しやすいことから、民族マイノリティの企業活動の活発さや企業の成長可能性を説明できる[17]。

しかしながら、コミュニティに蓄積される〈情報〉、資源が限界をもっていることにも注意すべきである。誕生を促す〈情報〉は偏っており、それだけでは長期的な成長まで保証されない。この点で、在日コミュニティ機能は限界をもっていた。それゆえに、民族マイノリティ企業の成長に関しては、コミュニティを越える資源調達にも注目する必要がある。

（3）民族マイノリティ企業の成長基盤

成長の軌跡はどの在日企業にも約束された道ではないし、必ず進むという必然性ももっていない[18]。実際には、ある成長段階にとどまり続ける[19]在日企業も存在するであろう。重要なのは、在日企業がそれまでの成長の経験や蓄積が有効性を失うような新しい問題に直面し、その解決手段を模索しなければならなかったということである。在日企業の成長が進むにしたがって、必要な資源はもちろんのこと、問題解決のための手段の探索の範囲やその可能性も異なってくる。この問題を解決できた在日企業こそが、次の成長段階に進むことができたと考えることができる[20]。

ペンローズにならって成長する民族マイノリティ企業に焦点をあてよう。彼女は、企業内の余剰資源を有効に活用することが成長の源泉であるとしている。そこでは企業内の資源が想定されているが、在日企業は、成長過程において、取引関係のなかで情報や信用を得る、またより規模の大きい金融機関との取引を開拓するなど、市場との関係で資源を調達しなければならなかった[21]。企業成長において企業内での資源だけで十分であることも自明ではないから、ここでは、資源調達を可能にした（日本社会の）社会的条件にも注目しておきたい[22]。

例えば、京都繊維産業の蒸・水洗工程の歴史的条件を作り出した背景までさかのぼれば、きつい仕事であるため日本人が敬遠する、他に選択がないという差別問題にぶち当たる。しかし重視したいのは、そのことによって作り出された同工程の在日による独占が、分業によって範囲が狭かったがゆえに、限られた資源でも〈情報〉や技術の蓄積を容易にし、その結果として在日という民族コミュニティでしかそれを担うことができなくなったことである。分業化された生産体制のなかで特定の工程を在日企業が担ったことは、その前後の工程における日本人業者、あるいはコーディネートする日本人業者との関係において、差別による排除を退ける余地を与える。しかも、高品質を維持するためには、工程間の密接な情報交換やすりあわせが必要であり、協力する側面を作り出す[23]。このような関係のなかで、取引先の信用によって金融的危機を克服したことや、より上位の金融機関との取引が可能になるケースが見られた。在日は、分業体制のなかで信用を得ることによって同業界に生き残り、結果的に次の企業成長のために必要な社会的信用を得ることができた。

では、コミュニティが在日企業の成長にともなって必要とする資源を十分に提供できなかった理由は、何か。二つの側面から考えられよう。

第一に、理論的に見ると、進化経済学の議論に即して言えば、在日企業は、成長のために、あるいは危機の困難を克服するために、手近なところから探索を始める。初期段階であればそれはコミュニティを意味したであろうが、企業成長とともに、自ら蓄積した情報や技術が近いところで解決策の探索を行い、次第にコミュニティから離れたところに資源を求めることになる。(24) つまり在日は、参入時には、その産業についての情報を得やすいコミュニティを基盤とするが、いったんある産業に参入すると、その基盤は、取引先や消費者などに移る。それはコミュニティからは離れることを意味する。成長し続ける在日企業であれば、日常的な企業活動を行いながら、取引先との関係や様々な市場のなかで諸問題を解決するための探索を行う。このように、在日企業は、コミュニティとは離れたところで資源調達を行う可能性を、企業成長の内在的な性質としてももっていると考えることができる。

民族コミュニティ機能の限界は、第二に、民族コミュニティの経済発展と、在日企業の成長を規定する産業発展とのズレによる。(25) 大阪興銀の場合は、コミュニティ規模が他地域に比べて大きい大阪を基盤にして急成長が可能であった。それに対して、他の地域では、コミュニティ規模が小さかったため民族系金融機関は零細で成長も緩慢であり、その役割も大阪興銀に比べて限定的であった。こうして零細な民金のサービスしか受けられない地域の在日企業は、より早い段階から一般の金融機関との取引を必要とした。このような民族系金融機関が企業成長に対して対応できる期間の違いに、産業発展や企業成長と、民族コミュニティの成長との間に発生するズレを見出すことができる。

結果から見ると、在日コミュニティは企業成長のための万能な手段ではなかった。在日は、追加的な移民など人口の社会的急増がなかったため、コミュニティ規模の急成長も困難であった。その条件の下での民族系金融機関の成長は、もっぱらコミュニティ自らの経済発展によって成し遂げられる。大阪興銀の歴史が示したように、代表的な民金においてさえ、高度成長期の後半になってようやく安定的な預金が集まるようになったに過ぎなかったから、その成長はゆっくりしたものであった。これに対して、在日企業の産業は日本社会に開かれた市場を基盤としており、その成長は産業によって多様であり、コミュニティに比べて急激な場合もあった。例えば、繊維産業は、在日コミュニティ経済が十分成長する以前の一九五〇年代に急成長した。また、パチンコ産業において、一九七〇年代に多店舗展開とともに急成長する企業が生まれた。このように、各産業の市場や在日企業と、コミュニティ間には成長のスピードや規模の違いがあり、その差異が資金需要へのコミュニティの対応を困難にしたと考えられる。

（4）民族マイノリティ企業のダイナミズムとコミュニティの機能

ⓐさらなる成長への可能性

本書で議論してきた在日企業は、チャンドラーが描いた事業部制など組織的な変革を伴う大企業体制へとすべてが成長しうるわけではない。例えば、第2章で論じた蒸・水洗業などの業種に大企業を見出すことはできない。つまり、企業の経営的に適正な規模は、産業によって異なる。したがって、民族マイノリティ企業の成長の可能性は、まずは、産業がもつ特性に規定されると考えられる。

在日がかかわる産業が中小零細企業規模で十分であることを考えると、在日企業の成長する典型的な道は、成熟産業や斜陽産業から成長産業への事業転換によって引き起こされる。この場合、在日企業の成長は、成長段階から起業に戻るルートを描く。成長の「限界」に見えるそのような道筋は、産業それ自体の性格によるものである。

しかし、起業段階への回帰による成長に在日の民族固有の要素がかかわったと思われる。起業段階に戻ることは、一つの事業としての成長という面では脱落になるだろうが、企業レベルでは成長の手段として考えることができる。在日企業の場合は、そうした切り替えによる成長が、コミュニティの役割によって可能であったのである[26]。それは、非在日の企業にも共通して見出されるような特性ではない。こうした偏った〈情報〉にもとづく民族コミュニティのかかわりが、在日産業の素速い転換という特徴を作り出したと考える。

他方で、産業成長とともに在日企業が大企業体制へ移行する可能性があることも捉えておくべきである。例えばパチンコホールは、地域に限定された市場を基盤にした一事業所の経営から、巨大産業として成長するにしたがって全国市場を基盤にした多店舗展開をするようになった。その跳躍は、大企業組織を必要とすると考えられる。一九七〇年代におけるマルハンの県域を越えた多店舗展開は、在日企業の企業成長が、産業成長によってそれまでとは異なる組織変革を必要とする段階になる可能性を示した。

成長段階へのもう一つの可能性は、事業多角化という選択によって与えられる。製造業など、在日産業のほとんどが中小、零細の組織規模で十分であるが、それらの複数事業の展開は、組織の変革を必要とする[27]。事業転換のケースとの対比で強調したいのは、こうした大企業体制の形成過程では、民族コミュニティの機能の働く余地は小さく、同じ問題に直面する企業であれば必要な解決策も非在日、在日に共通するものが多いと考えられることである。

ⓑ成長する企業の存在と民族コミュニティ機能の強化

企業の成長段階に応じて必要とする資源が異なるなかで、在日企業がコミュニティを越えて資源を調達する行動は、結果としてコミュニティの機能を低下させたであろうか。むしろその逆の側面がある。第一に、個別企業のレベルでは成長のために一般社会との関係を強めるが、コミュニティ内にある産業の〈情報〉や資金が蓄積されるという面では、より強化されるからである。コミュニティ内に成功者が出現したことによって、同業種をビジネスチャンスとして認識する追随者がより広範囲にわたって現れ、それがまた多くの在日がその産業内に誘引される動機を与える。この場合、吸引される在日の最大の量も当該産業の市場特性、成長性やその規模に規定されながら、その参入数に比例して〈情報〉の蓄積がさらに進行する。京都の繊維産業とパチンコホール事業への参入の対照的な様子が、このことを例証する。第三に、優良企業が、成長によって一般金融機関との取引に重点をおきながらも、民族系金融機関とも取引するかぎり、それは金融機関の成長に直接繋がり、その結果、民族系金融機関が在日企業の成長に伴って増大する資金需要に対応できる期間はより長くなるからである。これは、急成長に制約がある在日コミュニティが、その機能の限界を在日企業との関係を質的に変化させることによって克服する方法として考えることができる。したがって、個別企業が成長すればするほど、コミュニティ機能は強化されるのである。

言うまでもなく、ある成長段階に留まる在日企業や、失敗して成長の軌跡から離脱する在日企業の存在（起業段階に参入する予備軍）も、民族系金融機関の役割や発展を必要とするという意味でコミュニティ機能を強化する可能性をもっている。民族系金融機関を上回って成長する在日企業にとってコミュニティ機能が低下したこととは逆に、民族系金融機関の成長に伴って相互依存的に成長する在日企業や失敗する企業にとって、その機能は意味をもち続ける。また、企業成長のルートが起業への回帰を描くことは、在日企業の成長自体の限界による特徴を示すと同時に、コミュニティが機能し続けることを示す。情報の偏りによって促されるこのメカニズム自体が、在日企業の成長のなかで在日企業とコミュニティとの関係を繰り返して作り出すのである。

ⓒ展望——民族マイノリティの経済活動への視座

以上のように、「偏った情報をもつ集団」としての民族には、特定の産業分野への参入を促すという機能が再生産され、強化されていく側面があると考えることができる。本書では偏って凝縮された情報が民族マイノリティの経済活動のダイナミズムを生み出したことを示した。特定の産業分野への参入という限りでは、すでに触れたように第一次帰属集団という、より広い概念が適切であるかもしれない。こうした捉え方の利点は、あらゆる経済主体が何らかの意味で特定の社会集団に帰属し、そこからの情報によって事業を選択する傾向があると考えることができれば、この説明は企業一般にも当てはまるものとして、より広い視点での理論的な考察に道を拓くだろうと期待できる点である。

もっとも、そうした社会集団のなかでも民族という要素は、その成員の事業選択、企業行動にとりわけ強い影響を与えるものであると言うこともできる。やや踏み込んで言えば、産業構造の速い転換は、偏った情報をもつ帰属集団ということだけでは、必ずしも十分な説明はできない。産業構造の速い転換を促しながら在日産業が展開していく変化の基盤には、コミュニティの紐帯のあり方に影響された情報の質など、民族固有の要因が関連している可能性がある。この点は、他の社会集団にはない特徴ということになる。[28] 民族コミュニティは、経済活動によることはもちろんのことながら、政治的・社会的な要因によって民族マイノリティとしての繋がり・紐帯を強めていく側面をもっており、そのような特質が産業構造のスピーディーな転換に影響したと考えることができる。そして、このことは、民族固有の領域に政治学、社会学、歴史学の各分野のアプローチがそれぞれの分析視角に即して有効な成果を生み、歴史認識を豊かにしてくれることを示唆している。

しかし、にもかかわらず、民族マイノリティ集団の固有な領域を意識し、広い概念としての第一次帰属集団との違いのみを捉えるべきではない。民族マイノリティの経済活動のダイナミズム——特定の成長産業において企業が生まれやすく、それらの産業に集中していく——を生み出した本質的な基盤は「偏った〈情報〉」であったのであり、その上で民族マイノリティ独自の要因に規定された他の集団との違い——産業構造の速い転換——が見出せると考えるからである。しかも、偏った〈情報〉は、歴史的な経済活動のなかで共有、活用されたことによって新しい選択肢として提供され続けていたから、民族固有の要素によるコミュニティ機能の強化は、偏った〈情報〉が生み出す経済活動のダイナミズムを助長したものであり、再選択されるという経済活動を通じて実現されるものとして理解できよう。このような経済活動からの動態的な捉え方によって、民族の紐帯という固有の要因が一方的に経済活動に影響するという静態的な状態とは異なる、ダイナミックな変化を理解することができる。

以上の試論的な考察を通して、在日産業、在日企業に見出される特徴が、民族マイノリティ企業を捉える上でも有効であることは理解されるであろう。民族マイノリティという要素を偏った〈情報〉をもった集団として捉える分析視角は、民族マイノリティ企業の多様な経済活動——企業の誕生やそのダイナミックな成長——を明らかにするうえで重要な意味をもつだけでなく、コミュニティ機能の限界面を通して企業成長に共通する問題に民族マイノリティ企業が直面していく過程をも明らかにすることができるからである。言い換えると、偏った〈情報〉をもつ集団として捉えたことは、社会科学的に見れば多面的な実態をもつ「民族」を経済学的な分析が可能な捉え方に翻訳し、その限定の範囲内で民族という要素のもつ意味を明らかにするとともに、企業としての共通性をも捉えることができるような分析視角を設定したことになると思われる。このような捉え方は、他の研究分野に対して次のような含意を与えるであろう。すなわち「民族」という要素が必ずしも先天的なものではなく、また絶えず再生産され、そうした特性も人々の行動に影響を与え、それ自体としても変化していくダイナミズムを伴うものだということである。

おわりに

本書を通して論じてきたことを、繰り返す必要はなかろう。本書が目指したのは、在日の経済活動に関する史実の発掘と、それに対して新たな視点からの評価を加えることによって、在日韓国・朝鮮人にかかわる理解を深めることであった。経済活動に関する従来の説明と評価は差別を原因とする両極のものであったから、それを総合的に理解することと進化した歴史像を描くために必要な客観的な事実の発見が課題だと考えた。スピーディーな産業構造の転換に注目し、在日コミュニティの資源による内在的な発展や変化を説明しようとしたことは、本章の第一節でまとめたとおりである。

些か欲張って本章第二節で論じたのは、在日企業の成長に視点を絞って、偏った〈情報〉がもつダイナミズムを、他の民族マイノリティの研究でも活かされうる仮説として提示することであった。この仮説について、留意すべき点を最後に述べてまとめとしよう。

第一に、概念としての「成長」は、無限に続くことを意味していないし、個々の産業や企業にとっては「成長の可能性」を意味するものであり、それゆえに、同時に成長の限界をもつものである。これを論じたことが積極的な意味をもつためには、それを歴史のなかに投影したとき歴史そのものの評価軸になることが示される必要があろう。すなわち、成長の可能性は、現実において確実なこととして実現するわけではなく、様々な制約条件の中でときには逸脱した姿として表れる。例えば、発見された断片的な事実から言えば、民族系金融機関の預金基盤が安定したのは高度成長期の後半であり、その意味で在日企業の成長のために必要な条件整備は遅いものであったと言うことができる。そのような条件のもとで、在日コミュニティが機能したのであろう。しかし、ゆっくりした変化であっても、内在的な発展のメカニズム、成長の可能性があったからこそ実態としての歴史は変わることができるのであり、可能性の発見によって変化を捉えることも、説明することもできると考えている。

第二に、民族コミュニティ機能に対する理解においても、慎重に両面性を捉える必要があろう。在日コミュニティに蓄積される情報が偏っていることは、ダイナミズムを作り出す源泉として強みにもなるが、弱みにもなる。

コミュニティ機能の弱点は、限られた選択肢というかたちで表れ、社会的な条件に規定される範囲での機能であったこと、そして結果としてコミュニティ資源は企業成長の初期段階において重要であったことに端的に示される。蓄積された資源に限界があったがために、本章第二節で述べたように「企業誕生」の可能性だけではその後の「成長」の道筋を展望できず、別の説明が必要であったのである。

第5章から第7章で検討した民族系金融機関の成長の可能性や役割が、実態への評価軸になりうるもう一つの事例は、第7章末尾で示した一九七五年と八七年における在日企業の金融機関との取引形態構造の差異である。そこに在日企業の成長の可能性と民族系金融機関の成長の制約とがコミュニティ機能における変化の要因の一つとして浮き彫りにされている。第5章で提示した閉ざされた市場での民族系金融機関の成長と、開かれた市場での在日企業の成長のズレに表れる、コミュニティ機能に着目した在日企業の成長の可能性に関する本書の仮説が、在日の経済活動の実態を見る上で一つの視座になることを示しながら、本書をとじよう。

注

序章

(1)「……〔引用者による省略、以下同様〕特定の移民やマイノリティの商業施設、住居、文化施設などが集中している場所は、エスニックタウンと呼ばれる」(南川文里「リトル・トーキョー」御輿哲也編『「移動」の風景——英米文学・文化のエスキス』世界思想社、二〇〇七年、一八七頁)。

(2) もっとも、当該地区が人口統計学的に民族集団に独占されることを必ずしも意味しない。例えば、ロサンゼルスのリトル・トーキョー地区の最盛期と言われた一九四〇年のセンサスのデータによると、日本人と推計される人口は、約三割に過ぎなかった(南川文里『「日系アメリカ人」の歴史社会学——エスニシティ、人種、ナショナリズム』彩流社、二〇〇七年、一〇六頁)。

(3) 身近な事例として日本に限定しても、観光地ともなっている横浜と神戸のチャイナ・タウンがあり、在日韓国・朝鮮人の伝統的な集住地域である東京都江東区、大阪市生野区、東成区などがある。欧米の場合は、より多様であり、かつ枚挙にいとまがない。筆者が調査したものだけでも、アメリカには一〇地域(サンフランシスコ、サンノゼ、ロサンゼルス、ニュージャージー、マンハッタン、クィーンズなど)にコリアン・タウンがあり、大勢の人々が訪れるチャイナ・タウンは、サンフランシスコ、ニューヨーク、ロサンゼルスに、リトル・トーキョーはサンフランシスコ、ロサンゼルスにあった。その他、パリ、ロンドンでも様々なエスニック・タウンを発見することができる。以下、エスニック・タウンに関する叙述は、断りがない限り、筆者の視察にもとづいている。

(4)「……リトル・トーキョーのようなエスニック・タウンは、国境を越えた人の移動をきっかけに誕生し、移動者がアメリカ社会にエスニック集団として定着する過程のなかで成立した……」(御輿哲也編、前掲書、一七八頁)。大規模な労働力の国際移動の類型や背景については、サスキア・サッセン(森田桐郎他訳)『労働と資本の国際移動——世界都市と移民労働者』岩波書店、一九九二年、第二章を参照。

(5) アヘン戦争以降開港した中国には、欧米の商社などが進出し、貿易活動を展開していた。このような経験から外国人は、日本という国や輸出品の生糸、茶などのアジア産品に関する知識をもっていた中国人に、通訳としての役割を期待したと言われている

（西川武臣・伊藤泉美『開国日本と横浜中華街』大修館書店、二〇〇二年、六五―七〇頁、菅原一孝『横浜中華街の研究――華僑商人にみる街づくり』日本経済新聞社、一九八八年、第四章）。

（6）「奴隷であれ移民であれ、外国の労働力を利用することは、工業諸国経済の発展過程における基本的な傾向であった」（サスキア・サッセン、前掲書、五五頁）。

（7）このときに受け入れられた外国人（日系ブラジル人を含む）の生活については、浜松市工業圏の実態調査（桑原靖夫『グローバル時代の外国人労働者――どこから来てどこへ』東洋経済新報社、二〇〇一年）を参照。

（8）Howard E. Aldrich and Roger Waldinger, "Ethnicity and Entrepreneurship", *Annual Review of Sociology*, Vol. 16, No. 1, University of Southern California, 1990, p. 111.

（9）形成過程については、杉原薫・玉井金五編『大正・大阪・スラム――もうひとつの日本近代史〔増補版〕』新評論、一九九六年、第五章、第六章を、現在の状況については、ソニア・リャン「大阪のトランス・ナショナルな街――エスノグラフィー」高全恵星監修（柏崎千佳子訳）『ディアスポラとしてのコリアン――北米・東アジア・中央アジア』新幹社、二〇〇七年、を参照。

（10）ここでは、混乱を避けるために、出自を韓民族・朝鮮民族とする人々について、アメリカ移民をさす場合はコリアンとし、日本の場合は韓国人、朝鮮人とする。

（11）国境を越えて移動する人々については、様々なカテゴリーによる呼び方がある。移民、亡命者、難民などがあるが、これらを統合して統計的には「移民（immigration）」として捉えられている。ここでは、国際的な移動そのものについて言うときは移民、受入国の社会での定着を問題にするときは民族集団と、適宜使い分ける。

（12）南川文里の指摘するように、定着は自明なことではない（南川文里前掲書『「日系アメリカ人」の歴史社会学』四三―四四頁）。ここでも定住化論を前提にしているわけではない。高い流動性が職業の選択など経済活動に及ぼす影響を認めつつ、さしあたり、結果として滞在が長期化し、定着していくことを想定する。

（13）高賛侑『在日&在外コリアン――ルポルタージュ』解放出版社、二〇〇四年、九六頁。

（14）リトル・トーキョーの形成については、歴史社会学のアプローチによる南川文里の興味深い研究を参照されたい（南川文里、前掲書『「日系アメリカ人」の歴史社会学』第二章、第三章）。

（15）杉原薫・玉井金五編、前掲書、第六章。住居差別や民族差別などの社会的な要因がエスニック・タウン形成を助長することは言うまでもない。実際に、横浜と神戸、サンフランシスコの中華街がそうであるように、各都市に形成されたエスニック・タウンには、移動の自由の制限をその成立の前提とし、差別と不可分な歴史的起源をもつものがある。一九二〇年代に東成区が朝鮮人の集住地域となっていく過程には、民族差別が影響した（同、二二二頁）。しかし、「社会的機能」は、移民が受入国の社会にスムーズに入っていくために必要なものであり、集住の傾向を規定する要因と言えよう。

(16) 「……アジア系移民受け入れの中断策とも相俟ち、第二次大戦後のアジアコミュニティの衰退化はひときわ目立った。とくに西海岸の大都市の日系コミュニティ（日本人町）の衰微ぶりは、注意しておいてよい。このことは、一部地区の商業、観光センター化の動きとは別に、初期移民の相互援助活動を果たした生活共同体としての役割が、歴史的に「終焉」したとも言える」（奥田道大編『コミュニティとエスニシティ』勁草書房、一九九五年、一八頁）。

(17) また、親族・友人・地縁関係の援助や刺激も移動の選択を可能にした条件であった（杉原薫・玉井金五編、前掲書、第五章）。

(18) Ivan H. Light and Steven J. Gold, *Ethnic Economies*, San Diego : Academic Press, 2000, chap. 8, を参照。

(19) この点は、民族集団が自立的に作り出した経済基盤＝「エスニック・エコノミー」（後述）という理論的概念に共通している。そこでは規定要素――エスニック・エコノミーの構成要素は、自営業、雇用主、同民族の従業員など――としての自営業に重点を置きながら、次のことが指摘されている。「エスニック・エコノミーの境界は、民族集団が雇われた仕事によって受入国の経済にどの程度浸透したかを示し、どの部門で新しい企業と雇用を創出して受入側の経済に接点をもつかを明らかにする。民族集団の経済的戦略の重要な特徴は、自ら作り出した自営業の機会と、受入国の社会から与えられる機会（一般労働市場での就労）との均衡点が、彼らの社会移動を促進する集団能力に影響するということである」(Ivan H. Light and Stavros Karageorgis, "The Ethnic Economy", in Neil J. Smelser and Richard Swedberg eds., *The Handbook of Economic Sociology*, Princeton, N. J. : Princeton University Press, 1994, p. 649)。一般労働市場より、コミュニティ内での就労が社会階層の上昇を可能にすると指摘する、Alejandro Portes and L. Robert Bach, *Latin Journey : Cuban and Mexican Immigrants in the United States*, Berkeley : University of California Press, 1985, も参照。

(20) Howard E. Aldrich and Roger Waldinger, op. cit.

(21) 所得上昇が可能な労働市場への浸透も、一つのルートであろう。もっともそれは、一世代では成し遂げられず、世代交代も含めた長期を要することが知られている。例えば、アメリカのユダヤ人、アジア系の民族マイノリティの場合、第一世代は自営業などの商業中心であったが、その所得を基盤にして高等教育を受けた第二世代は、専門的な職業中心になり、世代交代を経ながら、集団的に社会階層の上昇を成し遂げた (Pyong Gap Min, *Caught in the Middle : Korean Communities in New York and Los Angeles*, Berkeley and Los Angeles : University of California Press, 1996)。本書との関連から、ここでは自営業、企業に注目する。

(22) わかりやすい事例として、大久保のコリアン・タウンの変貌を挙げることができる。稲葉佳子（『オオクボ　都市の力――多文化空間のダイナミズム』学芸出版社、二〇〇八年）の調査によると、大久保の商業地区は、韓流ブーム後、韓国レストラン、韓国食材店などの店舗数の増加とともに、業種が多様化し、空間的にも拡張した。同書は、一九九〇年代から約二〇年にわたる地道なフィールド調査により、大久保の変貌を鮮やかに描き出している。この地区は一九九〇年以降、劇的な変容期を迎えるが、稲葉は、その様子について、背景にある日本社会の状況に目を配りながら、商店の空間的拡張を、事業の業種変化における民族の多様な対応とその結果として描いている。

(23) 鰺坂学は、「同郷団体とエスニック・グループとは質的・量的な差異はあるが、しかし社会的な基層における機能・役割は関連性をもっていると考えられる」と述べている（鰺坂学『都市移住者の社会学的研究』法律文化社、二〇〇九年、二三〇頁）。残念ながら、具体的な分析までは至っておらず、共通する論点の提示は、今後の課題として残されている。本書は、この点に直接答えることを課題としていないが、コミュニティの機能は共有できる論点となるであろう。また、ここでのコミュニティの経済的機能は、近年精力的に研究が進められているディアスポラをめぐる議論にも繋がる論点である（「コンファレンス・レポート　社会経済発展とディアスポラ〈離散共同体〉——情報・知識・技術伝達と労働力の局面から」『社会経済史学』第七三巻第六号、二〇〇八年）。

(24) 鰺坂学、前掲書。

(25) 同前。

(26) 民族集団の経済活動に関連する諸研究では、様々な呼称が使われており、定義に一致した見解がない。研究によって、入国間もない移民を指す“immigrant”や、同じ出身国の背景をもつ集団とする“ethnic”ないしマジョリティでない人たちを指す“minority”などが適宜使用されている（Gwen Richtermeyer, *Minority Entrepreneurs : A Review of Current Literature*, Business Research & Information Development Group, 2002, p. 4）。マイノリティという呼び方は、四年ごとに調査、発表される“Survey Minority Owned Business Enterprises”の分類によるものであり、少数民族や女性所有の企業が対象となっている。ここでは定義に立ち入ることはできないが、マイノリティとしての立場を重視するという意味で、民族マイノリティと呼ぶことにする。

(27) 民族マイノリティ企業家については、例えば、文化的側面からの説明（cultural explanation）、差別など社会的に与えられる構造的な問題に着目した説明（disadvantage explanations）、民族内の社会ネットワークによる説明（reactive ethnicity explanation）、人的資源からの説明（resources explanation）などがある（Gwen Richtermeyer, *op. cit.*）。これらの諸研究の重要な論点は、民族間に見られる多様な経済活動を説明することである。ここでは、Ivan H. Light and Steven J. Gold, *op. cit., Ethnic Economies* ; Ivan H. Light and Stavros Karageorgis, op. cit., “The Ethnic Economy”; Ivan H. Light, “The Ethnic Economy”, in Neil J. Smelser and Richard Swedberg eds., *The Handbook of Economic Sociology, second edition*, Princeton, N. J. : Princeton University Press, 2005にもとづいて、エスニック・エコノミーの議論を中心に見る。

(28) Ivan H. Light and Steven J. Gold, *op. cit., Ethnic Economies*, chap. 1 ; Ivan H. Light and Stavros Karageorgis, op. cit., “The Ethnic Economy” ; Ivan H. Light, op. cit., “The Ethnic Economy”.

（29）Edna Bonacich, "A Theory of Middleman Minorities", *American Sociological Review*, Vol. 38, No. 5, 1973, p. 583.

（30）W・ゾンバルト（金森誠也監訳）『ユダヤ人と経済生活』荒地出版社、一九九四年、マックス・ヴェーバー（大塚久雄訳）『プロテスタンティズムの倫理と資本主義の精神』岩波書店、一九八九年。

（31）Ivan H. Light, Steven J. Gold, *op. cit.*, *Ethnic Economies*, chap. 1 ; Ivan H. Light and Stavros Karageorgis, op. cit., "The Ethnic Economy".

（32）Ivan H. Light and Carolyn Rosenstein, *Race, Ethnicity and Entrepreneurship in Urban America*, New York: Aldine De Gruyter, 1995, chap. 1.

（33）Ivan H. Light and Stavros Karageorgis, op. cit., "The Ethnic Economy", p. 648.

（34）Ivan H. Light and Carolyn Rosenstein, *op. cit.*, *Race, Ethnicity and Entrepreneurship in Urban America*, chap. 1.

（35）マイノリティ経済活動の特徴である、立地・産業の集中は地域内の再開発に繋がり、雇用機会をもたらすという論調が生まれた。このような肯定的な捉え方は、さらに一九八〇年代以降のＩＴブームに後押しされて一段と強まり、少数民族の経済活動に関する議論は、理論的蓄積を増すようになった。例えば、John Sibley Butler and George Kozmetsky eds., *Immigrant and Minority Entrepreneurship : The Continuous Rebirth of American Communities*, Westport, CT : Praeger Publishers, 2004がある。

（36）先進国において民族マイノリティの経済活動の基盤に関する理論的説明が求められるなかで、ミドルマン・マイノリティ論は、仲介機能を必要とする社会構造に注目する。例えば、白人と黒人のように社会的階層に格差があるアメリカ社会では、マジョリティの製品を下層の集団に仲介する役割を担う者が必要であり、それに対応する非黒人の民族マイノリティがミドルマン・マイノリティとなる。ある民族がミドルマン・マイノリティとなる規定要因は、まず、寄留（Sojourning）である（Edna Bonacich, op. cit.）。長期的には本国に帰るという意思があるため、受入国での資産固定的な投資を嫌う傾向があり、移動可能で「流動」的な資産の投資を好むということが指摘される（Edna Bonacich, op. cit.）。その他、商業と小企業への集中（David J. O'Brien and Stephen S. Fugita, "Middleman Minority Concept : Its Explanatory Value in the Case of the Japanese in California Agriculture", *The Pacific Sociological Review*, Vol. 25, No. 2, 1982, p. 187）、ミドルマン・マイノリティの文化的差異と経済的優位性による主流社会からの敵対心、などが、規定要因として指摘される（Edna Bonacich, op. cit.）。この理論が魅力的なのは、職業選択ができないマイノリティは、初期投資が小さい現金商売を選択すると考えられ、代表的に商業に集中することが経験的に知られているからである。こうした経済活動に注目し、民族間の対立構図を説明する理論的流れがある。例えば、ミン（Pyong Gap Min, *op. cit.*）は、白人と黒人の間に社会的に大きな格差が存在する構造によってミドルマン・マイノリティが活躍する余地が発生し、それに対応したのが在米コリアンであったとする。

(37) Ivan H. Light and Stavros Karageorgis, op. cit., "The Ethnic Economy", p. 648.

(38) In-Jin Yoon, *On My Own: Korean Businesses and Race Relations in America*, Chicago: The University of Chicago Press, 1997, p. 30.

(39) Edna Bonacich, op. cit., pp. 589-592.

(40) ミドルマン・マイノリティ論への批判として、次の限界が指摘されている。第一に、市場システムが浸透した先進諸国では存在しないと捉えること、第二に、商業（貿易）以外の業種については、適切な説明ができないこと、第三に、民族の文化的な要因に偏りすぎ、エスニック経済と一般経済との相互関係を説明できないことである（Ivan H. Light and Stavros Karageorgis, op. cit., "The Ethnic Economy", p. 648）。

(41) 民族集住地域（ethnic neighborhood）の表現も使われる（Howard E. Aldrich and Roger Waldinger, op. cit.）。

(42) 民族コミュニティを、他の民族がアプローチできないニッチ・マーケットして捉え、それが活発な企業家活動の基盤になると説明する見解がある。ミドルマン・マイノリティ論が企業家活動の発揮を、差別、抑圧のなかで生き残るための非自発的な戦略の結果として位置づけるのに対して、これらは社会移動のために選択された手段として捉える。John Sibley Butler and George Kozmetsky eds., *op. cit.*, pp. 39-41, を参照。

(43) この見解は、黒人ビジネスの発生や成長を事例として取り上げた、拙稿「マイノリティ企業の発展」（経営史学会編『外国経営史の基礎知識』有斐閣、二〇〇五年）で、簡単に示したことがある。

(44) エスニック・エンクレーブ論は、ポート（Alejandro Portes）やその仲間たちを中心に展開されてきた。もともとは、分化された一般労働市場（二重構造）とは異なるコミュニティ内に吸収されることによって、社会上昇を果たすことができるとする、労働市場に関する仮説である。詳しくは、Alejandro Portes and L. Robert Bach, *op. cit.*; Alejandro Portes, "The Social Origins of the Cuban Ecnclave Economy of Miami", *Sociological Perspectives*, Vol. 30, No. 4, 1987, を参照。本項での記述は、断りがない限り、これらによる。コミュニティ内で同民族を雇用する自営業者や雇用者にも注目するなど、理論的前進についての評価と限界については、Ivan H. Light and Steven J. Gold, *op. cit.*, *Ethnic Economies*, chap. 1 を参照。

(45) 小世界が作られる前提条件として差別が想定されている点で、ミドルマン・マイノリティ論とも共通するが、小世界のなかではマイノリティという概念も消えてしまう。この点からも明らかなように、エスニック・エンクレーブから「マイノリティ」の経済活動の特徴を摑むためには、小世界それ自体の分析のみではなく、マジョリティとの比較の視点を導入する必要がある。また、民族同士の取引依存度が高いとしても、エンドユーザーは一般社会にある場合、この最終的な取引が民族全体に有効に作用するかは、自明ではない。

（46）Ivan H. Light and Stavros Karageorgis, op. cit., "The Ethnic Economy", p. 650. エンクレーブ・エコノミーを囲い込まれた（self-enclosed）空間として捉える枠組みの限界については、Pnina Werbner, "Metaphors of Spatiality and Networks in the Plural City : A Critique of the Ethnic Enclave Economy Debate", *Sociology*, Vol. 35, No. 3, 2001, を参照。

（47）"interactionalism" (Ivan H. Light and Stavros Karageorgis, op. cit., "The Ethnic Economy", p. 657) など様々な呼び方があり、ここでは、Ivan H. Light and Steven J. Gold, *op. cit., Ethnic Economies* による。

（48）理論的枠組みも著者によって異なるが、ここでは、Howard E. Aldrich and Roger Waldinger, op. cit., In-Jin Yoon, *op. cit.*, pp. 43-47 にもとづいている。

（49）同段落は、Ivan H. Light and Carolyn Rosenstein, *op. cit., Race, Ethnicity and Entrepreneurship in Urban America*, chap. 1 による。

（50）Ivan H. Light and Stavros Karageorgis, op. cit., "The Ethnic Economy"; Ivan H. Light and Carolyn Rosenstein, *op. cit., Race, Ethnicity and Entrepreneurship in Urban America*, chap. 1.

（51）民族マイノリティの自立的な経済領域を捉えるエスニック・エコノミーの構成要素は、自営業者、経営者、従業員、エスニックが主流社会で従業員として独占した経済領域（ethnic-controled economy）である（Ivan H. Light, op. cit., "The Ethnic Economy"; Ivan H. Light and Steven J. Gold, *op. cit., Ethnic Economies*）。このうち四つ目の経済領域は、ある業種に特定の民族マイノリティが多数携わることによって、雇用や賃金の交渉に影響を与えられることが想定されている。統計的に抽出することはできないが、民族マイノリティの雇用を確保し、社会移動を実現する手段として重視されるようになった。

（52）Ivan H. Light and Stavros Karageorgis, op. cit., "The Ethnic Economy".

（53）ここでの豊かさは、絶対的な水準を基準にしていない。エスニック・エコノミーの存在が、民族マイノリティの経済的な状況を改善の方向に導くという意味である。このように考える根拠は、一般労働市場から差別される現実がある場合、人的資源に見合った所得を与えたり、自営業として独立する上で必要な経営ノウハウが習得できたり、あるいは失業者を吸収できるなどのことである。一般労働市場とエスニック・エコノミーの所得の比較は、民族、業種など様々な条件によって異なり、実証的な問題が指摘されている。しかし、学歴の高いコリアンの場合は、一般労働市場より自営業者の所得が高いことが報告されている（Ivan H. Light and Carolyn Rosenstein, *op. cit., Race, Ethnicity and Entrepreneurship in Urban America*）。民族マイノリティによって規模が異なるため程度の差はあるが、エスニック・エコノミーの存在によって、「追加的に」（差別による不利を代替するという捉え方ではないことを指す）経済メリットが与えられるとする興味深い論点である。

（54）需要の側面（opportunity structure）では、市場について、民族の文化的ニーズによって発生する市場、規模の小さい業種、市場変動が激しい業種などにビジネスチャンスがある（Howard E. Aldrich and Roger Waldinger, op. cit., pp. 116-177）。

（55） Howard E. Aldrich and Roger Waldinger, op. cit., p. 126.

（56） もちろん、社会学的な分析においては、経済活動において有効な、具体的な情報資源そのものが重要なのではなく、ネットワークのようなそれが伝播する仕組みを資源と捉えているのかもしれない。しかし、経済活動の結果を議論するうえでは、それに関連する、「経済的に有効な」資源からの説明が必要となる。

（57） 一九八〇年代後半以降、ニューカマーと言われる外国人労働者の増加を背景とし、フィールド調査が精力的に行われた。代表的な研究に、奥田道大を中心とした研究グループの成果がある。奥田道大・広田康生・田嶋淳子『外国人居住者と日本の地域社会』明石書店、一九九四年、田嶋淳子『世界都市・東京のアジア系移住者』学文社、一九九八年などを参照。アメリカでの研究の資源アプローチに触発された、ニューカマーの韓国人企業家の研究の成果もある（林永彦『韓国人企業家――ニューカマーの起業過程とエスニック資源』長崎出版、二〇〇四年）。他方で、在日中国人の経済活動については、日清食品の創業者（安藤百福）に注目した研究や地域研究関連のものがあるが、歴史研究の蓄積は乏しい。神戸華僑華人研究会編『神戸と華僑――この一五〇年の歩み』神戸新聞総合出版センター、二〇〇四年の他、国際的なネットワーク、台湾やアメリカのベンチャー企業に注目して経営学的に分析した、王効平『華人系資本の企業経営』日本経済評論社、二〇〇一年、などの研究がある。これらの成果を統合するような視点、分析方法の共有は、今後の課題である。

（58） 同項の引用文、括弧内の頁は、特に断りがない限り、外村大『在日朝鮮人社会の歴史学的研究――形成・構造・変容』緑蔭書房、二〇〇四年、による。なお、本書では、敬称を省略する。

（59） 「具体的には前者は、民族独自の食品や衣類などを扱う商店、朝鮮料理を提供する飲食店、医院、代書、漢方薬局、朝鮮文印刷などの各種商業、サービス業であり、後者は長時間低賃金労働や危険、不潔であるといったことを理由に一般の人々が忌避し、朝鮮人労働者が従事していた零細家内工業と土建工事請負、廃品回収などである」（外村大、前掲書、一四八頁）。

（60） 他の朝鮮人とは異なる思想・理念をもち、一方で影響力をもつ階層でありながらも、日本社会から見れば区分され、経済的に在日朝鮮人社会を基盤にしている。

（61） 外村大、前掲書、四二四頁。

（62） 在日韓国・朝鮮人が日本の人口に占める割合は低いが、彼らが集中する特定産業においては、人口比率を上回って高い比率を占めるから、その経済活動の意味は決して小さいものではないと考える。経済活動への評価は、そうした実態を踏まえる必要があるが、実証研究の蓄積は乏しい。

（63） 例えば、朴鐘鳴編『在日朝鮮人――歴史・現状・展望』明石書店、一九九五年、福岡安則・金明秀『在日韓国人青年の生活と意識』東京大学出版会、一九九七年、姜在彦・金東勲『在日韓国・朝鮮人――歴史と展望』労働経済社、一九八九年、一二二―一三七頁。

（64）マイノリティ研究に関連する代表的な研究として、河明生『マイノリティの起業家精神――在日韓人事例研究』ＩＴＡ、二〇〇三年。

（65）拙稿「河明生著『マイノリティの起業家精神――在日韓人事例研究』」『社会経済史学』第七一巻第三号、二〇〇五年。

（66）徐龍達・全在紋「在日韓国・朝鮮人の商工業の実態」徐龍達編『韓国・朝鮮人の現状と将来――「人権先進国・日本」への提言』社会評論社、一九八七年。

（67）全在紋「在日韓国・朝鮮人企業経営の展開と展望」戦後日本経営研究会編『戦後日本の企業経営――「民主化」・「合理化」から「情報化」・「国際化」へ』文眞堂、一九九一年。

（68）こうした視点は、アメリカでの研究では、諸民族マイノリティが所有する資源（resource）に注目する潮流と共通性をもつ。在米コリアンは、母国で高学歴を取得しているが、アメリカ社会ではブルーカラーとしてしか雇用されず、人的資源に対する社会的な見返りが小さいため、「起業」を希望する傾向が強く、実際に、人口当たりの企業分布率が他民族に比べて高い（Pyong Gap Min, *op. cit.*）。この事例では、在米コリアンの高い自営業率は、人的資源があってはじめて実現できるものであると説明されている。このように、差別が直ちに経済活動を説明するわけではない。ライトは、一般の労働市場に吸収されるより、自ら事業を起こす傾向が強い集団の経済活動について、差別の存在が無差別的に説明要因になるわけではないとする（Ivan H. Light and Carolyn Rosenstein, *op. cit.*, *Race, Ethnicity and Entrepreneurship in Urban America*, chap. 4）。同氏は、その集団がもっている人的資源から期待される報酬と、労働市場から得られるそれの差の存在が重要であると説明する。このような視点から、文化的背景を具体的な要素に分解し、それらを起業を可能にする能力（capacity）とした上で、能力をもっているかいないかと、差別が存在するかどうかの組み合わせによって、「起業」の比率に異なる四パターンの結果を想定した。能力がある場合、差別が存在しないときに比べて差別が存在するときに「起業」性向は強められ、起業の実現を「可能」にする。能力がない場合、差別が存在しても、しなくても、「起業」という反応を示さない。実証的に根拠づけられてはいないが、具体的な経済活動を考察する上で、興味深い分析視角が示唆される。

（69）代表的な理論は、一般労働市場での低就業率を「差別」から捉えるディスアドバンテージ論である（ここでの説明は、In-Jin Yoon, *op. cit.*, pp. 34-43; Ivan H. Light and Steven J. Gold, *op. cit.*, *Ethnic Economies*, chap. 7, による）。民族マイノリティが、アメリカ社会に適応できる人的資源をもっていないことを考慮する潮流と、分断された労働市場として捉えて社会的差別を強調する潮流の二つが存在する。

(70) 同調査は、一地域を対象として無作為抽出によって協力が得られた標本の訪問アンケート調査であり、在日韓国・朝鮮人と中国人の標本数の規模が約五対一であるため、在日韓国・朝鮮人と中国人全体の特徴として捉えることはできない（神奈川県内在住外国人実態調査委員会『日本のなかの韓国・朝鮮人、中国人』明石書店、一九八六年）。しかし、資料が不足しているなかで、一般統計からも知りえない発見ができる貴重な調査である。

(71) 庄谷怜子・中山徹『高齢在日韓国・朝鮮人――大阪における「在日」の生活構造と高齢福祉の課題』御茶の水書房、一九九七年。

(72) 神奈川県内在住外国人実態調査委員会、前掲書、「第II章 自営業者の事業形態と経営」を参照。

(73) 庄谷怜子・中山徹、前掲書、第四章。

(74) 神奈川県内在住外国人実態調査委員会、前掲書、「第II章 自営業者の事業形態と経営」、「第III章 被雇用者の経済生活」、を参照。大阪調査では、「安定的な自立層」は約一五%程度と推定され、全体的には下層生活を強いられていると言う（庄谷怜子・中山徹、前掲書、第三章を参照）。

(75) 「差別される条件の下で経済活動でしか生活権を得ることができず、才能のある人が政治分野で満たされる名誉欲達成の機会を経済分野で見つける」（マックス・ヴェーバー、前掲書、一七頁）。

(76) W・ゾンバルト、前掲書。

(77) この分類は、外村大の「在日朝鮮人」の規定に依拠している（外村大、前掲書、三―四頁）。

(78) 同前。

(79) 産業は、同じ知識ベースを共有し、共有する組織能力の範囲をもつ企業の集合である（リチャード・R・ネルソン、シドニー・G・ウィンター（後藤晃他訳）『経済変動の進化理論』慶應義塾大学出版会、二〇〇七年。

(80) 就職のための情報収集において、弱い関係が強さをもつとすることについては、先駆的な研究（Mark Granovetter, "The Strength of Weak Ties", *American Journal of Sociology*, Vol. 78, No. 6, 1973, マーク・グラノヴェター（大岡美訳）「弱い紐帯の強さ」野沢慎司編・監訳『リーディングスネットワーク論――家族・コミュニティ・社会関係資本』勁草書房、二〇〇六年に収録）があり、有効な情報収集に関しても、弱い紐帯関係がより有効であるという指摘もある（Laurel Smith-Doerr and Walter W. Powell, "Networks and Economic Life", in Neil J. Smelser and Richard Swedberg eds., *The Handbook of Economic Sociology, second edition*, Princeton, N. J.: Princeton University Press, 2005）。在日韓国・朝鮮人の民族ネットワークが経済活動に影響するという観点からネットワークの性格を確定するのではなく、本書では経済活動においてどのように機能するかという視点で十分であろう。

(81) この点は、すでに他の研究でも指摘されている。例えば、陳天璽『華人ディアスポラ――華商のネットワークとアイデンティティ』明石書店、二〇〇一年。

(82)　それはアプリオリに固定された結論ではない。ここでは、とりあえずは、検証によって認められうるものである、と断っておきたい。

(83)　在日韓国・朝鮮人が集中する業種は、再生資源卸売業のなかでも「鉄スクラップ」と「非鉄金属スクラップ」である。神奈川県における商店数・従業員数・年間販売額は、再生資源卸売業と鉄スクラップは一九八二年、非鉄金属スクラップは八五年前後をピークにして減少している（『神奈川県の商業 商業統計調査結果報告』昭和三九年、九八—九九頁、昭和四一年、五六—五七頁、六五頁、昭和四三年、一六—一七頁、昭和五一年、七六—七七頁、昭和五四年、一九五—一九七頁、昭和五七年、八二—八三頁、昭和六〇年、昭和六三年より集計）。

(84)　「……そこでは、故郷の村から絶え間なく新たにその構成員となるべき朝鮮人を迎え入れ、それとともに物資や情報が移動してくるといった、朝鮮半島との紐帯や流動性が失われ、それゆえに日常生活レベルでの独自の文化は戦前において見られたほどには維持されていなかった」（外村大、前掲書、四二三頁）としており、戦前に比べた変化については明確であるが、そうした在日朝鮮人社会が同時代的に在日朝鮮人にとってどのような意味があるのかについては、論じていない。

(85)　外村は、先行研究への批判として、組織に主導される運動など、上層部の民衆への働きかけだけでは不十分であるとし、受容側の視点が必要であるとの論点を提起した。それに対して「変化の内在的な要因、その主体」を強調することは、彼の批判を後退させるものと捉えられるかもしれない。しかし、例えば同化の進行、本国の政治情勢の変化などによって生ずる変化や外的要因の変化とともに、内在的に変化する要因の分析も、まだ議論の余地があると考えている。本書は、そうした視点から、「経済」的側面の可能性について考察する、ということになる。

第Ⅰ部　はじめに

(1)　徐龍達・全在紋「在日韓国・朝鮮人の商工業の実態」徐龍達編『韓国・朝鮮人の現状と将来——「人権先進国・日本」への提言』社会評論社、一九八七年、二四八頁。

(2)　全在紋「在日韓国・朝鮮人企業経営の展開と展望」戦後日本経営研究会編『戦後日本の企業経営——「民主化」・「合理化」から「情報化」・「国際化」へ』文眞堂、一九九一年、五六〇頁。

(3)　同前、五五一頁。

(4)　徐龍達・全在紋、前掲、全在紋、前掲。

(5)　Edna Bonacich, "A Theory of Middleman Minorities", *American Sociological Review*, Vol. 38, No. 5, 1973.

(6)　Ivan H. Light and Edna Bonacich, *Immigrant Entrepreneurs: Koreans in Los Angeles 1965–1982*, Berkeley and Los Angeles:

University of California Press, 1988, chap. 7.

第*1*章

（1）本章は、拙稿「戦後の在日韓国朝鮮人経済コミュニティにおける産業動態」『経営史学』第三八巻第一号、二〇〇三年、を修正、加筆したものである。

（2）一九四五年八月二〇日時点での在日は、二二〇万六、五四一人とされている（西成田豊『在日朝鮮人の「世界」と「帝国」国家』東京大学出版会、一九九七年、四二頁）。その後、一九五二年までの在日については、統計的に正確な把握がされていない。概数に関しては、森田芳夫『数字が語る在日韓国・朝鮮人の歴史』明石書店、一九九六年、七九―八〇頁、一五六―一六一頁を参照。

（3）重要なのは、これらの労働・生活実態を在日全体の経済活動のなかにいかに位置付けるかであろう。

（4）徐龍達・全在紋「在日韓国・朝鮮人の商工業の実態」徐龍達編『韓国・朝鮮人の現状と将来――「人権先進国・日本」への提言』社会評論社、一九八七年。他に、呉圭祥『在日朝鮮人企業活動形成史』（雄山閣、一九九二年）においては、主要な論点が生活や運動におかれている。

（5）全在紋「在日韓国・朝鮮人企業経営の展開と展望」戦後日本経営研究会編『戦後日本の企業経営――「民主化」・「合理化」から「情報化」・「国際化」へ』文眞堂、一九九一年。

（6）河明生「日本におけるマイノリティの起業者活動――在日一世朝鮮人の事例分析」『経営史学』第三〇巻第四号、一九九八年、同「日本におけるマイノリティの「起業者精神」――在日一世韓人と在日二・三世韓人との比較」『経営史学』第三三巻第二号、一九九八年。

（7）同研究が明らかにした点は、主要産業・産業構成の地域的特徴など、本章の分析結果と、類似している点が多い。ただし、使用した資料が、在日企業自体ではなく民族組織の商工会へのアンケート調査、商工会による回答であるため、商工会会員の職種にもとづいた産業構成以外の、個別企業についての情報を知ることができない。本章で使用する企業名鑑からは、後掲表1-1にまとめたように、在日企業に関する基本的な情報を得ることができる。

（8）全在紋は、徐龍達・全在紋、前掲、の分析結果と一九五〇年代後半に朝鮮系在日が調査・発行した『在日本朝鮮人商工便覧』（在日本朝鮮人商工連合会、一九五六年）を比較しながら長期的な変化に注目している（戦後日本経営研究会編、前掲書、第一五章を参照）。長期安定的な第二次産業中心の産業構成、非製造業化など、本章での分析とほぼ同様の結果が示されているが、注（7）で指摘した資料の制約もあり、その要因については十分分析されていない。

（9）なお、利用可能な資料の連続性を重視して、いわゆる朝鮮系を除く韓国系の在日企業にさしあたり対象を限定する。朝鮮系の在日企業に関しては、在日本朝鮮人商工連合会、前掲書、と、東京朝鮮人商工会『在日朝鮮人商工業者商工便覧一九五七年版』一九五九年（同資料については、外村大『在日朝鮮人社会の歴史学的研究——形成・構造・変容』［緑蔭書房、二〇〇四年、四〇〇—四〇二頁］に紹介されているので参照されたい）の資料がある。

（10）在日企業に関する個別情報を収集した名鑑として発行・公開されたものは、在日の諸団体の非公開内部資料を除いて、合計七冊が確認されている。表1-1に掲載されたものの他に、韓日文化センター『在日僑胞實業人名録』一九六七年、共同新聞社が刊行した『在日韓国人実業名鑑——関西版』一九八九年、および注(9)で掲げた二冊がある。一九六七年版は、調査地域の偏りや情報の欠落の問題がある。関西版は、大阪中心に編集されており、欠落情報が多い。歴史的変化に注目する本章では、比較可能であり、かつ他の名鑑と比べて企業の経営情報が豊富である点から表1-1の資料を使用した。

（11）例えば、一九七五年調査にもとづいて統一日報社が発行した『在日韓国人企業名鑑』は、調査した二万社のなかで約七千社の企業を選別して掲載している。除外した企業の基準については不明である。企業名鑑に掲載された在日企業の経営規模が比較約大きいとみなしたのは、経営形態の個人経営に対する会社経営の比率による。一九七五年現在、在日企業は、経営形態の判明する二、三八六社のうち、個人企業（一、四二八社）と会社法人企業（九五八社、そのうち株式会社八九八社）の構成比が、五九・八％と四〇・二％の構成となっている。日本全国の企業一般は、それぞれ八〇・八％、一九・二％である。また、筆者の集計によると大阪府事業所と比較した従業員数規模・日本全国の会社と比較した資本金規模の階層別分布も、在日企業のそれが相対的に大きい階層の比率が高い。注(14)もあわせて参照されたい。

（12）産業構造を分析する際、サンプル・バイアスとして注意すべきは、経営規模と産業間の構成比である。経営規模の問題は、注(11)、注(14)を参照。第二節の分析対象となる持続企業の産業構成（大分類）は、国勢調査（総務庁統計局『平成七年国勢調査報告 第三巻その一 全国編』七四頁、二四〇頁）より集計した結果とほぼ同様の結果となっており、本章で使用する企業名鑑がサンプルとして有効性をもっていると判断できる。

（13）企業名鑑の刊行元としての組織に注意した場合、一九四七年の事業所名簿を刊行した在日本朝鮮人連盟大阪本部は、朝鮮総連の組織に受け継がれる。ここでは、朴慶植の見解を受容し、南北の政治対立が在日経済社会、特に経済組織において表面化するのは、朝鮮戦争以降と考える。したがって、同年度のものに限っては、組織が網羅する在日企業に政治的立場の区分はないとみなす。朴慶植『解放後在日朝鮮人運動史』三一書房、一九八九年、二一五—二三八頁を参照。

（14）一九七五年企業名鑑、九七年企業名鑑より、三〇〇人規模未満が、従業員数規模のわかる前者一、五〇二件、後者一、一〇七件のなかで約九八％（両年ともに）を占めるとの集計結果が得られた。

（15）一般的に日本の企業関連の統計資料上では、在日による所有ないし経営などの情報の認知は不可能である。大阪商工会議所調査課編『大阪中小企業実態調査報告書』一九四七年、では、産業ごとの組合員外の経営体を「アウトサイダー」として分類しているが、そのなかに朝鮮人による経営体が登場している。アウトサイダー一一九社のなかで、在日は特にセルロイド、ゴム製品に多い。いずれも零細であり、生産性や品質向上に問題があるものとして把握されていたが、表1-2に表れる行政側から把握しきれない生産活動があったことに注目できよう。なお、終戦後の混乱期に、これだけ大規模に調査された地域は、大阪府以外にない。大阪府は、一九七五年、九七年企業名鑑によれば、全国的に見ても在日企業がもっとも多い（年度順に、全国の一二％、一〇％）地域であり、ここでの分析結果も代表性をもつものと考える。

（16）総理府統計局『昭和二六年事業所統計結果報告 第二巻 大阪府』一一〇―一一三頁、二〇二―二〇五頁。

（17）戦前の大阪における在日朝鮮人の職業に関しては、岩佐和幸「世界都市大阪の歴史的形成――戦間期における朝鮮人移民の流入過程を中心に」（『経済論叢別冊 調査と研究』第一六号、一九九八年）、河明生『韓人日本移民社会経済史――戦前篇』（明石書店、一九九七年、一二五―一七二頁）を参照。これらにおいて共通して指摘されているのは、在日朝鮮人が、ガラス、ゴム、「土方」など特定の産業や職種に集中していた点である。

（18）大阪興銀『大阪興銀三十年史』一九八七年、二二頁。大阪興銀は、一九五五年に在日の商工人が設立した信用組合である。民族系金融機関については、第II部で分析する。大阪興銀は、二〇〇〇年一二月に破綻した時点では、預金高、貸出金で全国信用組合のなかの第一位の大手であった。なお、同社史には、他の出版物では入手できない大阪府の在日産業についての情報が豊富に掲載されている。

（19）同前、二三頁。

（20）同前、二四頁。

（21）生野区は、一九四三年東成区から分離した。戦前の同区におけるゴム製品製造業と朝鮮人については、杉原達『越境する民――近代大阪の朝鮮人史研究』（新幹社、一九九八年、特に第四章）を参照。またこれを戦後に引き継ぐ同区のケミカルサンダル製造業に関しては、庄谷怜子・中山徹『高齢在日韓国・朝鮮人――大阪における「在日」の生活構造と高齢福祉の課題』御茶の水書房、一九九七年、九三―一四四頁、を参照。

（22）大阪商工会議所調査課編、前掲書、一一―二六頁。

（23）『在大阪朝鮮人各種事業者名簿録』（一九四七年）に掲載された事業所の九五％以上が居住地と同様となっている。なお、戦前の大阪における在日朝鮮人の集住地域に関しては、河明生、前掲書『韓人日本移民社会経済史』一九二―一九五頁、佐々木信彰「一九二〇年代における在阪朝鮮人の労働＝生活過程」（杉原薫・玉井金五編『大正・大阪・スラム――もうひとつの日本近代史〔増補版〕』新評論、一九九六年、特に一六六頁）を参照。

(24) 序章の分析方法を参照（二五―二六頁）。

(25) 同産業は、一九七五年の統計上の制約で特化係数が得られなかったため、日本経済一般との比較はできなかった。しかし、戦前から在日の多くが就業している分野であり、在日の特徴的（表1-7参照）なこの産業が一九四七年に重要産業として登場しなかったのは、当時にはまだ事業所を構えずに屑鉄を集配、売買する形態が主流であったことによると考えられる（東大阪市所在の屑鉄会社経営者の証言、二〇〇一年四月一二日聞取り調査より）。

(26) 一九七五年企業名鑑の事業内容より。

(27) ただし、特化係数が一を下回っており、表1-3の近畿地方全域とは様子が異なる。表1-5、表1-6の兵庫県、京都府においても特化度の低下が見られる。全事業所の飲食店が大阪市など、大都市に多く立地することが影響したと思われる。その限りで特徴的な産業とは言えないが、本文で述べたように、飲食店のなかでも在日が焼肉・韓国料理店という特定の業種に集中していることは民族性を表している。いずれにせよ、この点は、在日がもっとも集住する大都市において、在日企業がビジネスチャンスとして特に注目している産業は、製造業であることを示すと言えよう。

(28) 兵庫県における戦前の在日朝鮮人の集住分布は、金英達「兵庫在日朝鮮人人口統計」（兵庫朝鮮関係研究会『在日朝鮮人九〇年の軌跡――続・兵庫と朝鮮人』神戸学生青年センター出版部、一九九三年、二四二―二四三頁）を参照。

(29) 総理府統計局『昭和五〇年事業所統計結果報告 第二巻 事業所に関する集計 都道府県編』その二八、兵庫県、一九二―一九五頁より算出。

(30) 神戸市全事業所のなかに同産業の占める構成比を分母にした特化係数は、八・三と兵庫県に比べたときより低くなる。ゴムは、長田区に集積した産業である。

(31) また、兵庫県のゴムの朝鮮人企業数について確認できる一九四八、四九年を見ると、六〇社、七〇社あり、朝鮮人企業を除く企業数は、同年、八五社、一〇二社であり、すでに企業数の上でかなりのウエートを占めていることが分かる（日本ゴム工業会『日本ゴム工業史』第二巻、東洋経済新報社、一九六九年、五六二頁）。一九四五年から四九年の間における企業・工場の増加率は、兵庫県が全国最高であり、これは、終戦時には存在しなかった在日朝鮮人企業が多数設立されたことが背景となっている（同書、五六二―五六三頁）。

(32) 堀内稔「神戸のゴム工業と朝鮮人労働者――一九三三年を中心に」『在日朝鮮人史研究』第一四号、一九八四年。

(33) ここであらためて注意すべきは、一九七五年、九七年企業名鑑におけるサンプルの相違である。表1-6の京都府の建設業は七・五％であり、一九九七年に染色整理業の比率が相対的に低下したとはいえ、建設業が二〇ポイントも増加したと見るのは、過大評価であろう。特に京都市南区の地域は、戦前から土木関係の労働者が集住してきた点、例えば染色整理業などの他産業から建設業に参入することはほとんどない（第二節参照）点、などを考慮すれば一九七五年の調査では土木工事の企業が漏れていた可能性が大きいと見てよい。以下においては、正確な変化値ではなく、長期的な傾向として捉えて分析した点を強調しておきたい。
(34) 一九九七年現在の在日製造業の比率は、大阪府が三四・三%、京都府は一三・九%であった。一九七五、九七年企業名鑑より集計。
(35) 一九七五年、九七年企業名鑑より集計。
(36) 企業名鑑は調査サンプルが体系的に連続しておらず、個別企業の発展に関する分析には必ずしも適合しないという難点がある。その欠点を補完する手段として、二つの名鑑に連続的に掲載されている企業、三八四社を抽出し、持続企業の事業内容の変化に注目した。三八四社は、一九七五年と九七年の企業名鑑で確認できる企業数である。したがって、同期間において持続企業として成長したが、ここで網羅されていない企業も多数存在するであろう。しかし、この持続企業は、筆者の集計によれば、前項で明らかになった産業構成比とその変化に照応しており、サンプルとしての有効性が認められる。
(37) 一九七五年、九七年の事業内容を比較し、「変化なし」、「変更」の二分類とした。後述する「変更」については、「事業転換」（本文で説明）、「専門化」、「非関連多角化」、「関連多角化」の四つに分類した。
(38) 一九七五年、九七年企業名鑑の集計より算出。
(39) 総務庁統計局『平成八年事業所・企業統計調査報告 第三巻 企業に関する統計 会社企業編』一九九六年、二五二―二八一頁。
(40) 一九九七年企業名鑑より集計。
(41) 同段落資産額は、通商産業省編『昭和二五年工業統計表 第一巻』二―一五頁、通商産業大臣官房調査統計部編『昭和五二年工業統計表』二―一〇〇頁、同編『平成九年工業統計表』二―六一頁より算出。
(42) 在日の企業金融の具体的な解明は困難である。時期的に遡ることになるが、次の事例を取り上げておこう。一九五〇年一二月一六日の衆議院大蔵委員会では、国籍条項の解釈如何によって、公的金融機関の在日への融資がなされない可能性があると認めている（第一〇回国会衆議院「大蔵委員会議事録」第三号）。詳しくは、第II部で分析する。
(43) 各年度の企業名鑑の事業内容より（以下の叙述において、特に断りがない限り同様）。他に、衣類は小分類のニット製外衣・シャツ製造業（衣服のなかの四三・七%）に属するニット製造・メリヤス製造に集中していた。一九四七年時点において多くの在日がかかわっている産業であるが、九七年まで主要産業としての位置を強固に保っている。大阪府とともに兵庫県でも在日産業として重要である革製品についても、履物に集中（七三・八%）している。
(44) 在日韓国人の洋装染色業者の証言（二〇〇一年八月二日聞取り調査より）および、一九七五年、九七年企業名鑑の事業内容より。
(45) 在日韓国人の和装染色業者の証言（二〇〇一年八月一五日聞取り調査より）。以下の内容は、同業者への聞取り調査に依拠した叙述である。

(46) 戦後の産業別出荷額の長期的傾向を見ると、一九八〇年代前半から成長率が急速に鈍化している（日本統計協会『日本長期統計総覧』第二巻、一九八八年、三二四―三三九頁より算出）。
(47) 「戦前、戦中、ゴム工場の下積みとして働いてきた同胞は多い。そうしたことが、戦後同胞によるゴム及びその関連業界での活動が大きく評価され、神戸のゴム工業界に隠然たる勢力をもつにいたる原因であろう」（神戸ゴム工業協同組合『創立四十周年記念 神戸ゴム工業協同組合史』一九八七年、一一八頁、五三―五五頁）。ちなみに、神戸ゴム工業協同組合は、在日業者によって結成された組合である。関満博・大塚幸雄編『阪神復興と地域産業――神戸市長田ケミカルシューズ産業の行方』（新評論、二〇〇一年、五〇―五七頁）、元ケミカルシューズ底材料製造業者の証言（二〇〇一年八月二〇日聞取り調査より）。
(48) 同前。ただし、メーカーと縫製など工程間の下請関係は、流通を通さない直接取引をする。
(49) 一九九五年の阪神大震災が在日業者に及ぼした影響については、同年を前後とした連続的統計がないため、正確な把握は困難である。日本人を含む業界全体では、一九九九年現在、メーカー・資材製造業・加工業を合計して、震災前よりおよそ七〇〇社減少した（日本ケミカルシューズ工業組合の資料）。前掲聞取り調査によれば、産業そのものが一九七〇年代以降停滞しており、特に、震災を契機として廃業する場合があったと言う。同産業の一九七〇年代以降の変化については、関満博・大塚幸雄編、前掲書、六〇―六六頁を参照。
(50) ケミカルシューズ製造業のデザイン機能は、従来はメーカーが担っていた。しかし、デザインが真似されやすいためメーカーは類似品の生産によって激しく競争していた。近年には企画問屋、メーカーの自主努力など、再編が行われている（前掲聞取り調査より）。
(51) 大阪興銀、前掲書、一二一頁と、同信用組合への聞取り調査より。大阪興銀は一九九三年に神戸商銀とその他三つの民族系金融機関を吸収合併して関西興銀となっており、兵庫県の在日企業についても詳しい。また同地域の建築会社の経営者（朝鮮籍をもつ在日二世）の証言からも確認された（二〇〇一年八月二五日聞取り調査より）。以下の叙述はこの聞取り調査内容による。
(52) 二〇〇〇年六月一三日聞取り調査より。
(53) 大阪興銀、前掲書、一二一頁。
(54) 二〇〇六年一一月二一日聞取り調査より。
(55) 一九七五年、一九九七年企業名鑑の事業内容、中島健吉『風雪五十年』彩書房、一九九七年、㈱エース電研社史編纂委員会編『エース電研二〇年のあゆみ』エース電研、一九八四年、㈱マルハンへの聞取り調査（前掲）より。手記などによれば、パチンコホールを扱う韓国人仲介業者も存在する（成美子『歌舞伎町ちんじゃら行進曲』徳間書店、一九九〇年、二九―三〇頁）。詳しくは、第3章を参照。

（56）大阪興銀、前掲書、八七頁。大阪興銀への聞取り調査（二〇〇一年、前掲）より。

第2章

（1）本章は、拙稿「京都繊維産業における在日韓国朝鮮人企業のダイナミズム」『歴史と経済』第一八七号、二〇〇五年、を修正、加筆したものである。
（2）以下、在日の産業構造に関する記述は第1章に依拠している。
（3）特化度は、日本の産業構成比に対する在日の産業構成比（特化係数）で表される。一を超えて高ければ高いほど在日のかかわりが深い産業であることを表す。詳しくは序章を参照。
（4）第1章、五〇―五五頁を参照。
（5）全在紋「在日韓国・朝鮮人企業経営の展開と展望」戦後日本経営研究会編『戦後日本の企業経営――「民主化」・「合理化」から「情報化」・「国際化」へ』文眞堂、一九九一年、五四七―五五二頁。もっとも、同氏の見解は、日本全国の在日事業所の産業構成について一九五〇年代半ばから八〇年代半ばまでの変化を分析した内容にもとづいている。時期と対象の違いは考慮されるべきであるが、第1章は、製造業の比重が大きい近畿地方の在日企業を対象としており、製造業の環境が大きく変わる一九七〇年代半ば以降（同氏の分析時期と重なる）の変化を日本の地域経済の傾向を基準に評価している。
（6）筆者が想定しているコミュニティは、外村が対象とした「在日朝鮮人社会」（『在日朝鮮人社会の歴史学的研究――形成・構造・変容』緑蔭書房、二〇〇四年）に近い概念であるが、詳しくは序章で論じたように、同氏の「在日朝鮮人社会」に比べ範疇の狭い概念である。外村は、日本社会のなかに存在する民族独自の「在日朝鮮人社会」について、形成の起点としての一九二〇年代から、社会環境の変化と民族独自の社会的紐帯、文化、活動、意識などに光を当て、これらの変容による同社会の維持と変化の両側面まで含めて歴史的分析を行った。
（7）在日企業名鑑は、管見の限り、第1章の「はじめに」で述べたように、七回にわたって刊行された。もっとも、これらは、それぞれの調査機関・調査方法・編集内容の不一致、サンプル・バイアスなどの問題のため、連続的に捉えることはできない。第1章では、比較可能な一九七五年と九七年を中心に分析した。本章の表2-8もその集計にもとづいている（企業名鑑の概略と集計方法は、第1章の「はじめに」を参照）。表2-4は、調査内容が異なるので表2-8と直接比較することは困難であるが、変化については第1章の分析を前提に「傾向」として捉えることにしたい。
（8）「在日朝鮮人社会」形成の起点を一九二〇年代とする外村大の見解に依拠している（外村大、前掲書、一〇三―一〇七頁）。
（9）入管協会『平成一三年版在留外国人統計』二〇〇一年、四九頁。

(10) 二〇〇〇年現在、上位六都府県に約六五%が集中している（入管協会、前掲書、より）。

(11) ただし、そのほとんどは大都市の低所得層と言われる下層社会に流入していき、京都に限って言えば、伝統的な被差別部落地域へと吸い込まれていった（許光茂「戦前京都の都市下層社会と朝鮮人の流入――朝鮮人の部落への流入がもつ歴史的意義をめぐって」在日朝鮮人研究会編『コリアン・マイノリティ研究』第四号、二〇〇〇年、七三―七六頁）。朝鮮人部落の形成とその条件については、大阪を中心に分析した、樋口雄一「在日朝鮮人部落の成立と展開」（小沢有作編『近代民衆の記録 一〇 在日朝鮮人』新人物往来社、一九七八年）を参照。

(12) 西成田豊『在日朝鮮人の「世界」と「帝国」国家』東京大学出版会、一九九七年、第二章。

(13) 西成田豊、前掲書、一二五頁。また、松田利彦によると、経済的基盤をもった在日の各級選挙への立候補の現象が、一九三〇年代後半には地域的広がりをもちながら見られた（松田利彦『戦前期の在日朝鮮人と参政権』明石書店、一九九五年、七七―一〇〇頁）。全体的に、市議選以下の町村議選、学区議員選などの下位レベルの議会選挙に集中していたとはいえ、階層分化が広がっていく様子がうかがえる。京都では、一九三四～三八年に二四名が立候補し八人が当選した。

(14) 京都市社会課『市内在住朝鮮出身者に関する調査』一九三七年、九九頁。

(15) 一九三〇年代初期において京都府の一般雇用が順調に回復したのに対し、在日の失業率は著しく上昇した。詳しくは後藤耕二「京都における在日朝鮮人をめぐる状況――一九三〇年代」『在日朝鮮人史研究』第二一号、一九九一年、三七―三八頁を参照。

(16) 京都市社会課、前掲書、一五八頁。

(17) 京都の染色業は、一九二〇年代末の不況から反転し、三〇年代に概して成長した。染価、染物業場数、職工数で見ると、一九三一年で底を打ち、染価は三六年に約三倍、染物業場数および職工数は三七年にそれぞれ約一・三倍、一・七倍を記録した（『京都府統計史料集――百年の統計 第二巻 農林水産業商工業』一九七〇年、四八八頁より計算）。

(18) 河明生『韓人日本移民社会経済史――戦前篇』明石書店、一九九七年、一〇六―一〇八頁。

(19) 京都市社会課、前掲書、一六二―一六三頁。

(20) 在日と日本人の賃金格差は、京都の代表的な職種である土工、紡績職工は八～一〇%、染物工は二五%である。西成田豊、前掲書、一一〇―一一一頁。

(21) 同時代の朝鮮新聞には、一九三〇年代後半から、在日が経営する商工業や朝鮮人向けの商業、サービス提供の店の広告が掲載されるようになった（外村大「戦時下の在日朝鮮人社会」『社会科学討究』第四一巻第三号、一九九六年、八三七―八三八頁）。複数の新聞の広告を網羅して集計し戦間期の在日商工人の特徴を描いた分析として、外村大、前掲書『在日朝鮮人社会の歴史学的研究』第四章、二〇〇―二二三頁、は一読に値する。なお、そこではこれらの存在を「在日朝鮮人社会」のリーダー層として捉え、彼らの役割に注目しつつ同社会の構成員の多様性を浮き彫りにしている。

(22) 統一日報社「在日韓国人企業名鑑編纂委員会」編『在日韓国人企業名鑑』統一日報社、一九七六年集計より。

(23) 京都商工会議所『京友禅に関する調査』一九四〇年、五〇—五二頁。染色業における蒸・水洗の分業化過程、同工程の労働の性格については、河明生、前掲書、一一三—一一七頁を参照。蒸は高温、水洗は河川仕事であったため、夏・冬の厳しい労働環境を強いられていた。

(24) 外村の在日朝鮮人社会の質的変化とその要因に関する分析は興味深い(外村大、前掲書『在日朝鮮人社会の歴史学的研究』。戦後については特に第六章を参照)。戦時下と復興期に大きく変容したという断絶した側面も明らかにしているが、本章との関連では連続した側面に注目できる。東京・大阪の戦前の朝鮮人集住地域のなかには、復興期以降においても朝鮮人集住地として一部存続した地域や、在日の集住度を維持、高めた地域があった。後述するコミュニティの機能は、戦前から引き続いた集住地域を中心に維持されたと考える。

(25) 「従来ヨリ土工、織維工業、友仙染、水洗職工、雑業等平和産業部面ニ稼働スルモノ大部分ヲ占メ居リタルガ最近ニ於イテハ時局ノ影響ヲ受ケ漸次時局産業部面ニ転換シツ、アリ」(「京都における在日朝鮮人(一九二七—四五年)」(『府知事引継文書』抜粋昭和二・一〇・一四・一六・一九・二〇年)」『在日朝鮮人史研究』第六号、一九八〇年、一三〇、一三二頁)、浅田朋子「京都府協和会小史——戦前・戦中における在日朝鮮人政策」『在日朝鮮人史研究』第二七号、一九九七年、九七—九九頁。

(26) 復興期の在日の法的地位については、「資料 外務省特別資料課編『日本占領及管理重要文書集——朝鮮人・台湾人・琉球人関係解説』一九五〇年三月」(『在日朝鮮人史研究』第九号、一九八一年、一〇八—一一四頁)によれば、経済活動に関しては日本人と同様であった。もっとも、法的地位と実際の待遇は別であり、実態は明らかでない。復興期の在日の法的・政治的地位などについては、金太基『戦後日本政治と在日朝鮮人問題——SCAPの対在日朝鮮人政策 一九四五〜一九五二年』(勁草書房、一九九七年)を参照。

(27) 同時期の在日の経済的活動に関しては、例えば大阪府では、家内手工業・家族経営の製造業、商業など自営業的なものが多く見られた(第1章、四一—四四頁)が、総括的な研究は行われていない。「京都市西陣、柏野地区朝鮮人集団居住地域の生活実態」と称される同調査は、朝鮮系在日の政治団体である朝鮮総連京都府本部組織の協力の下で行われたもので、調査主体は中央組織であると考えられる。残念ながら、調査概要は不明である。京都調査は、同時期に行われた「大阪府泉北郡朝鮮人集団居住地域の生活実態」(『朝鮮問題研究』第三巻第二号、一九五九年)と共通して、帰国意思などについて把握しており、一九五九年から始まった北朝鮮帰国事業のために行われたと思われる。調査対象の柏野は、在日の密集度が京都市内で四番目に高い地域である。在日全七〇世帯のうち、五一世帯、二一七名を調査対象とした。回収率も高く、アンケート調査からサンプルの職種・移動の時代的変化など、示唆される内容が多いので、集計結果をそのまま引用するかたちで使用した（生活実態調査班「京都市西陣、柏野地区朝鮮人集団居住地域の生活実態」『朝鮮問題研究』第三巻第二号、一九五九年）。

(28) 生活実態調査班、前掲、三五頁。

(29) 生活実態調査班、前掲、三七頁。

(30) 終戦後の西陣織はヤミ取引が盛んに行われ、数多くの零細業者が進出した（同志社大学人文科学研究所編『和装織物業の研究』ミネルヴァ書房、一九八二年、一七四—一九六頁）。在日もこの時期に多く参入したと思われる。在日企業SH社（第三節で詳述）と、柏野で西陣織を営んでいた兄を手伝ったKM1社（注(37)の表参照）の証言によると、復興期の一時期には在日業者のみで六〇〇程度の西陣織業者があった。ちなみに、KM1社は、ビロード織工程の機械化以前の様子について次のように証言した。「戦後、ベルベット〔ビロード〕は、後は機械でやりましたが、そのときは、原始的な方法ですか、織ったやつを、一つ一つ針金を入れるんですよ。それを女の人が針金を切るわけですよ。そうすると針金が上から出てきますわね。ビロードをあけてから針金を入れて、ガッチャンやって、また逆に針金入れてガッチャンやって、針金が重なっていって、それを今度は下ろしてからナイフで切って、毛が出来上がりますね。それが、下駄の鼻緒になったり、ものすごい高級なスカートになりますからね。広幅をやっとるんだから、脈絡が通じるんですよ、ベルベット幅広いんですよ、重労働ですわ」。しかし、在日が多く参入したと思われるビロード製織業は、長期安定的に発展しなかった。入手可能なデータによると、ビロード製造業者は一九四八年に六二〇人（織機二、〇八五台）であったが、六〇年には事業所数四九まで減少した（京都市商工局『京都市の産業』一九六一年、二八頁）。

(31) この背景には次のような新しい局面があった。一九五〇年代前半における西陣織物業の特徴は、力織機化およびウール・化合織着尺という生産、原料、市場の変化にあった（同志社大学人文科学研究所編、前掲書、一七四—一七六頁）。

(32) 第1章を参照。

(33) 五四人は、「生産者」として掲載された組合員数であり、登録組合員数と必ずしも一致しない。一九五九年版の年鑑には前者のみが、六三年版以降には両者が記されている。「生産者」の基準は判明しないが、産業退出を過大評価しないようにするため登録組合員数の推移で見ることにした。

(34) 結成年度は確認できなかった。ちなみに、その後の組合員数は一九六五年一七人、六九年一五人、七三年一七人、七六年一八人であった（両団体の組合員数は、西陣織物工業組合『西陣年鑑』一九五六年版、五九年版、六二年版、六五年版、六九年版、七三年版、七六年版、七八年版、八二年版より）。なお、在日における朝鮮系と韓国系の政治的対立は周知のことであるが、詳しい分析は他日に譲り、本章では、さしあたり政治的対立の経済活動への影響は捨象する。もっとも、後述の聞取り調査を行った各社の代表者は、業界入りした一九六〇年代後半以降の経験にもとづいて、政治的立場とビジネスとは別であることを強調した。それ以前については、朝鮮人西陣織物工業協同組合が中心になって設立された民族系金融機関、商工信用組合の事例から類推できる。朝鮮総連系の組織となっていく同信用組合は、一九五三年に設立された（七一年に朝銀京都に名称変更。なお、本章では変更以前の組合名を使用）。設立当初は、初代専務理事を務めたＳＨ社（後述）の創業者のように、組合員は政治的な立場より生産などの経済的理由を優先して加入したと思われる。また、同信用組合に勤めたＭＤ社創業者の未亡人（注(37)の表参照）は、「それはほとんどの人が知らないと思います。最初は商工信用組合で朝銀という字をつけてない。銀行〔民族系金融機関〕というのは、大体最初から朝銀をつけてますよね。というのも、西陣は、北も南もそれを言い出したら話がまとまらないということで、そこが曖昧で出発してますね。私でも、元から韓国籍ですよ。とりあえず仕事がしたかった、それだけだと思います。でも、段々段々〔朝鮮〕総連色が強くなってきますね。〔朝鮮籍を優先したり、韓国籍だからということは〕仕事のなかではあまりなかったと思いますね。少なくとも最初は。〔その以前から〕それを優先するべきやというのが後ろであったかどうかわかりませんよ。でも現場の私やら窓口にいる事務員にはそんなところは、ありませんよね」。一九五四年には韓国系在日の京都商銀が設立されたが、聞取り調査によると在日企業はどちらとも取引した経歴をもっていた（後掲表2-7参照）。

(35) 第1章、表1-1の資料紹介を参照。

(36) 一九九七年現在、京都の繊維工業関連の三七社のうち、二〇〇三年時点で廃業と確認された四社を除く三三社に対して調査協力の依頼をしたが、協力が得られたのは六社のみであった。繊維産業の調査企業については表2-5〜表2-7参照。

(37) 参照表　パチンコホール経営四社の概略

	KM1社	MD社	KM2社	AI社
聞取り調査日	二〇〇四年四月二二日	二〇〇四年四月二四日	二〇〇四年四月二三日	二〇〇四年七月二〇日
創立年度／経営形態	一九五九年／株式会社	一九六〇年／株式会社	一九七〇年／株式会社	一九五八年／株式会社
事業内容	パチンコホール	パチンコホール、スーパーマーケット	パチンコホール、飲食店、旅行会社	パチンコホール、飲食店
話し手の属性	現社長（創業者）、一九三四年韓国生まれ	現社長（二代目、一九五八年京都生まれ）、母親（一九三二年韓国生まれ）	現社長（創業者）、一九四五年京都生まれ	創業者（一九三〇年生まれ）、現社長（長男）
備考	西陣織の工場を経営していた兄（戦前〜一九五〇年代末）を手伝った。	故創業者と未亡人は、西陣商工信用組合の職員であった。	パチンコホールを経営していた親戚から情報を得た。	西陣織（ビロード）からパチンコホールに転業。

資料：在日韓国人会社名鑑編集委員会編『在日韓国人会社名鑑』在日韓国人商工会議所、一九九七年と聞取り調査より作成。

(38) 以下、問屋など流通を含む場合は繊維産業とし、除く場合は繊維工業とする。
(39) 『京都府統計書』「市町村別製造業産業（中分類）別工場数、従業者数と製造品出荷額等」一九六〇年から五年ごとの集計値より。
(40) 京都府中小企業総合センター編『京都誂友禅業界産地診断報告書』京都府中小企業総合センター、一九九〇年、一頁。
(41) 染色工業では、広巾のなかでも特に洋装関係において、和装のそれより大規模な工場の生産形態が見られ、出荷額に占める比率も高い。在日企業は、このような洋装の染色にもかかわっているが、歴史的には和装関係の染色と深く関連があるので和装に絞って検討する。
(42) 京都府中小企業総合センター編、前掲書、一―二頁、京都府中小企業対策協議会染色織物業界振興対策部会編『京都染色業振興の基本方向』一九七五年、五―六頁。
(43) 一九七五年現存する繊維工業の在日企業で設立年度が分かる六三社のうち三九社が、復興期から一九五〇年代までに設立され、一九九七年に残存する三二社のおよそ九割が一九七〇年代半ばまでに設立された（統一日報社「在日韓国人企業名鑑編纂委員会」編、前掲書、在日韓国人会社名鑑編集委員会編『在日韓国人会社名鑑』在日韓国人商工会議所、一九九七年、集計より）。詳しい分析は第1章（五七―六一頁）を参照。なお、調査企業のなかで、MY社とMO社の創業は一九八〇年代であるが、これは繊維産業の不況のなかで家族経営の企業から分離、独立した結果である。本章では在日が産業発展のどの段階において起業するかを重視し、家族経営企業の創業年次や現代表者が業界に入った時期に注目する。
(44) 製品を室町問屋、地方問屋に卸したり、直接小売業への販売網をもっている。
(45) 在日韓国人会社名鑑編集委員会編、前掲書には、戦前設立された同業種の在日企業が一社存在している。
(46) 他の裏地染色業者（在日）からも同様の証言が得られた（二〇〇〇年八月九日聞取り調査）。
(47) 同前。
(48) 京都友禅蒸水洗工業協同組合の提供情報。
(49) 既述のように、蒸と水洗は、戦前においてはそれぞれ異なる業者によって行われていた。組合としては一九二三年に統合しているが、「蒸業者の中には水洗場をもっている業者もある」という認識もあり、一九五〇年代までは工程の統合が完全には行われていなかった（京都市商工局、前掲書参照）。NY社も一九六一年にようやく二つの工程を連続して行うようになった。
(50) 在日が法的に日本国籍を失うのは、一九五二年のサンフランシスコ講和条約発効以降であるから、終戦時においては日本籍をなお有していた。
(51) 証言では、「配色・差配」としていたが、先代の工場内での地位は、詳かではない。「友禅工場のなかでも染色を直接する職人さんと、配色とか、色合せをする人と、二つがある。実際の現場の仕事として、配色とか色合せの方をやったんですわ。それがかえって良かったと思います。結局、色合せというのはいわゆる現場で実際染める人（を）コントロールする立場の人間になります。それをやって、二年ぐらいたったんかな、すぐ差配というんですか、工場全体を切り盛りするような役をね、親方に任されてそれをずっとやってたみたいですし、それで早く独立できたんだと思います」（KB社の社長）。京都商工会議所、前掲書によると、雑役についての記述では、「原材料の運搬、工場内の清掃、使い走り等の雑役に服し近時は多くの半島出身者を使用してゐる」（六三―七〇頁、以下の記述も同様）としており、在日は工場内でも特定の種類に限定して雇用されていた。配色に関しては、工場職員（番頭）が行う「加工の手配」のなかにもあり、職工が行う「絵具合わせ」もある。後者は、特殊技能を必要とするため待遇が一般職工よりもよい。前者は、取引先との交渉、図案、型紙、配色、仕事の分配等をまかなうから、当時の在日がかかわった一般的な職種とは異なる。いずれにしても、後述する一般金融機関との取引関係まで考慮すると、KB社の先代は早い段階から信用を得ていたと思われる。

(52) 友禅染は流通過程に着目すれば、展覧会に見本を出展し受注生産する誂友禅と、製造問屋（京染め卸商）の企画によってデザインと生地を受け取って生産する仕入れ友禅に、二分される（詳しくは、出石邦保『京都染織業の研究――構造変化と流通問題』ミネルヴァ書房、一九七二年、第四章を参照）。KB社は、後者の仕入れ友禅であるが、現在は、自社内でデザインを行っている。

(53) 染色屋と室町集散地問屋を連結する製造問屋を指している。

(54) 京都市商工局『京友禅の生産と流通』一九五八年、八九頁。しかし同書では、「友禅業者の中には、蒸・水洗が重要な仕上げ工程であることについて認識をもちながらも、価格の関係から、染色工程に理解のない三国人の業者に委ねているものもある」とされているが、同工程は歴史的にほとんどが在日によって担われているから、在日業者に対するこの認識は偏っていると言えよう。続いて「また、そうでない場合でも、蒸業者に物品を委託するとき、生地の種類、使用染料、糊などについて、伝達の行き届いていない業者も多い」としており、品質維持のために染色工程の業者と密接な情報交換が必要であったことがわかる。このような取引関係のなかで、蒸・水洗業者のなかに専門技術が蓄積されていったと思われる。

(55) 蒸・水洗工程による品質問題で、例えば、有名百貨店の担当者のアンケート調査では、「京友禅は技術面においては優れているが、一貫作業をしていない関係か、蒸、水洗などの仕上げのよくないものがある」という指摘があった（京都市商工局、前掲書『京友禅の生産と流通』七八頁）。このような状況で、NY社が独自の技術を蓄積してきたことが、次の証言からわかる。「蒸によっても、色の差異がでてくるんです。私らの親父は川で洗うことで信用を得たけど、私らの仕事はこれ〔蒸業〕が本業ですわね。ゴマのこめかたや蒸の時間とかね、だから染工場さん、大体うちの色だしが頭に入ってるわけですよ、工場によって色が変わってきますし、微妙な色ですけどね、色が変わるのは怖いさかいに、〔取引先は〕なかなか動かないですね」（NY社の社長）。

(56) 蒸・水洗業者当たり、二〇〇六年現在、平均八〇社以上の染色屋との取引がある。

(57) 例えば、②の工場建設のときに、NY社は資金問題のため売りに出された工場用地の購入ができなかった。このとき、得意先と相談の上、土地を分筆し、両者で折半するかたちで購入した。

(58) 「先代を見ていたときや直接経験した問題のなかで、一番難しかった点、企業経営において一番キーポイントとなるところは、どのようなことでしょうか」という質問に対して、例えば、KB、MY社は、次のように答えていた。「やっぱりお得意さんとの関係ですよね。表現は難しいですが、それをどういう信用で繋げておくかが一番大切ですし、大変なことですよね」（KB社）、「友禅との関係、信用。それしかない。失敗したら、この失敗は、起こさないようにせないかんし、同じ失敗は繰り返さないように」（MY社）。

(59) ウール着尺は、一九五七年から六六年の生産数量が二六五倍にも伸びていた（同志社大学人文科学研究所編、前掲書、二〇一頁）。

(60) 多種多様な製品の意匠が製品販売において決定的役割を果たし、経営の浮き沈みが激しい（出石邦保、前掲書、一九三頁）。

(61) 製品の変遷や多様化に際して技術的ハードルが問題だったことは言うまでもない。このような問題に対応できなかった事例としてAI社（注(37)の表参照）のケースが挙げられる。「ビロードから、途中で少し資金ができてベルベットの織機でね、二機いれてやったんだけども、素人やから技術的に駄目でした」「職人よう指導せずに織ったもの、全部売れても良い値段が出ずに、あれは完璧に失敗しましたね」（AI社の創業者）。

(62) 西陣織物工業組合『西陣年鑑』一九九三年、一八一頁。

(63) 例えば、一九五〇年代後半以降、西陣織物生産において丹後地域への出機が著しくなった（同志社大学人文科学研究所編、前掲書、一八六頁）。SH社も、織工程を、内機から代行店—丹後の出機を結ぶ生産体制に移行した。

(64) 在日商工会の設立については、金府煥編『在日韓国人社会小史 大阪編』共同出版社、一九七七年、第二章、大阪韓国人商工会編『大阪韓国人商工会二〇年の歩み——一九五三年五月—一九七三年一二月』一九七三年、朴慶植『解放後在日朝鮮人運動史』三一書房、一九八九年、二一五—二二七頁を参照。本書では、民族系金融機関の設立について、第II部第4章で述べる。

(65) 西陣商工信用組合は総連系になっていく。京都商銀は民団系とされる。民族系金融機関の歴史など概略については、朴慶植、前掲書と、在日本大韓民国民団中央本部編『図表で見る韓国民団五〇年の歩み』五月書房、一九九七年、八五—九五頁を参照。

(66) MO社は、二〇〇六年現在、ネット販売会社を経営している息子の信用で一般金融機関から資金調達をしている。

(67) 時期によって異なる。一九九〇年前後には二一〇日ものもあった。

(68) 時代を確定するのは困難であるが、問屋の倒産による織元の連鎖倒産が多かったと言う。

（69） 京都府在日企業のなかで、取引金融機関の内訳がわかる二六四社のうち、繊維工業は六一社あった。その取引先は「民族系金融機関のみ」二〇社、「民族系金融機関＋一般金融機関」二〇社、「一般金融機関のみ」二一社であった（統一日報社「在日韓国人企業名鑑編纂委員会」編、前掲書、集計より）。在日企業の産業別取引金融機関については、第II部第7章で分析される。

（70） とはいえ、約二倍の高利子率は企業経営にとって大きな負担になるので、民族系金融機関との取引には利便性以上の理由があったかもしれないが、確認できなかった。

（71） 京都府中小企業対策協議会染色織物業界振興対策部会編『京都染色業振興の基本方向』一九七五年、六頁。西陣織の高級化は一九六〇年代後半から進んだ（同志社大学人文科学研究所編、前掲書、第七章第三節）。

（72） 従来は和装と洋装の蒸・水洗業は、異なる機械で専門業者が担っていた。京都友禅蒸水洗工業協同組合員数で見ると、六対四の比率である。NY社は、洋装機械を導入し、取り扱い製品の多様化と技術習得に努めながら、取引先の開拓を図っている。

（73） 詳しくは、第3章で分析する。

（74） 他の二社の場合も、パチンコ産業への参入には、在日コミュニティとのかかわりが重要であった。MD社は、京都府福知山市の他の在日が経営するパチンコホールの繁盛から、事業立ち上げのヒントを得たという。KM2社はパチンコホールを経営する親族より、パチンコ台の釘調整などの技術もさることながら、保証人としての協力を得て一般金融機関から一億五、〇〇〇万円の融資が受けられた。パチンコ産業における在日企業については、次章で分析される。

（75） 証言によると、京都市内で多店舗経営を展開している、パチンコホールキングは西陣織から、パチンコホールジャンボは蒸業から事業転換した。

（76） ただし、次の証言が示すように、「在日事業体に就職→経験→独立」していく場合、産業発展の段階によって参入障壁の条件も変化していく。「二〇年ほど前からは、腕がなかったらできなかった。僕らの時は感覚だけでできた。もう在日の子は何で続かへんいうたら、独立意欲が強いでしょうね。技術が、いまやったら、大体一〇年くらい続かへんかったら、仕事があかんのです。あの時分は、色だけついてたらよかった。やっぱり在日の人が多かったけどね、……」（MM社の代表者）。

第*3*章

（1） Ivan H. Light and Edna Bonacich, *Immigrant Entrepreneurs: Koreans in Los Angeles 1965–1982*, Berkeley: University of California Press, 1988; Ivan H. Light and Carolyn Rosenstein, *Race, Ethnicity and Entrepreneurship in Urban America*, New York: Aldine De Gruyter, 1995. なお、本章は、拙稿「パチンコ産業と在日韓国朝鮮人企業」『社会経済史学』第七三巻第四号、二〇〇七年、を修正、加筆したものである。

（2）　これとは対照的な事例として、焼肉・韓国料理店を挙げることができる。市場基盤が広がったことによって、在日企業の吸収と成長において異なる段階を経験しているからである。民族特有の食文化に支えられたホルモン焼き屋、焼肉レストランは、戦前は主に在日コミュニティを市場基盤にしていたが、戦後日本に「焼肉」が定着し、コミュニティを超えて日本人社会が市場基盤となると、戦前とは異なる規模で在日産業として成長できるようになったと考えることができる。

（3）　こうした産業への在日の集中が地域的な集中を伴って進んだことは、第1章で見た通りである。情報や市場のあり方に規定された結果と考えられる。

（4）　ここで重視するのは、繊維産業と異なるパチンコ産業の歴史的条件そのものではない。歴史的条件が異なるにもかかわらず、二つの産業が在日産業として形成されることに注目しているのであり、その要因として共通するコミュニティ機能が重要なのである。本章では、コミュニティ機能を、蓄積された情報のなかから在日が自らの職業機会、企業成長の方向を選び取っていく過程が繰り返されていくプロセスに作用するものとして捉える。このように見ることによって、例えば、戦前の就労に起因するとされる在日の特定産業への集中は、歴史的・差別的条件だけで説明しきれるわけではなく、コミュニティ機能による結果として理解することができると考えている。

（5）　例えば、一九九六年「……全国に約一万八千軒あるパチンコ店のうち、在日及び帰化者（二世・三世を含む）が経営する店の割合は、六割とも七割とも言われる。三軒のうち二軒は、オーナーが韓国・朝鮮系ということなのである。パチンコ機械メーカーにも、最大手の「平和」を筆頭に、韓国・朝鮮系の経営者が名を連ねている」（野村進『コリアン世界の旅』講談社、一九九六年、九三頁）との見解や、辺真一『強者としての在日――経済の目で見た全く新しい視点の在日論』ザ・マサダ、二〇〇〇年、二四頁、一一七頁、などを参照。

（6）　エース総合研究所『パチンコ産業の経済波及効果に関する調査研究』一九九六年、一八頁。

（7）　在日韓国人会社名鑑編集委員会編『在日韓国人会社名鑑』在日韓国人商工会議所、一九九七年。同資料については、表1-1を参照。

（8）　詳細は不明であるが、同じ所有者が複数の会社を設立し、会社によって複数の事業所が掲載されたケースもある。しかしながら、すべての事業所が記載されているわけではない。筆者の聞取り調査によると、すでにパチンコホール（以下、ホール）を経営しており、既存のホールの物件を買い取る場合、警察庁に営業の許認可を得るための便宜上の理由から別会社とすることがあると言う（後掲表3-7の〈15〉）。集計には名鑑の「社名」を基準にしているため、実態に対して事業所ベースでは過少、会社ベース、所有者ベースでは過大に計算されている。

（9）　景品問屋には、チョコレートなどの菓子類、食品などを卸す一般景品問屋と、換金にかかわる特殊景品問屋がある。別組織であることが多いとされるが、実態は明らかでない。『在日韓国人会社名鑑』には、「遊技場向卸売業（食料品・玩具・雑貨・CD／ファミコンソフト）」のように一般景品問屋と判断できる場合と、「パチンコ景品業（景品交換）、パチンコ景品交換所の経営」というように、特殊景品の取扱とも思われるケースがあり、区分が明確でなかった。いずれにしても、在日がどちらの問屋にもかかわっていることがわかる。

(10) パチンコ産業の様々な分野に在日が進出していることは、ある産業が民族によって垂直統合されていることに注目するエンクレーブ・エコノミー論などで議論されている現象に類似している（Alejandro Portes and L. Robert Bach, *Latin Journey: Cuban and Mexican Immigrants in the United States*, Berkeley: University of California Press, 1985; Pnina Werbner, "Metaphors of Spatiality and Networks in the Plural City: A Critique of the Ethnic Enclave Economy Debate", *Sociology*, Vol. 35, No. 3, 2001などを参照）。この理論では、民族による垂直統合を、民族マイノリティに対する労働市場の提供やグローバル化に関連付けて議論する。在日によるパチンコ産業の垂直統合を、このような研究と関連づけて論じうるかどうかについては、特に市場の意味などを中心に慎重な検討が必要であり、今後の課題である。

(11) ここでは「金」など、韓国人に多い苗字のみをカウントし、日本人にも中国人にもあるような「林」などは除外した。

(12) ただし、代表的な企業に成長したことに関して民族ネットワークやコミュニティが果たした役割は、必ずしも明確ではない。携わる在日が多かったから一定の確率で成功し、結果としてウエートが拡大したとも考えうる。代表的な企業への成長の局面において、コミュニティの果たした機能は、第2章での分析と同様に、参入時に比べて小さかったと考えられる。

(13) 辺真一、前掲書、二四頁、一一七頁を参照。

(14) 「普通の会社に就職するのは無理でした。銀行員や公務員になる道は閉ざされていたわけですからね。とにかく在日にとっては、パチンコが一番手っ取り早い商売だった。昔はそんなに大規模じゃなかったんで、小資本でできましたからね。……それしか選択の余地が無かったんです」という認識が主流である（辺真一、前掲書、一一八頁）。

(15) 森田芳夫『数字が語る在日韓国・朝鮮人の歴史』明石書店、一九九六年、四四頁。同段落の出所は、同様。

(16) 一九五九年の職業分布によると、就業者一四八、五四三人のうち、サービス業は九、七〇三人である（森田芳夫、前掲書、四五頁）。ホール経営者は不明であるが、従事者のうち「料理人」が三、三八〇人、ホールと思われる「娯楽遊戯場の接客」が三、四六〇人となっており、二つの分野にほぼ同じ比率で従事している。二つの業種がサービス業の約八割を占めており、この時期においてもホールが在日の代表的なサービス産業であったことは間違いない。それでも、建設や生産工程従業者は、サービス産業をはるかに上回って八万人が従事しており、当時在日が携わる典型的な業種は第二次産業であった。自営業や企業体で在日がどの程度ホールに携わったかを知ることはできないが、就業者で概算すると次のようになる。一九五九年のサービス業のなかに「娯楽遊戯場の接客」が占める四割で、五五年の就業者を推定して見てみよう。一九五五年の「娯楽遊戯場の接客」は約六、〇〇〇人という概算となり、在日は、同年ホール数の一二、三九一軒（後掲図3-1）に対して約四八％を占めることになる。もっともホールは一九五二年の四万軒から激減している時期であるから、五五年以前は人口規模が限られている在日の占める比率は、より低いと考えられる。パチンコ産業の不況のなかで在日の退出も激しいなか、一九五九年時点で同様の計算をすると、約四割であり、従業員が含まれているとはいえ、高い比率である。ただ、ここでは何割を占めていたか、高いか低いかを資料から確認したいわけではない。この時代にパチンコ産業に在日が携わったことは、第五節で述べる「初期条件」の形成に関連して重要である。一九五〇年代のパチンコ産業については、拙稿「縁日娯楽の事業化への道――一九五〇年代におけるパチンコ産業の胎動」『経営史学』第四一巻第二号、二〇〇六年を参照。

(17) 在日にとってのパチンコ産業を歴史的に考察することによって、その結果としてパチンコ産業における在日の位置づけも説明できると考えている。

(18) 統一日報社「在日韓国人企業名鑑編纂委員会」編『在日韓国人企業名鑑』統一日報社、一九七六年。同資料については、表1-1を参照。

(19) メーカーの退出の長期的な傾向は、産業一般的に一九七〇年代まで続き、その後新規参入がないなかで、メーカー数は安定的に推移した。パチンコ産業の成長については、拙稿「パチンコ産業における特許プールの成立」『経済学論集』第七一巻第三号、二〇〇五年、同前掲拙稿「縁日娯楽の事業化への道」、同「一九六〇～七〇年代におけるパチンコ機械メーカーの競争構造」東京大学ものづくり経営研究センター・ディスカッションペーパー三八、二〇〇五年、を参照。以下のパチンコ産業については、これらによる。

(20) 同前。

(21) 前掲拙稿「縁日娯楽の事業化への道」を参照。

(22) 統一日報社「在日韓国人企業名鑑編纂委員会」編、前掲書、六頁。

(23) 一九五〇年代前半の変化については、前掲拙稿「縁日娯楽の事業化への道」を参照。

(24) 成長の時代区分については、前掲拙稿「パチンコ産業における特許プールの成立」を参照。

(25) 役物（パチンコ盤面の入賞口や釘以外に、玉の動きを変更させる装置の総称）の一種であるチューリップは、一九六〇年前後に登場し、「第二期黄金時代の到来」と評価されるほど人気を呼んだと言う（日本遊技機工業組合「三十年のあゆみ」編集委員会編『三十年のあゆみ』日本遊技機工業組合、一九九〇年、六二―六三頁）。この人気によって、一九六〇年代前半にホールへの参入が増加したとされる。

(26) 図3-2では、次の二点について注意する必要がある。第一に、一九七五年存続企業の六〇年代から七〇年代前半までの設立と、九七年存続企業のそれとの差異である。一九九七年存続企業においても同時期に設立と創業がそれまでに比べて増加したのは事実であるが、七五年存続企業の動向とはかなり差がある。この点については、表3-1の動向から判明する参入・退出が激しいという産業の特徴を考慮に入れる必要がある。また、少なくない企業の創業・設立年度が判明せず、調査サンプルの違いというデータの問題が影響していると考えられるが、詳細は不明である。本章では、一九六〇年代以降、パチンコ産業への在日の参入が著しく増加したことを重視して考察を進めることにする。第二に、一九八〇年代に入って在日の参入動向が著しくなったとはいえ、八五年以降は参入数が急減しており、全国ホール数の純増がその後の数年にかけて高水準で持続していたことと異なる傾向を示したことも注目される。これらの事実は、在日企業の参入停滞の傾向が過去に比べて長期化したことに特徴がある。この時期については、在日の同産業への関与だけでは、パチンコ産業の動向を説明することに限界があることを示唆している。表3-1の二〇〇五年動向が示唆するように、ホール事業が巨大市場をもつビジネスチャンスとして注目されたことや、多店舗展開によって事業所数増加が会社数増加を上回るなど、競争条件や産業のあり方が変わった可能性がある。また、一九九〇年代以降在日コミュニティ全体の起業が停滞していることも関連しているかもしれない。詳細な分析は今後の課題とする。

(27) ㈱三共(現・㈱SANKYO)によって開発され、一九八〇年に登場したパチンコ機械のシステムであり、その技術を継承したものを指す。大当たりになると入賞口が一定の時間開放され続けるシステムで、賭博性が高まった。ホールが急増し、市場規模を著しく拡大したとされる(日本遊技機工業組合「三十年のあゆみ」編集委員会編、前掲書)。

(28) 前掲拙稿「縁日娯楽の事業化への道」を参照。

(29) 同前。

(30) 『在日本朝鮮人商工便覧』(在日本朝鮮人商工連合会、一九五六年)の注記によると、地域によってカバリッジが異なっている。例えば大阪は十分な調査が行われなかったため、表3-3の結果のように、在日企業数が東京よりも少ない。歴史的に動向を見る上で、こうしたサンプルの偏りは問題があるため、一九七五年と九七年調査の動向に合わせて考えることにする。

(31) 在日韓国人会社名鑑編集委員会編、前掲書、の集計より。創業年度が不明な場合は、設立年度でとった。転業や多角化事業のスタート時期は不明であるが、ホールについては、後述のように(表3-5)、転業(他事業からホールへ、ホールから他事業へ)したケースは一四社あり、一、五四八の約一%とわずかである。

(32) 事業展開の変化に注目する場合、各名鑑から社名を手がかりに同一企業と考えられるケースを取り出して分析する方法もある。しかし、このような方法では、社名を変えながら業種転換したケースが除外される。どちらの方法も一長一短の側面があるが、表3-1で検討したようにホールは参入・退出が激しいことを考慮し、ここでは同一人物に注目して事業変化を検討した。

(33) 全体のサンプル数から見て一〇六件は多くはない。表1-1の説明で指摘したように、発行主体が異なることによって調査対象にズレがあったと思われる。しかし、一〇六件のうち六割以上がパチンコ産業に関連しているのは、同産業が在日企業の成長において重要であったことを物語る。

(34) こうした分類は、調査時点の事業の有無を、各事業の創業年度、設立年度が判明する範囲で推測したものであり、年度が不明な場合は、整理した事業展開に誤差がありうる。

(35) 同社二代目の社長は、第2章で取り上げた西陣織業のSH社（後掲表3-7の〈17〉）の現社長がホールに参入するときに、助言した親友である。SH社の社長は、金原氏が提供した人気機械や立地条件などの情報によってホールへの参入が容易であったと証言している。

(36) 日本ケミカルシューズ工業組合加入企業の総売上高は、一九九〇年の八六六億円（四、四七〇万足）をピークに減少している（高龍秀「ケミカルシューズ産業の現状」兵庫韓国商工会議所『ケミカルシューズ産業活性化のための研究報告書——戦略的マーケティングの現地から』二〇〇一年）。

(37) 韓皙曦『人生は七転八起——私の在日七〇年』岩波書店、一九九七年、一八二—一八三頁。

(38) 主要事業の織物業に関連して信用があったため、融資は難しくなかったと証言している。〈12〉については、第五節で取り上げる。

(39) ②の事例として考えられるが、元の事業の確認ができないため、別に分類した。

(40) 一九七五年、九七年名鑑記載の各店舗の住所を対照し、存在が確認できなかった店舗は処分されたと判断した。

(41) 鈴木笑子『天の釘——現代パチンコをつくった男正村竹一』晩聲社、二〇〇一年、前掲拙稿「縁日娯楽の事業化への道」を参照。

(42) 創業者の証言によると、当時はホールの急増に機械の供給が間に合わず、作れば売れる時代であったと言う。こうした状況は、ホールが急減する一九五五年連発式禁止後一変することになる。詳しくは、前掲拙稿「縁日娯楽の事業化への道」を参照。

(43) 前掲拙稿「縁日娯楽の事業化への道」を参照。

(44) 同前。

(45) 一九五〇年代初めに参入したと考えられるデータ〈6〉、〈7〉がその後退出しているように、ホール事業に見切りをつけて他の事業に転業したケースも、失敗したケースも存在する。

(46) 野村進、前掲書、九七—九八頁を参照。

(47) 同社の転業の経緯については、第2章で紹介した。

(48) 表3-1の一九九七年所得番付「パチンコ・遊園地他娯楽」部門で第一〇位まで成長した企業。

（49）大学卒の〈8〉は、他の就職を諦めており、ビジネスチャンスの発見という表現は誤解を招くかもしれない。証言にもとづく筆者の解釈に過ぎないが、選択肢としてのホール事業とは、就職差別という社会的な観念の影響があるとはいえ、そのなかで自ら獲得した情報にもとづいて設定しえた狭い選択肢として見出されたものと理解することができる。
（50）土木工事業は公共事業と関連しているため安定的な事業であり、第1章で見たように、終戦後から一九九〇年代まで在日の参入が続いた、重要産業であった。
（51）詳しくは、第5章で分析される。
（52）大阪興銀『大阪興銀三十年史』一九八七年、を参照。
（53）同前、八八―八九頁。
（54）同前。
（55）ここまで使用したデータは韓国系組織の商銀のものであるが、こうした組織の違いによる資料上の問題は、ホール事業の一般的な産業特性を知る上では小さいと考える。
（56）大阪興銀、前掲書、八九頁。ここでは、ホールへの参入に注目しており、企業成長と民族系金融機関との関係については、第7章で考察する。
（57）大阪興銀、前掲書、八九頁。
（58）同前。この点は、第5章で詳しく検討する。
（59）同項の引用文は、関西興銀（大阪興銀）の元役員YM氏（二〇〇六年一一月二一日聞取り調査）の証言である。
（60）大阪興銀、前掲書、を参照。詳しくは、第5章で紹介する。
（61）これは在日の産業構造の速い転換という特徴をさらに強化するものと評価できる。
（62）プラスチック製品製造業のMS氏の証言（二〇〇六年一一月二一日聞取り調査）。
（63）参入と退出の年次は確認できなかったが、失敗したと言う。

第II部　はじめに

（1）Ivan H. Light, *Ethnic Enterprise in America : Business and Welfare among Chinese, Japanese, and Blacks*, Berkeley : University of California Press, 1972, p. 19.
（2）*Ibid.*
（3）代表的研究として、Ivan H. Light, *op. cit.*, *Ethnic Enterprise in America* ; Ivan H. Light and Steven J. Gold, *Ethnic Economies*,

San Diego : Academic Press, 2000を参照。

（4） Wei Li, Gary Dymski, Yu Zhou, Maria Chee and Carolyn Aldana, "Chinese-American Banking and Community Development in Los Angeles County", *Annals of the Association of American Geographers*, Vol. 92, No. 4, 2002, p. 777.

（5） Ibid.

（6） Ivan H. Light, *op. cit.*, *Ethnic Enterprise in America*.

（7） もっとも一般的な環境要因も無視されるべきではない。一八九〇年代末から一九〇〇年代にサンフランシスコに日本人によって設立された銀行が一九〇九年以降破綻した要因は、〇六年の大地震と〇七年の恐慌という一般経済環境、〇八年の紳士協約による対米移民制限実施という日本人を取り巻く環境の変化、の影響が大きかった（高嶋雅明「第一次世界大戦前のカルフォルニアにおける日本人金融機関」『金融経済』No. 216, 一九八六年、五一—五三頁）。

（8） 高嶋は、日本人金融機関の特徴として、短期ないし中期の預金による長期の不動産向け貸付を指摘している（高嶋雅明、前掲）。日本人金融機関が破綻した理由には、既述した経済環境だけでなく、このように、安定的な投資先の確保が困難であるという、黒人銀行と共通する問題点もあったと思われる。

（9） 以下の同段落は、Ivan H. Light and Steven J. Gold, *op. cit.*, *Ethnic Economies*, chap. 9, による。

（10） 低コストと指摘したのは、頼母子講が無条件で機能するわけではないからである。南川文里によると、頼母子講は貴重な資金源であったが、破綻のリスクを常に抱えており、実際に一九二一年三月には、連鎖的に倒産する「大破綻」が生じた（以下、南川文里『「日系アメリカ人」の歴史社会学——エスニシティ、人種、ナショナリズム』彩流社、二〇〇七年、九四—九六頁）。このことを契機として頼母子講の保全をはかり、債権者の利益を擁護するための組織として「羅府頼母子講一般金融保護協会」が設立された。会則には不正行為や詐欺行為に対する取り締まり事項が盛り込まれ、在米日系人社会のみならず出身地でも社会的制裁を加えるようにした。社会的信用を保証する仕組みに支えられ、頼母子講は有用な金融機関としての地位を取り戻した、と言う。

（11） Ivan H. Light, *op. cit.*, *Ethnic Enterprise in America*, p. 60.

（12） *Ibid.*

（13） 以下は、Wei Li, Gary Dymski, Yu Zhou, Maria Chee and Carolyn Aldana, op. cit. による。

第4章

（1） 「東京朝鮮人商工会一三年のあゆみ」東京朝鮮人商工会『在日朝鮮人商工業者商工便覧 一九五七年版』一九五九年、一四—二八頁に収録、呉圭祥『在日朝鮮人企業活動形成史』雄山閣、一九九二年、七三—九〇頁、朴慶植『解放後在日朝鮮人運動史』三一書

房、一九八九年、二二三―二二七頁。なお、本章の初出は、拙稿「在日韓国人による民族系金融機関設立とその基盤――一九五〇～六〇年代の全国展開を中心に」『歴史と経済』第五二巻第一号、二〇〇九年である。

(2) また、中小企業金融機関と地方政治の関係のように、政治性は、在日に固有なものでもないだろう。もっとも、本章では民金が「政治的な目的のため設立」されたことに注目している。

(3) 金相賢『在日韓国人――僑胞八十年史』ソウル：어문각、一九六九年。

(4) 全国信用協同組合連合会『信用組合史・全国信用協同組合連合会二〇年史』一九七六年、一九〇―一九一頁。

(5) 前掲「東京朝鮮人商工会一三年のあゆみ」、呉圭祥、前掲書、朴慶植、前掲書。以下同段落は、同様。

(6) 在日が終戦直後から様々な協同組合、商工会を結成したことについては、朴慶植、前掲書、二一五―二二二頁を参照。代表的な在日朝鮮工業会は、当時の他の民族団体と同じく、帰国する事業家の援護、残留在日の事業の確保、転換などをサポートするために結成された。

(7) 一九四五年に結成され、在日のなかで広範な支持を得ていた代表的な団体である。親日派や右翼、民族派を排除し、次第に左翼寄りの傾向を強めていく。一九四九年に団体等規制令によって解散された。金府煥編『在日韓国人社会小史 大阪編』共同出版社、一九七七年、朴慶植、前掲書、を参照。

(8) 朴慶植、前掲書。

(9) 呉圭祥、前掲書、一〇八頁。

(10) 「(秘) 在日同胞の実態」『在日朝鮮人史研究』第二九号、一九九九年、一〇七頁。

(11) 李瑜煥『日本の中の三十八度線――民団・朝総連の歴史と現実』洋々社、一九八〇年、二四四頁、表一。

(12) 同前。ちなみに、民団勢力の在日は一九六五年の日韓条約後に急増しており、民団勢力の組織力は本国との関連など外部環境に大きく影響されていた(同前、二四七頁)。

(13) 呉圭祥、前掲書、七三―八一頁、前掲「東京朝鮮人商工会一三年のあゆみ」二一頁。

(14) 前掲「東京朝鮮人商工会一三年のあゆみ」二一頁。

(15) 朴慶植、前掲書、二二三頁。

(16) 在日本朝鮮人商工会関東本部は、一九四八年九月に関東朝鮮人商工会に、五三年四月に東京朝鮮人商工会に再編された。

(17) 朴慶植、前掲書、二二四頁。詳しくは、「第一〇回 国会衆議院大蔵委員会議録」第三号(一九五〇年一二月一六日、呉圭祥、前掲書、七七―八〇頁にも転載)を参照。

(18) 「対抗的」というのは、左翼系の設立の申請後、民団側が「急遽」準備委員会を立ち上げ、申請したことに表れる(「同和信用組

合遂に分裂」『民主新聞』一九五三年九月一七日付）。この対抗的な設立の背景には、剝き出しの政治的対立の動きがあった。端的には、民団の代表で同和信用組合の初代組合員長になった盧栄漢が朝連側の認可を「阻止しなければならないと決心した」という回想（盧栄漢の回想は『東亜新聞』一九七二年七月四日付のインタビュー記事、呉圭祥、前掲書、八二頁に転載）に示されている。詳しくは、一九五一年四月三日、第十一回臨時大会で新役員として選出され、民団長を歴任した権逸の回顧録（『権逸回顧録』ソウル：한민족、一九八九年、一三八―一四二頁、権逸『権逸回顧録』権逸回顧録刊行委員会、一九八七年）を参照。

(19) 前掲「同和信用組合遂に分裂」以下同段落の引用は、同様。

(20) 民団側では遅くともこの時点で、同和信用組合とは別の信用組合を設立することを明確にしている（同前「同和信用組合遂に分裂」、権逸、前掲書［韓国語版］、一三八―一四二頁）。

(21) 二つの民金設立に反対していた都が、東京商銀の許認可に踏み出した経緯は、判明しない。

(22) 後述する愛知商銀で、設立の基盤になる商工人の確保が困難であったことは、この点の例証になる。横浜商銀、茨城商銀も、民団系の商工人が既設の朝銀の組合員であったし、朝銀京都についても同様の証言が得られた（第2章、注(34)を参照）。後掲表4-3の茨城県、群馬県も同様。

(23) 一九五一年改正による信用組合の監督行政の都道府県への移管に際して、専従の信用組合係をおくところは少なく、監督指導方法も地域によって様々であった。信用協同組合事業認可申請要領、同認可事務取扱要領など、数次にわたる大蔵省の通達措置と指導により、新設認可が動き出した。全国信用協同組合連合会、前掲書、二四〇―二四九頁、を参照。

(24) 大蔵省銀行局「現行通牒編」『第三回 銀行局金融年報 昭和二九年版』五七―五八頁。

(25) 同前。関連して、一九四九年に公布された「外国人の財産取得に関する政令」は在日の経済活動を大きく制限する可能性があったが、在日の各種団体や華僑連合などの連帯運動の結果、在日は適用外となった。詳しくは、呉圭祥、前掲書、五七―六四頁、金太基『戦後日本政治と在日朝鮮人問題――SCAPの対在日朝鮮人政策 一九四五～一九五二年』勁草書房、一九九七年を参照。日本の当局は、本文の照会において問題になった一九五〇年一月一四日「外国人の事業活動に関する政令」と、五二年四月二八日外資委員会告示第三号でも、在日朝鮮人を「取得令」適用外の外国人と指定した。

(26) 大蔵省銀行局、前掲、五八頁。一九五二年に設立された神奈川朝銀の申請に際して、「韓国人の場合の如く、現在身分関係が分明でない時期に許可したものは将来外国人としての身分がはっきりした場合如何になるか」（「二七商第五七二号 昭和五二年三月一四日 第三国人による信用協同組合設立認可について」大蔵省銀行局、前掲、五八頁）との照会があった。これに対して外国人になった場合は、その持分の取得について外資に関する法律第一一条の適用はなく、新たに取得しようとする持分についてのみ適用を受けるとし、組合員の資格については国籍の如何を問わないと回答した。そして、前掲大蔵委員会における銀行局長の答弁内容にもとづいて、設立後の運営の見通しまでを考慮して許認可をし、政府関係の資金配分については一般の規則にもとづいて実施することなど、「国籍について差別待遇をすることは不当である」という立場を再表明している。
(27) 大蔵省銀行局、前掲、五八頁。
(28) 「外国人財産取得に関する件」(同前、五八頁)。
(29) 民団のなかで信用組合の設立が構想されたのは、盧栄漢の回想によると、一九五一年四月三日に同氏が財務担当副団長に選出されてからである(呉圭祥、前掲書、八二頁)。
(30) 鄭哲『民団──在日韓国人の民族運動』洋々社、一九六七年、李瑜煥、前掲書、第五章を参照。李瑜煥は、一九七〇年代を中心に民団と朝鮮総連の組織機構や中央組織の財政構造についても分析し、傘下組織の数、規模、事業内容などの比較から、朝鮮総連の組織的優位性を論じている。
(31) 「中小企業者融資対策 民團で一切事務代行 融資は民團員に限定」『民主新聞』一九五三年五月一五日付。
(32) 在日代表として韓国国会に派遣された鄭哲によると、建議が行われた背景には、民団の組織内の問題や駐日代表部との対立関係を解決したいという意図があった(鄭哲、前掲書、五二─五九頁)。
(33) 民團五〇年史編纂委員會編『民團五〇年史』在日本大韓民国民團、一九九七年、七四頁。
(34) 権逸、前掲書[韓国語版]、一三八頁。
(35) 「信用組合結成促進し融資受入体制整えよ」『民主新聞』一九五四年二月一一日付。
(36) 一九五六年に設立された三重商銀の場合は、人口数の小さい地域でありながら比較的早い時期に設立された。「他の組合と同じ事情で朝鮮総連系の組合設立運動とかち合うことになり、競り合う火花をちらすたたかいを演じ」ていたが、経済人の強い要請があって実現されたとしている(「在日民族経済をまもる信用組合現況」『民主新聞』一九五八年一月一日付)。早期に設立の機運が高まった地域においては、経済的な要求が強かったと思われる。
(37) 大阪商銀『大阪商銀二十年史』一九七三年、一四─一六頁。
(38) 大阪興銀『大阪興銀三十年史』一九八七年、三〇頁。大阪興銀の設立の必要性が本国政府の資金の受入機関としての役割にあったとすれば、一九五三年に設立されていた大阪商銀が在日コミュニティにおいてどのように認識されていたかが疑問になろう。本国からの資金は、それが実現する一九六〇年以降、大阪商銀にも配分されることになるが、大阪に二つ目の商銀が必要であったことの背景は不明である。
(39) 本書第1章、大阪興銀、前掲書。
(40) 大阪興銀、前掲書、五二─五五頁、全国信用協同組合連合会、前掲書、二四二─二四三頁。地方行政の新設許認可において、民金とその他に対する対応に異同があったかについては、明らかでない。一九五六年からは設立認可申請に必要な書類、審査基準が厳格化し、新設は五六年から急減したから、認可において健全な経営の見通しが以前よりも重要になったと推測される。
(41) 呉圭祥、前掲書、八七頁。
(42) 大阪興銀の副理事長、金容載の発言（在日韓国人信用組合協会［以下、韓信協と略す］「在日僑胞中小企業育成基金協議会及び韓信協臨時総会議事録」［一九六五年一月二〇日］）。同議事録によると、五〇〇万ドル実現の可能性もあった。
(43) 鄭煥麒『在日を生きる〔増補版〕』育英出版社、一九九八年。著者は、愛知商銀の副組合長、組合長を歴任した。愛知商銀については、同書、一七一―一七六頁、同氏へのインタビュー（二〇〇三年一〇月一〇日実施）に依拠している。
(44) 横浜商銀信用組合『横浜商銀三十年史』一九九二年、四七―五八頁。以下の叙述は、同書による。
(45) 例えば、民団が発行する新聞の『民主新聞』には、「在日僑胞中小企業育成基金」の実現のため、一九五四年一〇月一日付の紙面に「融資は焦眉の急務！　在日経済人たちはこう訴える」という見出しで、本国融資の早急な送金を要求する経済人の声を掲載している。
(46) 「第二二回第四七次韓国国会本会議」（一九五六年一二月九日付、筆者による翻訳）。また、一九五九年四月七日付、第三二回第二四次韓国国会本会議の報告でも、在日韓国人の左翼化問題と、北朝鮮系の信用組合への潤滑な資金供与を強調している。
(47) 特に前者は、在日全体を揺るがす大きな出来事である。帰国運動によって、一九六一年までに七万人、七二年までに、およそ九万人の在日が北朝鮮に送り帰された。民団はこの影響を直接うけた。公安調査庁筋の情報によると、民団勢力の在日は、一九五八年の八二、六〇〇人から、六〇年には四六、二〇〇人に激減した（李瑜煥、前掲書、二四四頁、表一）。国会での報告で在日の左翼化も問題として指摘されており、韓国政府も在日の状況とそれが韓国社会に及ぼしうる影響を無視することはできなかったと考えられる。
(48) 韓信協会長、朴漢植の発言（韓信協「在日僑胞中小企業育成基金協議会議事録」［一九六五年一月二〇日］）。北朝鮮からの送金に関する情報は、後に作成された「北韓から送金された在日朝鮮人教育援助金及び奨学金総計」から確認できる。元の資料は朝鮮総連が『朝鮮時報』に公表した送金額から得たものと思われる（韓信協「信用組合育成のための資金援助請願書」一九七三年一〇月二五日）。
(49) 同段落は、金相賢、前掲書、一五五頁による。
(50) こうした指摘は、韓信協が在日僑胞中小企業育成基金の追加的な支援を要請するために行った報告であるため、過大評価される部分があると思われる。にもかかわらず、韓国政府が問題として認識するということが政治的背景を表している。
(51) 韓信協「在日僑胞中小企業育成基金に関する組合員代表緊急懇談会議事録」（一九六〇年一二月二六日、筆者による翻訳）。出席者は、大韓民国駐日公使、民団中央総本部団長、韓国銀行大阪支店長、韓信協メンバーの理事長、副理事長等である。以下の協議会も、基本的に同様。本国融資の配分を決める協議会は、名称が統一されていないため、ここでは便宜上、年度を基準に、一九六〇年一二月開催の協議会を第一次、六一年四月開催を第二次、六五年一月開催を第三次とし、注では元の資料の名称を示す。

(52) 韓信協代表が事前に韓国を訪れた際に行われた会談には、韓信協の代表と、国務総理、韓国銀行総裁、財務部長官、外務部長官、その他の関係者などが出席した(同前)。

(53) 韓信協「第二次在日僑胞中小企業育成基金運用懇談会議事録」(第二次協議会、一九六一年四月八日、筆者による翻訳)。

(54) 同前資料には、本文に提示した商銀への配分率しか記載がないため、具体的な計算方法について知ることができない。計算方法については、一九七三年九月現在の配分額表(韓信協「第二〇回 通常総会 事業報告書及び議案」[一九七四年六月二五日])から次のように推定できる。預金、出資金、組合員数、店舗数、在日人口数について、全商銀の総額(数)に対する各商銀の比率をとり、配分率はそれにもとづいて既述した加重平均率で計算する。例えば、大阪興銀は、全商銀に対する五項目の比率は、二四・二五%、一八・五一%、一五・四一%、八・九九%、一四・六五%であった。これらを加重平均率で計算すると一八・八一%であり、それに該当する約七億円が本国融資から大阪興銀に配分された。配分額表によると、これが基本配当額となり、一億円が均等割当額として追加配分された。

(55) 韓信協、前掲「在日僑胞中小企業育成基金に関する組合員代表緊急懇談会議事録」(第一次協議会)。

(56) 同前。

(57) 同前。なお、韓国銀行の案が一〇〇%でなかったため、括弧内の+、−は合計ゼロにならない。

(58) 韓信協「第一〇回 通常総会議案 自一九六四年四月三〇日 至一九六五年三月三一日」二七頁。

(59) 韓信協、前掲「在日僑胞中小企業育成基金協議会議事録」(第三次協議会)。

(60) 韓信協「昭和三六年度 協会運営報告書 自一九六一年六月一日 至一九六二年五月三一日」、「昭和三七年度 協会運営報告書 自一九六二年六月一日 至一九六三年三月三一日」、同「通常総会議案」第一〇回、第一二回、第一六回より。

(61) 一九六一年三月の預金高は、一二億八、五〇〇万円、六三年二四億八〇〇万円、六五年三七億二〇〇万円であった(「貸借対照表」各期、大阪興銀、前掲書)。仮に配分額の低下がなかったとしても、六三年、六五年の比率はそれぞれわずか〇・五ポイント上昇に過ぎず、同商銀の預金高が増加したことによって傾向的には本国融資のもつ意味は小さくなっていった。

(62) 預金高に対する本国融資の割合は、増額請求が実現した一九七一年三月時点においてはわずか〇・八%しか占めなかった。しかし、これは一九六五年以降定期預金などの比率が上昇して預金基盤が安定化し、一九六五~七一年に約七倍に預金高が増加した結果であった。本国融資については、絶対的な規模としてだけでなく、初期段階における取引開始がその後の安定的な預金者の確保に繋がったという意味でも評価されるべきであろう。この点については、第5章で再度触れる。

(63) 韓信協「陳情書提出の計数的補充資料」（筆者による翻訳）。同資料は、一九六五年二月一日に行われた「訪日韓国国会議員団との懇談会」のときに参考資料として添えられたもので、第三次協議会後に作成されたと推察できる。

(64) 韓信協、前掲「在日僑胞中小企業育成基金協議会議事録」（第三次協議会、一九六五年一月二〇日）。

(65) 韓信協「信用組合育成のための資金援助請願書」（一九七三年一〇月二五日、筆者による翻訳。以下同様）、同「請願書」（一九七五年七月二五日）、同「信用組合育成のための資金援助請願書」（一九七七年一月二五日）、同「韓信協傘下信用組合に対する育成資金追加支援請願」（一九七九年六月五日）。

(66) 韓信協「昭和三五年 協会運営報告書 自一九六〇年八月三〇日 至一九六一年五月三一日」。

(67) 韓信協、前掲「昭和三六年 協会運営報告書」一七頁。以下の同段落の記述は、同資料による。

(68) 七地域のうち残りの長野県は、朝銀（一九六三年設立）とほぼ同じ時期に申請されたと思われる。しかし、商銀の設立（一九七六年）準備の担当者が変わった（同前）ため、申請のための設立発起人会から内認可まで長い時間がかかった。

(69) 広島県では一九六一年一一月に朝銀に先行して商銀が設立された。このように、地域から設立の要請があった場合もあり、また地域によって基盤になる政治団体（民団と朝鮮総連）の勢力が異なることが影響したと思われる。

(70) 一九六一年一一月二〇日の韓信協理事会では、「第四次育成基金総額のうち三分の一は新設組合に割り当て、その三分の一のうち、広島商銀に二、〇三〇万円を融資すること」を決定した。

(71) 韓信協、前掲「昭和三五年 協会運営報告書」、前掲「昭和三六年 協会運営報告書」、「通常総会議案」第九回～第三六回より。

(72) 総会議案に集約された内容をまとめると、各県の在日経済力の欠如が問題として認識されていた（韓信協、前掲「第一〇回 通常総会議案」）。

(73) 山形商銀信用組合については、「山形県在住韓国人の絶対数が僅少であるのに双方が申請している為認可に到らない」と報告されている（韓信協「第一四回 通常総会議案」）。

(74) 韓信協は、商銀同士の資金繰りを調整する役割も果たしていた。後の時期のことであるが、一九七二年総会では、滋賀商銀正常化に関して次のような報告があった。「同組合は監督官庁から経営内容についての勧告をうけるなど、一時懸念される向きもあった……一時は預金の減少により資金が枯渇したので当協会が奔走、各傘下組合にお願いして約一億以上の資金手当てを行った」（韓信協「第一七回 通常総会議案」［一九七二年七月一〇日］）ことから、零細な商銀の経営はこうした仕組みに支えられていたことがわかる。

(75) 表4-4からは、大阪府を例外として朝銀の経営規模が商銀に対して優勢であることが看取される。この格差は、第一節で述べた朝鮮総連と民団の組織力のギャップから考えると、一九五〇年代から存在したと考えられる。つまり、両陣営の在日に対する組織動員力の差が、経済組織の経営規模を規定していることになる。しかし、朝銀の経営規模の優位が、朝鮮総連勢力の民団に対する人口倍数が一九五八年の二倍から七七年にはほぼ同等の人口基盤に縮小する（李瑜煥、前掲書、二四四頁、表一）なかで維持されたことは、在日と民金の取引には、預金基盤が大きい朝銀との取引にメリットがあるという経済的要因も大きく寄与したことを示唆する。他方、商銀は、増加する韓国籍、民団勢力人口を背景にして朝銀に追い付くかたちで成長してきたと思われる。この点は、第6章で検討する。関連して、在日総人口の約三割（表4-1）が居住する大阪における商銀の成長が、民団の組織を強化した点も指摘しておこう。民団系の大阪興銀、大阪商銀の預金合計は、一九七八年一〇月現在、全国商銀の合計の約四五％を占めており、朝銀大阪の預金は、全国朝銀の合計の一六％を占めていた。このことについて、李瑜煥は、「終戦から六〇年代前半まで、一時は四つの地方本部をおくまで隆盛を誇っていた大阪の朝鮮総連組織が、現在〔一九七八年〕では民団に圧倒され、深刻な事態にあるということが裏書きされている」（李瑜煥、前掲書、二六五頁）とし、経済組織の発展が民団勢力の補強に重要な役割を果たしたと評価した。

(76) 朝銀と商銀は、競争的に組合員や預金獲得運動を展開した。こうした競争は、大都市では組合員として在日を発見＝市場開拓・拡大を積極化させたという意味で、民金成長において有効であったと考えられる。それは朝銀対商銀にとどまらない。例えば、大阪府の大阪興銀と大阪商銀はともに商銀系列であるが、同じコミュニティを基盤にしているため、預金金利、貸出金利の調整によって、組合員獲得をめぐって競争しながら成長したと考えられる。この点は、第5章、第6章を参照。

(77) 大阪興銀、前掲書、一三三―一三五頁、大阪商銀、前掲書、五四―六三頁。

(78) 大阪興銀、前掲書、一三五頁。

第5章

(1) Ivan H. Light, *Ethnic Enterprise in America: Business and Welfare among Chinese, Japanese, and Blacks*, Berkeley: University of California Press, 1972, pp. 19–61.

(2) 民団の「団員の多くは、通名を使って生活を日本社会に埋もれている。外見からだけでは、誰が在日かわからないのは、日本人もわれわれ〔民団〕自身も同じである」（「銀行設立に関する提言」『民団新聞』二〇〇一年一月一日付）。

(3) 大阪興銀『大阪興銀三十年史』一九八七年。

(4) 第4章の図4-1を参照。

(5) 全国平均を取るのは、経営状態を評価する客観的基準を得るのが難しいからである。

（6）全国平均の資金基盤（預金＋借用金＋出資金）に占める預金比率は、一九五一～五五年平均が八六・七％、五六～六〇年平均八七・八％、六一～六五年平均九二・七％であり、六〇年代後半から九〇年代まで約九六％水準で推移した。一九五〇年代にその後に比べて不足していた預金は、出資金と借用金によって補われていた（日本銀行調査統計局『経済統計年報』昭和三四年、九一頁、昭和四〇年、二二四頁、昭和四五年、一三三頁、昭和五〇年、一四七頁、平成七年、一〇七頁）。以下の全国平均に関する指標は、特に断らない限り、同資料による。

（7）大阪興銀、前掲書、六七頁。

（8）ただし、年度末残高であり、期中の借用金はあったと思われる。支払い利息から見てさほど規模の大きいものではなく、一時的な資金繰りのための短期のものと思われる。後掲注(54)を参照。

（9）他の民金の借用金依存度は一様でない。大阪商銀と東京商銀も、全国平均と同様に、他の時代に比べて一九五〇年代に高い比率である。大阪興銀と対照すれば、同時期の大阪商銀と東京商銀は、資金繰りのためか、借用金依存度は全国平均よりも常に高かった。

（10）大阪興銀、前掲書、六三頁。全国平均の預金に占める定期性預金（ここでは約二％とわずかであるその他の項目を除いた定期預金と定積の合計とした）の比率は、一九五五年に七一・六％、一九六〇年に七一・九％であった（全国信用協同組合連合会『信用組合史・全国信用協同組合連合会二〇年史 別巻』一九七六年、三四八—三四九頁より算出）。

（11）同前。ただし、大阪興銀の定期預金の対預金比率を次の指標に対照してみると、定期性預金の低さは、定積の低さによる部分も大きい。大阪興銀の預金に占める定期預金の比率は、一九五五～六〇年平均で三六・四％（図5-3）であったのに対して、全国信用組合は、同期間平均が四二・五％であった（全国信用協同組合連合会、前掲書、三四八—三四九頁より算出）。注(10)にもとづいて、大阪興銀と全国平均の定期性預金の差を計算すると、一二・一％である。そのうち、定期預金の差は六・一ポイント％であり、定積の差は、六・〇ポイント％である。

（12）大阪興銀、前掲書、六一頁。

（13）同前。横浜商銀では、「組合の業務運営の上から言えば、定期預金の獲得が最も望ましい」としながらも、「得意先系《ママ》にとっては極めて難し」く、「当時としては、同胞社会の商工業者は資本蓄積や運転資金も乏しく、定期預金にまわすほどの資金的余裕がなかった」（横浜商銀信用組合『横浜商銀三十年史』一九九二年、五七頁）。

（14）大阪興銀、前掲書、一〇八頁。「定積の増勢が鈍化」したとは、貸借対照表によると、預金に占める構成比の鈍化を指していると思われる。ここであらためて確認しておくと、設立初年度を除いて、一九五六～六〇年、六一～六五年、六六～七〇年の平均構成比は、二五％、一六％、八％であった。ちなみに、定期積金の成長率は、一九五七～六〇年一二％、六一～六五年一六％、六六

〜七〇年二七％であった。

(15) 大阪興銀、前掲書、一〇八頁。

(16) 同前、一〇九頁。

(17) 同様の資料から計算した一人当たりの貸出額における東京商銀に対する大阪商銀の倍率は、一九五〇年代後半から六〇年代前半までは約一・五倍から二倍を記録するときもあり、格差は大きかった。一九六六年に約一・八倍から改善に向かい七〇年頃にはほぼ同水準になった。

(18) 本章の大阪商銀に関連する図表は、組合員数などを除くほとんどが、資料の入手ができなかった設立初年（一九五三年）と翌年を除いた五五年以降のものである。大阪商銀の定期預金の比率は、他の民金の設立三年以降に比べても高いと言えよう。

(19) 注(22)を参照。

(20) 東京商銀の預金に対する定積比率は、一九五九年約三〇％から六三年に約四〇％に増加して以来低下するが、大阪商銀が六〇年代前半に約二〇％から後半に一五％、大阪興銀が同時期に一八％から一〇％前後に推移したのに比べて、常に高かった（大阪商銀は、「業務（事業）報告書」第三期〜第四七回期、東京商銀は、「貸借対照表」東京商銀『東京商銀三十年史』一九八四年）。

(21) その理由は在日の預金余力が乏しいという時代的制約だけではなかった。ほぼ同時期の一年前に設立された大阪商銀は比較的高い定期預金比率を示しており、経営の初期段階であることで説明される部分も小さい。比較可能な資料はないが、両民金の設立後三年目にあたる大阪商銀の一九五五年と東京商銀の五六年を比較しても同様である。

(22) 検討できなかった要因として、民金が設立された地域の就業構造や在日産業構造の影響が考えられる。資料問題のため、詳細な分析は今後の課題であるが、一九五五年三月末現在、東京商銀の組合員四五七の職業は、商業、工業、勤労者、その他で、それぞれ四一・一％、一七・七％、四二・一％、〇・四％であり、商業と勤労者で全体の八割以上を占めている（東京商銀、前掲書、二二頁）。そのうち法人は、商業者のみで見られ、全体の一三％（工業者では〇％）であった。また、基盤産業による違いの可能性については、同地域に設立された大阪商銀と大阪興銀の比較から示しておこう。設立初期において、大阪商銀の定期預金の比率が大阪興銀に比べて高かったのは、両者の中心的な組合員の違いによると思われる。第4章で述べたように、大阪商銀は、「梅田繊維卸商協会の初代会長であった在日の大林健良氏をはじめ、梅田地区繊維卸業者を中心に」（大阪商銀『大阪商銀二十年史』一九七三年、一四頁）設立された。これに対して、大阪興銀は、在日の集住地域に隣接した鶴橋国際商店街を営業基盤としていた（大阪興銀、前掲書、三一—三三頁、六四—六五頁）。大阪興銀が揺籃期にあった時代に、「営業基盤を確立していく過程でその枢軸となったのは、〝当組合発祥の地〟鶴橋の国際商店街」（大阪興銀、前掲書、六四—六五頁）であった。主要な営業基盤は、「当時日銭の預金をした商店街の店主たち」であり、「得意先の三〇〇件はほとんど日掛取引先」であったことから、預金の規模の零細性がうかがえる。問屋の資金需要から設立された大阪商銀は、定期預金比率の高さが示すように、相対的に大口の預金基盤をもっていたと考えられる。

(23) 東京商銀、前掲書、二一頁。一九六七年理事会でも、東京商銀の預金不調が指摘されている（六八頁）。一九六八年より積極的な預金獲得運動が始まり、第一四期末（一九六八年）決算報告で、預金の伸びを「驚異的」と評価する（七五頁）ようになり、ようやく安定的な成長の軌道に乗った。

(24) 目標と実績が比較可能なケースに限定したため、偏った評価になる問題があるが、大阪興銀と東京商銀が同年に展開した預金増強運動の結果を比較することによって補うことができる。例えば、東京商銀が一九七三年九月と七八年一〇月～七九年三月に実施した運動の達成率はそれぞれ九七・〇%、九四・八%であった（東京商銀、前掲書）。民金の活動による違いも影響していると思われる。

(25) 一九五四年から八三年の間に実施された預金増強運動一〇件の平均達成率。計算は、大阪興銀（表5-2）に同じく、東京商銀、前掲書より集計した。

(26) 大阪興銀、前掲書、一四八―一四九頁。

(27) 大阪興銀、前掲書、一〇九頁。

(28) 大阪興銀は一九六八年から、東京商銀は一九六九年から、毎年開催（大阪興銀、前掲書、一〇六―一〇八頁、東京商銀、前掲書、七七頁）。

(29) 計画の設定の仕方、運動推計の方法など、二つの民金においては様々な面で異なっているから、その違いに着目すれば、いくつかの要因を取り出してみるのは難しいことではない。しかし、社史の情報が実態をどの程度反映しているかも明確でなく、それらがパフォーマンスの違いをもたらす要因であることの実証にも問題がつきまとう。

(30) 東京商銀、前掲書、七五頁。一九六七年五月に開かれた理事会でも東京商銀の預金獲得の不振が指摘され、許弼奭が理事長に就任したのは、この理事会の後である（六八頁）。

(31) 東京商銀、前掲書、七一―七二頁。

(32) 積極的に行われた東京商銀の宣伝活動や催しを取り上げたのは、東京商銀の経営のパフォーマンスを説明したいからではない。強調したいのは、在日を如何に発見し、獲得しようとしたのか、であり、そうした活動があってはじめて組合員数や預金高の成長が可能であった点である。

(33) 元関西興銀役員の証言（二〇〇六年一一月二一日聞取り調査より）。以下、同項目内で特に断りのない引用文は、同様。

(34) 戸籍上の出身地域（道）である。

（35）　新たに支店ができるときに訪問して宣伝する新規開拓部隊であった、元関西興銀の女性行員の証言（二〇〇六年一一月二一日聞取り調査より）。

（36）　例えば、大阪信用金庫から大阪興銀に主要な取引銀行を変えたMM氏は、一般的に信用組合より金利が低いと言われる信用金庫から変えた理由を次のように説明した。すなわち、金利が高い、低いということは一概には言えない、金利の数字は比較できるが、提示された金利を受け入れるかどうかは、民族系金融機関である大阪興銀との関係、付き合いの程度を含めて判断する、と答えており、経済的な効率性だけではない（大阪を中心に展開する理髪店の大手チェーン店の元経営者、二〇〇六年一一月二一日聞取り調査より）。

（37）　前掲の元関西興銀の女性行員によると、民団の会員名簿などから漏れている、民族組織が把握していない在日について、「あそこの人も在日だよ、行ってごらん」（二〇〇六年一一月二一日聞取り調査より）と、顧客の紹介を受けることがあるという。

（38）　「昭和三六年四月一八日　在日僑胞中小企業育成基金の預託金取扱承認」（大阪商銀「第九期（一九六一・四―六二・三）事業報告書」の庶務事項）に依拠し、貸借対照表の預金勘定にある預託金項目で作成した。

（39）　大阪商銀「業務（事業）報告書」第三期～第四七回期。

（40）　東京商銀預金成長率も、全国平均を下回る時期が少なからず見られたが、一九六六年以降、全国平均の成長率を上回るようになり、同時期を転換期と考えることができる。

（41）　特に、一九六四年から六八年までの急成長は、全国平均の成長が鈍化した期間に見られたのであり、在日社会の特殊性を表している。

（42）　金融機関全体の金利は期中平均金利であるのに対して、民金は残高ベースで計算されたため、期中の金利より低めで表された可能性が高い。平均金利を示したのは、水準を比較したいわけではなく、民金の金利が上下する変化を相対化するためである。

（43）　大阪興銀、前掲書、一七六頁。

（44）　信用組合は、組合員に対する貸出を主要な営業部門としており、資金の運用において一般金融機関のような多様な投資は禁止されている。余裕資金の運用として預け金以外に金融機関貸付が可能になるのは、一九六八年からである（信用組合小史編纂委員会『信用組合小史』日本経済評論社、一九七八年、二二一―二三二頁）。ただし、全信連による運営に限られる。

（45）　同段落の記述は、各信用組合の貸借対照表の集計による（大阪商銀は、「業務（事業）報告書」第三期～第四七回期、大阪興銀は、大阪興銀、前掲書、四一一―四三九頁、東京商銀は、東京商銀、前掲書、三一八―三三七頁）。

（46）　注(44)を参照。

（47）　大阪商銀の貸出金に占める割引手形は、一九六一年から六六年まで約二五％で推移し、六七年に一九・一％に低下した（大阪商銀、前掲「業務（事業）報告書」）。

(48) 大阪興銀、前掲書、九三頁。

(49) 同前。

(50) 同前。

(51) 詳しい数字を取り上げることはできないが、東京商銀は、一九七〇年代前半が転機となったと思われる（東京商銀の「貸借対照表」より）。しかしながら、東京商銀は、その後においても、全国平均の成長率を上回る期間が少なく、大阪の民金ほど順調ではなかったと推測される。

(52) ただし、次の元役員の証言（二〇〇六年一一月二一日聞取り調査より）のように、年度末の預貸率は期中に比べて低かったと思われる。一九八〇年代以降の状況と考えるが、「普段〔平均残高〕はいつも九〇%を越していたんです。年度末だけ思いっきり預金を集めて、例えば四〇〇、三〇〇億円集めるんです。〔その結果〕預貸率が八〇%になっただけです」。その背景には、「預金のランキングが大事だから、日本一、日本二でしょう。評価はいつも三月決算」ということがあった。しかし、このような状況は程度の差はあれ、他の民金においてもあったであろうから、大阪興銀の相対的に低い預貸率と歴史的変遷には別の説明が必要であろう。

(53) 元役員の証言（二〇〇六年一一月二一日聞取り調査より）。預け金は、全国信用協同組合連合会に普通預金、定期としても預けられていたが、主要なものは大和銀行の決済準備金であった。

(54) もちろんこれは残高ベースである。毎期利息金が支払われており、期中に借用と返済が行われたと思われる。資金調達全体に対して支払われた借用金利息の比率の傾向を五年平均値で見ると、一九五五～五九年〇・三六%、六〇～六四年〇・四八%、六五～六九年〇・一〇%、七〇～七四年〇・一五%、七五～七九年〇・一七%、八〇～八四年〇・一九%であり、残高ベースで返済が行われた一九六五年以降七〇年代まで、借用金依存が低下したことは間違いない（「貸借対照表」各期、「損益計算書」各期より計算［大阪興銀、前掲書］）。

(55) その結果、預貸率は低い水準になる。

(56) 表5-6により、一九八〇年以降のその他の資産運用について確認しておくと、有価証券および金融機関貸出金に配分されたことがわかる。金融機関貸出金は、「全信組連短期資金」と「金融機関貸付等」となっている。前者は、零細信用組合に対する全信連の貸出の名目で、全国五〇〇の信用組合に割り当てられた資金（元関西興銀役員の証言［二〇〇六年一一月二一日聞取り調査より］）であり、一九六八年に「全国信用組合保障基金」制度として開始された（東京商銀、前掲書、八〇頁）。信用組合が資金を拠出して「保障基金」の積立を行い、合併などを行う信用組合に対して資金援助をする（信用組合小史編纂委員会、前掲書、二四八

─二四九頁)。後者の「金融機関貸付等」は、同じような趣旨のもと、在日韓国人信用組合協会(韓信協)主導で行われる民団系列の信用組合(商銀)間の支援資金であった(元関西興銀役員の証言［二〇〇六年一一月二一日聞取り調査より］)。韓信協によって割当額が決められ、例えば北海道商銀に対して大阪興銀が一定の金額を預ける、という仕組みである。この貸付が一九八〇年代以降見られたのは、すでに零細性が問題として指摘されていたことを考えれば、意外である。財務諸表や証言で確認される時期とは異なるが、韓信協では一九六〇年代から「互助基金制度」(一九六一年から「プール資金」、その後「互助基金」)が開始された(大阪商銀、前掲書、一〇四―一〇五頁)。運用内容は明らかではないが、韓信協「一九六五年度協会運営報告書」から要綱の部分的な内容が判明する。すなわち、「会員組合は各預金額の一%を韓国銀行在日支店に積み立てる。積立総額の半額は、韓信協の会員である信用組合の天災事変等による緊急事態に備え、残りの半額は各会員組合の積立額の二倍乃至三、〇〇〇万円以下の貸出を認めることを原則とする。貸出は商業手形の再割引を原則とし、常任理事会を経て会長が行う」(韓信協「第一〇回 通常総会議案自一九六四年四月一日 至一九六五年三月三一日」六頁)。また、韓信協「第一六回 通常総会議案」(一九七〇年度、四頁)によると、「同基金制度は創設されて既に一一年を経過しており、現在の積立総額は三億四〇〇〇万円、この資金は主に創立の浅い組合又は資金量の比較的少ない組合に有効に活用され、その資金繰りに大きく功を奏してい」ると評価し、しかし、「会員組合需要〔融資申込〕」に対応するには規模が僅少であるため、増額の必要があると提案された。これらの内容から、互助基金は、経営状況の劣悪な民金に対して資金を再分配する機能を担っていたと言えよう。しかし、それは、余剰資金を抱える信用組合が、韓信協を通じて、運用先を求めて貸し付けるというのではなく、小規模民金の資金繰りの性格をもっていたと考えられる。大阪興銀と大阪商銀の財務諸表では、こうした積立金の勘定は確認できなかった。いずれにしても、金融機関貸出金は、大阪興銀の積極的な資産運用の結果とは考えられない。また、有価証券の比率が上昇しているが、一九八〇年代前半までは貸出金の五%以下を占めるにとどまっていた。

(57) 大阪商銀、前掲「業務(事業)報告書」。

(58) 同前。

(59) 大阪商銀の貸出金利は、一九五八年一〇・四%、五九年八・三%、六六年七・二%、六七年五・八%、六八年六・〇%、七五年七・三%、七六年六・三%、七七年五・五%、七八年四・五%(大阪商銀、前掲「業務(事業)報告書」)。

(60) 全国平均の「出資金+借用金+預金」に占める借用金比率は、一九五六~六〇年平均(以下同様)で七・四%、六一~六五年三・七%、六六~七〇年二・四%、七一~七五年二・三%、七六~八〇年二・六%、八一~八五年三・一%であった(日本銀行調査統計局『経済統計年報』昭和三四年、九一頁、昭和四〇年、二二四頁、昭和四五年、一三三頁、昭和五〇年、一四七頁、平成七年、一〇七頁、より算出)。これに対して大阪商銀の借用金比率は、同時期に平均七・五%、七・三%、四・二%、五・一%、二・〇%、三・六%であり、ほとんどの時期に全国平均を上回った（大阪商銀、前掲「業務（事業）報告書」）。

(61) 民金の預貸率が全国平均に比べて全体的に高めであったことについては、第6章で分析される。

(62) 表5-7によると、一九七三〜七六年に預け金への配分比率の変動が激しいことが注目されるが、オイルショックによる短期的な影響と思われる。

(63) それまでは預金増加額の範囲内で貸出を行う傾向にあった。経営方針の転換があらためて確認されよう。

(64) 本来ならば、出資配当金項目も分子に入れるべきであるが、不明であった。僅少であり、大きな誤差は生じないと判断し、省略した。

(65) 一九六五年以前の資金調達コストと預金金利との乖離は、借用金による資金コストの部分である。

(66) 大阪商銀のスプレッドも同様であった（同期間で、一・五、一・二、〇・九、〇・九、〇・七、〇・六ポイント%、大阪商銀、前掲「業務（事業）報告書」）。

(67) 同前。

(68) 大阪興銀、前掲書、一―一七三頁。以下、同段落の引用文は断りのない限り、これによる。

(69) 大阪興銀、前掲書、一七二頁。

(70) 預け金運用は、預金から貸出金を差し引いて「残った分〔傍点は引用者による〕を決済銀行においとくんです」という証言に端的に表れる（元関西興銀役員の証言［二〇〇六年一一月二一日聞取り調査より］）。

(71) 詳しい政策については、大阪興銀、前掲書、一九七―二九八頁を参照。以下、同運動についての叙述は、特に断らない限り、同社史に依拠している。

(72) 大阪興銀の預貸率は、一九七〇年代末まで他の民金より低かった（図5-10）が、在日企業の資金需要は、全国平均に比べて旺盛であった。この点については、第6章で分析される。

(73) 大阪興銀、前掲書、二二四頁。

(74) これが大阪興銀の預金増強・融資政策のなかで結果としてもたらされる側面を、特に強調しておこう。このことが憶測ではないことを、商銀がコミュニティに果たしてきた役割について述べた、民団の次の評価からも窺い知ることができる。すなわち、「……商銀は、日掛け、月掛けという預金獲得活動を通じ、毎日〔民団〕団員の家を戸別訪問してきた。民団が相当早い時期に機能を失った、団員間のネットワークを維持し続けてきたのが、商銀であった」（「銀行設立に関する提言」『民団新聞』二〇〇一年一月一日付）。経済組織の成長によってコミュニティが再構築されることについては、外村の在日朝鮮人社会に対する筆者の問題提起（序章）に関連して、終章で議論する。

(75) 元関西興銀役員の証言（二〇〇六年一一月二一日聞取り調査より）。

(76) 同前、同段落の引用は、同様。同氏の証言は、「『経験と勘』に頼る旧態依然とした経営感覚が制約要因となって近代的脱皮を妨げていた。C・S・Sは業種別調査を中心に各種情報データの収集・分析活動を行い、集積した成果を日常業務に反映させ取引先へ還元していく。そして、資金と情報の有機的な結合により融資戦略を効果的に展開し、同胞経済の合理的な運営に資することも今後の課題として検討されるべきであろう」という社史の記述と整合的である（大阪興銀、前掲書、二一四頁）。第Ⅰ部第3章で分析した、一九八〇年代以降の在日コミュニティの情報生産の組織化は、こうした積極的な融資政策のなかで生み出されたのである。

(77) 同段落の内容と引用は、元関西興銀役員の証言（二〇〇六年一一月二一日聞取り調査より）による。

(78) 経済活動に関する分析からはやや逸脱するが、個人レベルで民族としてのアイデンティティを保持することと、民族コミュニティがそれ自体として維持されることとは異なる次元に属する問題であろう。後者は、前者の個人レベルのアイデンティティを前提に、民族集団として共有し、繋がることによってはじめて成り立つものであると考える。前者は、時間が過ぎても存在しうるものであるが、後者は時代によって常に再生産されなければ消えていくものであると言えよう。その意味で、筆者は、大阪興銀のような経済組織が後者の再構築において果たした役割に注目しているのである。

第6章

(1) こうした民金の状況は、ロサンゼルスのコリアン・タウンのように、本国からの流入によって人口の社会的増加が潤沢に見込まれる場合とは異なっていることに注意すべきである。

(2) ただし、貸出市場においても、「成長した在日企業」は一般金融機関に奪われる面があることに留意しておきたい。この点は、次章で検討される。

(3) この点について本書第5章では主に大阪興銀に注目して検討した。紙幅の関係で詳細な分析は割愛したが、東京商銀、大阪商銀、横浜商銀はそれぞれ一九八〇年代に資産運用が変化し、その結果経済内容にも大きな差異が生じた。それと対比すると一九七〇年代はこれらの民金の経営に共通する点が多い。

(4) ただし、本章で分析される民金には後発のものが含まれており、既述した一九七〇年代の預金構成や貸出運用は、民金の間で、タイムラグをもって安定化したと考えている。また、代表的な四つの民金においても見られたことであるが、地域の異なる状況に影響された多様性は、否定されるものではない。

(5) 統一日報社「在日韓国人企業名鑑編纂委員会」編『在日韓国人企業名鑑』統一日報社、一九七六年、より集計。

（6）全国信用協同組合連合会『信用組合史・全国信用協同組合連合会二〇年史 別巻』一九七六年、三五九頁、表「一〇 業態別各種金融機関の中小企業向・純中小企業向け融資残高推移」より。同表から個人向貸出や海外円借款・国内店名義現地貸（全国銀行のみ）を除いた「純中小企業向」の指標をとった。

（7）比較の指標が異なるため断定は慎むべきであるが、在日の経済活動における民金の小さくない地位は、在日が中小専門金融機関との取引に制約があることを示唆している。詳細な分析は、今後の課題である。

（8）東京朝鮮人商工会『在日朝鮮人商工業者商工便覧 一九五七年版』一九五九年、二三頁。

（9）李瑜煥『日本の中の三十八度線――民団・朝総連の歴史と現実』洋々社、一九八〇年。

（10）日本銀行調査統計局『経済統計年報』昭和四五年、一三三頁、昭和五〇年、一四七頁、平成七年、一〇七頁、「信用組合主要勘定表」より算出。

（11）ブロックは、北海道、東北、関東、東京、北陸、東海、近畿、大阪、中国、九州、四国の平均預貸率と朝銀・商銀を比較したもの（全国信用協同組合連合会『全国信用組合統計・グラフ集 No. 2 貸出環境の変遷』一九七五年、一九七頁）。

（12）また、Type 4 の預貸率の水準が地域によって分散しているのは、該当する民金が多いこともあり、預貸率に影響する各地域の多様な要因を表していると思われる。

（13）日本銀行調査統計局、前掲書、より算出。

（14）設立初期段階の固有の要因では説明できない地域もある。設立後の順調な成長により預貸率が改善するパターンが存在したことは、図6-3に確認したとおりである。ただし、「成長」が制約される場合もまた、想定すべきであろう。設立後経過年数の長い宮城朝銀（一二年）、福井商銀（一三年）の場合、初期段階というだけでは低い預貸率を説明できないからである。在日の預金市場、資金運用市場に影響する在日人口と経済規模、そして同地域の民金との競争関係が、宮城朝銀と福井商銀の場合には影響した可能性も考えられる。

（15）横浜商銀の預貸率と預け金比率両方が低いのは、資金運用のなかで約七％（預け金、金融機関貸付、有価証券、貸出金運用額の総額に対する有価証券投資額の比率）が有価証券投資に向けられたためであった（「貸借対照表」各年より計算［横浜商銀信用組合『横浜商銀三十年史』一九八二年、に所収］）。

（16）預金金利と貸出金利の水準は、基本的には、公定金利という条件によって一定の水準内で決まるとはいえ、民金は預金構成や運用における資金配分によって、在日に対する経済的インセンティブとしての金利を調整することができる。

（17）地域平均金利は、『全国信用組合財務諸表』（昭和四五年）より、各都道府県に設立された信用組合のうち、朝銀・商銀を除いた信用組合の預金金利と貸出金利の平均値を割り出したものである。

(18) 第5章で見たように、それは、民金の積極的な預金（組合員）獲得運動の結果である。
(19) 金利については、預金高規模を基準にすることが望ましいが、預金金利、貸出金利において預金高規模と組合員規模の異なる指標で示したのは、民金の行動を理解するためには、「組合員数」に着目することも重要と考えたからである。筆者の集計によると、預金高と貸出金利の相関関係において預金高の格差がより大きく表れるが、おおよその傾向は組合員数規模との関係と同様である。
(20) 群馬商銀と茨城商銀の金利が全体の傾向からやや逸脱しているのは、それぞれ一九七二年、一九七三年に設立されたばかりであり、歴史が浅いことが影響したと思われる。
(21) 明確な基準を設定しているわけではない。本来ならば、規模と利鞘の逆相関の線上をたどると考えられるから、左下の方にプロットされれば平準的な傾向から逸脱していると言えよう。
(22) Type 4に属する商銀であるが、これらの特異な状況を示す民金のあり方にも留意する必要がある。
(23) 預金金利と貸出金利は規模に影響されるため、一般的には、右上がりの線上を動く。そうした線上から逸脱している、左上と右下にプロットしている（ほとんどType 4である）民金は、ノーマルな状態ではないと考えられる。しかし、朝銀と商銀という区分はないため、さしあたりその点はおき、Type 1の朝銀と商銀に存在する傾向に注目したい。
(24) 発見した特徴は競争関係から生まれたものであるという仮説のもとで、試みた説明が説得的であれば、仮説が裏付けられる、ということになる。重要なのは、競争関係があったかどうかではなく、競争関係が民金の経営をどのように特徴づけ、それが在日企業にとってどのように影響したのか、である。競争が潜在的な在日を掘り起こして市場として取り込むという積極的な意味があったことについては、第5章で検討した通りである。本節は異なる側面を明らかにしつつ、第五節で総合的な検討を加える。
(25) 相関関係であり、朝銀と商銀の金利差と、二倍以上の規模の格差が、因果関係をもつものであるかについては別の分析が必要である。
(26) 〈1〉、〈2〉に分布する五つの地域の貸出金利設定に明確な傾向が見られなかったのは、貸出金利と規模との逆相関関係から理解できる。〈1〉に分布する地域は、東京、兵庫であるが、商銀との貸出金利差は順に〇・一、〇・五であり、長野（預金金利が商銀と同水準で、貸出金利差は、二・〇）に比べて小さい。Type 4の長野のように、小規模の朝銀は、スプレッドを確保するために貸出金利を高めに設定（右寄りの〈1〉領域に分布）したため商銀との貸出金利差が大きい結果になっていると考えられる。
(27) 朝銀に対する相対的な評価であるため、収益基盤としての適切なスプレッドの確保を必ずしも意味していないことになる。
(28) 岩手、岐阜、千葉、富山である。そのうち岩手の朝銀はType 2, 3であり、千葉の朝銀は、Type 1である。
(29) 朝銀の預金金利の切り上げは、表6-8によると、一般の金利動向と逆の措置であった。

(30) 両民金の貸出金構成は、ほぼ割引手形と手形貸付で占められている（表6-7の資料より算出）。

(31) 一九六九〜七七年平均値（『全国信用組合財務諸表』昭和四四年〜五二年より計算）。以下、第二項から第四項で取り上げる財務関連指標は、同資料による平均値である。

(32) 定期預金比率は一九六九〜七七年平均で、朝銀が六七・九％、商銀が六八・六％（以下、順序同様）、割引手形は一四・七％、一四・六％、手形貸付は八五・三％、七七・一％、証書貸付は〇％、七・三％、預け金比率一六・四％、一四・九％であった。

(33) 設立年数が長いにもかかわらず、商銀の組合員数規模が小さいのは、各地域の政治的な勢力やそれによる組織力の違いが影響していると考えられる。すでに断ったように、そうした政治性の影響は所与の条件として考えている。ただし、本章の分析では、政治性について、民金が提供し、在日が組合員として受け入れる、という相互作用を象徴するもう一つの独立変数として、経済的なインセンティブを考慮しながら総合的に考える。

(34) 一九六九〜七七年の平均比率で、資金運用額に占める預け金の比率は朝銀が二〇・四％、商銀が二一・四％（以下、順序同様）であり、預金に占める定期預金の比率は六〇・一％、六一・三％、貸出金に占める割引手形の比率は二一・五％（残りはほとんど手形貸付）、二三・〇％（同）であった。

(35) 産業によって、また個別企業によって異なることは言うまでもない。ここでは在日企業がおかれる全体的な状況を示したに過ぎない。

(36) 組合員数規模は、一九七一年三月、一九七九年三月、一九八七年三月時点の統計である。本文では、一九七一年、七九年、八七年と表記している。

(37)『全国信用組合財務諸表』昭和四五年、昭和五三年、昭和六一年、より算出。

(38) 韓信協「在日韓国人信用組合支援基金二千万ドル追加支援請願」一九八七年二月一七日付。

(39) 組合員の奪い合いの様子を呈する地域とは異なる政治性である。

(40) 例えば、日本語の不自由な一世には韓国・朝鮮語で、小規模商店を対象とした日掛けなどの預金集金など、他の金融機関からは受けられないサービスなどが行われた。韓国料理屋経営者（京都市、二〇〇一年四月一四日聞取り調査）、大阪興銀『大阪興銀三〇年史』一九八七年、より。一九八〇年代には、決算書など書類作成代行のサービスを行った（関西興銀の元役員の証言［二〇〇六年一一月二一日聞取り調査、第5章第三節、二三二頁］）。

(41) 元関西興銀役員の証言（二〇〇六年一一月二一日聞取り調査より）。

(42) 一般的に規模の小さい信用組合の預金金利は、他の金融機関に比べて高いから、地域平均より低い民金の預金金利設定は、他の金融機関とも競争している可能性を含んでいる。

(43) 富山商銀(一九七一年設立、以下同様)、島根商銀(七一年)、茨城商銀(七三年)、朝銀愛媛(七三年)、群馬商銀(七二年)、長野商銀(七六年)、朝銀長崎(七七年)、大分商銀(七七年)、栃木商銀(七七年)、高知商銀(七八年)、佐賀商銀(七八年)、佐賀朝銀(七七年)、朝銀香川(八三年)。以上、第4章の表4-1より。

(44) このような状況では、一般の貸出市場における在日の状況が変化すれば、貸出金利の高低に敏感な在日企業の流出を食い止めることはできないと考えられる。

(45) 図6-12をタイプ別に分けた集計結果による。

(46) 一方、預金金利は低くても、成長率は高い結果が得られている(資料は、図6-12に同じ)。

(47) やや強い推論かもしれないが、有力な貸出先の確保は同時に大口の預金者の確保ともなったと考えることができる。

(48) 一〇〇%以下の成長率を表している商銀は、規模の小さいType 4が数多く、預金金利と成長率が相関しており、預金金利を高めに設定しなければ預金が集まらなかったことを表している。同じことであるが、預金金利面でインセンティブを与えることによって、組合員を獲得した、ということである。

(49) 朝銀の場合、預金金利と組合員成長率の相関関係(資料は、図6-12に同じ)によると、成長率の高いグループは概して預金金利が高く、預金金利を高めに設定することによって組合員を獲得していたとみなすことができる。朝銀全体では、貸出金利が規模に規定される条件の下で、預金金利を高く設定しなければ組合員の獲得が困難であったと考えられる。

(50) もちろん、表6-14の在日人口は、外国人として登録された在日のみであり、帰化した在日が存在すること、信用組合が一九七〇年代から員外預金も可能になったことを考慮する必要があるが、民金が組合員として対象とする人口が急激に増えなかったことは言えるだろう。

(51) 民金の成長はこれに加えて、一人当たりの預金高によってさらに大きくなる。そしてそうした在日の経済活動の活発化や貯蓄の増加をもたらす要因として、民金の成長によってより良い金利条件を提供するという要因と結果の好循環があったと考えてよいであろう。

(52) エスニック・マーケットの議論やエンクレーブ・エコノミー論では、民族コミュニティが一般市場と区分されるために競争が制限されるとする(序章)。コミュニティ市場が民族マイノリティ企業の成長を可能にする基盤になると考えられるが、在日の事例から見ると、それは歴史的に保証されたわけではなかった。民金の貸出金利が高めであったことは、在日企業のなかで一般金融機関と取引可能な企業を顧客として奪われる「可能性」があることを示唆するからである。詳細な分析は今後の課題である。民金が在日の資金需要の量的な面で一般金融機関を必要とする点については、第7章で分析される。

第７章

（１）一九七五年までに設立された商銀であり、設立された地域は次のとおりである（第４章の表４‐１を参照）。北海道、青森県、岩手県、秋田県、宮城県、茨城県、埼玉県、千葉県、東京都、神奈川県、群馬県、新潟県、石川県、福井県、富山県、静岡県、愛知県、岐阜県、三重県、滋賀県、京都府、兵庫県、大阪府（二つ）、奈良県、和歌山県、岡山県、広島県、山口県、島根県、福岡県、熊本県、長崎県。

（２）ちなみに、民金を除いて信用組合と取引がある企業は、一三八社で、五、六八八社のうち約二％とわずかである。したがって、中小金融は信用金庫、あるいは相互銀行と考えて良い。

（３）第Ⅰ部の分析を踏まえ、在日産業をまず中分類レベルで取り出し、そのなかで集中度の高い業種がある場合は、在日の特徴を表すことや事業規模の格差が小さいことなどを考慮して、適宜、小分類、細分類にまで下がって表示した。そのため、小分類、細分類の合計と中分類の合計は必ずしも一致しない。産業分類名は、『日本標準産業分類』（総務庁、一九九四年）に即しており、在日の事業内容についても括弧内に付記した（表７‐３より産業分類名のみを表記）。

（４）ちなみに、表７‐１、表７‐３の「中小金融」が含まれる取引形態にも相銀が含まれている。パチンコホール六三五社のなかで相銀と取引するケースをあらためて数えると、約三・八％の一五一社が相銀を含める取引形態であった。

（５）在日全体において朝銀および商銀との取引傾向が歴史的にどのように変化したのかについては不明であるが、ＭＹ社のケースは、一九七〇年代以降の時期に、政治的立場とビジネスが必ずしも一致しなかったことを示す事例である。

（６）具体的な銀行名は明らかでない。ちなみにＫＭ１社は初期投資も一般金融機関から融資が受けられたが、それが可能であったのは、同じくパチンコホールを経営している在日の親戚の紹介と保証があったからだという。

（７）京都繊維産業に携わるＭＯ社の代表者によると、民金は、融資の手続きが簡単であるという利便性もあった（第２章）。

（８）記載無二、七四六社のうち、七八・七％の二、一六一社が個人経営であり、小規模が多いと思われる。

（９）「記載無」を「四人以下」の傾向として考える際には、産業によって異なる点には注意したい。本項で検討したように、全体的に規模が大きくなると、都銀を含む取引形態の比重が高くなる傾向があるが、後述する大阪府のサービス業の「記載無」に都銀を含む取引が見られ、規模の大きい企業が含まれていると思われる。しかし、大阪のそれらのサンプル数が少ないこと、三割近くを占める製造業では規模が小さい段階でも都銀との取引があることを考えれば、記載無をおおよそ四人以下の傾向として考えて大きな問題にはならない。

（10）規模階層別取引形態の特徴的な組み合わせは、「三〇〇万円未満」階層では「民金のみ」と「信金」の取引形態、「三〇〇万円～一、〇〇〇万円未満」階層では「民金＋地銀」、「一、〇〇〇万円～四、〇〇〇万円未満」階層では「中小金融＋都銀」、「四、〇〇〇万円〜六、〇〇〇万円未満」階層では「民金のみ」、「民金＋都銀」、「相銀」、「六、〇〇〇万円〜一億未満」階層では「地銀」、「一億以上」階層では「都銀」である。「四、〇〇〇万円〜六、〇〇〇万円未満」の階層規模で「民金のみ」の取引形態が特徴的であるが、このような民金の役割については、次項で検討する。もっとも、データの問題から次のことに注意したい。在日企業規模の全体の傾向は、四割の「三〇〇万円〜一、〇〇〇万円未満」規模がもっとも多く、「一、〇〇〇〜四、〇〇〇万円未満」と「三〇〇万円未満」の階層がそれぞれ約二六％から約二八％を占めており、これらの三つの階層で全体の九五％を占める。また、資本金規模と取引形態がわかる企業に絞ったため、サンプル数は二、三六八社に減少する。個人経営の企業など比較的規模の小さい企業が除外されているため、サンプル企業の取引形態の比率は、在日企業全体の傾向に比して、民金や中小金融が含まれる取引形態の比率が低く、その代わりに銀行、とりわけ都銀が含まれる比率が高い。

(11) 運転資金や改装、多店舗展開のための設備投資資金は、時代に即して分析される必要がある。

(12) 他産業での集計結果によると、現金商売の飲食店も類似の傾向にあった。現金収入の規模は、ホール事業の方がはるかに大きいと考えられる。

(13) 一九七〇年代の出荷台数からパチンコ産業の状況を見ると、七二年のパチンコ台出荷台数は約一五万台であり、六三年（約七万五千台）に対して二倍、対前年比七％増（一四万台）であった。オイルショックの影響で出荷台数は一九七三から七五年までは減少したが、七五年以降はホールの大規模化を背景に八〇年代まで増加しており、パチンコ産業は長期的に成長の一途をたどっていた。拙稿「一九六〇〜七〇年代におけるパチンコ機械メーカーの競争構造」東京大学ものづくり経営研究センター・ディスカッションペーパー三八、二〇〇五年を参照。

(14) 第一節で検討したように、企業の規模成長が他の産業に比べて顕著でない場合があるなど、経営規模と取引形態の関係は産業によって異なっていたことは多言を要しない。

(15) この点は、第4章、第5章、第6章で明らかにした。

(16) 以下の記述は、大阪興銀『大阪興銀三十年史』一九八七年、一二〇—一二五頁にもとづいている。

(17) 一九六五年から七五年に大阪の建設業の事業所数は約二倍になったが、在日企業はその数倍のテンポで増加したという（大阪興銀、前掲書、一二一頁）。

(18) 大阪府の民金と取引する総企業数は六六八社である（これに、他の金融機関と取引する企業数四九七社、不明二六六社を合わせると、大阪府総企業数の、一、四三一社である）。そのうち、本社が大阪府に所在していながら、その他の民金と取引するものが九社ある。京都商銀、神戸商銀、奈良商銀と取引する企業数はそれぞれ四社、三社、二社である。大阪商銀と奈良商銀の両方と取引する企業（一社）は大阪商銀との取引として、大阪興銀と和歌山商銀の両方と取引する企業（一社）は大阪興銀との取引としてカウントした。信用組合の組合員は同都道府県に所在する必要があり、詳細は不明である。これらの地域に在住しながら事業投資を大阪府にした場合（支店・支社を含む）やデータの間違いなどが考えられる。

(19) 二つの商銀が立地していることが影響していると思われるが、大阪商銀と大阪興銀、両方と取引している企業が少なくない。大阪商銀と取引する全企業の約四六％、大阪興銀にとっては四一％にも上る。両方と取引のある企業の産業は、パチンコホール、一般飲食店、総合工事業、建築材料、鉱物・金属材料卸売業、金属製品製造業、不動産業の順であり、およそ在日の代表的な産業になっている。この点は、大阪商銀と大阪興銀が取引先をめぐって競争していることを示唆しており、二つの民金を競争的な視点から見た第5章の分析が大きな間違いではなかったことを裏付ける。大阪興銀の人事部部長の証言によると、大阪商銀の肩代わりをすることがあるという（二〇〇一年八月二三日聞取り調査より）。他方で、複数の民金設立によるこうした競争が、第6章で示したように、潜在した在日の発掘を促したと考えることができる。また、後述のように規模の大きい企業と両民金が取引することにより、資金需要にも対応できるという協調的な側面もあると思われる。別の分析が必要であるが、本節での関心とは異なった視点であるため立ち入った考察は他日に譲ることにしたい。

(20) 大阪商銀と大阪興銀の間に見られる、次のような差異に注目することもできる。大阪商銀のみと取引する企業は、資本金規模で、「五〇〇万円以下」から「九〇〇万円以下」までの階層に特化しており、大阪興銀のみと取引する企業は、大阪商銀に比べて「四〇〇万円以下」と規模の大きい層の両方に分散している。全体として、大阪商銀は「狭い範囲で同質」の規模階層の在日企業を確保しており、それに比べて大阪興銀は二分化した階層の需要先を確保している。大阪商銀と大阪興銀、両方と取引のある企業は、大阪興銀と取引のある企業の特徴に類似しており、商銀が興銀と取引する企業に食い込んできた競争の様子が垣間見られる。

(21) これらの産業は、大阪興銀の構成比に対する大阪商銀の構成比（特化係数）が特に高い（表7-12）。例えば、「衣服・その他の繊維製品製造業」は一・七、「繊維工業」二・一、「不動産賃貸・管理業」一・四である。

(22) 大阪商銀に対する大阪興銀の特化係数は、「プラスチック製品製造業」が一・五、ゴム製品製造業が一・五である。

(23) 都銀との取引が他産業に比べて強い理由は、本書での分析から説明することができない。第3章で取り上げた元土木工事業のKM商事（表3-7の〈12〉）の発言のように、建設業の多くが公共事業や役所の仕事であることが、一般金融機関との取引を可能にする一つの要因になったと考えられる。製造業においても取引先の信用獲得に関連していたから、金融機関から見ると、社会的信用の獲得が企業活動に直結することが企業の信用度を測る基準になり、他産業との違いを生み出したと考える。

(24) 第5章、二三〇―二三五頁を参照。

(25) 同前、第3章、一四四―一四七頁を参照。

終章

(1) E・T・ペンローズ(末松玄六訳)『会社成長の理論 第二版』ダイヤモンド社、一九八〇年。

(2) この点を強調するのは、アメリカの諸研究では、民族集団による自営業率の違いは、ネットワークを含むエスニック資源などに注目することによって説明できても、特定産業への集中とそれを可能にする十分条件については、理論的に配慮されていないからである。

(3) 外村は日本社会に対する別世界として在日朝鮮人社会の結束を描いたのであり、本書は、それに産業経済による内在的な変容の論理を付け加えたことになる。以下では、外村の議論に対する筆者の立場を、コミュニティ内の変化と結束を促す両面性をもつ論理として、論じていく。

(4) 民族マイノリティにとって、ものの交換を通してこの関係が構築されることにこそ、自らが労働市場では排除される状況とは異なる、経済活動の可能性があると考える。このような視点は、第2章の京都の繊維産業分析で貫かれているが、他の製造業にも当てはまる。荒川区の在日の主要な産業であったカバン製造業に一九五〇年代に参入したHさんの証言を借りれば、「カバン仕事は、生地できちんとやるから、ごまかしもできない仕事だった。だからちゃんと作っていけば商売の信用も得られるものだった」(奥田道大・広田康生・田嶋淳子『外国人居住者と日本の地域社会』明石書店、一九九四年、一四九頁)。

(5) 一般金融機関に優良な貸出先として認知される例として、預金者としての取引経歴を通じた信用力の獲得がある。本書の中では紹介できなかったが、第6章の「はじめに」で論じたように、預金者としては差別されない在日は、預金規模が信用力を図る基準となり、必要なときに融資が得られたケース(ケミカルシューズ製造業の経営者への聞取り調査[二〇〇七年八月三一日、在日二世]による)があった。このように、一般金融機関が在日の信用力を判断できる情報をもっている場合に、取引の可能性が開かれていた。

(6) 前掲、ケミカルシューズ製造業の経営者。

(7) 「民族マイノリティの経済活動に対する民族のかかわり」という問題提起に対しては、本来的には民族そのものの与えた影響を問いかけ、その固有の意味を明らかにすることが求められる。しかし、本書が果たし得たのは、在日企業という分析対象を取り出すための基準として民族に着目し、対象となる企業が在日という共通性をもつことによって、その企業活動がコミュニティの提供する経営資源に規定されるという限りで、在日という民族的な要素を問題にしてきたにすぎない。したがって、残された課題は、こうして捉えられた民族マイノリティの特徴が「民族固有のもの」と言うことができるかどうかということになる。

(8) アメリカのエスニック・エコノミー論では、従業員が同民族であることも重視する。しかし、本書では、この立場をとっていない。その理由は、以下のとおりである。第一に、新しい移民を受け入れ、急成長する民族集団である在米コリアンの状況とは異なり、在日の場合、従業員予備軍の規模は小さいからである。仮に民族マイノリティ企業の定義に同民族の従業員という要素を導入すると、対象としうる在日企業は極めて限られてしまう。しかし、それは在日の特殊な事情という実態面の理由だけではない。第二に、民族マイノリティの経済活動を企業に注目して分析した本書では、その特徴を、企業誕生とその後の事業展開において考える、という枠組みを設定したからである。成長する企業を想定すると、コミュニティが急拡張しないかぎり、同民族の従業員数の比重は低下するであろう。民族マイノリティ企業としうる適正な比率を想定することも困難であるが、低下したある時点では定義からはみ出ることになり、分析が煩雑になる。従業員の何割くらいを民族コミュニティから調達できるかは、新しい移民の動向を規定する政治的・社会的諸条件にも影響される。第三の理由は、民族マイノリティ企業の本質規定にかかわっている。第一次帰属集団として民族を想定することのできる所有者によって運営される企業は、成長の初期段階において企業の経営資源をコミュニティから調達し、コミュニティ内の情報の偏りによって特定の産業に集中する傾向が見られた。この傾向に従業員の民族別構成は影響しない。むしろ在日の労働者を調達される資源の一つと考えれば、その比率が大きいものが見出されることにも矛盾しない。

（9）企業の成長に関する本書の理解を明確にしておく。ペンローズの議論との関連から、在日企業、民族マイノリティの成長という表現を使うが、それは単なる量的な拡大を意味しない。質的変化を重視しており、発展という意味を含めて成長を使用している。以下に述べる成長の段階を画すのも、そうした質的な変容を基準とした企業発展であるが、便宜上、成長とする。

（10）ペンローズ、前掲書。

（11）この点は、同質の情報が、同じコストで、誰からでもアクセスできるかたちで、市場全体に均一に存在すると考える理論的な想定とは異なる事態を表している。

（12）鰺坂学『都市移住者の社会学的研究』法律文化社、二〇〇九年、第二章。

（13）ハワード・E・オルドリッチは、組織出現――本書で言う誕生――に関心を向けた数少ない研究者の一人であり、そのプロセスの仮説を提示した（ハワード・E・オルドリッチ［若林直樹他訳］『組織進化論――企業のライフサイクルを探る』東洋経済新報社、二〇〇七年）。組織出現の主体となる企業家は、「機会に関する知識、実行可能な変異の範囲、そして知覚された選択基準に関する情報を得る」ために、個人的ネットワーク――関係的に繋がっている人々の集合――に依存するとする。その過程は、彼らがもつ既存の社会ネットワークを利用し、組織のため知識や資源を獲得しながら新しいネットワークを構築するものである。組織の出現に関連して重要なのは、企業家が多様性――同質でない構成員――をもつネットワーク構造に組み込まれることである。そのことによって、潜在的市場、新しい事業立地、イノベーションなどに関する情報へのアクセスが増すからであるとする。本書の民族マイノリティ企業の定義に共通する面があるが、オルドリッチの議論ではネットワークに組み込まれることによって企業家が多様な選択肢をもつことを重視するのに対して、本書は、「誕生」の段階では少なくとも、そうした多様性は保証されず、むしろ偏った選択肢のなかからの選択を余儀なくされること、そして、そこで得られる資源が競争優位を作り出すような質をもっていることを重視する点で異なっている。

（14）　近年活性化しつつあるディアスポラの議論のなかでは、例えば華商がチャイナ・タウンの飲食業や貿易など特定の産業において活躍し、その経済成長が評価されている（陳天璽『華人ディアスポラ――華商のネットワークとアイデンティティ』明石書店、二〇〇一年）。そして、その要因を、ネットワーク、アイデンティティの要素と、出身国の状況や離散の背景、文化の共有、離散後の出身国との関係などから説明している。そうしたネットワークの形成、維持において本国におけるプッシュ要因の重要性を認めつつ、経済活動の特徴を考える際に、特定産業への集中に直接かかわってくる情報などの資源蓄積によって説明できる範囲も大きいことを強調しておこう。

（15）　前述のオルドリッチの仮説は、企業創立を決心した企業家を前提にしている。これに対して、本書は、ライトが注目したように、アメリカ生まれのマジョリティに対して特定の民族マイノリティの自営業率が高いこと、在日が特定の産業に集中し産業への激しい参入がコミュニティ機能に関連したことから、企業は凝縮された〈情報〉から生まれやすいと捉えている。企業家を想定したオルドリッチの視点に比べて、広範囲の組織出現の可能性を取り込むことができる。

（16）　Ivan H. Light, "Women's Economic Niches and Earnings Inferiority : The View from the Ethnic Economy", *Journal of Ethnic and Migration Studies*, Vol. 33, No. 4, 2007 ; Ivan H. Light and Steven J. Gold, *Ethnic Economies*, San Diego : Academic Press, 2000.

（17）　断っておきたいのは、ペンローズが成長する企業の源泉について議論を展開したように、ここで示した民族マイノリティ企業の成長基盤は可能性を意味する、ということである。その実現は、様々な条件に規定される。にもかかわらず、差別とそれに対する反発力によって企業家活動が生まれるとする説明に対して、ここでは、蓄積され、凝縮された〈情報〉と余剰発生の容易さという民族マイノリティ企業に共通する性格と基盤から、誕生と成長可能性を議論することができると主張する。

（18）　在日企業の成長を質の異なる段階にわけて検討する方法は、組織のライフサイクルモデルや武田晴人の議論を手がかりにしている。もっとも、成長サイクルモデルは、多様な議論があり、モデルや段階規定について学説上の合意はない。そのため、例えば、クインとキャメロンは、創業（entrepreneurial stage）、統合化（collectivity stage）、定着（formalization and control）、成熟（elaboration of structure）の4つの段階の提示を試みた（Robert E. Quinn and Kim Cameron, "Organizational Life Cycles and Shifting Criteria of Effectiveness : Some Preliminary Evidence", *Management Science*, Vol. 29, No. 1, 1983）。しかし、クインとキャメロンが問題として指摘したように、ライフサイクルモデルは、第一に、組織の衰退や消滅についてはさほど議論しておらず、第二に、各段階を順を追って進むべき確定的なものとして捉えている。在日のケースでは、コミュニティ機能が産業への参入のみならず退出段階でも見られたから、企業ライフサイクル論を参照するのは適切ではない。これに対して、管見の限りで武田の議論は企業の消滅や組織の再生を視野にいれた数少ないものと考える（武田晴人「群像の軌跡」日本経済新聞社編『経営に大義あり——日本を創った企業家たち』日本経済新聞社、二〇〇六年）。すなわち、武田は、企業成長を四つの局面——起業、事業が安定する離陸、大企業のように規模拡大と組織変革が必要になる成熟、危機に陥る再建段階——にわけ、選択により同じ段階でとどまり続ける、あるいは前の段階へ引き戻される、など、段階転換において柔軟な視点を加えている。その上で武田は、企業成長を、成長の各局面で求められる対処を浮き彫りにし、問題解決を通してそれまでとは異なる質的成長を成し遂げていく過程として捉えた。ここでは、このような武田の企業成長の段階の捉え方を参考にしている。

(19) 武田晴人、前掲。

(20) このような在日の特殊な資源調達の方法から見えてくることは、武田が捉えた企業成長の諸段階を画したのは企業に蓄積された質的に異なる資源であった点である。

(21) その理由について、次のように考えられる。ペンローズが注目した大企業と異なって、在日企業の場合、中小企業が多いために、一般的には余剰資源の発生に制約があることに加え、とりわけペンローズが成長の原動力として注目した管理者的職能の形成、蓄積に限界が大きいことを原因としているかもしれない。既述の人的資源のミスマッチとの関連で言うと、そうした余剰は独立して自ら事業を始めるという起業率の高さの方に影響していると考えられる。一方で、それは、在日企業内にその余剰を活かす上で必要な他の資源の調達が十分にはできないという問題と裏腹の関係にあると言うこともできる。

(22) もっとも、その評価は容易ではないし、在日の具体的な事例が示しているように、それぞれの社会の経済構造、各産業の構造の特殊な事情が影響している。

(23) 前述したオルドリッチの言う多様なネットワークは事前的に与えられるとは限らず、このような企業活動を通して、多様性を獲得していくと捉えることも必要であろう。

(24) リチャード・R・ネルソン、シドニー・G・ウィンター（後藤晃他訳）『経済変動の進化理論』慶應義塾大学出版会、二〇〇七年。

(25) それは、コミュニティの経済成長の限界を必ずしも意味しない。

(26) 企業の脱落は、それまで行った投資の社会的ロスを意味する。在日企業が、初期段階に戻るという事業転換のかたちで、さらなる成長や再生が図られたことは、そうしたロスを小さくする意味で重要であったと考えることができる。類似した仕組みとして買収などの市場の再評価によって市場に還元できる仕組みが存在するが、在日企業はコミュニティの機能によって資源の再利用がスムーズに行われたことになる。

(27) もっとも、注(21)で述べたように、この可能性は企業内の余剰やスラックを作り出す能力に依存する。

（28）　もちろんそこにはマイノリティであるという特徴が強く影響している可能性がある。民族団体の活動がコミュニティ内の紐帯に対してどのような影響を与えたかを含めて、民族集団の凝集性に影響を与える要因を分析することは、本書の分析の領域を越えている。同じ民族同士の付き合い方と情報交換に関連し、パチンコホール経営者による次の証言は、示唆的である。「［親友のホールの］近くに行ったついでに、事務所に遊びに行きます。最近どう、そういう世間話をしながら、ある機械どうだ、この店良かった、こういう交流が多かった。在日同胞の場合は、利害関係が発生する前に、お互いに人間関係ができあがっている。例えば、在日同胞の青年の集まりなどを通じてできた仲間、民族学校で学生時代を一緒に過ごし、ちょっと働いてもまだ最終決定権がないサラリーマン、一緒に飲みに行ったり、遊びに行ったりする関係がある。そこには利害関係がない。ないなかで、お互いに助けあったり、商売をやって、お互いのデータのやり取りをし始めるんですね。僕の場合は、同じ国方［同じ民族］だというのが強い」（北海道のパチンコホール経営者への聞取り調査［二〇〇八年八月八日実施、在日二世］による）。この事例は、民族団体を通して形成された友人との信頼関係が、情報の質にも影響したことを表している。こうした情報は、企業の成長段階を画す成長のための資源というより、経営を維持する上で重要である資源である。本書で示した仮説と矛盾しないが、第一次帰属集団内の結びつきが経済活動の特徴と関連する可能性があることを示唆する。

あとがき

筆者が日本で最初に暮らしたのは大阪であった。そこで一九九三年秋から京都大学に入学するまで、一年半を過ごした。

日本には、親族も、友達も、誰一人知り合いがいなかった筆者が住みついたのは、大今里であった。大今里が含まれる東成区も、隣接する生野区と同様に、在日韓国・朝鮮人が戦前から集住する代表的な地域である。そのようなことを、当時はまったく知らなかった。日本語学校のある上本町は、筆者には手が届かないほど家賃が高かった。自転車で通える距離にあって何とか家賃が払えるというのが、偶々大今里に住んだ唯一の理由であった。しかし、大今里の住所を日本人に言うと、必ず在日韓国・朝鮮人の集住地域だからでしょうと言わんばかりの反応を返され、韓国食材が買える国際市場（生野区猪飼野御幸通り）や鶴橋市場など、近所にあった商店街を教えてくれることもあった。

生活費を自分で賄わなければならなかった筆者は、韓国人のつてをたよりに知り合いになった韓国人にアルバイト先を紹介してもらった。そこは道頓堀の近くにあった韓国人が経営する喫茶店であった。当時は日本語が不自由であったため、同経営者の三つの店舗の掃除と、喫茶店の厨房で働く同じく日本語が話せない韓国人のおばさんを手伝って、皿洗いなどの補助をする仕事を任された。喫茶店の主要な客層は、周辺の飲み屋で働く韓国人のホステス、そして美容室などの様々なサービス業に携わる韓国人（ほとんどが出前で食事をとる）であった。日本語が話せなかった私が聴いてもわかる片言の日本語がやっとで、なかにはほとんど喋れない女性もいた。喫茶店のあった商業地区には飲み屋などの水商売に携わる店が多く、韓国人などアジア系の女性が働くスナックやクラブが立ち並び、それらの女性を客とする美容室、サウナ、韓国料理屋、食材店などが密集していた。

住居のあった東成区や隣接する生野区と、アルバイト先のあったいわゆる歓楽街のミナミは、社会学などの分類で言えば、前者はオールドカマーとしての在日韓国・朝鮮人の街であり、後者はニューカマーとしての韓国人の街であった。これらの二つの世界の狭間で、筆者は理由のわからない混乱に陥った。大今里も、ミナミも、韓国でイメージしていた先進国の日本とはかけ離れていたからであった。

娘に仕送りができるほど裕福な家庭で育ったわけではなかった筆者の目から見ても、大今里は、明るい街ではなかったし、表面的には開発が遅れている下町にしか映らなかった。また、街には韓国・朝鮮語の看板もなく、日本人に言われるようなエスニックな街――異国の風情が漂う――とも感じられなかった。「在日韓国・朝鮮人」の街というのは何？　という問いかけが、筆者のなかで漠然と生まれていたように思う。

ミナミには日本語が話せなくてもコミュニケーションがとれる韓国人が大勢いたから、働くことに問題もなく、必要な買い物もできた。しかし、「何故ここにこれだけの韓国人がいるの？」という疑問が、解けない謎として頭から離れなかった。日本に来ているはずなのに、そこには思い描いた日本社会とは程遠い別の世界があった。日本語が勉強したい、日本社会について知りたいという切実な希望は、日本社会が見えてこない現実の生活の中では、叶いそうもなかった。そうした悶々とした日々のなかで、解けない疑問から混乱が生まれ、苛立ちがつのっていった。

しかし、このような実体験が、本書の研究に直接繋がっていったわけではなかった。むしろ、大阪での経験は、大学に入学してからは早く忘れたい、自分の歴史からは消してしまいたいものであった。それだけ強烈な経験であった。ミナミでの人々の生活は、在留資格問題や流動性の高い韓国人同士の関係に影響されることもあって不安定に見えたし、経済的な成功を目指して勤勉であればあるほど、超人的な長時間労働を受け入れて働くという異常なものであった。それは、表面的に、そして直感的にハッピーな世界には思えなかった。それが当時の自分のおかれていた状況の鏡のように思えたのだろう。こうして、大阪での生活は、筆者の記憶のなかで意識的に消され、無意識のなかで消えていった。

この経験が蘇って心と頭が揺さぶられたのは、大学院に進学して読んだサスキア・サッセンの『労働と資本の国際移動――世界都市と移民労働者』（森田桐郎訳、岩波書店、一九九二年）に描かれていた世界に触れたときであった。同書は、心の奥にしまいこんでいた大阪での体験から生まれた疑問――大都市のなかで韓国人だけで成り立つ世界とは何なのか――に対し、迫力をもっていくつかの明らかな答えを提示してくれた。同書の分析の醍醐味は別にあるが、筆者にとっては、例えば、歴史的に見て人の移動は、特に資本主義のもとで頻繁となったことと、貧しい国ではなく発展途上の国から豊かな国へという特徴を帯びており、それは資本のグローバル化と不可分の関係で進行し、ますます激しくなる、ということが印象深かった。

筆者の経験は、単なる個人的な選択による偶然の結果ではなかったのだとわかり始めた。日本人には見えない、「韓国語しか話せなかった私」であったから見えたのであり、繋がった世界だったのではないか。そしてその世界が筆者に、日本での勉学が続けられるように生活基盤を与えてくれたのだった。出稼ぎで来ていた韓国人たちは、個人的な事情によって日本に来たかもしれないが、それには社会構造的な背景があり、日本の中で集団として滞在ができる基盤があったからであろう、と考えた。そのときは単にわからないという漠然とした素朴な疑問であったが、いま表現できる言葉で言い換えれば、次のように言えよう。韓国人の独自の世界は、どのように作られて、何故維持されているのか。現実に存在している大今里とミナミは、別の世界なのか、それともそれらを繋げる視点があるのか、また日本社会のなかでのその存在は何を表しているのか。

これらが在日韓国・朝鮮人に対する最初の問題関心であった。しかし、研究対象を在日韓国・朝鮮人と決めたものの、問題関心を深めていく分析方法が見つからず、また資料収集の困難も、研究の意欲を押しつぶすものであった。試行錯誤のなか、企業名鑑の集計がこの研究の始まりになったが、その集計にもとづいて修士論文（それが本書第1章、第4章の一部となった）を書いてから、その結果得られたファクト・ファインディングの解釈や説明について、広くはこの研究にどのような意味があるのかについて、さ迷う日々であった。「在日」を対象とした歴史研究は蓄積されつつあった。しかし、在日としての実体験もない留学生の筆者が従来の研究に対して新しい視点を提示することは、無謀な試みのようにしか思えなかった。また、民族の特性・特質が経済活動のどのような局面に関連しているのか、どのような経済的機能を果たすのかについて、経済学からヒントをえることはできなかった。研究対象がマイノリティなだけでなく、研究している分野も学問的にはマイノリティであった。

それでも突破口を開こうと、移民社会の代表であるアメリカのエスニック・タウンを見に行くことを決心した。序章で触れたことであるが、こうして二〇〇二年からアメリカを中心に世界の様々なエスニック・タウンを見て回ることにした。現場に接すれば何かを感じ、方向性が見えてくるかもしれない、という微かな希望につき動かされた。研究の始まりから振り返れば、明確な方向性があったというより、それを見つけるための試行錯誤の過程であった。その少しずつの積み重ねの結果が、本書である。そのゆっくりとした歩みがまがりなりにもできたのは、この研究を支えて下さった方々の御蔭である。すべてを述べれば、本文と同じ紙幅を割いても終わらない。次の方々への謝辞に限ることを、お許しいただきたい。

修士論文のテーマを決めるとき、学部のゼミから勉強していた地域経済に関連して、都市形成史が一つの選択肢として与えられていた。データも豊富にあり、指導教官の岡田知弘先生の専門領域であったから、分析方法についての不安もなかった。そして先生の期待もあった。ニューヨークを舞台とした移民研究のサッセンの本に魅了されたのはちょうどその時期であった。在日韓国・朝鮮人研究に興味をもち始めた私の背中を押してくださったのは、岡田先生であった。資料も、分析方法も不安材料だらけのテーマであった。自分でよくわからなかった意欲を先生は感じたと言われる。最初の研究は一〇年は続けられるように、そういうエネルギーが必要だと。日本の大都市経済と、その中での民族集団の経済活動を結び付けて考えてみたい――こうしてこの研究が始まった。経済活動が具体的に展開される地域経済の多様性に注目しながら、その総合としての全体を捉えようとする視点は、本書の大きな枠組みにもなっており、それは学部ゼミから岡田先生に学んだものである。地域を生活の場として捉え、地域経済を眺める先生の視線には、人の存在を見失わない優しさが身近に感じられる。筆者が取引先との信用・協調関係に注目したのは、そうした先生のまなざしを筆者なりに理解し、地域産業のなかでの人々とのぬくもりのある関係を捉えようとしたものである。

ただ、利用可能なデータからは、最初にもっていた「生活」、「人」という視点が、研究のなかでは十分見えてこなかった。分析方法を模索するなかで、歴史分析を本格的に目指すことになった。

博士課程から東京大学に移り、橘川武郎先生のご指導の下で歴史分析としての研究に本格的に取り組むことになった。橘川先生にこの研究に関心をもっていただいたことは、筆者にとっては計り知れない勇気になった。ともすれば後ろ向きで前に進むことには躊躇する筆者を、一八〇度方向を変えさせ、再び前に進ませて下さったことは、一度、二度ではなかった。霞んで整理できないことでも、先生と議論しているうちに、霧が消え、見通しがよくなった。資料の限界から在日企業の産業構造の変化について歴史的評価ができないとき、「速い」転換という特徴を見出せたのも、先生との議論のなかからであった。本書のなかで分析の鋭さ、痛快さ、明快さが感じられるところがあるとすれば、それは先生にご教示をいただいた本質を捉えた洞察によるものである。さらに、研究者としての進路に悩み、さ迷う筆者にいろいろな面で配慮した機会を用意していただいた。迂闊な筆者は配慮に気づかないこともあったけれど、その学恩にはいくら感謝してもしきれないほどである。

現状分析を中心にしていた筆者が日本経済史専攻に移ってから、歴史的分析とは何かについて真剣に悩んだことがある。「歴史とは、あるいは歴史分析とは、時系列的に事件を並べるということでしょうか」と、武田晴人先生に恥ずかしい質問をしたことがある。それ以来、この研究の意義について、また歴史分析の方法論とは何か、などといった漠然とした質問攻めで先生を度々困らせてきた。そのたびに、先生は、歴史という言葉も使わず、データを工夫したり、対象に則して分析方法を変えることによって新しい発見を示し、その具体的な事実にもとづいて様々な解釈をしてくださった。同じ事柄をもって多面的に捉える、目配りの良い視点をもつ、そのことによって歴史像を豊かにする、変化が説明できる構造を摑み取ることに努めたのは、先生に魅せられた歴史の面白さから体得したものである。

宣在源、呂寅満、林采成、金容度の韓国人の先輩たちは、この研究に対してもっとも厳しい目を光らせていただいた方々である。この研究は、研究者として頼もしい背中を見せながら前を歩んでいく先輩たちによって、引っ張られてきた。今津敏晃、榎一江、谷口裕信、高嶋修一、松澤裕作、宮地英敏氏の俗名博論会のメンバーたちには、本書の構成の段階から議論していただき、全体に対して鋭い意見を投げかけていただいた。これらの日本史出身の方々には、史料の解釈への厳しさと研究に真剣に取り組む誠実さも、身をもって示していただいた。筆者は、この本の出版作業が本格的に始まる前に、博士論文を伊藤正直先生と矢後和彦先生に読んでいただき、この本のなかで一つの柱になっている金融機関に関するご意見をうかがった。本書で十分答えられなかった論点は、今後答えていきたい課題として残されている。また、日本経済史の仲間たちに筆者の既発表論文について、コメントをいただく幸運に恵まれた。板垣暁、板垣由美子、加藤健太、日向祥子、河村徳士、湊照宏、宮崎忠恒氏、そして青山学院大学高嶋ゼミナールの学生である。在日韓国・朝鮮人の特徴というものを、どの領域まで民族の特殊性として理解できるかなど、目の肥えた仲間たちとの議論が、本書に活かされている。しかし、言うまでもなく、本書に盛り込まれているこれらご意見にもとづく記述の責任は、筆者が負うものである。

この研究の一番の功労者は、聞取り調査に協力していただいた在日企業の経営者、ご家族、民族団体の関係者である。一次史料の乏しいこの研究では、それらの方々の生きた声こそ、歴史を再現する力をもっている。「暴力団とどのようなご関係ですか」。これが最初に行った在日企業へのインタビューでの、最初の質問であった。調査先は、パチンコホールの大手企業であるマルハンであった。マルハンという企業についても認知していなかったし、パチンコ産業について何一つ知らなかったときの疑問であった。当時取締役であった日本人の役員は、微笑みながら穏やかに「何もありません」と答えられた。筆者の聞取り調査は、このように失礼で馬鹿げた質問から始まったが、調査に辛抱強く付き合っていただいた沢山の方々の協力に支えられて現在も続いている。知られたくないとわざわざ連絡をいただくこともあったし、無言の断りの返事が多い中、筆者に対して強い疑いをもちながらも、時間を割いていただいた方々の優しさが、この本を生きた歴史分析にしていると思う。留学生で苦学しているだろうという配慮や、同じ国の出身者に対する愛情からの支援であり、そしてこの研究が大事な記録になると彼ら自身が理解したからこその協力であろう。

二〇〇八年夏、筆者は、引退を控えていたアイヴァン・ライト教授のＵＣＬＡの研究室を訪れた。この研究の学問的な位置づけに苦心していた筆者は、多くのことを学んだ彼に、自分の問題提起に対する意見を直接聞きたかった。企業を分析単位とすること、歴史的動態を捉え、経済実態からアプローチすることの有効性などに関する問題提起は、決して自信に満ちた挑戦的な試みではなかった。研究を始めてからずっとと言ってよいほど、自らの研究そのものの意義、方法論、事実に関する解釈に悩み、日本、アメリカなど異なる社会のなかでの民族マイノリティを普遍的に理解できる視点の模索に関して、これといった確信がもてなかったから、彼の見解から何かのヒントを得たいという漠然とした期待の方が大きかった。しかし、彼は、自分の研究方法はアメリカ社会の時代性に制約されたものだとし、筆者が出した方法論上の問題提起をあっさりと認めた。議論が進展せず、深まった見識を得ることはできなかった。絶望的になった筆者は、それでも彼に縋りついた。「移民の比率が高いアメリカ社会では、エスニック・マイノリティ研究の重要性に誰も疑問をもたない。日本社会でのように規模の小さいエスニック・マイノリティを経済史のなかで研究することがどのような意味があるのかわからなくて苦しい」と。彼は静かで淡々として意見を述べていたが、その力強さは説得力に溢れていた。特定の集団だけが自営業率が高い理由の解明は、それ自体が社会的イシューとして重要であると強調しながら、「エスニック・マイノリティ研究の一つの意味は、理論的論点に関係する。今や誰もが、社会ネットワークの重要性を認めているし、UCLAのビジネススクールで企業家活動を教えるときはあたりまえのように社会ネットワークについて話をする。しかし、二五年前は、そのようなことはなかった。経済史、経済理論は、「個人」の企業家の概念をもつのみであった。それは、ある種の一人の計算機として、〔他人からの助けなしの〕自分一人だけで活動する個人の企業家である。企業家は完全に原子化され、別々の個人であり、各自が自分のために活動する、と考えられていた。我々がエスニック・コミュニティの企業家の研究から学んだのは、彼らは社会ネットワークを利用するということである。結局、エスニック・マイノリティだけでなくすべての人が社会ネットワークを利用することが判明した。今や誰もが社会ネットワークが重要だと認める」……。彼の話を聞いて筆者の心にもっとも響いたことは、エスニック・マイノリティ研究の意義の大きさそれ自体ではなかった。この研究の意義や重要性を、誰かに認められて成り立つものとして考えていたかもしれない、そのような自分が恥ずかしかった。皆が認めたから確信をもってもよいということではない。重要なのは、真実を見ようとする態度や過程であり、その発見を目指すことへの信念であると、彼は言ったのではないだろうか。ライト教授に会ってから、それまでは重要性を認められてからと迷っていた、本書終章の第二節（理論的含意の検討）、さらには本研究を本として発表することに勇気をもてるようになった。

出版計画は、最初から無理のあるかたちでスタートした。出版のための検討を名古屋大学出版会に依頼したのは、科学研究費補助金（研究成果公開促進費）の申請締切日ぎりぎりの時期であった。にもかかわらず誠実に検討していただき、駆け込み乗車のかたちで申請に漕ぎ着けた。その上、担当してくださった三木信吾氏には、いつも読者への窓口として厳しい意見を出していただいた。三木信吾氏に納得していただけるものになったのかどうかについて直接伺うことはできなかったが、彼に示していただいたこの研究への高い関心は、出版の恐ろしさに怯えている筆者の緊張感を、執筆の意欲に変える力になった。間違いの多い原稿、日本語の添削、繰り返す修正など、すべての作業は大変な苦労になったに違いない。三木信吾氏をはじめ、この作業に耐えていただいた関係者の方々の尽力がなければ、この研究は「本」として生まれ変わることはなかった。

この研究を実際に続けられたのは、博士課程を退学してから研究者として採用してくださった、東京大学大学院経済学研究科COEプログラムものづくり経営研究センターと首都大学東京の御蔭である。これらの大学では、経営学との接点をもつことができただけでなく、研究費やスタッフの協力など、研究に専念できるよう最高の環境を与えていただいた。このような研究環境がなければ、筆者は帰国し、そしてこの研究も続けられなかったはずである。日高千景先生、藤本隆宏先生、新宅純二郎先生、高橋伸夫先生、天野倫文先生、そしてスタッフの方々にはあらためて感謝の気持ちを伝えたい。

この研究は、企業家フォーラム平成一五年度研究助成、二〇〇七年から二〇〇八年までの科学研究費補助金「若手研究（B）」による調査の成果を含んでおり、独立行政法人日本学術振興会平成二一年度科学研究費補助金（研究成果公開促進費）によって刊行されるものである。

最後に、恥ずかしくもプライベートなことを記すことをご容赦いただきたい。娘を外国に送って心配になった母は、筆者が日本にまだ慣れていなかったときに会いに来てくれた。母にとっては初めての外国訪問であった。成人の女性一人ではとても運べない驚愕するほど重くて臭いキムチを、背中に背負い、両手でぶら提げてであった。母がソウルに戻る日に日本語学校から帰ってきたら、簡単なメモが残っていただけで母の姿が見えなかった。急いで空港に駆け着けたら、目元が膨らみ、堪えきれない涙で目を赤くしている母親がいた。厨房のアルバイトで荒れている娘の手をずっと握り締めて過ごした日本での数日の間、仕送りができない自分を責め続けていただろうし、涙を見せながら娘を日本に残して帰ることができなかったのだろう。今思い返すと母の気持ちがわかるような気がするし、そのときの自分が母の姿に苛立ったりしたことを恥ずかしく思う。それ以来家族には心配しかかけてこなかった。それでも、我侭な娘が、戸倉光明さん、晴美さんという京都でのホスト・ファミリーからわが子のように愛情を注がれ、上記の大学の内外の沢山の方の家族のような付き合いにも支えられ、何とかまとまった研究として本書を発表できたことを、家族は誰より喜んでくれると信じている。

二〇〇九年一二月

韓　載　香

《著者略歴》

韓《はん》　載《じぇ》香《ひゃん》

1971年　韓国・ソウル市に生まれる
1999年　京都大学経済学部卒業
2001年　京都大学大学院経済学研究科修士課程修了
2004年　東京大学大学院経済学研究科後期博士課程修了
北海道大学大学院経済学研究院准教授などを経て
現　在　法政大学経営学部教授，博士（経済学）
本書により中小企業研究奨励賞，企業家研究フォーラム賞，政治経済学・経済史学会賞を受賞
著訳書　『パチンコ産業史』（名古屋大学出版会，2018年，サントリー学芸賞受賞）
カビール『選択する力』（共訳，ハーベスト社，2016年）他

「在日企業」の産業経済史

2010年2月20日　初版第1刷発行
2022年4月30日　初版第2刷発行

定価はカバーに
表示しています

著　者　韓　載　香
発行者　西　澤　泰　彦

発行所　一般財団法人　名古屋大学出版会
〒464-0814　名古屋市千種区不老町1名古屋大学構内
電話(052)781-5027 / FAX(052)781-0697

印刷・製本　亜細亜印刷㈱　ISBN978-4-8158-0631-6
乱丁・落丁はお取替えいたします。

索　引

1)「⇒」は，関連の参照項目を示す。
2) 語句そのものではなく，内容によってとったものもある。
3) 大阪興銀，パチンコ産業，在日，在日企業，在日産業などの頻出語句は，当該項目以外の項目にも分類した。例えば大阪興銀は，「大阪興銀」の項目以外に，経営内容に関する「融資政策」，「預け金」などの下位項目にも掲出している。

ア　行

カ　行

サ　行

タ　行

ナ　行

ハ　行

マ　行

ヤ　行

ラ・ワ行

図表一覧

参考文献

日本語文献・単行書，雑誌

鯵坂学『都市移住者の社会学的研究』法律文化社，2009 年

出石邦保『京都染織業の研究――構造変化と流通問題』ミネルヴァ書房，1972 年

稲葉佳子『オオクボ 都市の力――多文化空間のダイナミズム』学芸出版社，2008 年

林永彦『韓国人企業家――ニューカマーの起業過程とエスニック資源』長崎出版，2004 年

李瑜煥『日本の中の三十八度線――民団・朝総連の歴史と現実』洋々社，1980 年

ヴェーバー，M.（大塚久雄訳）『プロテスタンティズムの倫理と資本主義の精神』岩波書店，1989 年

エース総合研究所『パチンコ産業の経済波及効果に関する調査研究』1996 年

江口英一『現代の「低所得層」――「貧困」研究の方法（上・中・下）』未來社，1979–80 年

王効平『華人系資本の企業経営』日本経済評論社，2001 年

大阪・焼跡闇市を記憶する会編『大阪・焼跡闇市――かつて若かった父や母たちの青春』夏の書房，1975 年

太田順一『女たちの猪飼野――フォト・ドキュメンタリー』晶文社，1987 年

大塚友美『国際労働移動の政治経済学』税務経理協会，1993 年

大場一雄編『在日韓国人実業家と日本財界トップに聞く フリーライフインタビューシリーズ 第 1 集』フリーライフ社，1989 年

大場一雄編『在日韓国人実業家と日本財界トップに聞く フリーライフインタビューシリーズ 第 2 集』フリーライフ社，1991 年

呉圭祥『在日朝鮮人企業活動形成史』雄山閣，1992 年

奥田道大編『コミュニティとエスニシティ』勁草書房，1995 年

奥田道大・鈴木久美子編『エスノポリス・新宿／池袋――来日 10 年目のアジア系外国人調査記録』ハーベスト社，2001 年

奥田道大・広田康生・田嶋淳子『外国人居住者と日本の地域社会』明石書店，1994 年

御輿哲也編『「移動」の風景――英米文学・文化のエスキス』世界思想社，2007 年

オルドリッチ，ハワード・E.（若林直樹他訳）『組織進化論――企業のライフサイクルを探る』東洋経済新報社，2007 年

神奈川県内在住外国人実態調査委員会『日本のなかの韓国・朝鮮人，中国人』明石書店，1986 年

姜在彦・金東勲『在日韓国・朝鮮人――歴史と展望』労働経済社，1989 年

姜徹編『在日朝鮮人史年表』雄山閣，1983 年

金賛汀『異邦人は君ケ代丸に乗って——朝鮮人街猪飼野の形成史』岩波新書，1985年
金賛汀『朝鮮総連』新潮新書，2004年
金太基『戦後日本政治と在日朝鮮人問題——SCAPの在日朝鮮人政策 1945〜1952年』勁草書房，1997年
金香都子『猪飼野路地裏通りゃんせ』風媒社，1988年
金府煥編『在日韓国人社会小史 大阪編』共同出版社，1977年
桑原靖夫『グローバル時代の外国人労働者——どこから来てどこへ』東洋経済新報社，2001年
江東・在日朝鮮人の歴史を記録する会編『東京のコリアン・タウン——枝川物語』樹花舍，1995年
神戸華僑華人研究会編『神戸と華僑——この150年の歩み』神戸新聞総合出版センター，2004年
高鮮徽『在日済州道出身者の生活過程——関東地方を中心に』新幹社，1996年
高賛侑『在日&在外コリアン——ルポルタージュ』解放出版社，2004年
小林靖彦編『在日コリアン・パワー——在日韓国人・朝鮮人 汗と涙の記録』双葉社，1988年
今野敏彦『世界のマイノリティ——虐げられた人々の群れ』評論社，1968年
在日高麗労働者連盟『在日朝鮮人の就労実態調査——大阪を中心に』新幹社，1992年
在日朝鮮人運動史研究会『在日朝鮮人史研究』創刊号（1977年）〜第32号（2002年）
在日本朝鮮人科学者協会兵庫支部兵庫朝鮮関係研究会編『兵庫と朝鮮人——祖国解放40周年を記念して』ツツジ印刷，1985年
在日本朝鮮人研究会編『コリアン・マイノリティ研究』第1号，新幹社，1998年
在日本朝鮮人研究会編『コリアン・マイノリティ研究』第2号，新幹社，1999年
在日本朝鮮人研究会編『コリアン・マイノリティ研究』第3号，新幹社，1999年
在日本朝鮮人研究会編『コリアン・マイノリティ研究』第4号，新幹社，2000年
サッセン，サスキア（森田桐郎他訳）『労働と資本の国際移動——世界都市と移民労働者』岩波書店，1992年
庄谷怜子・中山徹『高齢在日韓国・朝鮮人——大阪における「在日」の生活構造と高齢福祉の課題』御茶の水書房，1997年
菅原一孝『横浜中華街の研究——華僑商人にみる街づくり』日本経済新聞社，1988年
杉原薫・玉井金五編『大正・大阪・スラム——もうひとつの日本近代史〔増補版〕』新評論，1996年
杉原達『越境する民——近代大阪の朝鮮人史研究』新幹社，1998年
鈴木笑子『天の釘——現代パチンコをつくった男正村竹市一』晩聲社，2001年
関満博・大塚幸雄編『阪神復興と地域産業——神戸市長田ケミカルシューズ産業の行方』新評論，2001年
ゾンバルト，W.（金森誠也監訳）『ユダヤ人と経済生活』荒地出版社，1994年
成美子『歌舞伎町ちんじゃら行進曲』徳間書店，1990年
高全恵星監修（柏崎千佳子訳）『ディアスポラとしてのコリアン——北米・東アジア・中

央アジア』新幹社，2007 年
田嶋淳子『世界都市・東京のアジア系移住者』学文社，1998 年
田中充『日本経済と部落産業——中小企業問題の一側面』解放出版社，1992 年
全壬戍『夢をもとめて——激動を駆け抜けた「在日」の八十年』三洋商事，1999 年
鄭哲『民団——在日韓国人の民族運動』洋々社，1967 年
鄭煥麒『在日を生きる〔増補版〕』育英出版社，1998 年
陳天璽『華人ディアスポラ——華商のネットワークとアイデンティティ』明石書店，2001 年
手塚和彰『外国人労働者』日本経済新聞社，1989–91 年
同志社大学人文科学研究所編『和装織物業の研究』ミネルヴァ書房，1982 年
外村大『在日朝鮮人社会の歴史学的研究——形成・構造・変容』緑蔭書房，2004 年
内藤正中『日本海地域の在日朝鮮人——在日朝鮮人の地域研究』多賀出版，1989 年
中島健吉『風雪五十年』彩書房，1997 年
西川武臣・伊藤泉美『開国日本と横浜中華街』大修館書店，2002 年
西成田豊『在日朝鮮人の「世界」と「帝国」国家』東京大学出版会，1997 年
日本赤十字社編『在日朝鮮人の生活の実態』1956 年
日本赤十字社編『在日朝鮮人の生活の実態』1958 年
ネルソン，リチャード・R.，シドニー・G. ウィンター（後藤晃他訳）『経済変動の進化理論』慶應義塾大学出版会，2007 年
野沢慎司『ネットワーク論に何ができるか——「家族・コミュニティ問題」を解く』勁草書房，2009 年
野村進『コリアン世界の旅』講談社，1996 年
バウマン，ジグムント（奥井智之訳）『コミュニティ——安全と自由の戦場』筑摩書房，2008 年
朴慶植『解放後在日朝鮮人運動史』三一書房，1989 年
朴在一『在日朝鮮人に関する綜合調査研究』新紀元社，1979 年
朴鐘鳴編『在日朝鮮人——歴史・現状・展望』明石書店，1995 年
河明生『韓人日本移民社会経済史——戦前篇』明石書店，1997 年
河明生『マイノリティの起業家精神——在日韓人事例研究』ITA，2003 年
原尻英樹『在日朝鮮人の生活世界』弘文堂，1989 年
原尻英樹編『日本定住コリアンの日常と生活——文化人類学的アプローチ』明石書店，1997 年
韓晳曦『人生は七転八起——私の在日 70 年』岩波書店，1997 年
韓昌祐（芦崎治編）『十六歳漂流難民から始まった 2 兆円企業——パチンコ業で 5 兆円をめざすマルハンの挑戦』出版文化社，2008 年
兵庫朝鮮関係研究会『在日朝鮮人 90 年の軌跡——続・兵庫と朝鮮人』神戸学生青年センター出版部，1993 年
辺真一『強者としての在日——経済の目で見た全く新しい視点の在日論』ザ・マサダ，2000 年

福岡安則・金明秀『在日韓国人青年の生活と意識』東京大学出版会，1997 年
ペンローズ，E. T.（末松玄六訳）『会社成長の理論 第 2 版』ダイヤモンド社，1980 年
ほるもん文化編集委員会『ほるもん文化 2 はたらく在日朝鮮人』新幹社，1991 年
松田利彦『戦前期の在日朝鮮人と参政権』明石書店，1995 年
ミッチェル，リチャード・H.（金容権訳）『在日朝鮮人の歴史』彩流社，1981 年
南川文里『「日系アメリカ人」の歴史社会学——エスニシティ，人種，ナショナリズム』彩流社，2007 年
宮田浩人編『65 万人——在日朝鮮人』すずさわ書店，1977 年
閔寛植（高麗大学校亜細亜問題研究所編，金敬得・金容権監訳）『在日韓国人の現状と未来』白帝社，1994 年
森田芳夫『数字が語る在日韓国・朝鮮人の歴史』明石書店，1996 年
森廣正『現代資本主義と外国人労働者』大月書店，1986 年
安田雪『ネットワーク分析——何が行為を決定するか』新曜社，1997 年
安田雪『実践ネットワーク分析——関係を解く理論と技法』新曜社，2001 年
湯浅赳男『ユダヤ民族経済史』新評論，1991 年
尹緕錫『日本経済を見る——在日朝鮮人の生活と企業経営』朝鮮青年社，1994 年
良知会編『100 人の在日コリアン』三五館，1997 年
リン，ナン（筒井淳也他訳）『ソーシャル・キャピタル——社会構造と行為の理論』ミネルヴァ書房，2008 年

日本語文献・社史，団体史

㈱エース電研社史編纂委員会編『エース電研 20 年の歩み』エース電研，1984 年
大阪韓国商工会議所『大阪韓国商工会議所四十年史』1996 年
大阪韓国人商工会編『大阪韓国人商工会 20 年の歩み——1953 年 5 月-1973 年 12 月』1973 年
大阪韓国人商工会事務局『大阪韓国人商工会 30 年史』大阪韓国人商工会，1985 年
大阪興銀『大阪興銀三十年史』1987 年
大阪商銀『大阪商銀二十年史』1973 年
記念誌編集委員会編『全遊連㈿ 二十五年史』全国遊技業組合連合会・全国遊技業協同組合連合会，1977 年
神戸ゴム工業協同組合『創立四十周年記念 神戸ゴム工業協同組合史』1987 年
在日本大韓民国居留民団大阪府地方本部『民団大阪三〇年史』1980 年
在日本大韓民国居留民団新宿支部『民団新宿六〇年の歩み——雑草の如く生き抜いた同胞の歴史』彩流社，2009 年
在日本大韓民国民団中央本部編『図表で見る韓国民団 50 年の歩み〔増補改訂版〕』五月書房，1997 年
信用組合小史編纂委員会『信用組合小史』日本経済評論社，1978 年
全国信用協同組合連合会『信用組合史・全国信用協同組合連合会 20 年史』1976 年
全国信用協同組合連合会『信用組合史・全国信用協同組合連合会 20 年史 別巻』1976 年

全遊協二十年史編集委員会編『全遊協二十年史』全国遊技業組合連合会・全国遊技業協同組合連合会，1986年
東京商銀『東京商銀三十年史』1984年
東京都遊技業協同組合三十年史編集委員会編『東京都遊連(協)三十年史』東京都遊技業組合連合会・東京都遊技業協同組合，1981年
日本ゴム工業会『日本ゴム工業史 第2巻』東洋経済新報社，1969年
日本遊技機工業組合「二十五年のあゆみ」編集委員会編『二十五年のあゆみ』日本遊技機工業組合，1985年
日本遊技機工業組合「三十年のあゆみ」編集委員会編『三十年のあゆみ』日本遊技機工業組合，1990年
日本遊技機工業組合三十五年史編集委員会編『三十五年のあゆみ』日本遊技機工業組合，1995年
民團五〇年史編纂委員會編『民團五〇年史』在日本大韓民国民團，1997年
横浜商銀信用組合『横浜商銀三十年史』1992年

日本語文献・論文

浅田朋子「京都府協和会小史――戦前・戦中における在日朝鮮人政策」『在日朝鮮人史研究』第27号，1997年
芦塚格「神戸ケミカルシューズ製造業の集積構造にともなう業界特性について」『商経学叢』第46巻第1号，1999年
李賛義「朝鮮人中小企業の実態――日本経済と平和産業の問題」『朝鮮評論』第6号，1952年
伊藤泰郎「関東圏における新華僑のエスニック・ビジネス――エスニックな絆の選択過程を中心に」駒井洋編『日本のエスニック社会』明石書店，1996年
李東埼「在日朝鮮人の祖国貿易」『朝鮮研究月報』第5・6合併号，1962年
岩佐和幸「世界都市大阪の歴史的形成――戦間期における朝鮮人移民の流入過程を中心に」『経済論叢別冊 調査と研究』第16号，1998年
大西正曹「東大阪市中小企業10年の軌跡」『調査と資料』第94号，1999年
梶村秀樹「日韓交渉と日本資本主義」『朝鮮研究月報』創立1周年記念号，1962年
加藤秀雄「神戸ケミカルシューズ産業の復興に向けての立地課題」『産業立地』第37巻第8号，1998年
金沢幸雄「米・日・「韓」関係について」『朝鮮研究月報』第3号，1962年
金明秀「在日韓国人の学歴と職業」『年報人間科学』第16号，1995年
金英達「兵庫在日朝鮮人人口統計」兵庫朝鮮関係研究会『在日朝鮮人90年の軌跡――続・兵庫と朝鮮人』神戸学生青年センター出版部，1993年
グラノヴェター，マーク（大岡美訳）「弱い紐帯の強さ」野沢慎司編・監訳『リーディングスネットワーク論――家族・コミュニティ・社会関係資本』勁草書房，2006年
後藤耕二「京都における在日朝鮮人をめぐる状況――1930年代」『在日朝鮮人史研究』第21号，1991年

高龍秀「ケミカルシューズ産業の現状」兵庫韓国商工会議所『ケミカルシューズ産業活性化のための研究報告書——戦略的マーケティングの現地から』2001年
在日朝鮮人科学技術協会「在日朝鮮人の生活実態」(昭和26年) 小沢有作編『近代民衆の記録10 在日朝鮮人』新人物往来社, 1978年
在日本朝鮮人商工連合会調査部「在日朝鮮人商工戦線の当面の課題」『調査月報』第1号, 1958年
佐々木信彰「1920年代における在阪朝鮮人の労働＝生活過程」杉原薫・玉井金五編『大正・大阪・スラム——もうひとつの日本近代史〔増補版〕』新評論, 1996年
柴田武男「地域再投資法改正の影響と現行の規制構造——アメリカにおける金融政策のアファーマティブ・オブリゲーション論を中心にして」『証券研究』Vol. 108, 1994年
徐龍達「在日韓国人の職業と経営の実態——「国際化時代」の盲点・差別の社会構造を考える」『桃山学院大学経済学論集』第14巻第3号, 1972年
徐龍達・全在紋「在日韓国・朝鮮人の商工業の実態」徐龍達編『韓国・朝鮮人の現状と将来——「人権先進国・日本」への提言』社会評論社, 1987年
高嶋雅明「第一次世界大戦前のカルフォルニアにおける日本人金融機関」『金融経済』No. 216, 1986年
武田晴人「群像の軌跡」日本経済新聞社編『経営に大義あり——日本を創った企業家たち』日本経済新聞社, 2006年
谷山治雄「最近の徴税攻勢の特徴と在日朝鮮人企業」『調査月報』第3号, 1958年
崔永鎬「戦後の在日朝鮮人コミュニティにおける民族主義運動研究——終戦直後南朝鮮の建国運動との連動を中心に」博士学位論文 (東京大学), 1994年
全在紋「在日韓国・朝鮮人企業経営の展開と展望」戦後日本経営研究会編『戦後日本の企業経営——「民主化」・「合理化」から「情報化」・「国際化」へ』文眞堂, 1991年
鄭太三「在日朝鮮人共同組合事業の経験 (I) ——東京・城北銅鉄商協同組合について」『調査月報』第1号, 1958年
外村大「在日朝鮮人史研究の現状と課題についての一考察——戦前期を対象とする研究を中心に」『在日朝鮮人史研究』第25号, 1995年
外村大「戦時下の在日朝鮮人社会」『社会科学討究』第41巻第3号, 1996年
外村大「近年の在日朝鮮人研究の動向をめぐって」『在日朝鮮人史研究』第29号, 1999年
外村大「朴慶植の在日朝鮮人史研究をめぐって」『コリアン・マイノリティ研究』第2号, 新幹社, 1999年
内藤正中「戦後期の在日朝鮮人の生業」『経済科学論集』第14号, 1988年
中橋國蔵「神戸ケミカルシューズ産業の競争力」『商大論集』兵庫県立大学経済経営研究所, 第47巻第6号 (252号) 1996年
成田孝三「世界都市におけるエスニックマイノリティへの視点——東京・大阪の「在日」をめぐって」『経済地理学年報』第41巻第4号, 1995年
朴三石「在日朝鮮人による合弁事業の現状と課題 (上・下)」『朝鮮資料』5・6月号, 1990年
河明生「日本におけるマイノリティの起業者活動——在日一世朝鮮人の事例分析」『経営

史学』第 30 巻第 4 号，1998 年
河明生「日本におけるマイノリティの「起業者精神」——在日一世韓人と在日二・三世韓人との比較」『経営史学』第 33 巻第 2 号，1998 年
韓載香「マイノリティ企業の発展」経営史学会編『外国経営史の基礎知識』有斐閣，2005 年
韓載香「河明生著『マイノリティの起業家精神——在日韓人事例研究』」『社会経済史学』第 71 巻第 3 号，2005 年
韓載香「パチンコ産業における特許プールの成立」『経済学論集』第 71 巻第 3 号，2005 年
韓載香「縁日娯楽の事業化への道—— 1950 年代におけるパチンコ産業の胎動」『経営史学』第 41 巻第 2 号，2006 年
韓載香「1960〜70 年代におけるパチンコ機械メーカーの競争構造」東京大学ものづくり経営研究センター・ディスカッションペーパー38，2005 年
樋口雄一「在日朝鮮人部落の成立と展開」小沢有作編『近代民衆の記録 10 在日朝鮮人』新人物往来社，1978 年
平山洋介・山内徹郎・坂本道弘「在日韓国・朝鮮人の居住実態とその集住地域の動態——大阪市生野区におけるケーススタディ」『都市計画論文集』第 25 号，1990 年
広岡良雄「朝鮮貿易技術代表団入国問題の意味するもの」『朝鮮研究』9 月号，1966 年
許光茂「戦前京都の都市下層社会と朝鮮人の流入——朝鮮人の部落への流入がもつ歴史的意義をめぐって」在日朝鮮人研究会編『コリアン・マイノリティ研究』第 4 号，2000 年
堀内稔「神戸のゴム工業と朝鮮人労働者—— 1933 年を中心に」『在日朝鮮人史研究』第 14 号，1984 年
南川文里「リトル・トーキョー」御輿哲也編『「移動」の風景——英米文学・文化のエスキス』世界思想社，2007 年
山田昭次「朴慶植先生の在日朝鮮人史研究について」『在日朝鮮人史研究』第 28 号，1998 年
勇上和史「戦後統計にみる移民労働者——定住在日朝鮮人の人口と労働供給」『コリアン・マイノリティ研究』第 3 号，新幹社，1999 年
吉田友彦「日本の都市における外国人マイノリティの定住環境確立過程に関する研究——京阪地域における在日韓国・朝鮮人集住地区を事例として」博士学位論文（京都大学），1996 年
吉田友彦・リムボン・安藤元夫・三村浩史「社会資本整備過程から見る在日韓国・朝鮮人集住環境の特性——東成・生野地区における河川改修と耕地整理の意味」『都市計画論文集』第 30 号，1995 年
廉泰源「在日同胞信用協同組合経営の新しい方向について」『調査月報』第 2 号，1958 年
リャン，ソニア「大阪のトランス・ナショナルな街——エスノグラフィー」高全恵星監修（柏崎千佳子訳）『ディアスポラとしてのコリアン——北米・東アジア・中央アジア』新幹社，2007 年
「コンファレンス・レポート　社会経済発展とディアスポラ離散共同体——情報・知識・

技術伝達と労働力の局面から」『社会経済史学』第 73 巻第 6 号，2008 年

外国語文献・単行書，論文

Abelmann, Nancy and John Lie, *Blue Dreams : Korean Americans and the Los Angeles Riots*, Cambridge, Massachusetts : Harvard University Press, 1995

Aldrich, Howard E. and Roger Waldinger, "Ethnicity and Entrepreneurship", *Annual Review of Sociology*, Vol. 16, No. 1, University of Southern California, 1990

Basu, Anuradha, "Ethnic Minority Entrepreneurship", Mark Casson, Bernard Yeung, Anuradha Bose and Nigel Wadeson eds., *The Oxford Handbook of Entrepreneurship*, Oxford University Press, 2006

Bonacich, Edna, "A Theory of Middleman Minorities", *American Sociological Review*, Vol. 38, No. 5, 1973

Butler, John Sibley and George Kozmetsky eds., *Immigrant and Minority Entrepreneurship : The Continuous Rebirth of American Communities*, West Port, CT : Praeger Publishers, 2004

Carroll, Glenn R. and Michael T. Hannan, *The Demography of Corporations and Industries*, Princeton University Press, 2004

Dana, Lēo-Paul ed., *Handbook of Research on Ethnic Minority Entrepreneurship : A Co-evolutionary View on Resource Management*, Edward Elgar, 2007

Dymski, Gary and Lisa Mohanty, "Credit and Banking Structure : Asian and African-American Experience in Los Angeles", *The American Economic Review*, Vol. 89, No. 2, 1999

Gomez, Edmund Terence and Hsin-Huang Michael Hsiao eds., *Chinese Enterprise, Transnationalism, and Identity*, London : RoutledgeCurzon, 2004

Granovetter, Mark S., "The Strength of Weak Ties", *American Journal of Sociology*, Vol. 78, No. 6, 1973

Kim, Elaine H. and Eui Young Yu eds., *East to America : Korean American Life Stories*, New York : The New Press, 1996.

Lee, Jennifer, "Retail Niche Domination Among African American, Jewish, and Korean Entrepreneurs : Competition, Coethnic Advantage and Disadvantage", *American Behavioral Scientist*, Vol. 42, No. 9, 1999

Li, Wei, Gary Dymski, Yu Zhou, Maria Chee and Carolyn Aldana, "Chinese-American Banking and Community Development in Los Angeles County", *Annals of the Association of American Geographers*, Vol. 92, No. 4, 2002

Light, Ivan H., *Ethnic Enterprise in America : Business and Welfare among Chinese, Japanese, and Blacks,* Berkeley : University of California Press, 1972

——, "The Ethnic Economy", in Neil J. Smelser and Richard Swedberg eds., *The Handbook of Economic Sociology, second edition*, Princeton, N. J. : Princeton University Press, 2005

——, "Women's Economic Niches and Earnings Inferiority: The View from the Ethnic Economy", *Journal of Ethnic and Migration Studies*, Vol. 33, No. 4, 2007

Light, Ivan H. and Edna Bonacich, *Immigrant Entrepreneurs: Koreans in Los Angeles 1965-1982*, Berkeley: University of California Press, 1988

Light, Ivan H. and Stavros Karageorgis, "The Ethnic Economy", in Neil J. Smelser and Richard Swedberg eds., *The Handbook of Economic Sociology*, Princeton, N. J.: Princeton University Press, 1994

Light, Ivan H. and Carolyn Rosenstein, *Race, Ethnicity and Entrepreneurship in Urban America*, New York: Aldine De Gruyter, 1995

Light, Ivan H. and Steven J. Gold, *Ethnic Economies*, San Diego: Academic Press, 2000

Metcalfe, J. S., "Entrepreneurship: An Evolutionary Perspective", in Mark Casson, Bernard Yeung, Anuradha Basu and Nigel Wadeson eds., *The Oxford Handbook of Entrepreneurship*, Oxford University Press, 2006

Min, Pyong Gap, *Caught in the Middle: Korean Communities in New York and Los Angeles*, Berkeley and Los Angeles: University of California Press, 1996

—— ed., *Asian Americans: Contemporary Trends and Issues*, Thousand Oaks: Sage Publications, 1995

O'Brien, David J. and Stephen S. Fugita, "Middleman Minority Concept: Its Explanatory Value in the Case of the Japanese in California Agriculture", *The Pacific Sociological Review*, Vol. 25, No. 2, 1982

Portes, Alejandro, "The Social Origins of the Cuban Enclave Economy of Miami", *Sociological Perspectives*, Vol. 30, No. 4, 1987

Portes, Alejandro and L. Robert Bach, *Latin Journey: Cuban and Mexican Immigrants in the United States*, Berkeley: University of California Press, 1985

Quinn, Robert E. and Kim Cameron, "Organizational Life Cycles and Shifting Criteria of Effectiveness: Some Preliminary Evidence", *Management Science*, Vol. 29, No. 1, 1983

Richtermeyer, Gwen, *Minority Entrepreneurs: A Review of Current Literature*, Business Research & Information Development Group, 2002

Ricketts, Martin, "Theories of Entrepreneurship: Historical Development and Critical Assessment", Mark Casson, Bernard Yeung, Anuradha Basu and Nigel Wadeson eds., *The Oxford Handbook of Entrepreneurship*, Oxford University Press, 2006

Smith-Doerr, Laurel and Walter W. Powell, "Networks and Economic Life", in Neil J. Smelser and Richard Swedberg eds., *The Handbook of Economic Sociology, second edition*, Princeton, N. J.: Princeton University Press, 2005

Smith-Hunter, Andrea and James R. Nolan, "Funding New Business Ventures: Differences in Minority and Non-Minority Family-Owned Business' Access to Start-Up Capital", *Journal of Business and Economic Research*, Vol. 1, No. 2, 2003

Waldinger, Roger, "Structural Opportunity or Ethnic Advantage? Immigrant Business Development in New York", *International Migration Review*, Vol. 23, No.1, 1989

——, “The Two Sides of Ethnic Entrepreneurship”, *International Migration Review*, Vol. 27, No. 3, 1993

Werbner, Pnina, “Metaphors of Spatiality and Networks in the Plural City : A Critique of the Ethnic Enclave Economy Debate”, *Sociology*, Vol. 35, No. 3, 2001

Yoon, In-Jin, *On My Own : Korean Businesses and Race Relations in America*, Chicago : The University of Chicago Press, 1997

李光奎『在日韓国人 生活実態를 중심으로』一潮閣，1983 年

イ・ムンウン『세계의 한민족：일본』(『世界の韓民族——日本』) 統一院，1996 年

金相賢『在日韓国人——僑胞八十年史』ソウル：어문각，1969 年

権逸『権逸回顧録』ソウル：한민족，1989 年（権逸『権逸回顧録』権逸回顧録刊行委員会，1987 年)

玄圭煥『韓国流移民史（上・下)』ソウル：어문각，1976 年

統計・資料（集)・調査報告書

大蔵省銀行局『第三回 銀行局金融年報 昭和二九年版』

大蔵省銀行局内信用組合研究会編『信用組合便覧』金融財政事情研究会，1979 年

大阪商銀「事業報告書」第 3 期（1955 年）～第 28 期（1980 年)，「事業報告書」第 29 期（1981 年）～第 48 回期（1999 年)

大阪商工会議所調査課編『大阪中小企業実態調査報告書』1947 年

小沢有作編『近代民衆の記録 10 在日朝鮮人』新人物往来社，1978 年

解放出版社編『部落問題——資料と解説〔第 3 版〕』解放出版社，1993 年

『神奈川県の商業 商業統計調査結果報告』昭和 39 年，昭和 41 年，昭和 43 年，昭和 51 年，昭和 54 年，昭和 57 年，昭和 60 年，昭和 63 年

韓日文化センター『在日僑胞實業人名録』1967 年

共同新聞社編『在日韓国人実業名鑑——関西版』1989 年

京都市国際交流協会『暮らしの中の市民として京都に生きる在日韓国・朝鮮人——京都をより豊かな文化にあふれた都市にするために』1994 年

京都市社会課『市内在住朝鮮出身者に関する調査』1937 年

京都市商工局『京友禅の生産と流通』1958 年

京都市商工局『京都市の産業』1961 年

京都商工会議所『京友禅に関する調査』1940 年

京都府中小企業総合センター『京都誂友禅業界産地診断報告書』京都府中小企業総合センター，1990 年

京都府中小企業対策協議会染色織物業界振興対策部会編『京都染色業振興の基本方向』1975 年

『京都府統計書』1958 年，60 年，65 年，70 年，75 年，80 年，85 年

『京都府統計史料集——百年の統計 第 2 巻 農林水産業商工業』1970 年

在日韓国人会社名鑑編集委員会編『在日韓国人会社名鑑』在日韓国人商工会議所，1997 年

在日韓国人信用組合協会「協会運営報告書」昭和 35 年～昭和 38 年

在日韓国人信用組合協会「通常総会議案」第9回（1964年）～第37回（1989年）
在日韓国人信用組合協会「在日僑胞中小企業育成基金に関する組合員代表緊急懇談会議事録」1960年12月26日（※ 原文韓国語，以下同様）
在日韓国人信用組合協会「第二次在日僑胞中小企業育成基金運用懇談会議事録」1961年4月8日（※）
在日韓国人信用組合協会「在日僑胞中小企業育成基金協議会及び韓信協臨時総会議事録」1965年1月20日（※）
在日韓国人信用組合協会「在日僑胞中小企業育成基金協議会議事録」1965年1月20日（※）
在日韓国人信用組合協会「陳情書提出の計数的補充資料」1965年1月20日（※）
在日韓国人信用組合協会「訪日韓国国会議員団との懇談会」1965年1月20日（※）
在日韓国人信用組合協会「金融係数上みた中小企業育成基金増額要請の必要性」1965年2月1日（※）
在日韓国人信用組合協会「信用組合育成のための資金援助請願書」1973年10月25日
在日韓国人信用組合協会「請願書」1975年7月25日（※）
在日韓国人信用組合協会「信用組合育成のための資金援助請願書」1977年1月25日（※）
在日韓国人信用組合協会「韓信協傘下信用組合に対する育成資金追加支援請願」1979年6月5日（※）
在日韓国人信用組合協会「在日韓国人信用組合支援基金二千万ドル追加支援請願」1987年2月17日（※）
在日韓国青年商工人連合会『在日韓国人の社会成層と社会意識全国調査 報告書』1997年
在日本朝鮮人商工連合会『在日本朝鮮人商工便覧』1956年
在日本朝鮮人連盟大阪本部『在大阪朝鮮人各種事業者名簿録』1947年
新韓銀行「在日韓国人信用組合支援基金関連資料」（作成日は不明であるが，在日韓国人信用組合協会が受信した1994年7月8日以前に作成されたと推測される）（※）
生活実態調査班「京都市西陣，柏野地区朝鮮人集団居住地域の生活実態」『朝鮮問題研究』第3巻第2号，1959年
全国信用協同組合連合会『全国信用組合統計・グラフ集 No. 1 預金吸収環境の変遷』1974年
全国信用協同組合連合会『全国信用組合統計・グラフ集 No. 2 貸出環境の変遷』1975年
『全国信用組合財務諸表』昭和44年～53年，昭和60～61年
『全国信用組合名簿』昭和38年版，昭和40年版，昭和42年版，昭和44年版，昭和45年版，昭和47年版，昭和50年版，経済タイムス社（金融経済新聞社，金融図書出版社）
相互銀行協会『相互銀行』第19巻第6号，1968年
総務庁統計局『平成7年国勢調査報告 第3巻その1 全国編』
総務庁統計局『平成8年事業所・企業統計調査報告 第1巻 事業所に関する集計 全国編』
総務庁統計局『平成8年事業所・企業統計調査報告 第2巻 事業所に関する集計 都道府県編』26 京都府，27 大阪府，28 兵庫県
総務庁統計局『平成8年事業所・企業統計調査報告 第3巻 企業に関する統計 会社企業

編』1996年
総理府統計局『昭和25年国勢調査報告 全国編I』
総理府統計局『昭和25年国勢調査報告 都道府県編』その26 京都府，その27 大阪府，その28 兵庫県
総理府統計局『昭和26年事業所統計結果報告 第2巻 大阪府』
総理府統計局『昭和50年事業所統計調査報告 第1巻 事業所に関する集計 全国編』
総理府統計局『昭和50年事業所統計調査報告 第2巻 事業所に関する集計 都道府県編』その26 京都府，その27 大阪府，その28 兵庫県
総理府統計局『事業所統計調査報告 サービス業編』昭和38年，昭和47年，昭和61年
通商産業省編『昭和25年工業統計表 第1巻』
通商産業大臣官房調査統計部編『昭和52年工業統計表』
通商産業大臣官房調査統計部編『平成9年工業統計表』
統一日報社「在日韓国人企業名鑑編纂委員会」編『在日韓国人企業名鑑』統一日報社，1976年
東京朝鮮人商工会『在日朝鮮人商工業者商工便覧 1959年版』1958年
東洋経済新報社『週刊東洋経済 臨時増刊 1989年法人所得番付 日本の会社 90,000』
東洋経済新報社『週刊東洋経済 臨時増刊 1997年法人所得番付 日本の会社 84,400』
東洋経済新報社『週刊東洋経済 臨時増刊 2005年法人所得番付 日本の会社 76,000』
西陣織物工業組合『西陣年鑑』1956年版，59年版，62年版，65年版，69年版，73年版，76年版，78年版，82年版，93年版
日本銀行調査統計局『経済統計年報』昭和34年，昭和40年，昭和45年，昭和50年，平成7年
日本統計協会『日本長期統計総覧』第2巻，1988年
朴慶植編『朝鮮問題資料叢書 第13巻 日本敗戦前後の在日朝鮮人の状況』アジア問題研究所，1990年
朴慶植編『在日朝鮮人関係資料集成 戦後編 3 在日本大韓民国居留民団関係』不二出版，2000年
朴慶植編『在日朝鮮人関係資料集成 戦後編 5 在日朝鮮人職業名鑑・文化年鑑』不二出版，2000年
法務省入国管理局（入管協会）『在留外国人統計』1974年，1975年，1997年，2000年，2001年
余暇開発センター『レジャー白書 2006年』
「大阪府泉北郡朝鮮人集団居住地域の生活実態」『朝鮮問題研究』第3巻第2号，1959年
「京都における在日朝鮮人（1927–45年）〔『府知事引継文書』抜粋 昭和二・一〇・一四・一六・一九・二〇年〕」『在日朝鮮人史研究』第6号，1980年
「(秘) 在日同胞の実態」『在日朝鮮人史研究』第29号，1999年
「資料 外務省特別資料課編『日本占領及管理重要文書集——朝鮮人・台湾人・琉球人関係解説』1950年3月」『在日朝鮮人史研究』第9号，1981年
第一〇回国会衆議院「大蔵委員会議事録」第3号

新聞等

『大阪韓青時報』第 3 号（1953 年 10 月 30 日）
『神奈川民団新聞』第 8 号（1974 年 9 月 25 日）～第 11 号（1975 年 2 月 25 日）
『韓僑新聞』号外（1955 年 2 月 5 日）
『韓僑広島』創刊号（1955 年 3 月 1 日）
『韓国学生新聞』第 23 号（1952 年 10 月 5 日），第 51・52・53 合併号（1954 年 12 月 1 日），第 55 号（1955 年 5 月 28 日）
『韓国新聞』第 534 号（1962 年 3 月 3 日），第 559 号（1962 年 4 月 9 日），第 696 号（1992 年 10 月 18 日），第 707 号（1962 年 11 月 2 日）～第 789 号（1963 年 7 月 9 日），第 992 号（1970 年 11 月 21 日），第 1136 号（1974 年 9 月 21 日）～第 1160 号（1975 年 3 月 29 日）
『韓日新報』第 52 号（1950 年 7 月 16 日），第 55 号（1950 年 9 月 9 日）
『韓日タイムス』第 97 号（1952 年 1 月 4 日）
『韓陽新聞』第 2076 号（1956 年 6 月 16 日）
『協同戦線』第 3 号（1952 年 12 月 15 日），第 4 号（1953 年 1 月 31 日）
『建青週報』第 7 号（1951 年 3 月 26 日）
『建設』第 2 号（1957 年 2 月 15 日）
『商工会報』第 2 号（1947 年 5 月 7 日）
『新世界新聞』第 411 号（1948 年 9 月 8 日），第 1070 号（1955 年 6 月 10 日）
『新朝鮮新聞』1946 年 8 月 30 日
『新民報』第 12 号（1954 年 2 月 10 日）
『総新和』第 8 号（1955 年 5 月 11 日），第 11 号（1955 年 5 月 11 日），第 12 号（1955 年 6 月 21 日）
『大韓民報』第 46 号（1961 年 2 月 5 日）
『朝鮮新聞』1946 年創刊号，1946 年 10 月 8 日～11 日，1947 年 3 月 4 日～7 日，1948 年 7 月 13 日
『東亜新聞』第 1965 号（1953 年 4 月 16 日）
『統一平和』第 58 号（1959 年 2 月 21 日）
『東海新報』第 2 号（1955 年 7 月 25 日）
『東京韓国新聞』第 12 号（1974 年 9 月 15 日）～第 17 号（1975 年 3 月 1 日）
『統協ニュース』創刊号（1955 年 6 月 1 日）
『東本時報』第 10 号（1954 年 2 月 3 日）
『日韓友好』創刊号（1954 年 10 月 15 日），第 3 号（1954 年 12 月 15 日），第 7 号（1955 年 4 月 15 日）
『文教新聞』第 41 号 1948 年 7 月 19 日
『民主新聞』第 84 号（1949 年 6 月 4 日），第 93 号（1949 年 10 月 15 日），第 320 号（1953 年 5 月 15 日）～第 411 号（1959 年 1 月 1 日）
『民団』創刊号（1956 年 3 月 1 日）

『民団新聞』創刊号（1947年2月21日）～第9号（1947年6月30日）
『民団東京』第2433号（1971年1月6日），2442号（1971年3月17日）～2448号（1971年5月19日），第2491号（1972年7月25日），第2492号（1972年8月25日）

韓国国会資料

韓国政府「国会本会議議事録」（原文は韓国語。以下は，筆者による日本語訳）

「在日居留民団代表人事 1948年8月16日付 第1回第41次774面」

「在日同胞財産搬入緊急措置に関する建議録 1949年10月29日付 第5回第27次531面」

「在日同胞日本人取扱に関する建議案 1950年11月24日付 第6回13次252面」

「在日本大韓民国居留民団代表国会参席要請に関する請願の件 1952年11月14日付 第14回第21次2面」

「在日僑胞代表参席に関する建議案 1952年11月24日付 第14回第28次3面」

「在日僑胞代表参席に関する建議案 1952年11月24日付 第14回第28次6面」

「在日居留民団請願の件 1953年3月24日付 第15回第40次2面」

「在日僑胞実態報告の件 在日居留民団長金載華 1953年10月5日付 第16回第49次3面」

「在日僑胞経済視察団歓迎人事の件 1954年2月16日付 第18回第19次2面」

「在日僑胞実態報告の件 1954年9月29日付 第19回第51次5面」

「在日僑胞 オブザーバー報告聴取の件 1955年4月1日付 第20回第2次4面」

「在日僑胞代表国会オブザーバー出席要請に関する件 1955年5月30日付 第20回第22次4面」

「在日僑胞国会オブザーバー就任許可の件 1955年10月20日付 第21回第22次4面」

「在日僑胞国会オブザーバー出席人事の件 金得容 1956年12月9日付 第21回第47次3面」

「在日僑胞改選オブザーバー承認に関する件 金光男他5人 1957年4月23日付 第24回第25次9面」

「在日僑胞実情に関する報告 1957年12月13日付 第26回第59次7面」

「在日僑胞オブザーバー民議院出席承認に関する件 1958年8月9日付 第29回第28次3面」

「在日僑胞教育対策に関する建議案 1958年日付不明 第29回52次32面」

「在日韓人北送反対に関する建議案 1958年2月19日付 第32回第1次5面」

「在日韓人北送反対に関する決議案文作成及び発送報告の件 外務委員会 1959年2月20日付 第32回第2次2面」

「在日韓人北送反対全国委員会ジュネーブ派遣代表出発人事 1959年3月16日付 第32回第12次1面」

「在日僑胞強制北送反対決議メッセージ発送の件 1959年日付不明 第33回第20次7面」

「在日居留民団長金載華在日僑胞実態報告 1959年4月7日付 第32回第24次3面」

「在日僑胞北送反対に関する建議案 1959年6月16日付 第32回第44次2面」

「在日僑胞北送問題に関する質問 1959年6月16日付 第32回第44次3面」

「在日居留民団の談話記事に関する報告 1959年6月17日付 第32回第45次17面」

「在日僑胞北送反対に関する建議案 1959 年 6 月 17 日付 第 32 回第 45 次 18 面」
「外務委員長在日国民保護指導のための建議案 1959 年 6 月 17 日付 第 32 回第 45 次 19 面」
「在日僑胞母国訪問歓迎大会参席の件 1961 年 1 月 24 日付 第 38 回第 10 次 1 面」
「在日僑胞母国訪問歓迎大会参席報告 外務委員会，1961 年 1 月 31 日付 第 38 回第 15 次 3 面」